GRUNDWISSEN KONTROVERS

EUGEN KOTTE

Nationsbildung im 19. Jahrhundert

Die USA, Polen und Deutschland im Vergleich

WOCHEN
SCHAU
GESCHICHTE

Bibliografische Information der Deutschen Nationalbibliothek
Die Deutsche Nationalbibliothek verzeichnet diese Publikation in der Deutschen Nationalbibliografie; detaillierte bibliografische Daten sind im Internet über http://dnb.d-nb.de abrufbar.

Die Reihe „Grundwissen kontrovers" wird herausgegeben von Hans-Jürgen Pandel

www.wochenschau-verlag.de

Titelgestaltung: Ohl Design
Titelbild: Frankfurter Wachensturm vom 3. April 1833, Farbholzschnitt von Fráncois Georgin (1801-1863)
Gesamtherstellung: Wochenschau Verlag
Gedruckt auf chlorfreiem Papier
ISBN 978-3-7344-0231-9 (Buch)
ISBN 978-3-7344-0232-6 (E-Book)

Inhalt

Grundwissen kontrovers

Der Titel dieser Reihe *Grundwissen kontrovers* scheint auf den ersten Blick ein Widerspruch in sich selbst zu sein. Im naiven Verständnis gilt Grundwissen als gesicherter Wissensbestand, der jedem Meinungsstreit entzogen ist und der über Generationen hinweg unverändert bleibt. Aber ein solches Grundwissen, das die Schülerinnen und Schüler am Ende ihrer Schulzeit für die nächsten 60 Jahre ihrer durchschnittlichen Lebenszeit versorgt, gibt es nicht und kann es auch nicht geben. Geschichtswissenschaft erarbeitet kein dogmatisches Wissen, das über die Zeiten stabil bleibt. Das hat drei Gründe:

- Jede Gegenwart produziert ständig *neue Fragestellungen* an die Vergangenheit, die die Geschichtswissenschaft zu beantworten sucht. Die Brennpunkte historisch-politischer Aufmerksamkeit wechseln, auch wenn sie längere Zeit stabil bleiben (Beispiel: Naher Osten). Auch die Probleme wandeln sich (Vereinigtes Europa, Terrorismus). Es kommt neues Wissen hinzu. Deshalb sollen Schülerinnen und Schüler Kompetenzen erwerben, die es ihnen ermöglichen, sich auch ohne Schule historisch zu orientieren und ihr Wissen ständig zu revidieren.
- Die Geschichtswissenschaft sorgt selbst dafür, dass ihr Wissen sich ständig verändert. Ihr Ziel ist *Forschungsfortschritt.* Neues Wissen kommt hinzu, altes wird neu gesehen und manches gerät völlig in Vergessenheit. Die Historikerinnen und Historiker produzieren ständig neues Wissen, denn Forschung ist auf Dauer ausgerichtete Wissensproduktion. Es werden neue Forschungskonzepte entwickelt (Beispiele: Geschlechtergeschichte, Umweltgeschichte, Globalgeschichte) und vertrautes Wissen veraltet durch neue Fragestellungen.
- Historikerinnen und Historiker, die die gleiche Epoche bearbeiten, kommen zu unterschiedlichen Ergebnissen. Sie stehen grundsätzlich in *Deutungskonkurrenz* zueinander. An den gleichen Themen arbeiten immer mehrere – und die Geschichtswissenschaft hat sich inzwischen internatio-

nalisiert. Die Historikerzunft besteht aus vielen Forschenden, die selten in allen Punkten übereinstimmen. Die Geschichtswissenschaft ist bisweilen schon als „zankende Zunft“ bezeichnet worden. Geschichte ist immer gedeutete Geschichte und die Konkurrenz besteht darin, plausiblere Deutungen eines Ereigniskomplexes als die Kollegin oder der Kollege vorzulegen.

Grundwissen kontrovers unterstützt die Schülerinnen und Schüler bei der Lösung der drei Aufgabentypen der *Einheitlichen Prüfungsanforderungen in der Abiturprüfung* (2005), die inzwischen auch in den oberen Klassen der Sekundarstufe I Verwendung finden. Darstellungs-, Interpretations- und Erörterungsaufgaben lassen sich mit *Grundwissen kontrovers* vorbereiten. Die einzelnen Bände dieser Reihe sind deshalb in Darstellungs- und Erörterungsteile gegliedert. Eine *Darstellung* ist eine mehr oder minder ausführliche Zusammenfassung eines historischen Ereignisverlaufes. Sie ist keine Aneinanderreihung von sog. Fakten, sondern eine durchdachte Konstruktion mit Deutungscharakter, die sich bewusst und begründet von anderen Deutungen unterscheidet. Die Erörterungen dagegen enthalten fachwissenschaftliche Deutungskontroversen. Sie werden in den einzelnen Bänden nicht aufgelöst, sondern in ihrer Kontroversität stehen gelassen. Die Leserschaft von *Grundwissen kontrovers* muss selbst Stellung beziehen und erörtern, was für die eine oder andere Deutung spricht.

Hans-Jürgen Pandel (Halle/S.)

1. Einleitung: Das 19. Jahrhundert als Zeitalter des Nation Building

Vergleichende Perspektive

In diesem Band werden drei sehr unterschiedliche Nationsbildungsprozesse in vergleichender Perspektive dargestellt, um das Phänomen des *Nation Building,* jenes soziopolitischen Prozesses, in dem sich innerhalb des 19. Jahrhunderts Gemeinschaften auf der Grundlage empfundener Gemeinsamkeiten, z. B. bestimmter kultureller Erscheinungen, zusammenfanden, verschiedene symbolische Standards vereinbarten und häufig einen eigenen Staat anstrebten, in seinen verschiedenen Ausformungen zu ergründen: In Nordamerika handelte es sich um britische Kolonien, die erst ihre Selbstständigkeit erreichen mussten, um dann aus einer Pluralität heraus einen souveränen Staat begründen zu können. Polen wiederum war durch drei benachbarte europäische Großmächte wiederholt und restlos geteilt worden. Entsprechend war die Befreiung von der Fremdherrschaft die Vorbedingung für die Zusammenführung der drei Teilungsgebiete in einem wieder erlangten polnischen Staat, der allerdings erst im 20. Jahrhundert erreicht werden konnte. Die deutschen Staaten des beginnenden 19. Jahrhunderts bildeten Elemente eines aus dem Mittelalter überkommenen, transnationalen Reiches, das eher einen ideellen Anspruch als einen geschlossenen Herrschaftsraum repräsentierte und überdies in den Kriegen gegen das napoleonische Frankreich sein Ende fand, während die souveränen Gliedstaaten politisch zerstritten, existenziell bedroht und z. T. sogar fremdbeherrscht waren. Die Befreiung von der französischen Hegemonie und die Zurückdrängung der napoleonischen Vorherrschaft war hier Vorbedingung für die Erwägung einer staatlichen Verbindung der deutschen Territorien, die indes zunächst nicht zustande kam.

Emanzipation

In allen drei Fällen handelt es sich zwar um Emanzipationsprozesse, die sich aber deutlich unterscheiden: Der Vorgang der Dekolonisation eines zunächst (auf die weiße Bevölkerung bezogen) weitgehend aus Großbritannien besiedelten Gebiets, dessen Einwohner sich in den ersten 150 Jahren trotz ihres unterschiedlich motivierten Dissidententums zu Großbritannien bekannten, ist etwas ganz anderes als die Herauslösung aus der Fremdherrschaft dreier in unterschiedlichem Ausmaß als Unterdrücker erscheinender auswärtiger Mächte, die ein vormals selbstständiges Großreich annektiert hatten. Die Entwicklung in den deutschen Ländern war dagegen durch das Prinzip einer ausgeprägten territorialstaatlichen Souveränität gekennzeichnet, die zwar in den Institutionen des Heiligen Römischen Reiches zusammenfloss, aber angesichts der vielfältigen Transformationsprozesse bereits im 18. Jahrhundert deutlich an politischer Wirksamkeit verloren hatte.

Politische Traditionen und Strukturen

Es kann daher kaum verwundern, dass in den frühen USA, die als (prä)demokratische, föderale Republik organisiert wurden, Elemente der englischen Rechtstradition in affirmativer Weise eine erhebliche Rolle spielten, während in Polen noch lange Zeit die Vergangenheit der von der *Szlachta* (eine aus niederem Adel und Großbauerntum bestehende spezifische soziale Schicht in Polen, deren Bevölkerungsanteil je nach Region zwischen 8 Prozent und 15 Prozent lag) dominierten Adelsrepublik auch die Zukunftsvisionen in scharfer Opposition zu den von den Teilungsmächten angewandten Herrschaftspraktiken prägte. Für die deutschen Staaten bedeutete das spätestens im zweiten Jahrzehnt des 19. Jahrhunderts hörbar artikulierte Nationalstaatsdesiderat vor allem die Zusammenführung der deutschen Territorien, die zu diesem Ziel auf einen

Staatswesen und Regierungsformen

Großteil ihrer Souveränität hätten verzichten müssen. In den USA musste die Souveränität also erst gewonnen, in Polen die Selbstständigkeit wiedererrungen werden, in den deutschen Staaten hingegen stand den Fürsten ein Souveränitätsverlust bevor. Nicht nur Bedingungskonstellationen und politische Planungen in den drei als Beispielen ausgewählten Ländern unterschieden sich – trotz aller auch feststellbaren Parallelen –, auch die Projektionen der Nationalstaaten gestalteten sich unterschiedlich mit letztlich dann auch deutlich verschiedenen Resultaten. In den USA entstand eine föderale Republik, Polen blieb im 19. Jahrhundert geteilt, und der Nationalstaat in Deutschland, der nur um Österreich „amputiert" entstehen konnte, war als monarchischer Obrigkeitsstaat angelegt, dessen zentrale exekutive Institutionen ihren Einfluss maßgeblich ihrer Verbindung zum dominanten Preußen verdankten.

Nationsbildung

Für alle drei Beispiele ist zu konstatieren, dass sich die Nationen vor den Nationalstaaten herausbildeten, zunächst durch Visionen und Diskussionen in elitären Zirkeln (die koloniale, sozioökonomische Elite in den nordamerikanischen Kolonien, die *Szlachta* und – zögerlich – auch die Magnaten in Polen, das Bildungsbürgertum in Deutschland) und dann mit einer Breitenbewegung in die Bevölkerung hinein, maßgeblich bewirkt durch revolutionäre, seltener durch reformerische Anstrengung und natürlich durch Propaganda, Bildung, Sozialisation. Für die späteren USA ist festzuhalten, dass dieser Prozess der Amerikanisierung spätestens in den 1750er Jahren im *French and Indian War* begann, aber bereits auf vorherige Formen kolonialer Selbstverwaltung und höherer Bildungsstreuung zurückgreifen konnte. In Polen war die Vorstellung von der *Rzespospolita* auch noch vorherrschend, als die soziale Basis der Nationalbewegung ausgeweitet werden sollte. Erst im letzten Drittel des 19. Jahrhunderts setzte sich hier nach dem gescheiterten Januaraufstand mit dem reaktivierten und zunehmend konsequenter verfolgten Konzept der „organischen Arbeit" die systematische Einbindung auch ländlicher sowie klein- und unterbürgerlicher Schichten anhaltend durch. Für verschiedene deutsche Staaten sind im Vormärz in den 1830er Jahren erste signifikante Aktionseinheiten aus Bauern, Bürgern und Studenten sowie der Bildungselite festzustellen, während das Beamtenbürgertum noch weitgehend in Reformvorstellungen verharrte. Alle drei Länder wiesen sich den jeweiligen nationalen Ideen widmende und – in sehr verschiedenem Ausmaß – liberalen Vorstellungen öffnende Eliten auf, deren nationsbezogene Visionen auf unterschiedliche Art und zu un-

Konflikte als Katalysator

terschiedlichen Zeitpunkten größere Teile der Bevölkerung erreichten. In allen drei Beispielen hatten gelungene oder gescheiterte Kriege, Revolutionen oder Aufstände Katalysatorfunktionen. Dies gilt ebenso für die den Staatsgründungsprozess der USA ermöglichende Amerikanische Revolution wie für die gescheiterten polnischen Aufstände von 1830/1831 und – in wesentlich stärkerem Ausmaß – von 1863/1864 und – im deutschen Fall – auch für die politisch letztlich nicht erfolgreichen Revolutionen von 1848 sowie die Kriege im Vorfeld der Reichsgründung von 1871. Zweifelsohne erhob sich in diesen zum Teil blutigen und verlustreichen Auseinandersetzungen das eben auch gewaltbereite Gesicht des Nationalismus.

Historische Komparatistik

Die vergleichende Darstellung von Nationsbildungsprozessen und Nationalstaatsgründungen birgt also erheblich größere Erkenntnismöglichkeiten als die noch immer überwiegend gepflegte nationale Einzelfallbehandlung oder die rein additive Summierung verschiedener Nationenbildungen. Die Europahistorikerin Ulrike von Hirschhausen und der Neuzeithistoriker Jörn Leonard haben in einem vor einigen Jahren herausgegebenen Sammelband Vorzüge einer vergleichenden Darstellung geltend gemacht (Hirschhausen/Leonard 2001, S. 21-45), die in Anspruch genommen und z. T. noch ergänzt werden können: Der Vergleich unterschiedlicher Varianten der Nationsidee in verschiedenen Ländern muss zwar deskriptiv von einer deutlich differenzierenden Beschreibung der Einzelfälle ausgehen, die aber im Fortgang der Analyse die Identifikation von Gemeinsamkeiten wie auch von Unterschieden erst ermöglicht, aus denen die Erkenntnis übergreifender historischer Phänomene hervorgeht, für die nach Erklärungen gesucht wird. Die komparative Darstellung und Analyse legt also über die transnationale Perspektive Problemfelder frei, die bei Einzelfallbetrachtungen oder additiven Verfahren nicht in den Blick geraten. Sie bedient sich dabei des zudem analytisch hilfreichen interkulturellen Konzepts der Verfremdung, das den Blick vom eigenen kulturellen Standpunkt insbesondere bei historischen Phänomenen, Ereignissen und Prozessen, in denen sich beziehungs- und verflechtungsgeschichtliche Aspekte erheblich verdichten (unterschiedliche Auswirkung der napoleonischen Ära in den USA, Polen und den deutschen Staaten, 1848 und die Folgen, polnische und deutsche Auswanderung in die USA, industrielle Verflechtungen, Polen unter preußischer und österreichischer Herrschaft, Erster Weltkrieg), zumindest ein Stück weit in die Sichtweise der anderen überführt, um durch diese Irritation eine Reflexion der bisher eigenen nationalen Optik zu bewirken (Mickel 1993, S. 152).

In der vergleichenden Darstellung und Analyse der drei ausgewählten Nationsbildungsprozesse können Problemkomplexe – in allerdings unterschiedlicher und sicher nicht erschöpfender Intensität – angegangen werden, deren Erörterung sich der Einzelfallbetrachtung oder der additiven Behandlung zumindest in der notwendigen Ausführlichkeit entzieht: So können Zusammenhänge zwischen der Nationsbildung und Modernisierungsprozessen wie Urbanisierung, Industrialisierung, soziale Mobilität und Entwicklung von Kommunikationsmitteln fundierter erörtert werden, da sie sich in den drei Ländern und erst recht im internationalen Austausch in unterschiedlicher Weise und zu unterschiedlichen Zeiten zeigten.

Nationsbildung und Modernisierungsprozesse

Auch kann die Entwicklung nationaler Identitäten in ihren verschiedenen Stadien durch eine komparative Betrachtung deutlicher verfolgt und die These von der „Gleichzeitigkeit des Ungleichzeitigen" (Koselleck 1992, S. 132), die für die Prozesse des *Nation Building* im 19. Jahrhundert formuliert wurde, substanzieller überprüft werden. Mit Blick auf die von den jeweiligen Obrigkeiten auf Druck hin eingeleiteten Reformprozesse wie auch auf Integrationsbemühungen frisch gegründeter Nationalstaaten (sowohl der USA ab 1787 wie auch des Deutschen Reiches mit Vorlauf in den Einzelstaaten sowie in Polen mit der Idee der „organischen Arbeit") kann vergleichend die Bedeutung von Sozialisationsinstanzen (z. B. der Schule), staatsbürgerlichen Aufgaben (z. B. der Wehrpflicht) und partizipatorischer Einbindung (z. B. dem Wahlrecht) für die Herausbildung einer auf oder auch gegen den staatlichen Bezugsrahmen gerichteten Identität festgestellt werden. Unter diesem Aspekt kommen Institutionen, Medien, Austauschforen und Symbolreservoirs der Nationsbildungen in den Blick. Da-

Nationale Identität

bei wird es interessant sein herauszufinden, ob sich alle drei Nationen ähnlicher Techniken, Symbolisierungen und kultureller Markierungen bedienten, um die permanente Vergegenwärtigung selektiv ausgewählter und glorifizierend interpretierter Aspekte der eigenen Vergangenheit als Loyalitätsmuster zu nutzen. Es geht damit auch um die Frage der Militarisierung und Monumentalisierung der nationalen Erinnerungskulturen, die angesichts der drei Beispiele sehr unterschiedlich zu beantworten ist.

Fremd- und Feindbilder

Die auf diese Weise materialisierte Selbstsicht steht in einer Wechselwirkung mit der Wahrnehmung der anderen, der Nachbarn, mit Fremd- und Feindbildern, die sich nicht nur gesellschaftlich, sondern auch politisch auswirkten. Der Zusammenhang von Identität und Alterität ist in allen drei untersuchten Fällen zu beobachten, schlägt sich aber – bedingt durch äußerst verschiedene Konditionen – höchst unterschiedlich nieder. Rassistische Vorstellungen entwickelten sich in den USA vonseiten der dominanten Weißen vornehmlich gegen Teile der Bevölkerung des eigenen Landes *(Indigenous People, Asian* und *African Americans, Hispanics)*, während in Polen das Bedrohungsszenario durch Deutsche und Russen dominierte, in den deutschen Staaten hingegen Frankreich als ebenbürtiger Erbfeind angesehen wurde, während hier im letzten Drittel des 19. Jahrhunderts zunehmend rassistische Argumentationsmuster die Wahrnehmung des polnischen Bevölkerungsteils dominierten.

Konzept der „multiplen Identität"

Nicht allein unter diesem Aspekt ist es erforderlich, rekurrierend auf das Konzept der „multiplen Identität" (Loth 2002, S. 95), das (angestrebte oder auch schon erreichte) nationale Zugehörigkeitsgefühl im Verhältnis zu anderen, d. h. lokalen, regionalen, sozialen oder auch transnationalen identitätskonstitutiven Bezugsgrößen zu untersuchen. Die Voraussetzungen innerhalb des durch Eigenentwicklung der einzelnen Kolonien, aber auch durch hohe politische Partizipation geprägten Nordamerikas, des durch die Teilungsmächte zerschnittenen, von der *Szlachta* dominierten Polens und des durch fürstlich-monarchisch regierte Territorialstaaten gebildeten Heiligen Römischen Reiches könnten unterschiedlicher kaum sein, zeigen aber in allen drei Fällen intensive Bemühungen um identitätswirksame Zentralisierungen, die mit den überwiegend lebensweltlich erfahrbaren Zugehörigkeitsempfindungen und Teilnahmemöglichkeiten in Einklang zu bringen waren.

Typologien für Nationsbildungsprozesse

Der Vergleich verschiedener Nationsbildungsprozesse lässt bereits vermuten, dass diverse Typologien, die für europäische oder von Europa maßgeblich beeinflusste außereuropäische Staaten aufgestellt wurden, in ihrem häufig mitklingenden Absolutheitsanspruch problematisch sind. Dennoch liefern diese Schemata wichtige analytische Kategorien, die in der dem Vergleich notwendigerweise vorausgehenden Einzelfalluntersuchung angewandt werden können und dann im Vergleich als übergeordnete historische Phänomene erkannt oder verworfen werden müssen. Die in diesem Band vorgenommene Darstellungsstruktur hat sich an derartigen Konzepten orientiert und sie mit der chronologischen Abfolge der Ereignisse zu verbinden versucht.

Als unstrittig ist wohl vorauszusetzen, dass entscheidende Vorbedingungen des *Nation Building* bereits in Entwicklungen des 18. Jahrhunderts zu sehen sind. Für die USA ist selbstverständlich die Amerikanische Revolution seit den 1760er Jahren von grundlegender Bedeutung. Die Menschen in diesem neuen Staat errangen ungefähr zum selben Zeitpunkt ihre Unabhängigkeit, als Polen seine staatliche Existenz verlor, was für den polnischen Nationsbildungsprozess eine gleichermaßen erhebliche Rolle spielte. Für die deutschen Staaten erforderte das schleichende Verschwinden des Heiligen Römischen Reiches, dessen durch Napoleon nur noch beschleunigtes Ende 1806 mehr Erleichterung als Bestürzung auslöste (Angermeier 1991, S. 450), die Reflexion gemeinsamer Möglichkeiten zwischen ungebundener einzelstaatlicher Souveränität und straff organisiertem Nationalstaat, der maßgeblich die Diskussion um eine Kulturnation (die über staatliche Grenzen hinaus behauptet werden konnte) vorangestellt wurde. Diese einschneidenden Prozesse des 18. Jahrhunderts beinhalteten entscheidende Voraussetzungen für die Nationsbildungsvorgänge des 19. Jahrhunderts, sie verweisen aber gleichermaßen auf Konflikte, in denen Nationsvorstellungen unterschiedlicher Art

Wandel der Nationsvorstellungen

auch ideologisch verortet waren. Kulturhistoriker warnen daher vor einer vereinseitigenden Lesart, die sich nahezu ausschließlich auf Gedächtnisorte und Erinnerungsweisen konzentriert, mit denen eine identitätsstiftende Relevanz im *Nation Building* nachgewiesen werden kann (Csáky 2002, S. 28). Die Berechtigung derartiger Untersuchungen wird nicht bestritten, aber es wird daran erinnert, dass sich auch „[d]as Deutungsmuster Nation [...] nur in seiner Pluralität [erschließt]: Nationsvorstellungen oszillierten innergesellschaftlich und waren zeitlichem Wandel unterworfen“ (Hirschhausen/Leonard 2001, S. 30) – dies ist gerade bei einer vergleichenden Erörterung des *Nation Building* zu bedenken.

Ursprünge modernen Nationsverständnisses

Bereits im 19. Jahrhundert wies der Religionswissenschaftler Ernest Renan die Französische Revolution als Geburtsstunde des modernen Nationsverständnisses aus. Inspiriert wurde insbesondere die erste Phase dieses frühen, mindestens ein Jahrzehnt andauernden Umbruchprozesses durch den revolutionären Unabhängigkeits- und Staatsgründungsprozess der USA, in dem nicht nur die bereits in der aufklärerischen Staatsphilosophie propagierten Menschenrechte in einem Grundsatzdokument festgeschrieben wurden, sondern auch mit der verfassungsmäßigen Feststellung des Volkes als Träger der Souveränität politische Herrschaft grundsätzlich neu definiert wurde.

Sattelzeit

Diese fundamentale Veränderung, die auch als Reaktion auf die in der zweiten Hälfte des 18. Jahrhunderts beschleunigten ökonomischen Veränderungen und die entsprechenden sozialen Konsequenzen zu verstehen ist, „war die folgerichtige Antwort auf dem Weg Europas in die Moderne“ (Schulze 1994, S. 212). Denn die veränderte Auffassung vom Ursprung und von der Legitimation politischer Macht wandelte auch das Verständnis von der Nation, das im Mittelalter noch auf einen räumlich definierten Zweckverband oder eine gesellschaftliche Korporation rekurrierte und in der Frühen Neuzeit bis in das 18. Jahrhundert hinein lediglich in elitären Zirkeln diskutiert wurde. Allerdings vollzog sich dieser Wandel keineswegs als Bruch (Weichlein 2006, S. 8), sondern das veränderte Begriffsverständnis ging einher mit den die Lebensformen radikal beeinflussenden Transformationsprozessen in einem zeitlichen Abschnitt vom letzten Drittel des 18. Jahrhunderts bis ungefähr 1830, den der Geschichtstheoretiker Reinhart Koselleck mit dem Begriff „Sattelzeit" (Koselleck 1972, S. XIII-XXIII) als Formationsphase des modernen Nationsgedankens und damit des Nationalismus auswies. In dieser Zeit wurzelten unterschiedliche Varianten des Nationsbegriffs, die in der Forschung später mit den Termini „Kulturnation", „Staatsnation" oder „Volksnation" (Lepsius 1990, S. 232-239) bezeichnet wurden und seit langem beschworene kulturelle Muster mit dem neuartigen Bedürfnis der gesellschaftlichen Organisation in einem Nationalstaat verbanden.

Varianten des Nationsbegriffs

Entscheidender aber war die Annahme der Konstitution der Nation durch ihre Bürger, die auf diese Weise von Adressaten zu Mitgliedern und Akteuren, von Untertanen zu Staatsbürgern wurden. Die Akzeptanz der Volkssouveränität machte aus den frühneuzeitlichen „Adelsnationen" Volksnationen, die Nation wurde zur „Gemeinschaft mündig gewordener Bürger" (Schulze 1994, S. 213). Zwar war auch dieses neue Begriffsverständnis noch weit von heutigen Demokratieauffassungen entfernt, doch konfrontierten insbesondere die während der Französischen Revolution und auch noch in der Ära Napoleons stattfindenden Kriege die Bevölkerungen und Regierungen anderer europäischer Staaten mit einer durch die Berufung auf Menschen- und Bürgerrechte wie durch die Betonung der Volkssouveränität grundsätzlichen Einbindung auch der einfachen Bevölkerung, die nun verstärkt – und in Teilen auch erfolgreich – ihre Zugehörigkeit zur Nation und damit letztlich ihre politische Teilhabe einklagen konnte. Der Neuzeithistoriker Dieter Langewiesche hat dieses Phänomen als bereits frühzeitig wirksamen Doppelcharakter des modernen Nationsbegriffes zwischen „Partizipationsverheißung und Gewaltbereitschaft" (Langewiesche 1994, S. 12) bezeichnet.

Volksnationen

Menschen- und Bürgerrechte

Neben dieser Herausforderung der Verankerung eines politischen Gemeinwesens in der Zustimmung seiner Bürger rief die napoleonische Fremdherrschaft in den besetzten und bedrohten Staaten Europas jedoch vor allem Widerstandskräfte hervor, die die Entstehung nationaler Bewegungen begünstig-

Reaktive Nationsbildung

ten. Der Historiker Lothar Gall, Spezialist für das 19. Jahrhundert, hat dieses Phänomen schon 1995 als „reaktive Nationalisierung" bezeichnet, in der bereits seit der Aufklärung existente politische Ideen umgestaltet und mit neuer Stoßrichtung realisiert wurden (Gall 1995, S. 568-579). Sehr deutlich zeigt sich dieser Wirkungszusammenhang in denjenigen Staaten, deren Regierungen und politische Eliten – maßgeblich beschleunigt durch die militärischen Niederlagen und finanzielle Erschöpfung – dem massiven Reformdruck begegnen mussten, wollten sie von innen drohenden Aufständen und Umstürzen ebenso entgegenwirken wie neuerlicher äußerer Aggression. Wenngleich die nationalen Forderungen noch nicht durch die gesamte Bevölkerung getragen wurden, so zielten sie doch auf Einbindung aller sozialen Schichten, die in gemeinsamen Anliegen zusammengeführt werden sollten. „Freiheit" wurde zur zentralen Parole im doppelten Sinne: als Befreiung von Fremdherrschaft und äußerer Bedrohung wie auch als politische Freiheit der Selbstbestimmung durch eine verfassungsmäßig garantierte Partizipation im Prozess der politischen Entscheidungsfindung, deren Akteure durch die Souveränität des Volkes legitimiert wurden. Mit der Forderung nach nationaler Selbstbestimmung unter Einbindung der Bevölkerung argumentierten die Nationalbewegungen jetzt durchaus auch staatsverstärkend, indem sie die Mitwirkung des Bürgers am politischen Gemeinwesen einklagten. Die Idee der Nation wurde an das Ziel einer Staatsbürgergesellschaft gebunden, in der mit der Garantie gleicher Rechte die frühneuzeitliche Privilegiengesellschaft von Gottes Gnaden abgeschafft werden sollte (Langewiesche 1995, S. 31-32).

Die Forderung nach Freiheit

Staatsbürgergesellschaft

Reformen zu Beginn des 19. Jahrhunderts

Viele Regierungen, auch in Deutschland (hier besonders deutlich in Preußen und Bayern nach 1806), reagierten auf diese Herausforderungen und führten Reformen durch, die die aktive Einbindung breiter Bevölkerungsschichten in den Staat ermöglichen und ihm auf diese Weise die Loyalität seiner Bürger sichern sollten. Dabei pflegten die Monarchen, Fürsten und Regierungen „ein ausgeprägt instrumentelles Verhältnis zum nationalen Gedanken" (Weichlein 2006, S. 66), indem sie das Engagement der Staatsbürger förderten und im selben Maße das kritische Potenzial schmälerten. Das Verhältnis der Bürger zu ihrem Staat wurde neu definiert, aber Mitwirkung bedeutete noch nicht Mitbestimmung. Vielmehr galt es, Monarchie und Aktivbürgerschaft miteinander zu vereinbaren. Deutlich wurde dies besonders auf dem Wiener Kongress, auf dem das nationale Prinzip nur dann akzeptiert wurde, wenn es sich mit fürstlicher Herrschaftsausübung verbinden ließ (Schulze 1994, S. 212).

Damit aber drohten die in den napoleonischen Kriegen in vielen Ländern Europas aufgenommenen Projekte der Befreiung von Fremdherrschaft und gleichzeitiger Durchsetzung der Volkssouveränität auseinanderzufallen. Insbesondere in jenen Ländern, die nicht durch eine staatliche Klammer zusammengehalten wurden (dies trifft z. B. auf Deutschland und Italien, aber auch auf das geteilte Polen zu), verstärkte sich entsprechend die Überzeugung, dass die Freiheit nur in staatlicher Einheit zu verwirklichen sei, sollte sie nicht dem monarchischen Interesse geopfert werden. Auch in bereits vorhandenen Staaten (z. B. Frankreich, Spanien) verstärkten sich die Integrationsbemühungen mit Blick auf die erhoffte „Einheit von Volk, Kultur und Staat" (Schulze 1994, S. 274).

Die Forderung nach Einheit

Um diesem Desiderat nachkommen zu können, war die Einbindung möglichst breiter Bevölkerungsschichten erforderlich. Dabei ging es zunächst um die Emanzipation des Bürgertums, dessen Vertreter eine ihrer unter veränderten ökonomischen Bedingungen und entsprechend sich wandelnden gesellschaftlichen Strukturen gestiegenen Bedeutung entsprechende politische Rolle anstrebten. Diese Bemühungen fanden ihren Ausdruck in den liberalen Forderungen nach einer die Menschen- oder Grundrechte verbürgenden Verfassung und einer parlamentarischen Repräsentation der Bevölkerung im politischen Gefüge des Nationalstaats.

Die Forderung nach Freiheit

Darüber hinaus aber wurde die Nation im Verlauf der ersten Hälfte des 19. Jahrhunderts auch zur Projektionsfläche sozial äußerst unterschiedlicher Freiheitsvorstellungen und griff in ihrer Wirkung weit über das Bürgertum hinaus. Sie diente nicht mehr nur zur Abwehr äußerer Feinde, sondern auch zur Bekämpfung ungleicher Gesellschaftsverhältnisse durch überkommene Ständestrukturen. Da das Volk – zunächst mehr als

Die Forderung nach Gleichheit

Adressat denn als Träger – im Mittelpunkt der Nationsvorstellung stand, wurden – in sich verstärkender Weise – auch Gleichheitsideen beschworen. Die Nation wurde im Verlauf des 19. Jahrhunderts – insbesondere von demokratischen Kräften – immer stärker als Solidargemeinschaft deklariert, die mit dem Anspruch auf ein gemeinsames Merkmal aller ihr zugehörigen Individuen als Kollektiv bestand.

Die integrative Funktion der Nation

Diese integrative Funktion der Nation bedeutete jedoch nicht, dass ihre Trägerschichten, maßgeblich also das liberale Bürgertum in seinen unterschiedlichen Facetten, den Emanzipationsanspruch auf die unterbürgerlichen Schichten ausgeweitet und diesen so ebenfalls die politische Teilhabe ermöglicht hätte (Schulze 1994, S. 238). Zwar wurden in der Phase des „Völkerfrühlings", insbesondere im Vorfeld der zahlreichen europäischen Revolutionen um die Jahrhundertmitte, die durch Agrar- und Versorgungskrisen älteren Typs wie auch durch neuartige Konjunktureinbrüche im Zuge der Industrialisierung hervorgerufenen sozialen Proteste unterbürgerlicher, z. T. auch bäuerlicher Bevölkerungskreise als willkommene Verstärkung im Kampf um einen die Grundrechte garantierenden, durch eine Verfassung organisierten und von einer Volksversammlung mitgestalteten Staat instrumentalisiert, aber die Gravamina der besitzlosen Schichten fanden in den politischen Forderungen der Liberalen kaum Berücksichtigung. Die liberalen Nationalbewegungen hatten sich nur zögerlich dem Weg revolutionärer Veränderung geöffnet und waren nach ersten Erfolgen sehr schnell bereit, mit den alten Herrschaftseliten Bündnisse gegen allzu weitreichende Umsturzversuche einzugehen. Besonders deutlich zeigte sich der Widerstand der Liberalen gegen eine egalitäre Beteiligung unterbürgerlicher Schichten durch das in vielen europäischen Staaten auch nach den ersten Erfolgen 1848 weiterhin gültige Zensuswahlrecht, durch das letztlich Eigentum und Besitz über Voten und Mandate bei einer Wahl bestimmten (Weichlein 2006, S. 30). Zwar konnte sich in Deutschland das liberale Paulskirchenparlament zum Prinzip der allgemeinen, gleichen, geheimen und freien Wahl durchringen, aber in den deutschen Einzelstaaten wie auch in den meisten europäischen Staaten hatten auch

Wahlrecht

nach 1848 restriktive Wahlrechtsbestimmungen Bestand. Selbst in den USA dauerte es nach der Revolution (1763-1787) etliche Jahrzehnte, bis das Zensuswahlrecht durch eine demokratische Regelung aufgehoben wurde.

Gründung von Nationalstaaten

Von der historischen Forschung ist immer wieder betont worden, dass sich der Nationalismus nach der Gründung oder Formierung von Nationalstaaten veränderte (Weichlein 2006, S. 42). Dabei war die – zumindest angenommene – Realisierung des Ziels einer kulturell-gesellschaftlich-staatlichen Einheit nur ein Faktor für den Funktionswandel des Nationalismus von einer maßgeblich emanzipatorischen und integrativen Kraft zu einer innere und äußere Gegner ausgrenzenden Ideologie. Teile der Nationalismusforschung sehen die Veränderung einer ursprünglich mit liberalen Desideraten verbundenen Nationsvorstellung zu einer reaktionären Ideologie insbesondere im letzten Drittel des 19. Jahrhunderts im Zusammenhang mit den durch die fortschreitende Industrialisierung verbundenen sozialen Verwerfungen (Winkler 1978, S. 78-79).

Wieso sich z.B. Teile des deutschen Liberalismus mit der 1871 maßgeblich durch die Obrigkeiten herbeigeführten Reichseinigung zufriedengaben und dabei auf viele liberale Gestaltungsideen verzichteten, kann aber kaum hinreichend durch ökonomische Interessen und soziale Ängste des Besitzbürgertums erklärt werden (Schulze 1994, S. 239). Entscheidender ist wohl – mit Blick auf die unmittelbaren politischen Ergebnisse – das Scheitern der Gründung eines deutschen Nationalstaats in den Jahren 1848/1849, das dann auch die ohnehin schon brüchige Utopie eines „Völkerfrühlings" begrub (Weichlein 2006, S. 46). Der Nationalstaat kam – zumindest in Deutschland – in einer nicht zuletzt durch die Kriege der 1860er Jahre günstigen, wenngleich in dieser Weise kaum vorhersehbaren und daher auch nicht durch geniale Strategie herbeigeführten europäischen Situation als Bund der deutschen Fürsten unter maßgeblicher Regie Otto von Bismarcks zustande, war aber als politisches Ziel letztlich auch ein Resultat des Drucks einer seit den 1850er Jahren wieder erstarkten Nationalbewegung, denn „[o]hne diffuse, aber allein legitimierende Macht der Einheitsbewegung wäre kein Deutsches

Reich, sondern ein Großpreußen entstanden“ (Schulze 1994, S. 243).

Reaktionärer Nationalismus im späten 19. Jahrhundert

Diese Erörterung mag für den Funktionswandel des Nationalismus im 1871 entstandenen Deutschen Reich, der zumindest in den 1870er Jahren Bismarck die weitgehende Unterstützung der Nationalliberalen sicherte, eine von mehreren Begründungen darstellen, die entsprechenden Veränderungen in anderen europäischen Staaten erklärt sie allerdings nicht. Allgemein ist für diese Entwicklung vom liberalen zum reaktionären Nationalismus im letzten Drittel des 19. Jahrhunderts festgehalten worden, dass die integrative Funktion zugunsten eines zunehmend exklusiven Charakters verloren ging (Hirschhausen/Leonard 2001, S. 28-29). Gegen diese These hat der Nationalismusforscher Dieter Langewiesche bereits 1994 eingewendet, dass der „Nationalismus als Integrationsideologie [...] die Außenabgrenzung als konstitutives Merkmal“ (Langewiesche 1994, S. 11) immer schon beinhaltete. Bei allen Beschwörungen eines „Völkerfrühlings“ und einer nationsübergreifenden Gemeinsamkeit in den liberalen Zielsetzungen gab es auch vor 1848 ein ganz offensichtlich nach außen gerichtetes aggressives Potenzial, so beispielsweise in Deutschland 1840 während der „Rheinkrise“ gegen Frankreich, als ältere Feindbilder aus den Napoleonischen Kriegen reaktiviert wurden oder 1848 in der Schleswig-Frage gegen Dänemark, die letztlich sogar zum auch von der Paulskirche geforderten Krieg führte. Es ist daher auch für die erste Hälfte des 19. Jahrhunderts kaum möglich, die Nationsbildung als Integrationsprozess ausschließlich auf einen emanzipatorischen und partizipatorischen Grundzug, der das Selbstbild beeinflusste, zu reduzieren. Sie umfasste immer auch schon ein aggressives Potenzial, das in den damit verbundenen Feindbildern zum Ausdruck kam (Langewiesche 1994, S. 12). Dies ist für den ersten Versuch einer deutschen Nationalstaatsgründung unschwer am Beispiel der Polen-Debatte in der Frankfurter Paulskirche nachzuweisen, in der die unterstellte, bis ins Mittelalter zurückgeführte deutsche Kulturmission in Ostmitteleuropa gegen die den Polen zugeschriebene Zivilisationsunfähigkeit angeführt wurde und überdies bereits konfessionelle Vorbehalte artikuliert wurden, die auf den Kulturkampf des Kaiserreichs, der mit besonderer Härte in den preußischen Teilungsgebieten Polens geführt wurde, vorauswiesen. Derartige Kulturkämpfe, die sich gegen Gruppierungen im Innern der Nationalstaaten richteten, gab es auch in anderen europäischen Ländern.

Loyalität

Die Abgrenzung gegen äußere „Erbfeinde" und der Ausschluss inländischer Gruppierungen, so z. B. in vielen Ländern der Juden, aber auch der Sozialisten und Sozialdemokraten sowie bisweilen der Katholiken, verdeutlicht, dass gegenüber der in der ersten Hälfte des 19. Jahrhunderts zentralen Frage der Emanzipation nun der Gesichtspunkt der Loyalität in den Vordergrund trat (Hirschhausen/Leonard 2001, S. 24). Mit der Erreichung des Ziels der Konsolidierung oder Schaffung konstitutioneller Nationalstaaten gegen Fremdherrschaft und monarchisch-ständische Strukturen erschöpfte sich die grosso modo einigende Grundlage der nationalen Massenbewegung. Nun traten die unter der Oberfläche schon vorher vorhandenen Differenzen offen zutage und zeitigten im pluralen Wettstreit der Parteien ihren Niederschlag in Parlamenten. Dennoch blieb im Gedanken der Nation die Idee des gesamtgesellschaftlichen Konsenses bestimmend, sodass ausgegrenzt wurde, was als nicht integrierbar galt, und der parlamentarische Streit unter das Stigma der die Einheit der Nation gefährdenden Zwietracht gestellt wurde (Weichlein 2006, S. 31). Hüter der Nation war nun nicht mehr eine bürgerliche Bewegung, sondern die Spitzen des Staates definierten die nationale Zugehörigkeit. „Staat und Nation bedingten sich zunehmend gegenseitig, und die Staatsraison verbündete sich nunmehr mit dem nationalen Egoismus, eine Verbindung, die sich um die Jahrhundertmitte bei allen europäischen Nationalstaaten zu zeigen begann und gegen Ende des 19. Jahrhunderts die europäische Politik immer ausschließlicher beherrschte" (Schulze 1994, S. 268).

Staatliche Erinnerungskultur

In vielen europäischen Staaten und bereits vorher schon in den USA leistete diese Entwicklung einer Monumentalisierung und teilweise auch Militarisierung der Erinnerungskultur Vorschub, die vordergründig eine spezifische Auffassung von der Nation propagierte und von großen Teilen der Bevölkerungen in der Bestrebung um loyale Teilhabe an der Nation z. B. durch initiierende Aktivitäten, unterstützende Vereinstätigkeit, finanzielle Beteiligung und zustimmende Hochschätzung mitgetragen wurde. Doch verbirgt sich – wie der österreichische Kulturhistoriker Moritz Csáky in seiner Auseinandersetzung mit den etablierten Theorien zu Erinnerungsorten feststellt – beispielsweise im nationalen Denkmal unter Einbezug seiner Planung, Konstruktion wie auch Wahrnehmung eine „Mehrdeutigkeit, [...] Dynamik, [...] Mehrfachkodierung" (Csáky 2002, S. 38), durch die „die mit Denkmälern und nationalen Inszenierungen verbundene Anverwandlung des Nationalen zunächst nur ein Deutungsangebot, aber keine verbindliche Definition darstellte. Die im Denkmal wie in der Inszenierung artikulierten Nationsdeutungen markierten einen Raum gegenläufiger Interessen, in dem Inklusionswünsche und Exklusionsrealität aufeinandertrafen" (Hirschhausen/Leonard 2001, S. 29). Auch wenn noch im Vorfeld des Ersten Weltkriegs die in der anfänglichen Kriegseuphorie von großen Teilen der Bevölkerung in den beteiligten Staaten reflektierte, vordergründige Vorstellung von der Einheit der Nation dominierte, wurde die nun staatlich eingefasste Idee der Nation zum innenpolitischen Kampfargument, das von seinen Befürwortern absolut gesetzt wurde, sodass inneren wie äußeren Gegnern schlichtweg ihr Existenzrecht abgesprochen werden konnte. Äußerstenfalls wurde die zunehmende Diversität der modernen Gesellschaften gegen Ende des 19. Jahrhunderts noch durch einen blassen und schalen Nationalismus überdeckt (Schulze 1994 S. 261), der indes die Vielfalt der mit dem Konzept des Nationalstaats verbundenen politischen Entwürfe nicht mehr integrieren konnte.

Nationales Sendungsbewusstsein

Die für die Stiftung nationaler Identität immer schon konstitutiven, aber im letzten Drittel des 19. Jahrhunderts in nationalistischer Übersteigerung besonders betonten Feindbilder lieferten nicht nur Legitimation und Orientierung für die eigene Nation, durch die unter deren Mitgliedern Loyalität verbürgt werden sollte, sondern stellten auch die Negativfolie für eine Selbstglorifizierung bereit, die durch Inanspruchnahme eines spezifischen geschichtlichen Auftrags, einer säkularen historischen Mission Plausibilität erhalten sollte. Dieses Sendungsbewusstsein, das häufig mit der Behauptung der eigenen kulturellen

Höherwertigkeit sowie der zivilisatorischen Leistung begründet wurde, betonte ebenso die Einzigartigkeit der eigenen Nation, wie es zur Disziplinierung der Bevölkerung beitrug (Weichlein 2006, S. 139). Einzigartigkeit und Missionsauftrag der eigenen Nation begründete letztlich ihr Prestige, das gegen Ende des 19. Jahrhunderts zunächst von den europäischen Großmächten, dann aber auch durch die USA mit der Verfügbarkeit eines kolonialen Betätigungsfeldes im Zusammenhang stand.

Imperialer Nationalismus

Das Modell für den zunehmend imperialen Nationalismus, der für Österreich und Russland, aber auch für Preußen im Hinblick auf ihre in den mittel- und osteuropäischen Raum hineinreichenden Staatsbildungen schon in der ersten Hälfte des 19. Jahrhunderts zu konstatieren ist (Zernack 1998, S. 101), bildete der britische *Empire*-Nationalismus, der die durch zunehmende soziale Stratifizierung und nationale Auseinandersetzungen ausgelösten massiven inneren Konflikte im Inselreich überwölbte und letztlich sogar den Verlust der wirtschaftlichen und politischen Weltmachtstellung Großbritanniens überwinden half (Schulze 1994, S. 257). Diese Imperialismus und Nationalismus zusammenfügende Konstruktion wurde mit der angeblichen Überlegenheit der Briten gegenüber anderen Völkern, insbesondere denjenigen mit nichtweißer Hautfarbe, begründet, sodass die Existenz des *Empire* als Interesse der gesamten menschlichen Zivilisation ausgewiesen werden konnte.

Kulturnation

Diese in Großbritannien verbreitete Überzeugung zeitigte Wirkung bei einer das Bild der Kulturnation gegen den wilhelminischen Reichsnationalismus ausspielenden politischen Richtung im Deutschen Reich, die die als demütigend empfundene, von Bismarck unter Betonung der deutschen „Mission" in Mitteleuropa zur Beruhigung der anderen Großmächte auferlegte Selbstbeschränkung überwinden wollte. Gefordert wurde „Weltpolitik", durch die die deutsche Nation, deren Kulminationspunkt nun nicht mehr in der Reichsgründung von 1871 gesehen wurde, ihrer Vollendung entgegenschreiten könne. Die „völkischen" Träger eines derartigen Bewusstseins waren maßgeblich Angehörige des liberalen, gebildeten und besitzenden Bürgertums, also die Erben der deutschen Nationalbewegung von 1848 (Schulze 1994, S. 263), die der imperialen Ausdehnung Großbritanniens, Frankreichs und Russlands nicht mehr tatenlos zusehen wollten.

Expansion

Vor diesem Hintergrund bildeten Überlegenheitsanspruch und Sendungsbewusstsein eine in den Augen von Expansionisten hinreichende Legitimation, auch gewaltsam in benachbarte Räume vorzudringen oder Gebiete und Ethnien in anderen Kontinenten unter Zwang zu unterwerfen und als Kolonien auszubeuten. Verschiedene deutsche Staaten hatten ihre Ausdehnungsbegierden bereits im 18. Jahrhundert in die Mitte und in den Osten Europas gerichtet, und auch im Kaiserreich blieb ein Mitteleuropa unter deutsch-österreichischer Hegemonie weitgehend unumstrittenes, partiell bereits realisiertes Ziel. In den 1880er Jahren hingegen wurde der Ruf nach deutschen Kolonien immer lauter, an deren Berechtigung die Verfechter deutscher „Weltpolitik", die alsbald in Weltmachtstreben umschlug, keinen Zweifel ließen. Als mit dem Industrialisierungsschub zur militärischen Stärke und zum politischen Gewicht des Kaiserreichs auch noch das gewaltige ökonomische Potenzial trat, schien die von Bismarck begünstigte Konzentration auf Europa zu begrenzt: 1887 bzw. 1891 entstanden mit der Deutschen Kolonialgesellschaft und dem Alldeutschen Verband Organisationen, die massiv eine Beteiligung des Deutschen Reiches an der Aufteilung überseeischer Gebiete einforderten.

Kolonialismus

Als dann auch noch das sorgsam austarierte Bündnissystem Bismarcks durch die Politik der neuen Reichsregierung ausgehebelt und ein großdeutsche Fantasien beflügelnder einseitiger Schulterschluss mit Österreich-Ungarn vollzogen wurde, schien angesichts der bewusst auch von offiziellen Stellen geförderten Einkreisungsängste aus der Sicht völkischer Kräfte die Forderung nach gleichberechtigter Beteiligung des Deutschen Reiches an der bereits lange zuvor betriebenen Kolonialisierung der Welt geradezu geboten. Damit geriet das Deutsche Reich nicht nur realpolitisch in Gegensatz zu Großbritannien, was Bismarck immer hatte verhindern wollen. Die durch die suggerierte Bedrohungslage nochmals gesteigerten Überlegenheits- und Heilbringungsgefühle, die in fataler Verbindung zu einer aus der Evolutionslehre Charles Darwins abgeleiteten Berechtigung der Durchsetzung des Stärkeren zu biologistischen Abgrenzungsbestrebungen unter den Völkern und schließlich zu rasseideologischen Bewertungsschemata führten, brachten auch die Notwendigkeit ihrer Bestätigung durch Expansion mit sich. Sofern das räumliche Ausgreifen erfolgreich war, wurden wiederum die Sendungs- und Höherwertigkeitsüberzeugungen bestärkt. Dieser Zusammenhang vollzog sich in vielen europäischen Bevölkerungen, die auf diese Weise in immer schärfere Gegensätze gerieten.

Imagined communities

Die konstituierenden Merkmale der Nationen wurden allerdings unterschiedlich ausgewiesen. Der eingangs erwähnte Ernest Renan hat 1882 die gemeinsame Sprache, das geteilte religiös-konfessionelle Bekenntnis, den festgelegten oder beanspruchten Raum, die Überzeugung von einer vereinenden ethnischen Herkunft oder auch die Deckungsgleichheit ökonomischer Interessen als für die Nationsbildung unzureichende Konstitutionsmerkmale zurückgewiesen und die Nation stattdessen als „geistiges Prinzip“ beschrieben, indem sie als Willensgemeinschaft durch die Zustimmung der Menschen auf der Basis von diesen geteilter Erinnerungen wie auch Erwartungen und Entwürfe konstituiert werde (Renan 1882, S. 56). Damit basierte nach Auffassung Renans die Nation auf dem individuell-voluntaristischen Selbstbekenntnis zur Zugehörigkeit zu einem Kollektiv, dem in der Französischen Revolution im Anspruch auf die Souveränität des Volkes mit Blick auf die politische Partizipation der Weg gebahnt wurde. Der US-amerikanische Nationenforscher Benedict Anderson hat diesen Zusammenhang im Begriff der *imagined community* zu fassen versucht (Anderson 1991, S. 6), indem das Bekenntnis zur Nation durch in Medien (Bildern, Texten) propagierte, identitätsstiftende Images ausgelöst wurde. Der aus Großbritannien stammende Historiker Eric Hobsbawm sprach für die medial vermittelten Erinnerungen, die oftmals erst im aktualisierten Kommunikationsprozess gemeinsam wurden, von einer *invented tradition*. Er verstand die für ihn die Nation konstituierende Konstruktion von Traditionsbeständen allerdings nicht vornehmlich als Erfindung, sondern auch als Wiederbelebung von

Invented traditions

Traditionen, durch die in „eine[r] Reihe von Praktiken ritueller oder symbolischer Natur“ (Hobsbawm 1998, S. 97) Werte und Verhaltensformen innerhalb einer Gesellschaft etabliert oder aufrechterhalten werden sollten. Durch die Propagierung von *invented traditions* sollte in Krisen- und Umbruchzeiten, die gerade während des *Nation Building* im späten 18. und im 19. Jahrhundert in Form von Revolutionen (z.B. für die hier zentralisierten Beispiele 1763-1787, 1830/1831, 1848/1849), Aufständen (verschiedene Bevölkerungen in Europa unter napoleonischer Herrschaft 1799-1813, Polen 1830/1831 und 1863/1864) und Kriegen (US-Unabhängigkeitskrieg 1775-1783, „Befreiungskriege“ 1813-1815, „Einigungskriege“ 1864, 1866, 1870/1871) als Katalysator wirkten (Hirschhausen/Leonard 2001, S. 40), die beruhigende Kontinuität zu einer als glorreich dargestellten Vergangenheit als Erfolgsrezept für die Zukunft hergestellt werden. Die Veränderungen wurden auf diese Weise gerechtfertigt, indem für die Innovationen ein weit in die Vergangenheit reichender Ursprung behauptet wurde (Weichlein 2006, S. 25).

Historisch-politische Mythen

Damit sind *invented traditions* Teil jener Ideologien, die nach Benedict Anderson zur *imagined community* führen, die sie jenseits aller sozialen Unterschiede als Identitätsgröße und Integrationsmodell etablieren (Hirschhausen/Leonard 2001, S. 18-19). Sie werden in der Ideologie veranschaulicht über historisch-politische Mythen, die die Existenz einer von Menschen gebildeten Gruppe wie z.B. der Nation zwar nicht erklären, aber in Ursprungsgeschichten deuten, die in die Vergangenheit verlegt werden, aber auf Gegenwart und Zukunft in einer umfassenden Sinnstiftung weisen (Kotte 1997, S. 392-393). Geschichte wird durch griffige Mythen in narrativer Deutung handlungsorientierend über schriftliche und mündliche Medien (Aufrufe, Reden, Zeitungen und Zeitschriften, Literatur) vermittelt, in architektonischen und gegenständlichen Visualisierungen (Repräsentationsbauten, Denkmälern) wie auch in Bildern ikonisch verdichtet und durch Zeremonien, Rituale, Gedenkfeiern und -tage reinszeniert (Münkler 2009, S. 15).

Europäische Nationalbewegungen bedienten sich länderübergreifend der so konstruierten *invented traditions*, die in nationalen Geschichtsmythen, die mit einer Semantik des Ursprungs und damit der Wiedererweckung, nicht aber der Innovation veranschaulicht wurden (Weichlein 2006, S. 25) und Wesensgeschichten von Nationen beglaubigten. Sie vermittelten auf diese Weise eine (letztlich auf subjektivem Integrationswillen basierende) Zugehörigkeit zur Nation.

Romantik

Die Romantik gilt in der Forschung europaweit als „formative Phase der Mythisierung der Nation" (Weichlein 2006, S. 124), doch nicht nur für die ihr nachfolgende liberal-nationale Bewegung in den deutschen Staaten des Vormärz eignete sich zu diesem Zweck das mittelalterliche Heilige Römische Reich mit dem zur Kulminationsfigur stilisierten Kaiser Friedrich Barbarossa, auf den bereits in der Frühen Neuzeit die ursprünglich seinem Enkel angedichtete Wiederkehr aus dem Kyffhäuser in Zeiten großer Not übertragen wurde. Auch der Nationalstaat von 1871, dessen Eliten zunächst noch mit dem universalen Anspruch des Alten Reiches gehadert hatten, wurde als Wiedergeburt des mittelalterlichen Reiches, als „zweites Reich", gepriesen und Wilhelm I. zur Reinkarnation Barbarossas als „Barbablanca" stilisiert (Kotte 2009, S. 246-247). In Polen diente der mittelalterliche Sieg des polnisch-litauischen Heeres über den Deutschen Orden bei Grunwald/Tannenberg (1410) zur Veranschaulichung der Überwindbarkeit der Teilungsmächte im 19. Jahrhundert. In den USA wurde im Sinne des Ursprungs und der Wiedergeburt das autoritätsspendende Vatersymbol sowohl auf die *Pilgrim Fathers* in den neuenglischen Koloniegründungen als auch auf die *Founding Fathers* der Amerikanischen Revolution übertragen, um für die Nachkommen einen fortdauernden Auftrag im gesellschaftlichen Konsens und in der politischen Mission zu begründen.

Gegenwartsbezogenheit der Vergangenheitsbetrachtung

Vor dem Hintergrund verschiedenster Herausforderungen der Gegenwart des 19. Jahrhunderts wurden bestimmte Interpretationen vergangener Ereignisse als Leitlinien zur Bewältigung aktueller Situationen und als Verheißungen für die Zukunft breitenwirksam propagiert. Die deutsche Situation war dabei grundlegend von der Überwindung der Zersplitterung und der Herstellung (national-)staatlicher Einheit geprägt. Die US-amerikanische Herausforderung bestand in der Konsolidierung und Ausdehnung der jungen Republik. In Polen verband sich die Sehnsucht nach Wiederherstellung eines souveränen Staatswesens möglichst in den Grenzen der alten *Rzespospolita* (einer vom Adel und nicht vom Monarchen dominierten Staatsform) mit der Befreiung von russischer, preußischer und österreichischer Fremdherrschaft. Diese Nationsbildungsprozesse unifizierender, sezessionistischer und emanzipatorischer Art wurden maßgeblich vom in den Wandlungs- und Reformprozessen um die Wende vom 18. zum 19. Jahrhundert ökonomisch erstarkten, gesellschaftlich gefestigten Bürgertum getragen, das nun seine politische Teilhabe einklagte. Auch wenn es sich dabei zunächst noch um relativ elitäre Vorgänge innerhalb des Bildungs- und Besitzbürgertums handelte, so zielten die Nationalbewegungen früher oder später bereits auf die Beteiligung von Angehörigen der klein- und unterbürgerlichen Schichten ab (Hirschhausen/Leonard 2001, S. 14-15), wie die Radikalisierung innerhalb der Amerikanischen Revolution in den Jahren 1774 bis 1776 ebenso wie die Aktionsgemeinschaften aus Bürgern, Bauern und Studenten im deutschen Vormärz oder die zunehmende Einbindung von Arbeitern und Bauern im polnischen Januaraufstand von 1863/1864 belegen.

Das Bürgertum als Trägerschicht

Propaganda

Die Ausweitung der Nationalbewegungen in Massenphänomene verlangte eine wirkungsvolle Propaganda, die die durch Geschichtsbilder und historisch-politische Mythen zentralisierten Werte wie Einheit und Freiheit, *liberty* (Freiheit) und *Pursuit of Happiness* (Streben nach Glück), *wolność* (Freiheit) und *niepodległość* (Unabhängigkeit) als erstrebenswerte Ziele im politisch erwachenden Bewusstsein weiter Teile der Bevölkerungen zu verankern vermochte. Die Nation ist damit auch als „System von kollektiv-gemeinsamen Wertorientierungen und Ordnungsvorstellungen [...] [erkennbar], das nach innen Teilhabe und nach außen Abgrenzung vermittelt und damit Partizipationsverheißung und Aggressionsbereitschaft konstitutiv miteinander verknüpft" (Hirschhausen/Leonard 2001, S. 14).

Denkmäler

Der auf diese Weise geleisteten historisierenden Narrativierung der auf die politisch-gesellschaftliche Gegenwart gerichteten Geschichtsinterpretationen folgte deren Veranschaulichung durch Visualisierung, besonders in einer durch Denkmäler betriebenen Monumentalisierung. Ob es nun die gegenständlich gestaltete Verbindung von Barbarossa und Wilhelm I. in der Ruine der alten Stauferburg auf dem Kyffhäuser (1796), der Bau der antikisierenden *Memorials* in der Hauptstadt Washington in einer axialen Symmetrie mit den Zentren der US-amerikanischen Politik, dem Kongress und dem Weißen Haus, oder das zum 500. Jahrestag der Schlacht bei Grunwald im vergleichsweise liberal verwalteten Galizien in Krakau errichtete Denkmal war – den Gründungsmythen dieser Nationen wurden symbolisch hochaufgeladene Kultstätten errichtet, die mit pompösen Festlichkeiten eingeweiht wurden und oftmals als Orte jährlich wiederkehrender Feiern die Ritualisierung der mythisierten Geschichte ermöglichten.

Historienbilder

Eine ähnliche veranschaulichende Popularisierung vollzog sich durch Historienbilder, die „wie transparente Fenster in die Vergangenheit wirk[t]en" (Germer 1998, S. 44) und – sei es durch unterschiedliche Varianten und öffentliche Dauerausstellung einer Version (Zeughaus-Fassung 1881/1883) wie bei Anton von Werners „Kaiserproklamation in Versailles" (Flacke 1998, S. 123), organisierte Rundreisen durch das Land wie bei Emanuel Gottlieb Leutzes „Washington Crossing the Delaware" (Washington überquert den Delaware, 1851) (Kotte 1998, S. 565) oder Premieren, die den Ausstellungsort fast schon in ein Wallfahrtsziel verwandelten wie die Präsentation von Jan Matejkos „Bitwa pod Grunwaldem" (Schlacht bei Grunwald, 1875-1878) (Molik 1998, S. 303) sowie natürlich durch deren zahlreiche Reproduktionen in verschiedenen Größen und Formaten sowie zu unterschiedlichen Zwecken – als Massenmedien des 19. Jahrhunderts gelten können (Germer 1998, S. 48).

Mythisierende Erzählmuster

Historisch-politische Mythen folgten bestimmten Erzählmustern und Argumentationsfiguren. Im Rekurs auf ein vergangenes Ereignis wurde die eigene Geschichte ausschnitthaft glorifiziert, wobei alle problematischen Aspekte eliminiert wurden, um in äußerster Reduktion der Komplexität historischen Geschehens sinnstiftend in der Gegenwart und orientierend für die Zukunft zu wirken. Im Zentrum des in unterstellter Kontinuität zur Vergangenheit konstruierten Sinns, der handlungsanleitend in die Zukunft wirken sollte, standen oftmals ganz konkrete politische Absichten und Aktivitäten, deren Legitimität durch den Verweis auf ihre ehrwürdige Tradition, auf ihren glorreichen Ursprung in der Vergangenheit nachgewiesen werden sollte. Historisch-politische Mythen suggerierten durch ihre Erzählungen über das Wesen der Nationen auch deren Missionen, ob diese nun in der selbst unterstellten zivilisatorischen Aufgabe der Deutschen im mitteleuropäischen Raum, der (Selbst-)Verpflichtung der US-Amerikaner zur Verbreitung ihres in Symmetrie zur biblischen Heilsgeschichte gedeuteten politischen Staatsaufbaus durch fortwährende Expansion oder der von Polen sich selbst zugeschriebenen Aufgabe des Schutzes der europäischen Christenheit vor paganen („heidnischen") Völkern *(antemurale christianitatis)* bestand.

Nationalhelden

Aktuelle politische Akteure wurden oft in Analogie zu heroisierten Gestalten der Vergangenheit, deren Verehrung nicht selten durch den Verweis auf göttliche (oder zumindest übernatürliche) Zusammenhänge (Friedrich Barbarossa als nur ruhender Retter Deutschlands, George Washington als Vollstrecker der Vorsehung, Władysław II. Jagiełło als eigentlicher Verteidiger der Christenheit) an Apotheose (Vergöttlichung) grenzt, dargestellt. Die narrative Breite der ohnehin komplexitätsreduzierenden Geschichtsmythen wurde im Zuge der Visualisierung in signifikante Momente unterteilt, das mythisierte historische Geschehen in einem prägnanten Moment oder einer repräsentativen Aktion verdichtet. Durch Reaktualisierung in Ritualen oder bei Zeremonien standen diese Momente symbolisch für die beabsichtigte Lesart des Gesamtgeschehens. Auf diese Weise konnten sich die Adressaten kaum mehr der Überzeugungskraft des multimodal wirksamen Mythos entziehen, sie wurden regelrecht überwältigt. „Nation, Mythos und Bildposition waren ein wirkungsvolles Dispositiv" (Germer 1998, S. 59), doch auch Historiografie und Belletristik stellten sich im Verlauf des 19. Jahrhunderts in den Dienst der Nation, die überdies durch eine Fülle von Symbolen (Fahnen, Wappen, Hymnen) wie auch durch wiederkehrende Rituale (bei der Begehung von Feiertagen, durch Festspiele oder historische

National-
symbolik

Umzüge) repräsentativ auch im Alltag der Menschen wirksam wurde.

Nationale Identitäten

Nationale Identität lässt sich damit als „jene Summe kollektiver Selbstverständnisse und Selbstbilder einer Nation beschreiben, die sich in gemeinsamen kulturellen Codes, Wertsystemen, Überzeugungen und Interessen äußert, durch Institutionen und Symbole stabilisiert und aktualisiert wird und durch die sich Nationen deuten und ihre Handlungen nach innen und außen legitimieren“ (Hirschhausen/Leonard 2001, S. 15). Darüber hinaus aber – darauf hat der österreichische Historiker Moritz Czáky aufmerksam gemacht – überdeckt die Fülle integrativer Symbole und Rituale auch sich widersprechende Nationsdeutungen innerhalb eines Landes, durch die die Verbindlichkeit und Gemeinsamkeit der Nationsvorstellung relativiert werden könnte (Czáky 2002, S. 40). Eine vergleichende Analyse von Nationsbildungen in unterschiedlichen Ländern kann dazu beitragen, auch die zeitlich und sozial divergierenden Lesarten, die Rückschlüsse über diachrone Bedeutungszuweisungen wie auch aus unterschiedlichen sozialen Interessen formulierte Sinnzuschreibungen ermöglichen, adäquater zu berücksichtigen.

Aufbau des Bandes

Die Darstellung dieses Bandes beginnt mit den in allen drei Beispielfällen grundlegenden Veränderungen der Herrschaftssysteme im 18. Jahrhundert, deren Ursachen maßgeblich in den durch ökonomische Transformationen bedingten gesellschaftlichen Wandlungsprozessen ebenso wie durch Brüche im politisch-rechtlichen Bewusstsein größerer Teile der Bevölkerungen zu verorten sind. Hier bildeten sich jene Konstellationen heraus, die die entstehenden Nationalbewegungen zwangen, Konzeptionen zur dauerhaften Legitimierung der Idee der Nation als vorwärtsweisende, handlungsanleitende Richtlinien für die Zukunft zu entwerfen. Verfolgt wurde dieses Anliegen nicht nur durch eine langfristig auf dem Wege von Reformen unter ganz verschiedenen Bedingungen verfolgten Stabilisierung der Ordnungsverhältnisse unter Beteiligung der Bürger im ersten Drittel des 19. Jahrhunderts, sondern weit mehr durch den Entwurf nationaler Missionen, die über politische Programmatik verfolgt werden sollten und schließlich durchaus auch den revolutionären Bruch mit etablierten Herrschaftsverhältnissen erfordern konnten. Während in den USA die territoriale Expansion als angenommenes Mittel zur Vervollkommnung des eigenen Staatswesens bereits in der ersten Hälfte des 19. Jahrhunderts aufgenommen werden konnte, musste in Deutschland (1848 noch gegen den Widerstand der Fürsten) um einen Nationalstaat gerungen werden, der überhaupt die Voraussetzung zur Erfüllung einer deutschen Mission in Mitteleuropa bildete. In Polen indes hatte der Versuch einer Überwindung der Teilungssituation Priorität, dessen Scheitern erst eine Mission konstruieren half: Das Schicksal des zerschlagenen polnischen Staates und der geteilten polnischen Nation wurde als Opfer zum Wohle Europas ausgewiesen.

Nach Durchsetzung des Nationenkonzepts in der ersten Hälfte des 19. Jahrhunderts hatte sich dieses in unterschiedlichen Krisen zu bewähren, die sich in den USA mit Spaltung und Bürgerkrieg, in Polen mit einem weitaus größere Bevölkerungsteile umfassenden, abermals gescheiterten Aufstand und in Deutschland mit den Kontroversen über den kleindeutschen Nationalstaat verbanden. Der gerade in diesen Situationen immer deutlicher spürbare Legitimationsdruck und die nachhaltig – auch propagandistisch – beschworenen Bedrohungsszenarien veränderten die zunächst mit liberalen Zielsetzungen in allen drei Ländern verbundenen Nationalismen im letzten Drittel des 19. Jahrhunderts, deren revolutionäres Potenzial nach Überwindung der alten Herrschaftsordnungen oder mit der Suche nach längerfristigen Konzepten nicht zuletzt in gegenseitiger Wechselwirkung und durch Verabsolutierung des jeweiligen Sendungsbewusstseins in rassistische Abgrenzung, veranschaulicht durch biologistische oder quasireligiöse Metaphern, einmündete. Diese Ambivalenz zwischen emanzipatorischem und aggressivem Potenzial war ganz grundsätzlich in den Nationalismen des 19. Jahrhunderts angelegt, aber die Entwicklung von einer primär politische Möglichkeiten schaffenden zu einer überwiegend destruktiven Kraft lässt verschiedene Phasen der Nationenbildung im 19. Jahrhundert deutlich hervortreten. Dieser Beobachtung versucht die Darstellung dieses Bandes gerecht zu werden, ohne die notwendig mit der Untersuchung von Nationsbildungsprozessen verbundenen Kontroversen zu verschweigen. Die in der Geschichtswissenschaft und den benachbarten Disziplinen seit den 1990er Jahren in äußerst lebhafter und fruchtbarer Weise geführten Diskussionen um das *Nation Building* im 19. Jahrhundert werden nach den Darstellungsteilen ausschnitthaft anhand eines Kernproblems unter Berücksichtigung jüngerer Forschungspositionen nachgezeichnet. Auf diese Weise soll ein Einblick sowohl in die Prozesse der Nationsbildung als auch in den wissenschaftlichen Austausch darüber ermöglicht werden.

2. Die Ausgangssituation: Politische Herrschaftsveränderungen, ökonomische Transformationen, gesellschaftliche Entwicklungen an der Wende vom 18. zum 19. Jahrhundert

2.1 Darstellung: USA – Dekolonisation

Widerstand gegen die Kolonialmacht

Salutary Neglect in der Mitte des 18. Jahrhunderts

Bereits im ersten Drittel des 18. Jahrhunderts hatte Großbritannien versucht, seine nordamerikanischen Kolonien in sein merkantilistisches System einzubinden, indem es über in Listen aufgezählte Güter *(enumerated goods)* ein Exportverbot für andere Länder als Großbritannien verhängte, Zölle für den interkolonialen Handel festlegte und Herstellungsbeschränkungen verfügte. Diese Gesetze behinderten die koloniale Wirtschaft zwar, konnten aber verkraftet werden, da Großbritannien in den 1740er und 1750er Jahren auf massive Maßnahmen zur Durchsetzung verzichtete, was in den Kolonien als „zuträgliche Vernachlässigung" *(Salutary Neglect)* aufgefasst wurde. Zur gleichen Zeit war es auf der Grundlage der den Kolonien verliehenen Gründungsurkunden *(charters)* gelungen, mit der Vorstellung einer auftragsorientierten Repräsentation durch geschickte Nutzung der Finanzpolitik den von den wahlberechtigten weißen Einwohnern gewählten unteren Kammern *(lower houses)* der kolonialen „Parlamente" *(assemblies)* Befugnisse v. a. in den Bereichen der Steuerbewilligung und der Vergütung von britischen Beamten zu sichern. Daher erhielt die Idee der tatsächlichen Repräsentation bereits vor dem Ende des Siebenjährigen Krieges (1756-1763), in dem die Kolonisten aufgrund ihrer substanziellen Beteiligung durch Aushebung eigener Milizeinheiten zu einem gestärkten Selbstverständnis gelangten, in den nordamerikanischen Kolonien Großbritanniens praktische Bedeutung. Während des Siebenjährigen Krieges, der in Nordamerika als „Französischer und Indianischer Krieg" *(French and Indian War)* bereits zwei Jahre früher begann, war Großbritannien überdies gezwungen, den kolonialen Repräsentativversammlungen besonders großen Spielraum zu lassen.

Neue britische Steuerpolitik

Nach fast drei Jahrzehnten der verwaltungs- und wirtschaftspolitischen *Salutary Neglect* beschlossen Krone, Regierung und Parlament in London, die Kolonisten an den Kosten des Siebenjährigen Krieges durch eine Steuer- und Abgabenpolitik zu beteiligen und den entsprechenden Gesetzen durch nach dem Krieg in den Kolonien verbliebene britische Truppen und Ausweitung der juristischen Befugnisse der bereits seit 1796 existenten Vizeadmiralitätsgerichtshöfe *(vice admiralty courts)* Nachdruck zu verleihen. Überdies gab der bis 1766 mit den Ottawa unter Führung ihres Häuptlings Pontiac andauernde Konflikt bereits 1763 die Veranlassung zu einer königlichen Proklamation *(Proclamation)*, die ein Siedlungsverbot jenseits des Appalachen-Gebirges verhängte.

Neue Steuergesetzgebung für die nordamerikanischen Kolonien

Vier britische Gesetze bildeten in den 1760er Jahren jeweils Höhepunkte einer Entwicklung, die schließlich 1776 in die Unabhängigkeit einmünden sollte. Das sogenannte „Zuckergesetz" (*Sugar Act,* 1764) sollte durch Steuern auf Melasseprodukte die Einnahmen aus den Kolonien steigern. Verstöße (v. a. Schmuggel) sollten durch *vice admiralty courts* geahndet werden. Dies war in den Augen der Kolonisten ein klarer Verstoß gegen die nach britischem Recht garantierte Geschworenengerichtsbarkeit *(Trial by Jury)*. Stieß bereits dieses Gesetz auf großen Unmut in Teilen der kolonialen Bevölkerung, so rief das „Stempelgesetz" (*Stamp Act,* 1765), das erstmals alle Kolonisten einer direkten Steuer auf sämtliche Druckerzeugnisse und amtlichen Bescheinigungen unterwarf, massiven Protest hervor. Als besonders schwerwiegend wurde die Verwendung der Einnahmen aus dieser Maßnahme zur Finanzierung der in den Kolonien stationierten britischen Truppen empfunden, die in den Augen vieler Kolonisten gegen das in der britischen Verfassung verankerte Verbot der Unterhaltung eines „Stehenden Heeres" ohne Zustimmung des Parlaments (in dem die Kolonisten nach eigener Auffassung nicht vertreten waren) verstieß. Der Protest nahm nun deutlich radikalere Töne an. Es wurde offen vom Ruin der Kolonien durch die britische Gesetzgebung gesprochen und dem Parlament in London Verfassungsbruch vorgeworfen, da die direkte Besteuerung nur mit Zustimmung gewählter Vertreter erfolgen dürfe („no taxation without representation"), die Kolonien aber nicht im britischen Parlament vertreten seien. Insbesondere aus den Mittelschichten wurde der Ruf nach Volkssouveränität laut, dem durch die Gründung der vergleichsweise radikalen Organisation der „Söhne der Freiheit" *(Sons of Liberty)* Nachdruck verliehen werden sollte. Neun von dreizehn Kolonien beschlossen im Oktober 1765, Vertreter auf den „Stempelsteuerkongress" *(Stamp Act Congress)* nach New York zu entsenden, um eine Erklärung der von den Kolonisten eingeforderten Rechte und erhobenen Beschwerden zu verfassen, durch die die Auffassung von der Notwendigkeit tatsächlicher Repräsentation als Voraussetzung legaler Besteuerung bekräftigt und die Rücknahme des Gesetzes gefordert werden sollte. Parallel verweigerten Kaufleute aus New York, Philadelphia und Boston die Einfuhr britischer Waren, sodass die britische Wirtschaft empfindlich getroffen wurde. Die Kolonisten entwickelten während der Krise um den *Stamp Act* bereits Formen organisierten Widerstands, die später als erprobte Modelle der Institutionalisierung der Revolution dienen konnten. Wortführer des kolonialen Protests waren Vertreter der soziopolitischen Elite wie John Dickinson (1732-1808) und Benjamin Franklin (1706-1790), die – für den Fall der unveränderten Fortsetzung der britischen Politik – bereits 1765 öffent-

Protest der kolonialen Bevölkerung

Erste Formen organisierten Widerstands gegen die Kolonialmacht

lich vor der Möglichkeit einer dann unvermeidbaren Trennung vom Mutterland warnten. Die koloniale Elite bediente sich vor allem des Mittels der Flugblätter und Flugschriften (Pamphletliteratur), durch deren weite Rezeption (über Aushänge, Weitergabe und auch Rezitation vor Publikum) wohl erstmals ein öffentlicher Kommunikationsraum geschaffen wurde, der letztlich zum Erfolg der Amerikanischen Revolution wesentlich beitrug.

Anspruch der Gesetzgebungsbefugnis durch das britische Parlament

Zwar sah sich die britische Regierung durch diesen spürbaren Protest veranlasst, den *Stamp Act* aufzuheben, doch beschloss das britische Parlament gleichzeitig ein Gesetz (*Declaratory Act,* 1766), das seine uneingeschränkte Gesetzgebungsbefugnis für die Kolonien ausdrücklich feststellte. Dieses Gesetz, das für die Kolonien keine unmittelbaren Auswirkungen hatte, sondern lediglich die Rechtsposition der britischen Regierung bekräftigte, erregte in den Kolonien vor dem Hintergrund des Triumphes über die Rücknahme des *Stamp Act,* der das Bewusstsein für eine vereinte Opposition von Elite und Mittelschichten signifikant erhöhte, relativ wenig Aufmerksamkeit. Demgegenüber sorgten die 1767 durch ein Gesetzesbündel verfügten und nach dem britischen Schatzkanzler Charles Townshend benannten Zölle *(Townshend Duties)* auf Waren des alltäglichen Gebrauchs (darunter auch Tee) für eine deutliche Verschärfung des Konflikts. Die mit diesen Gesetzen erzielten Einnahmen sollten der Entlohnung britischer Kronbeamter in den Kolonien dienen und diese damit von der Festsetzung ihrer Bezahlung durch die kolonialen *assemblies* unabhängig machen. Den *assemblies* drohte damit ein Verlust ihrer Kompetenzen im finanzpolitischen Bereich *(power of the purse).* Abermals reagierten die kolonialen Kaufleute mit einem Warenboykott, der die britische Handelswirtschaft substanziell schwächte und auf Druck Londoner Kaufleute 1770 zur Rücknahme der Zölle führte, allerdings bei symbolischer Beibehaltung des Teezolls zur Unterstreichung des britischen Rechtsanspruchs. Zuvor jedoch hatten Berichte königlicher Kolonialbeamter über marodierende Kolonisten zur Entsendung zweier britischer Regimenter nach Boston geführt. Nach wiederholten Reibereien zwischen Bostoner

Verschärfung des Konflikts

Bürgern und britischen Soldaten kam es 1770 bei einer Demonstration zu fünf Toten, die als die ersten Märtyrer der kolonialen Widerstandsbewegung beim „Massaker von Boston" *(Boston Massacre)* auf jährlichen Gedenkveranstaltungen, auf denen die britische Politik als Tyrannei zur Versklavung der Kolonisten gebrandmarkt wurde, symbolische Bedeutung erlangten.

Bisher war der koloniale Protest gegen die britische Gesetzgebung maßgeblich als Verteidigung von Rechten ausgewiesen worden, die den Kolonisten nach ihrer Auffassung durch die britische Verfassung zustanden. Sie bedienten sich dabei noch einer verfassungsimmanenten Argumentation, indem sie immer wieder auf die in den englischen Freiheitsurkunden verbrieften Rechte verwiesen, um ihre Behandlung als „Bürger zweiter Klasse" abzuwenden. Doch das auf dieser Basis legitimierte Selbstbesteuerungsrecht der Kolonisten führte – in Reaktion auf den *Declaratory Act* und den symbolisch aufrechterhaltenen Teezoll – sukzessive zur umfassenden Negierung des durch das britische Parlament erhobenen Souveränitätsanspruchs hinsichtlich der Kolonien und schließlich in den 1770er Jahren auch zur Kritik am König, dessen exekutive Autorität in den Kolonien zuvor nicht bezweifelt worden war.

Radikalisierung der Protestmaßnahmen – Boston Tea Party (1773)

1773 erließ das britische Parlament ein „Teegesetz" *(Tea Act)*, das der maroden East India Company durch Zollerlass einen entscheidenden Preisvorteil gegenüber kolonialen Teehändlern verschaffte, der selbst durch Schmuggel nicht einzuholen war. Der Protest hatte sich inzwischen auch mit Blick auf die aus den Mittelschichten immer nachdrücklicher erhobene Forderung nach Volkssouveränität so weit radikalisiert, dass – symbolisch bedeutsam – als Mohawk-Indianer verkleidete *Sons of Liberty* drei Teeschiffe enterten und die Ladung über Bord warfen *(Boston Tea Party)*. Hatten die durch die britischen Maßnahmen bisher ausgelösten Kontroversen paradoxerweise auf von beiden Seiten geteilten Grundauffassungen basiert, die die Kolonisten jedoch auch auf ihre eigenen *assemblies* angewendet sehen wollten, so beinhaltete dieser gewaltsame Akt die Zerstörung von Eigentum, das bis dato auf beiden Seiten des Atlantiks als unantastbares höchstes Gut gegolten hatte. Dennoch fand die *Boston Tea Party* auch die Anerkennung der am Widerstand beteiligten soziopolitischen Elite, wie beispielsweise die Kommentare der Neuengländer Samuel (1722-1803) und John Adams (1735-1826) zeigen, sodass dieses Ereignis mit seinem verfassungsüberschreitenden Charakter als erster Schritt zur Herauslösung aus dem britischen Weltreich *(British Empire)* interpretiert werden kann.

Bestrafung der Kolonie Massachusetts

Die britische Seite reagierte mit bis zur Leistung von Schadensersatz gültigen „Zwangsgesetzen“ *(Coercive Acts)* gegen die Kolonie Massachusetts und die Stadt Boston, die viele Kolonisten als unzumutbar empfanden (daher der Begriff *Intolerable Acts* für dieselben Gesetze). Der für Boston existenznotwendige Hafen wurde fast gänzlich geschlossen, britische Kronbeamte wurden bei Anklagen hinsichtlich ihrer Amtsausübung nicht mehr in den Kolonien, sondern in Großbritannien vor Gericht gestellt. Die *charter* von Massachusetts wurde in weiten Teilen außer Kraft gesetzt, indem der königliche Gouverneur von nun an Stadtversammlungen *(town meetings)* und lokale Beamte kontrollieren und die Macht der kolonialen *assemblies* durch Ernennung der bisher gewählten Mitglieder des Gouverneursrats *(council)* begrenzen sollte. Um die britische Autorität notfalls auch mit Waffengewalt durchsetzen zu können, wurde im Juni 1774 ein für alle Kolonien gültiges Einquartierungsgesetz *(Quartering Act)* beschlossen, das es ermöglichte, Gebäude zur Unterbringung britischer Soldaten zu requirieren. Überdies wurde durch ein weiteres Gesetz der kanadischen Kolonie Quebec ihr französisches Recht bestätigt und ihre Grenzen wurden bis zum Ohio ausgedehnt, sodass die Landansprüche der nördlichen Kolonien sowie Virginias empfindlich berührt wurden. Die britischen Gesetzesmaßnahmen stellten zwar eine unverhältnismäßige, aber nach der Überschreitung zuvor allseits geteilter Rechtsgrundsätze durch die *Boston Tea Party* erklärliche Reaktion dar. Doch sie verletzten die Vereinbarungen der *Bill of Rights* von 1688, indem sie nicht nur den *Trial by Jury* im Hinblick auf britische Kronbeamte außer Kraft setzten, sondern auch die Unterhaltung eines Stehenden Heeres in Friedenszeiten beinhalteten.

Solidarisierung und Zusammenarbeit der nordamerikanischen Kolonien

Durch die Erfolge im Widerstand gegen den *Stamp Act* und die *Townshend Duties* erkannten die weitgehend aus der soziopolitischen Elite der Kolonien stammenden Anführer des Protests, dass interkoloniale Kooperation und Kommunikation eine notwendige Voraussetzung für den effektiven Widerstand gegen die britische Kolonialgesetzgebung darstellten. Aus diesem Grunde setzten die kolonialen *assemblies* bereits 1772 zur Koordination des Protests zwischen den kurzen Sitzungsperioden Korrespondenzausschüsse *(Committees of Correspondence)* ein, die sich im weiteren Verlauf der Amerikanischen Revolution als nützliche Instrumente der interkolonialen Verständigung erwiesen. Mithilfe der *Committees of Correspondence* gelang die Solidarisierung der übrigen Kolonien mit Massachusetts in beeindruckend rascher Weise, und bereits im September 1774 trat in Philadelphia der Erste Kontinentalkongress, bestehend aus Vertretern aller Kolonien (mit Ausnahme Georgias und der kanadischen Besitzungen Großbritanniens), zusammen. Vervollständigt wurde diese Institutionalisierung der Revolution durch die Einsetzung „illegaler" Kongresse und Konvente in Massachusetts und sieben weiteren Kolonien, die im Ersten Kontinentalkongress die noch sehr zögerliche Hinwendung zur Unabhängigkeit von Großbritannien beförderten. Vorbereitet und begleitet wurde die Arbeit des Kontinentalkongresses durch Flugschriften der revolutionären Elite (z. B. James Wilsons, Thomas Jeffersons), die die aus den unteren Segmenten der Kolonialbevölkerung artikulierte Forderung nach Volkssouveränität aufgriffen und sie so zu einer alle sozialen Schichten vereinenden Grundlage erhoben, sodass sie nach 1776 zum umfassenden Legitimationsprinzip der neuen Ordnung werden konnte. Daneben wurden zunehmend Naturrecht und Gesellschaftsvertragslehre, vor allem unter Berufung auf die Abhandlungen des englischen Staatsphilosophen John Locke, zur Begründung des kolonialen Widerstands herangezogen und auf diese Weise eine Theorie entwickelt, in der das britische Parlament jegliche legislative Kompetenz über die Kolonien verlor und allein in der Exekutivgewalt der Krone die Verbindung zwischen Kolonien und Mutterland bestehen sollte *(Dominion Theory)*. Als schließlich Verstöße des

Koloniale Argumentation und erste revolutionäre Ideen

Königs angeprangert wurden, wurde auch diese letzte Verbindung diskretiert, und der Weg zur Unabhängigkeit war vorgezeichnet. Mit der in der Pamphletliteratur vollzogenen und argumentativ in die Debatten des Ersten Kontinentalkongresses eingebrachten Synthese aus Naturrecht, Gesellschaftsvertragslehre und britischem Gewohnheitsrecht *(Common Law)*, in der die allen Engländern gebührenden Rechte *(Rights of Englishmen)* dann als Menschenrechte universalisiert wurden, ist eines der auffälligsten Merkmale des radikalisierten Protests zu identifizieren. Deutlich wird hier auch ein Wandel in Verhalten und Argumentation der revolutionären Elite, die sich nicht nur dem Postulat nach Volkssouveränität öffnete, sondern die sich zugleich mit einem aus der Forderung nach der Gleichstellung von Einwohnern Großbritanniens und Kolonisten abgeleiteten vagen Gedanken menschlicher Gleichheit auseinanderzusetzen hatte. Die Volkssouveränität diente nun nicht mehr nur der Abwehr des Autoritätsanspruchs des britischen Parlaments, sondern wurde zunehmend zur Basis der Verwirklichung politischer Selbstorganisation in den Kolonien.

Revolution und Unabhängigkeitskrieg

Beginn des Unabhängigkeitskrieges (1775)

Als vereinbarungsgemäß der Zweite Kontinentalkongress, zu dem nun auch Abgeordnete aus Georgia erschienen, im Mai 1775 zusammentrat, hatte der militärische Konflikt der nordamerikanischen Kolonien mit Großbritannien bereits begonnen. Die ersten Gefechte zwischen kolonialen Milizen und britischen Truppen hatten im April 1775 bei Lexington und Concord in Massachusetts stattgefunden, wo die britischen Einheiten am stärksten konzentriert waren. Der Zweite Kontinentalkongress fand daher bereits in einer Situation der gewaltsamen Auseinandersetzung statt, die die vorher allenfalls als letzte Lösung in den Reihen der radikalen Revolutionäre *(Radicals)* diskutierte Variante der Trennung vom Mutterland als realistischen Lösungsansatz entscheidend vorantrieb. Von Mai bis Dezember 1775 empfahl der Kontinentalkongress vier Kolonien die Einführung neuer Verfassungen bzw. die Einrichtung von Regierungsorganen außerhalb des britischen Verfassungsgefüges. Die bis dahin weitgehend eingehaltene verfas-

Die Idee der Unabhängigkeit

sungsimmanente Argumentationsbasis wurde damit endgültig überschritten. Die neuen Verfassungen deklarierten die Tätigkeit der Regierung als Dienst an der Gesellschaft, sie definierten die Regierung als Treuhänderin des Volkes und begründeten auf diese Weise ein (prä)demokratisches System, das der Bevölkerung (allerdings zu diesem Zeitpunkt unter Ausschluss von Besitzlosen, Armen, Frauen, Schwarzen und Indianern von der Wahlberechtigung) politische Mitwirkungsrechte (über Wahlen, Repräsentativorgane etc.) sicherte. In dieser Genese republikanisch-(prä)demokratischer Institutionalisierung ist unter anderem die revolutionäre Qualität des Abtrennungsprozesses von Großbritannien zu identifizieren. Die Etablierung der republikanischen Staatsform, basierend auf der Zustimmung der Regierten (allerdings gebunden an in den einzelnen Kolonien divergente Eigentumsqualifikationen), fundamentierte das im Widerstand gegen die Kolonialmacht gewachsene Selbstverständnis, durch das Grundzüge eines *American Way of Life* entstanden, wie sie unter anderem von Thomas Jefferson (1743-1826) und James Otis (1725-1783) öffentlichkeitswirksam formuliert wurden.

Republikanische Staatsform

Den neuen militärischen Erfordernissen einer zentralen Koordination der einzelstaatlichen Milizen trug der Kontinentalkongress durch Gründung einer Kontinentalarmee unter dem Oberbefehl von George Washington (1732-1799) Rechnung. Trotz der sich eindeutig zuspitzenden Situation setzten die gemäßigten Kräfte eine letzte Petition durch, mit der der englische König George III. (reg. 1760-1801) an seine Herrscherpflicht durch die Bitte erinnert wurde, die Aufhebung der in den Augen der Kolonisten verfassungswidrigen parlamentarischen Maßnahmen gegen Massachusetts und die anderen Kolonien zu verfügen *(Olive Branch Petition)*.

Die Durchsetzung des Unabhängigkeitsgedankens

Die langsame Durchsetzung des Unabhängigkeitsgedankens 1775/1776 innerhalb des Kontinentalkongresses wie auch in einem Großteil der kolonialen Bevölkerung wurde begleitet und forciert durch die Anfang 1776 verbreitete Flugschrift „Common Sense“ des englischen Einwanderers Thomas Paine, der zwar das mittlerweile anerkannte Symbolmuster des antibritischen Widerstands seit Verschärfung der Krise

(1773) aufnahm, aber ganz unverhohlen die Unabhängigkeit in einer republikanischen Regierungsform mit einer sehr weitgehenden, Herrschaftsansprüche nach Besitzunterschieden zurückweisenden Egalitätsvorstellung forderte. Ein gutes Jahr nach Zusammentritt des Zweiten Kontinentalkongresses begann die entscheidende Debatte, deren Abschluss die Verabschiedung der Unabhängigkeitserklärung *(Declaration of Independence)* am 4. Juni 1776 bildete. Wenige Tage zuvor wurde der Antrag des aus Virginia stammenden Abgeordneten Richard Henry Lee (1732-1794), die Kolonien zu freien und unabhängigen Staaten zu erklären und ausländische Hilfe zu suchen, von zunächst neun und dann drei weiteren Kolonien beschlossen. Die Unabhängigkeitserklärung wurde von einem Komitee aus einflussreichen Revolutionären, darunter Benjamin Franklin für Pennsylvania und der spätere Präsident der USA, John Adams für Massachusetts, unter Führung eines weiteren zukünftigen US-Präsidenten, Thomas Jefferson aus Virginia, entworfen und (aus Rücksicht auf die südlichen neuen Staaten unter Streichung des Verbots der Sklaverei) fast einstimmig beschlossen. Damit akzeptierten die Repräsentanten der neuen Staaten offiziell eine politische Theorie, die den Widerstand gegen Großbritannien bereits seit über zehn Jahren geprägt hatte. Die Unabhängigkeitserklärung ist in weiten Teilen Ausdruck des politischen Gemeinsinns der Amerikaner im letzten Drittel des 18. Jahrhunderts und insofern kaum von Originalität geprägt, was ihrem Charakter als Protest-, Rechtfertigungs- und Propagandaschrift auch wenig zuträglich gewesen wäre. Die Formulierung der Menschenrechte auf Leben, Freiheit und Eigentum, die im Rekurs auf John Locke erfolgte und an die ebenfalls von Thomas Jefferson entworfene Menschenrechtserklärung von Virginia (12. Juni 1776) anknüpfte, weist allerdings eine signifikante Änderung auf, indem der bei Locke äußerst bedeutsame Eigentumsbegriff (*property*) durch die Formel des „Strebens nach Glück“ *(Pursuit of Happiness)* ersetzt wurde. Jefferson reflektierte mit dieser Akzentverschiebung die spezifisch amerikanischen Verhältnisse zu Beginn der Erschließung des Kontinents und die damit insbesondere von ihm selbst damit verbundenen Hoffnungen auf ein funktio-

Die Unabhängigkeitserklärung (1776)

Die Menschenrechte

Das Eigentumsrecht

nierendes republikanisches Staatswesen mit relativ gleichmäßiger Eigentumsstreuung. Die Hoffnung auf den Erwerb des in riesigem Umfang zur Verfügung stehenden Landes, das Kolonisten wie Einwanderern eine solide Existenz und – gemäß der liberalen Staatsphilosophie – eine politische Unabhängigkeit garantierte, ließ eine Dynamisierung des grundrechtsrelevanten Eigentumsbegriffs von Besitzstandswahrung (wie im Großbritannien des 17. und 18. Jahrhunderts) hin zu Besitzerwerb zweckmäßig erscheinen. Mit der Vorstellung eines Staatswesens, das grundsätzlich in einer vergleichsweise ausgewogenen Eigentumsverteilung wurzelte, wurde gleichzeitig ein sehr weitgehendes Verständnis von gesellschaftsrelevanter Gleichheit der Individuen propagiert. Neben diesem durchaus innovativen Teil wiederholte die Unabhängigkeitserklärung die aus den Protestdeklarationen und Flugschriften bereits bekannten Vorwürfe gegen das Parlament und – als Legitimation der Unabhängigkeitsentscheidung – gegen die bis dato noch weitgehend akzeptierte Instanz von Krone und König und betonte das Widerstandsrecht gegen die als „Tyrannei" interpretierten britischen Maßnahmen. Sie war an ein äußerst divergentes Zielpublikum gerichtet: an die Bevölkerung der Kolonien zur Einwerbung von Zustimmung und Unterstützung für die Unabhängigkeitsentscheidung und das zu gründende neue Staatswesen, an die britischen Regierungsorgane zur offiziellen Anzeige der Trennung von Großbritannien und schließlich an weitere auswärtige Mächte als Werbung um Anerkennung und zur Erklärung von Bündnisfähigkeit und Bündniswilligkeit. In ihrer spezifischen Weise der Mischung von liberaler europäischer Staatstheorie, konkret amerikanischer Interpretation und Anwendung sowie universalem Anspruch durch die Erklärung allgemeiner, gleicher und unveräußerlicher Menschenrechte und Prinzipien des „guten Regierens" (Einrichtung von Regierungen zum Schutz der Menschenrechte, deren Macht sich aus der Zustimmung der Regierten ableitet) wurde die Unabhängigkeitserklärung zu einem frühen symbolischen Ausdruck US-amerikanischer Identität, die den staatsbürgerlichen Glauben an einen grundlegenden Wertekanon *(civil religion)* beinhaltete.

Der Unabhängigkeitskrieg

Mit der Erklärung der Unabhängigkeit hatten die Vereinigten Staaten von Amerika ihre Bündnisfähigkeit erreicht, sodass sie Anfang 1778 die offizielle Anerkennung sowie gleichzeitig die militärische und ökonomische Unterstützung durch Frankreich erhielten und 1779 ein militärisches Bündnis mit Spanien abschließen konnten. Die Amerikaner hatten sich bis zu diesem Zeitpunkt gegen die durch Truppenstärke und Ausrüstung übermächtigen britischen Kontingente halten können, da sie auf vertrautem Territorium eine Defensivstrategie verfolgten, die teilweise durch eine Guerillataktik geprägt war. Die junge amerikanische Generalität unter George Washington favorisierte allerdings eine europäische Kriegsführung, die den amerikanischen Rekruten unter anderem durch erfahrene Offiziere aus europäischen Ländern wie Friedrich von Steuben aus Preußen, Kazimierz Pułaski und Tadeusz Kościuszko aus Polen sowie den Marquis Marie-Joseph Motier de La Fayette aus Frankreich vermittelt werden sollte. Denn trotz ihrer augenscheinlichen Überlegenheit waren die britischen Einheiten auch mit erheblichen Nachteilen konfrontiert, darunter logistische Nachschubprobleme über riesige Distanzen, Schwierigkeiten des Aufbaus einer effektiven Seeblockade vor einer 1.500 km langen amerikanischen Ostküste und schließlich die Notwendigkeit eines Eroberungskrieges in weiter Entfernung vom eigenen Land, die nur schwer zu leistende Offensiven erforderte. Überdies war der Krieg in den britischen Unter- und Mittelschichten nicht populär, sodass sich nicht genug Freiwillige fanden und mit großem finanziellen Aufwand Söldner (unter anderem aus Hessen-Kassel) angeworben werden mussten. In den jungen Vereinigten Staaten hingegen waren viele Bewohner (zumindest zunächst) durch die aufgrund weitgehender Selbstregierungspraktiken bereits in der kolonialen Zeit rudimentär vorhandene amerikanische Identität, ein in der politischen Auseinandersetzung mit Großbritannien gesteigertes Zusammengehörigkeits- und Selbstwertgefühl sowie schließlich eine durch die Erklärung der Unabhängigkeit gesteigerte Motivation euphorisiert und wurden von einem zunehmend nationalistisch geprägten Patriotismus erfasst.

Bis zum US-amerikanisch-französischen Bündnis war der Unabhängigkeitskrieg maßgeblich durch Rückzüge der Kontinentalarmee geprägt, sodass sich der Krieg langsam von Norden (Neuengland) nach Süden (Virginia) verlagerte. Bereits 1776 musste New York aufgegeben werden, die britische Armee stand kurz vor einem Sieg und die Entmutigung unter den Soldaten der Kontinentalarmee war erheblich. Um die Jahreswende 1776/1777 gelangen George Washington zwei zwar strategisch nicht besonders bedeutsame, aber psychologisch wichtige Siege bei Trenton und Princeton, auf die allerdings mit dem Fall und der Brandschatzung Philadelphias, dem Versammlungsort des Kontinentalkongresses, ein aus amerikanischer Sicht verheerender Rückschlag erfolgte. Die Einnahme Philadelphias hatte jedoch die eigentlich beabsichtigte Vereinigung zweier britischer Armeen unterlaufen, sodass sich im Oktober 1777 6.000 britische Soldaten den US-Amerikanern bei Saratoga ergaben. In diplomatischer Hinsicht war dieser Sieg von entscheidender Bedeutung für die wenige Monate später geschlossene amerikanisch-französische Allianz, die 1781 zur Einkreisung der britischen Hauptstreitmacht bei Yorktown in der Chesapeake Bay führte und die Kapitulation der Briten in Amerika zur Folge hatte.

Der Friede von Paris (1783)

Im zwei Jahre später erfolgenden Friedensschluss von Paris trat Großbritannien das Gebiet zwischen den Großen Seen im Norden, Florida (das wieder spanisch wurde) im Süden und dem Mississippi als Westgrenze an die nun auch diplomatisch von ihrer ehemaligen Kolonialmacht anerkannten Vereinigten Staaten ab, deren Staatsgebiet auf diese Weise verdoppelt wurde. Das von den Vereinigten Staaten im Unabhängigkeitskrieg begehrte, aber militärisch erfolglos angegriffene Kanada verblieb bei Großbritannien, das für den Handel wichtige Mississippi-Delta mit der Hafenstadt New Orleans bei den mit den USA im Krieg verbündeten Spaniern.

Die Verfassungsgebung

Soziale Spannungen

Bereits früh hatten sich im Verlauf der Amerikanischen Revolution auch innere, soziale Spannungen gezeigt, die zum Teil in Aufstände und Protestbewegungen umschlugen. Trotz einer im Vergleich zu Europa relativ hohen Eigentumsdistribution erlebten angesichts der durch *Proclamation* und *Quebec Act* verhängten Siedlungsgrenze im Westen die östlichen Regionen bei anhaltender Einwanderung eine sozial und ökonomisch zumindest als bedrohlich empfundene Entwicklung, die unter den Kolonisten teilweise Befürchtungen vor Tendenzen der Besitzkonzentration und der gesellschaftlichen Polarisierung ähnlich wie in Europa auslöste, das sie oder ihre Vorfahren oftmals aus ebendiesen Gründen verlassen hatten. Die Befürchtungen hinsichtlich einer „Europäisierung" der nordamerikanischen Sozialstruktur führte zu sozialen Konflikten auf lokaler und einzelkolonialer Ebene, die in ihren unmittelbaren Anlässen – abhängig von geografischer Lage und Größe des Ortes und der Kolonie sowie von überkommenen Strukturen der Eigentumsverwaltung – unterschiedlich gelagert waren. So zogen bereits 1763 aufgebrachte Siedler aus der Umgebung von Paxton im westlichen Pennsylvania bewaffnet nach Philadelphia, um einen besseren Schutz vor Indianerüberfällen und eine angemessenere Berücksichtigung der westlichen Gebiete zu verlangen. Im Frühjahr 1766 brach im Hudson-Tal nördlich von New York ein erheblich ernsthafterer, z. T. gewaltsamer Konflikt aus, als kleine Farmer gegen die durch das noch aus niederländischer Zeit existente Pachtsystem bedingte Blockade des Landerwerbs protestierten. Bereits deutlich motiviert durch im Verlauf der Revolution immer nachdrücklicher geforderte Menschenrechte und republikanische Grundprinzipien wie die Gleichheit der Individuen und die Ablehnung politischer Privilegierung und sozialer Hierarchie war ein weiterer Konflikt in der Kolonie New York, der 1770 in den New York zugehörigen, aber von Neuengland aus besiedelten und von New Hampshire beanspruchten Green Mountains ausbrach, sich gegen New Yorker Siedler im Streit um Weideland und Ackerflächen richtete und schließlich 1777 zur Gründung des 14. Staates Vermont führte. Ähnlich wie dieser Konflikt sich deutlich gegen New Yorker Behörden richtete, wurde der sogenannte Regulatorenaufstand in den beiden Carolina-Kolonien, in dem es um Landrechte im westlichen Hinterland ging, ebenfalls maßgeblich gegen die koloniale Elite wie auch die britische Verwaltung geführt, die dann im Verbund diesen Aufstand 1771 niederschlugen. Auch wenn ein Großteil dieser im ländlichen Bereich stattfindenden Sozialkonflikte mit der besonderen Situation der im Westen gelegenen Gebiete zusammenhing, so wird doch das zunehmende politische Engagement von Bevölkerungsteilen aus den mittleren und unteren Gesellschaftssegmenten deutlich, in dem dann durchaus auch eigene Gravamina gegen die koloniale Elite formuliert werden konnten.

Auch in den Städten kam es in der Folge sich verschärfender sozialer Spannungen zu Unruhen *(riots)*, so vermehrt in der *Stamp Act Crisis,* in der sich ja auch die sich maßgeblich aus den Mittelschichten rekrutierenden *Sons of Liberty,* die 1773 ihrem radikaleren Verständnis in der Auseinandersetzung mit Großbritannien durch die *Boston Tea Party* Nachdruck verliehen, gebildet hatten. Besonders die Bostoner *riots* verunsicherten die soziopolitische Elite Neuenglands, die durch Zugeständnisse Eindrücke von Solidarität und Interessenidentität vermitteln konnte und so eine Minderung der antibritischen Stoßkraft der Revolution verhinderte. Die 1774 in New York als Interessenvertretung kleinerer Kaufleute, Geschäftsinhaber und Handwerker, aber auch Rechtsanwälte gegründeten Komitees *(Committees of Mechanics)* erreichten immerhin zeitweise die Besetzung von Wahlämtern bis zur Stadtratsebene durch Angehörige der Mittelschicht. Besonders nachhaltig wirkte sich eine ähnliche Komiteebewegung in Philadelphia aus, die wohlhabende Bürger aus entscheidenden Ämtern herausdrängte und 1776 die Entscheidung der Kolonie Pennsylvania für die Unabhängigkeit sicherte, indem sie die von der sozioökonomischen Elite dominierte, zögerliche *assembly* entmachtete und die Zustimmung über einen eigens errichteten revolutionären Konvent herbeiführte.

Hoher Politisierungsgrad der unteren Gesellschaftsschichten

Der sich in sozialen Spannungen und Konflikten ausdrückende Binnenaspekt der Amerikanischen Revolution verdeutlicht die entschiedenere, vorwärtsdrängende Rolle der Unter- und Mittelschichten auch im Hinblick auf die gegen die Kolonialmacht geführte Auseinandersetzung, sodass die Entscheidung für die Unabhängigkeit erheblich vorangetrieben wurde. Deutlich wird der hohe Politisierungs- und Demokratisierungsgrad von Teilen der Unter- und Mittelschichten, der in der vergleichsweise weitreichenden politischen Partizipation (die keinesfalls eingeschränkt, sondern gesichert oder sogar noch ausgeweitet werden sollte), der größeren Eigentumsverteilung (die durch nichts bedroht, sondern ebenfalls noch optimiert werden sollte) und die im Gedankengut der Revolution vorhandenen Vorstellungen von Widerstandsrecht und Legitimation auf der Basis des Konsenses eines möglichst umfassenden Teils der mitbestimmungsberechtigten Bevölkerung, die den Keim des Postulats nach Volkssouveränität bereits in sich trug, erheblich forciert wurde. Sehr deutlich zeigte sich dieses Phänomen eines durch Verbreitung demokratischen Bewusstseins in den mittleren und unteren Bevölkerungsschichten geprägten politischen Selbstverständnisses auch nach der Unabhängigkeit, so 1786/1787 in einem unter der Führung von Daniel Shays gegen Enteignungs- und Zwangsversteigerungsmaßnahmen aufgrund höherer, nicht mehr zu leistender Besteuerung geführten Farmeraufstand in Massachusetts *(Shays' Rebellion)*, der die dortige Elite in Angst und Schrecken versetzte.

System der checks and balances

Die durch den Binnenaspekt der Revolution zutage tretende, weitgehende soziale Problematik, die sich politisch in der Forderung nach unbeschränkter Volkssouveränität zeigte und in der von Vertretern der radikalisierten Mittelschichten dominierten Einkammerlegislative Pennsylvanias niederschlug, blieb nicht ohne Wirkung auf das in die Zukunft gerichtete Ordnungsverständnis der revolutionären Oberschicht. Vertreter der soziopolitischen Elite wie John Adams oder Benjamin Rush (1745-1813) zeigten sich entsetzt über diesen Erfolg radikaler Kräfte und versuchten, durch ein kompliziertes System der vertikalen wie horizontalen Gewaltenteilung und Gewaltenkontrolle *(checks and balances)* ähnliche Verfassungen in anderen Staaten zu vermeiden. Dazu zählte nicht allein die Einrichtung von sich gegenseitig kontrollierenden Organen der Legislative (Einzelstaatsparlamente), der Exekutive (Gouverneure und Regierungen) und der Judikative (Gerichte) nach dem System des französischen Staatsphilosophen Charles Montesquieu, sondern auch ein Zweikammersystem innerhalb der Parlamente (Bikameralismus), das bereits aus der Kolonialzeit vertraut war. Dieses bot nun die Möglichkeit, durch ein

Vetorecht der ersten Kammer (Senat) als Vertretung der besitzenden Oberschicht (deren Einfluss durch hohe Eigentumsqualifikationen für das passive Wahlrecht, d. h. für die Kandidatur für Ämter, gesichert werden konnte) Mehrheitsentscheidungen eines (möglicherweise durch Vertreter der mittleren und unteren sozialen Schichten dominierten) Abgeordnetenhauses zu Fall zu bringen. Überdies verzichtete nicht ein einziger der neuen Staaten auf den Nachweis einer unterschiedlich festgelegten Menge an Eigentum als Voraussetzung für die Erteilung des Wahlrechts, sodass zwischen 20 und 40 Prozent der männlichen weißen Bevölkerung (neben Frauen, Schwarzen und Indianern) von der politischen Mitbestimmung ausgeschlossen waren. Auch wurden viele Ämter durch indirekte Wahlverfahren (z. B. über Wahlgremien, in denen das direkte Wahlergebnis „gefiltert" wurde) besetzt. Die neuen Einzelstaatsverfassungen waren nicht demokratisch im heutigen Sinne, sondern – vor dem Hintergrund der im späten 18. Jahrhundert auch in Kreisen des konservativ-liberalen Bürgertums befürchteten Gefahren der Einzeltyrannei auf der einen und der Majorisierung durch Mittel- und Unterschichten auf der anderen Seite – auch Gegengewichte ebenso gegen diktatorische Usurpation der Macht wie gegen dominierende, beliebigen Mehrheiten willfährige Legislativen.

Wahlrechtsbeschränkungen

Überdies entschieden sich die Vertreter der Einzelstaaten 1777 für eine Staatsform unabhängiger einzelner Republiken (Konföderation – *Confederation*), die durch eine schwache Verfassung mit sehr begrenzten Vollmachten für die Zentralebene *(Articles of Confederation)* ausgestattet wurde. Bereits 1776, im Jahr der Unabhängigkeit, begann der Kontinentalkongress mit der Ausarbeitung einer Verfassung für die zentrale Ebene über den 13 soeben unabhängig gewordenen Staaten. Diese Konföderationsartikel *(Articles of Confederation)* wurden 1777 vorgelegt, aber erst 1781 ratifiziert, da zunächst zwischen den Staaten mit Landansprüchen im Westen *(claimant states)* und den übrigen Staaten *(landless states)*, die den Kongress als Rechtsnachfolger der englischen Krone sahen, in den für die Vereinigten Staaten in den Blick genommenen und 1783 tatsächlich erhaltenen westlichen Gebieten zwi-

Die Articles of Confederation

schen Appalachen und Mississippi ein Kompromiss gefunden werden musste. Die *Articles of Confederation* zeigten die Abneigung der 13 Einzelstaaten gegen einen bundesstaatlichen Zentralismus und sahen eine staatenbündische Kooperation vor, die für die zentrale Ebene der Konföderation nur begrenzte Kompetenzen erforderlich erscheinen ließ: Konfliktschlichtung zwischen den Einzelstaaten, Geld- und Währungspolitik, Aufstellung von Streitkräften, Kriegserklärungen und Friedensschlüsse, Vertragsabschlüsse, Finanzierungsgesuche an die Einzelstaaten. Überdies beharrten die Mitgliedsstaaten auf dem Einstimmigkeitsprinzip in verfassungsändernden Angelegenheiten und auf Zweidrittelmehrheiten bei weiteren wichtigen Beschlüssen sowie auf dem Annuitätsprinzip (Einjahresamtszeiten) für die Beschickung des Kongresses mit Abgeordneten durch die Einzelstaatsparlamente. Finanziell war die Konföderation weitgehend abhängig von einzelstaatlichen Matrikularbeiträgen und Umlagen.

Nachteil der schwachen Zentralgewalt

Schon bald zeigten sich die Nachteile einer derartig schwachen Zentralgewalt. Um die rückständigen Soldzahlungen an Soldaten der Kontinentalarmee leisten zu können, musste der Kongress Anleihen aus Frankreich, den Niederlanden und Spanien aufnehmen. Darüber hinaus war in der Zeit der Konföderation (*Confederation Period,* 1777-1787) keine aktive Handelsbilanz vorhanden, obwohl die Güterproduktion in den jungen Vereinigten Staaten kontinuierlich anstieg. Der Abfluss insbesondere „harter" Währung (Münzgeld aus Edelmetallen) erschwerte es insbesondere Farmern, die über Landbesitz, weit weniger aber über monetäres Eigentum verfügten, ihre aufgrund notwendiger Investitionen zum Aufbau einer Farm vor allem durch Rodung und Kultivierung des Bodens entstandenen Schulden zu begleichen, sodass Enteignungen und Zwangsversteigerungen erfolgten, gegen die sich im westlichen Massachusetts die Farmer in der bereits erwähnten *Shays' Rebellion* zur Wehr setzten. Für die soziopolitische Elite innerhalb des neuen Staatswesens war dieser Aufstand Grund genug, in der spätestens seit 1786 verfolgten neuen Verfassung durch ein Konzept der „begrenzten Regierung" *(limited government)* die Allgewalt der Legislative zu beenden. Fraglos geriet das im Umfeld der Unabhängigkeitserklärung kurzzeitig spürbare radikale Egalitätsverständnis wieder in den Hintergrund. Die Elite versuchte durch Begrenzung der legislativen Machtbefugnisse, Bindung des Wahlrechts an Eigentumsqualifikationen, eine bikameralistische Struktur des Kongresses, dessen obere Kammer vor allem den Besitzinteressen dienen sollte (was durch die von den Einzelstaaten benannten und an einen sehr hohen Besitzstand gebundenen, erst ab 1913 direkt gewählten Senatoren garantiert wurde), ihre politisch, sozial und ökonomisch führende Stellung abzusichern.

Konkurrierende Politikentwürfe im Vorfeld der Verfassungsgebung

Freilich war der in den Jahren vor der Unabhängigkeit so populäre Gedanke der individuellen Gleichheit, der im Grundsatz der Volkssouveränität seinen politischen Ausdruck fand, aufgrund der hohen Politisierung der Bevölkerung in den jungen Staaten nicht mehr zu eliminieren. So ging es Politikern wie John Adams und Alexander Hamilton (1757-1804) im Prozess der Verfassungsgebung auch nicht um die Aufhebung, sondern um die Begrenzung des demokratischen Prinzips. Dagegen stand eine maßgeblich von Thomas Jefferson verfochtene Auffassung, die das Ideal einer paradigmatischen Republik in einer Gesellschaft gleicher Eigentümer, garantiert durch die verfügbaren Ressourcen freien Landes im Westen, als realistisch propagierte. Jefferson hielt eine solche Republik, basierend auf der politischen Tugend ihrer Staatsbürger und geschützt durch eine agrarisch-egalitäre Gesellschaftsstruktur sowie ein öffentliches Erziehungs- und Bildungssystem, vor dem Hintergrund der nordamerikanischen Spezifika für möglich (wie er es bereits in der Unabhängigkeitserklärung mit dem Begriff des *Pursuit of Happiness* verdeutlicht hatte). Entsprechend setzte er sich auch bei der Planung der Westpolitik nach dem zwischen *claimant* und *landless states* gefundenen Kompromiss einer Verwaltung des im Westen gelegenen Gemeinbesitzes *(public domain)* durch den Kongress für eine weitgehende Beteiligung der Siedler an politischen Übergangsregelungen ein. Nach Ablauf eines Stufenplans sollten dann die westlichen Territorien als gleichberechtigte Staaten in die Konföderation aufgenommen werden. Der angesichts dieses offensiven Expansionsprogramms notwendigen Einwanderung stand Jefferson zwar aufgrund des Risikos einer mangelnden republikanischen Akkulturation der Immigranten skeptisch gegenüber, war aber überzeugt, diese Gefahr durch erzieherische Maßnahmen minimieren zu können. Die schließlich 1785 vom Kongress beschlossene Landverordnung *(Land Ordinance)* sah innerhalb einer jeden größeren Siedlungseinheit *(township)* Parzellen für religiöse und erzieherische Zwecke vor.

Landvergabe im Westen

In anderer Hinsicht freilich scheiterten Jeffersons Pläne, das Land durch ein einfacheres Vergabesystem, kleine Mindestverkaufseinheiten und niedrige Preise rasch zu veräußern, die Schuldenmisere der Konföderation, der die Erlöse zukommen sollten, auf diese Weise zu erleichtern, der Expansion Vorschub zu leisten und die Westgebiete einer zunehmend dichteren Besiedlung zu unterwerfen, an den Mehrheiten innerhalb des Kongresses. Die in der *Land Ordinance* festgelegte kleinste Verkaufseinheit von 640 Morgen *(acres)* zum recht hohen Preis von einem Dollar pro Morgen kam finanzschwächeren Käufern nicht entgegen. Durchgesetzt wurde eine Regelung, die durch Senkung der Initialkosten in möglichst kurzer Zeit hohe Einkünfte erzielen sollte, indem größere Landkäufe als ursprünglich beabsichtigt veranlasst wurden. Den auf die westlichen Landressourcen angewiesenen Plantagenbesitzern und den auf lukrativen Weiterverkauf hoffenden Spekulanten kamen diese Festlegungen sehr entgegen. Jeffersons auf möglichst gleichmäßiger Eigentumsdistribution beruhende Vorstellung einer beispielhaften Republik war allerdings damit in weite Ferne gerückt.

Aufnahme neuer Staaten in die Vereinigten Staaten

Das von Jefferson vorgeschlagene Stufenmodell bis zur Konstitution eines gleichberechtigten neuen Bundesstaates wurde dann zwar in der Verordnung für den Nordwesten der Vereinigten Staaten *(Northwest Ordinance)* von 1787, die als größter Erfolg der *Confederation Period* galt, als Prinzip der staatlichen Ausdehnung nach Westen verankert und hat formal bis in die Gegenwart Bestand, allerdings unter Beschneidung der Selbstbestimmungsansprüche der Siedler, deren Berücksichtigung Jefferson vehement gefordert hatte. Nach diesem Gesetz berief der Kongress einen Gouverneur (dem unter anderem die Berufung von Magistraten oblag), einen Sekretär zur Kontrolle und Berichterstattung und drei Richter innerhalb eines Territoriums sowie weitere Beamte. Erst nachdem 5.000 männliche weiße Wähler innerhalb des Territoriums nachgewiesen wurden, konnte eine *assembly*, die der Gouverneur einberufen und auflösen konnte, gewählt und ein nicht stimmberechtigter Vertreter in den Kongress entsendet werden. Sobald die Bevölkerung dann auf 60.000 Einwohner gestiegen war, konnte eine republikanische Verfassung verabschiedet und die Aufnahme in die Konföderation beantragt werden. Im Nordwesten der Vereinigten Staaten sollten auf diese Weise fünf Bundesstaaten entstehen. Den Indianern sollte – zumindest nach den Bestimmungen der *Northwest Ordinance* – kein Land ohne ihre Einwilligung genommen werden. Da die *Northwest Ordinance* vor Beschluss einer Verfassung die Rechtsgrundlage in den Territorien darstellte, enthielt sie auch eine Garantie der Grundrechte (z. B. Religionsfreiheit, Unverletzlichkeit der Person, Schutz vor unangemessener und ungerechter Bestrafung, Schutz der Freiheiten des Individuums und seines Eigentums).

Jeffersons agrarisch-egalitäre Variante einer idealen Republik, deren Hoffnungen auf den Chancen durch das im Westen verfügbare Land ruhten, konnte also nicht verwirklicht werden; fraglich bleibt, ob sie jemals realistisch gewesen ist. In der Westpolitik wie auch bei der Verfassungsgebung setzten sich die eher konservativen Vertreter der soziopolitischen Elite durch, deren Bestrebungen auf den Erhalt ihrer Führungsposition ausgerichtet waren. Wortführer einer stärker zentralistischen und durch ein System von *checks and balances* gekennzeichneten Verfassung wurde Alexander Hamilton, der im Unabhängigkeitskrieg Adjutant und Vertrauter George Washingtons war. Seine Vision umfasste ein von Urbanisierung und zunehmender Produktivität gekennzeichnetes Amerika, das durch eine in divergente Interessen und unterschiedliche Schichten zerfallende Gesellschaft gekennzeichnet war. Entsprechend sah er die Sicherung des Staatswesens und damit des allgemeinen Wohls als Aufgabe derjenigen Mitglieder der Gesellschaft, die sich gute Erziehung und Bildung leisten konnten, mit anderen Worten: der soziopolitischen Elite, die allerdings nach unten offen war.

Das Verfassungskonvent (1787): Streitpunkte

Die diagonal unterschiedlichen Ordnungsvorstellungen führender Politiker des jungen US-amerikanischen Staatswesens wirkten in den 1787 in Philadelphia tagenden Verfassungskonvent *(Constitutional Convention)* hinein. Die Bundesverfassung *(Federal Constitution)* war schließlich das Resultat von Kompromissen. Die brisantesten Streitpunkte lagen in Fragen des Repräsentationsmodus, der Berücksichtigung der schwarzen Bevölkerung im Süden, d.h. der Sklaven, im Hinblick auf Besteuerung und Repräsentation, der Ausgestaltung der Exekutive und der Vollmacht des Bundes zur Besteuerung von Exporten. Die Abgeordneten von Connecticut vermittelten den grundlegenden Kompromiss *(Great Compromise)*, durch den festgelegt wurde, dass im Repräsentantenhaus für jeden Einzelstaat proportional zu seiner Einwohnerzahl Abgeordnetensitze eingerichtet wurden, während im Senat pro Staat jeweils zwei Senatoren, gewählt durch die entsprechenden Einzelstaatsparlamente (bis 1913), versammelt wurden. Die südlichen Staaten wollten für die Quantifizierung ihrer Bevölkerung auch die Berücksichtigung der Sklaven durchsetzen, die aber keine politischen Rechte erhalten sollten und als Eigentum galten, sodass sie die nördlichen Staaten in die Besteuerung miteinbeziehen wollten. Schließlich wurde der Kompromiss geschlossen, fünf Schwarze in beiden Fragen wie drei Weiße zu zählen. Der Sklavenimport blieb bis 1808 unbeeinträchtigt.

In Fragen der Exekutive wurde die Einigung erzielt, an ihre Spitze einen einzelnen Präsidenten zu stellen, der über ein Wahlmännergremium *(Electoral College)* gewählt wurde, dessen Mitglieder von den Einzelstaatslegislativen oder per Wahl bestimmt wurden. Die vom Präsidenten berufenen Leiter einzelner Ressorts *(Departments)*, d.h. die Minister, und die Richter bedurften der Bestätigung durch den Senat.

Gewaltenteilung und Föderalismus

Der 1787 von der *Constitutional Convention* verabschiedete Verfassungsentwurf beachtete die Grundsätze der Teilung und des Gleichgewichts der drei Staatsgewalten, der Kontrolle über die Regierung und der Sicherung der 1776 deklamierten Freiheit. Er schuf einen Bundesstaat, in dem die Einzelstaaten zwar weiterhin Souveränität beanspruchten, allerdings der Zentralebene jene entscheidenden Kompetenzen abtraten, die diese zur Wahrnehmung ihrer erweiterten Aufgaben (Besteuerung, Organisation des Binnenhandels, Regulierung der Außenwirtschaft einschließlich der Zollerhebung als Einnahmequelle wie auch zum Schutz der eigenen Produktion, Aufsicht über die Staatenmiliz, Aufstellung der Streitkräfte, Übernahme der Schulden der Einzelstaaten) benötigte. In der Präambel, in der mit der einleitenden, von James Wilson (1742-1798) entworfenen Formulierung „We, the People of the United States" ein eindeutiges Bekenntnis zur Volkssouveränität abgegeben und zugleich eine Legitimationsformel artikuliert wurde, wurden die idealistischen Leitziele und damit die Pflichten der Regierung genannt: Herstellung von Gerechtigkeit, Gewährleistung des inneren Friedens, Garantie der Landesverteidigung, Förderung des Allgemeinwohls sowie Bewahrung der Freiheit.

Volkssouveränität

Langwierige Ratifikation

Problematisch waren die noch in Gültigkeit stehenden *Articles of Confederation,* die keine Auflösungsklausel enthielten und im Falle von Änderungen der Verfassung die Einstimmigkeit der Einzelstaaten verlangten. Der Entwurf der *Federal Constitution* hingegen forderte für die Ratifikation der neuen Verfassung lediglich eine knappe Zweidrittelmehrheit von neun Staaten. Trotz dieser Erleichterung, die einem Verfassungsbruch nahe kam, zog sich die Ratifikation der neuen Verfassung noch vier Jahre hin, die von einem publizististischen Trommelfeuer insbesondere der Befürworter wie Alexander Hamilton aus New York und James Madison (1751-1836) aus Virginia, aber auch der Gegner wie Patrick Henry (1736-1799) aus Virginia und Samuel Adams aus Massachusetts begleitet wurde. Zusammen mit dem späteren Außenminister und Vorsitzenden des Verfassungsgerichts, John Jay (1745-1829), warben Hamilton und Madison für die *Federal Constitution* im Stile einer Streitschrift in einer Serie von 85 Zeitungsartikeln, von denen 77 in den Jahren 1787 und 1788 unter dem Pseudonym „Publius" in mehreren New Yorker Zeitungen erschienen und später mit den weiteren acht Artikeln in einer zweibändigen Publikation unter dem Namen „The Federalist" herausge-

Öffentlicher Diskussionsraum

geben wurden. Dieses Werk stellte während der Ratifizierungsdebatten nicht nur einen öffentlichen Diskussionsraum her und trug somit der in der Amerikanischen Revolution maßgeblich begründeten Tradition der politischen Transparenz und dem gestiegenen Partizipationsbedürfnis der Bevölkerung Rechnung, sondern lieferte auch einen fundierten ersten Verfassungskommentar und ein Kondensat der politischen Theorie der US-amerikanischen „Verfassungsväter" *(Founding Fathers)*. Herausragende Gründungspersönlichkeiten fanden sich aber auch unter den Gegnern der Verfassung, die die föderale Struktur zu einer dominanten Position der Einzelstaaten ausbauen wollten und (im deutschen Sprachgebrauch nicht folgerichtig) *Anti-Federalists* genannt wurden. Die Befürworter einer stärkeren Zentralgewalt, die in der Verfassung vorgesehen war, wurden demgegenüber als *Federalists* bezeichnet, obwohl sie nach deutscher Sprachkonvention eher Zentralisten genannt werden müssten. In den Auseinandersetzungen über die Verfassung bildete sich – allerdings noch sehr rudimentär – das für die Vereinigten Staaten so typische System zweier dominierender Parteien aus.

Vorprägung des Zweiparteiensystems

Die Bill of Rights

Der wohl folgenreichste Kritikpunkt in dieser Kontroverse war der Vorwurf des Fehlens eines Grundrechtekatalogs *(Bill of Rights)* in der neuen Verfassung, wie ihn die meisten Einzelstaaten besaßen. Die mit der *Federal Constitution* verbundene Machtausweitung der Zentralebene erschien vielen Kritikern als bedrohlich. Gleichzeitig sahen sie den demokratischen Gehalt der Verfassung als zu gering an. Im Anschluss an die auch von Thomas Jefferson bemühte Idee der politischen Tugend *(vertu politique)* des französischen Staatsphilosophen Charles Montesquieu (1689-1755), der diese allerdings in kleinen Staatswesen beheimatet sah, forderten viele *Anti-Federalists* die entscheidenden Kompetenzen für die einzelstaatliche Ebene und die lokalen Instanzen, um der Gefahr einer Tyrannei durch eine Oligarchisierung der Gesellschaft zu entgehen. Doch hinter dieser Kritik stand auch die Befürchtung des Machtverlusts der Einzelstaaten und einiger ihrer bedeutendsten Vertreter, so wie die Befürworter der Verfassung ebenfalls Vorkehrungen für die Stabilisierung ihrer Position im neuen

Staatswesen trafen, die – vor allem auf der Bundesebene, aber auch in vielen Einzelstaaten – in den ersten Jahrzehnten nach Unabhängigkeit und Verfassungsgebung für eine bemerkenswerte personelle und später familiäre Kontinuität in zentralen politischen Ämtern sorgte (so waren bis zum fünften Präsidenten der USA, James Monroe [1758-1831], alle Amtsinhaber zentral am Widerstand gegen Großbritannien, an der Unabhängigkeit oder am Aufbau des neuen Staatswesens beteiligt, und der sechste Präsident, John Quincy Adams [1767-1848], war der Sohn des führenden Revolutionärs und zweiten Präsidenten, John Adams).

Zwar beunruhigte die führenden *Federalists* die Möglichkeit einer Verfassungsergänzung durch eine *Bill of Rights* ohne vorhergehendes Plebiszit, aber die unsichere Ratifikation der *Federal Constitution* in einigen Einzelstaaten (darunter die Schlüsselstaaten Massachusetts, Virginia und New York) aufgrund unkalkulierbarer Mehrheiten veranlasste Hamilton und Madison, eine *Bill of Rights* zu versprechen, die Ende 1791 nachgeliefert und in reduzierter Form von den Einzelstaaten ratifiziert wurde. Die formale Ratifizierung der Verfassung erfolgte daraufhin nach Zustimmung von neun Staaten bereits im September 1788, die restlichen Einzelstaaten traten nachträglich bei.

Die *Bill of Rights,* basierend auf zwölf von James Madison konzipierten Zusatzartikeln, von denen zehn die erforderliche Dreiviertelmehrheit der Einzelstaaten erhielten, sind allerdings kaum als Menschenrechtserklärung zu qualifizieren. Sie beziehen sich zu einem größeren Teil auf den Schutz des Individuums vor Willkürakten durch Gerichte oder Strafverfolgungsbehörden. Die einst in der Unabhängigkeitserklärung im Rekurs auf John Locke deutlich zentralisierte Trias der Menschenrechte (Leben, Freiheit und Eigentum bzw. Streben nach Glück) findet sich in der *Bill of Rights* der Verfassung nur noch in der Klausel zur Erforderlichkeit ordnungsgemäßer Gerichtsverfahren im fünften Verfassungszusatz. Diese Peripherisierung der Menschenrechte zeigt einerseits die veränderten Prioritäten, die sich bei der konkreten Ausgestaltung des Staatswesens eben auf die USA beschränkten und der Schutzbedürftigkeit ihrer Bürger (nicht zuletzt vor dem Hintergrund der Erfahrungen aus der Kolonialzeit) Rechnung trugen, also nicht durch einen Universalitätsgedanken geprägt waren. Andererseits wird aber eine durchaus gewollte und nicht nur verbale Abmilderung der Revolutionsrhetorik erkennbar, die verdeutlicht, dass die Verfassungsgebung gegenüber der vorwärtsdrängenden Loslösung vom Mutterland ganz bewusst in ruhigeres Fahrwasser geleitet wurde. Dass dieser von Vertretern der soziopolitischen Elite eingeschlagene Kurs auch das Abschmelzen weitreichender Egalitätsvorstellungen und radikaldemokratischer Postulate intendierte, um die eigene Position nicht zu gefährden, kann zumindest vermutet werden.

Die Judikative

Ein Problem aber blieb zunächst noch ungelöst, das der Ausgestaltung der dritten Gewalt, der Judikative, durch eine klare Kompetenzzuweisung an den Obersten Gerichtshof *(Supreme Court)*, dessen Vorsitz der *Federalist* John Jay übernahm. Nach zwei Amtsperioden George Washingtons und der Präsidentschaft John Adams' zeigte sich dann in der Regierungszeit Thomas Jeffersons, dass das Zusammenspiel der drei Gewalten insbesondere im Hinblick auf das Rechtssystem der USA noch weiterer Klärung bedurfte. Gleich zu Beginn seiner Amtszeit beanspruchte Jays Nachfolger John Marshall in einer aufsehenerregenden Urteilsbegründung (1803) für den *Supreme Court* das Kontrollrecht über Gesetzesbeschlüsse des Kongresses, indem er den Obersten Gerichtshof als letzte Instanz in Fragen der Verfassungskonformität von Gesetzen auswies. Dieses von Marshall in seiner langen Amtszeit (1801-1835) verfochtene Prinzip der Normenkontrolle durch den *Supreme Court (judicial review)* war zwar in der Verfassung nicht vorgesehen, setzte sich aber als Grundlage des US-amerikanischen Rechtssystems durch.

US-amerikanischer Nationalismus

Durch die Gründung der Vereinigten Staaten auf einer republikanischen Basis und den Versuch, die individuellen Möglichkeiten des sozialen Aufstiegs durch den Erwerb von Eigentum mit dem Wohl der Gesellschaft in Einklang zu bringen, wurde der schon in der puritanischen Tradition der neuenglischen Kolonien angelegte Glaube an die Einzigartigkeit und Vorbildhaftigkeit des amerikanischen Experiments *(American Excepti-*

onalism) in ein patriotisches Sendungsbewusstsein überführt. Dieser Individualismus und nationalen Nutzen verbindende Patriotismus entwickelte sich während der Verfassungsdiskussion und dann unter den ersten Regierungen in den 1790er Jahren zu einer spezifisch US-amerikanischen Variante des Nationalismus, in der die Schlüsselsymbole von Freiheit, Gleichheit und aus dem Eigentumspostulat entstandenen Kapitalismus vermischt wurden. Der Nationalismus trat damit funktional an die Stelle der ursprünglich von den Verfassungsvätern eingeforderten republikanischen Tugenden, sodass die zentrifugalen Kräfte das auf individueller Selbstverwirklichung basierende kapitalistische System nicht zum Scheitern brachten. Daneben aber entstanden aus dem Überlegenheitsanspruch dieser sich so festigenden jungen Nation in der frühen US-Gesellschaft auch Reaktionen der Intoleranz gegenüber jeglicher Hinterfragung des US-amerikanischen Exzeptionalismus.

2.2 Erörterung wissenschaftlicher Kontroversen: Die Amerikanische Revolution – Konsens oder Konflikt?

Konsens vs. Konflikt

Bereits in den 1960er Jahren wurde in der US-amerikanischen Revolutionshistoriografie die Frage diskutiert, ob es eher einigende Ideen einer Revolutionsideologie (z.B. Bailyn 1967) oder spaltende sozioökonomische Konflikte (z.B. Main 1965) gewesen seien, die die Trennung von Großbritannien und die Verfassungsgebung maßgeblich beeinflussten. Dabei handelte es sich keineswegs um eine rein akademische Frage, sondern um die für das US-amerikanische Selbstverständnis durchaus zentrale Erörterung der Gründung der USA im (immer wieder hervorgehobenen) gesellschaftlichen Konsens oder in (oft unter das Stigma der Unordnung und Uneinigkeit gesetzten) gleichsam von Europa überkommenen Auseinandersetzungen zwischen Angehörigen verschiedener sozialer Schichten, die das Image vom Land des materiellen Überflusses *(Land of Plenty)* und der vielfältigen Möglichkeiten *(Land of Opportunity)* zu entwerten drohten. Die US-amerikanische Konsensgeschichtsschreibung *(Consensus History)*, die bereits eine Reaktion auf eine im Kontext der äußerst heterogenen, progressiven Reformbewegung am Ende des 19. und zu Beginn des 20. Jahrhunderts *(Progressives)* formulierte, einflussreiche und strikt sozioökomische Interpretation darstellte, versuchte die Einmütigkeit der am revolutionären Geschehen beteiligten Kolonialbevölkerung auf der Basis der aus England importierten liberalen Ideologie *(Whig ideology)* nachzuweisen (Bailyn 1973, S. 26-28). Soziale Spannungen, die sich aufgrund des gestiegenen Politisierungsgrades der Bevölkerung innerhalb der kolonialen Gesellschaft entladen hatten, werden hier kaum beachtet, indem eine breitenwirksame Demokratisierung der kolonialen Bevölkerung erst für die Zeit nach Unabhängigkeit und Verfassungsgebung festgestellt wird (Wood 1969, S. 306).

Diese zunächst klar dominierende Deutung erfuhr Widerspruch durch die sozialhistorische Forschung, durch die ein Zusammenhang zwischen offensichtlichen sozioökonomischen Gegebenheiten, festzustellenden sozialen Konflikten, ökonomisch motivierten Eigeninteressen und der Verschärfung des Konflikts mit Großbritannien bis hin zur Unabhängigkeitsentscheidung hergestellt wurde (Lockridge 1973, S. 415-416). Dabei wurde präzisierend die These vertreten, die soziopolitische Elite habe versucht, die Stabilisierung der durch gegensätzliche gesellschaftliche Interessen angespannten innergesellschaftlichen Situation durch eine neue Ordnung herbeizuführen, die sich auf das in den Mittelschichten weithin populäre Prinzip der Volkssouveränität bei zugespitztem Rekurs auf das Gleichheitspostulat gründete (Countryman 1983, S. 18). Die Betonung dieser vorwärtsdrängenden Rolle der Mittel- und Unterschichten setzt allerdings einen Politisierungsgrad innerhalb dieser auf Mitbestimmung bedachten gesellschaftlichen Schichten voraus, der die These einer späten Demokratisierung der Bevölkerung konterkariert. Dass auch viele Angehörige der Mittel- und Unterschichten bereits frühzeitig von den durch die Elite propagierten Gedanken der

Frage des Zeitpunkts einer breitenwirksamen Politisierung

ungerechtfertigten Besteuerung und der Überzeugung von politischer Ungleichbehandlung erfasst waren, zeigt sich unter anderem in der schon in den 1760er Jahren erfolgten Gründung von Organisationen wie den *Sons of Liberty,* deren Aktionen erheblich zur Verschärfung des Konflikts beitrugen. Entsprechend weist die institutionengeschichtliche Forschung darauf hin, dass in den Kolonien bereits lange vor 1776 erfolgreich praktizierte republikanische Verfahrensweisen festzustellen sind, die einen hohen Politisierungs- und Demokratisierungsgrad der Bevölkerung voraussetzen (Maier 1973, S. 87-88).

Frage der Kontinuität der Revolution

Dieser in den Diskussionen der US-amerikanischen Revolutionsforschung lange vorherrschende und vehement ausgetragene interpretatorische Konflikt, dessen unterschiedliche Deutungslinien auch darüber entscheiden, in welchem Maße die *Federal Constitution* als konsequente Weiterführung der Amerikanischen Revolution oder als deren zweiter, mindestens partiell revisionistischer Akt zum Schutze der Interessen der soziopolitischen Elite eingeschätzt werden kann (Schröder 1982, S. 144-145), wirkte sich auch in der deutschen Forschungsliteratur zur Amerikanischen Revolution aus und erfuhr hier eine signifikante Erweiterung. Autoren wie Horst Dippel, deren Deutung der Amerikanischen Revolution substanziell sowohl die im Unterschied zu Europa bereits in der Kolonialzeit von größerer Eigentumsstreuung, höherer politischer Partizipation und wirksamerer Selbstverwaltung geprägten sozioökonomischen Verhältnisse (Dippel 1985, S. 27-36) wie auch die gewaltsamen Proteste und Konflikte innerhalb der Kolonialgesellschaft während des Widerstandes gegen die Kolonialmacht (Dippel 1985, S. 81-91) berücksichtigt, siedeln eine beginnende Hinwendung zur Unabhängigkeit von Großbritannien tendenziell bei der *Boston Tea Party* (1773) und damit früh an. Die stärker in der Spur der US-amerikanischen *Consensus History* stehenden deutschen Positionen neigen dagegen zur Annahme einer erst sehr spät, d.h. um die Jahreswende 1775/1776 erfolgten Annäherung an den Unabhängigkeitsgedanken (Schröder 1982, S. 110-111). Neuere deutsche Revolutionsstudien gehen gar von einer kompletten Ablehnung

Relevanz des Unabhängigkeitsgedankens

der Trennungsvorstellung bis zum Ende des Jahres 1775 kurz vor der Publikation von Paines „Common Sense“ (Wellenreuther 2006, S. 131) aus. Die sich an US-amerikanische institutionengeschichtliche Untersuchungen anschließende verfassungsgeschichtliche Richtung der deutschen Revolutionshistoriografie zeigt hingegen, dass die vom Zweiten Kontinentalkongress empfohlene Einrichtung neuer Verfassungen und Regierungen eine dem Ziel der Unabhängigkeit dienende Taktik war (Adams 1973, S. 55), sodass von einer bereits 1775 existenten, ernstzunehmenden Auseinandersetzung mit der Trennung von Großbritannien ausgegangen werden muss. In diesem Zusammenhang verweist Willi Paul Adams auf die von den Mittel- und Unterschichten bereits in den 1760er Jahren erhobene Forderung nach Volkssouveränität (Dippel 2005, S. 19), mit der schließlich das neue Staatswesen umfassend legitimiert wurde (Adams 1973, S. 142). Aktuelle, die Untersuchung der Pamphletliteratur zentralisierende Studien kommen zu dem Ergebnis, dass spätestens 1774 von einem öffentlich relevanten Unabhängigkeitsgedanken ausgegangen werden muss (Kotte 2010, S. 107).

Durchsetzung der Unabhängigkeitsentscheidung

Zu unterscheiden ist bei Auseinandersetzung ganz gewiss zwischen einer öffentlichen Relevanz des Unabhängigkeitsgedankens und der mehrheitsfähigen Durchsetzung der Unabhängigkeitsentscheidung. Ein öffentlich relevanter Unabhängigkeitsgedanke, der beispielsweise über weit verbreitete Flugschriften wie Thomas Jeffersons „A Summary View of the Rights of British America“ bereits 1774 indirekt kolportiert wurde, setzte allerdings eine politisch interessierte Öffentlichkeit voraus, die nicht nur aus Mitgliedern der kolonialen Elite bestehen konnte. Auch in der jüngsten deutschen Forschungsliteratur zur US-amerikanischen Geschichte werden die mentalitätsprägenden Besonderheiten der britischen Kolonien hervorgehoben, in denen nicht nur der Erwerb von Grund und Boden erheblich einfacher war als in Europa, sondern auch ein hohes Maß an Selbstverwaltung auf der Basis einer vergleichsweise breiten politischen Partizipation praktiziert wurde (Schmidt 2004, S. 13), sodass – insbesondere in den Unter- und Mittelschichten – die Forderung nach Volkssouveränität bereits in den 1760er Jahren erhoben wurde (Dippel 2005, S. 19) und letztlich die Öffnung gegenüber einer republikanisch-demokratischen Staatsform, die als revolutionäre Errungenschaft anzusehen ist, im Ersten Kontinentalkongress erfolgte (Schmidt 2004, S. 18). Horst Dippel sieht in dieser ersten (nahezu) gesamtkolonialen Versammlung den Umschwung, indem eine Mehrzahl der Abgeordneten und ein Großteil der revolutionären Elite das radikalere Gedankengut der Mittelschichten (Dippel 2005, S. 24) aufgriff. Auch Barbara Krüger geht davon aus, dass die Vorentscheidung für die Unabhängigkeit bei vielen revolutionären Führungspersönlichkeiten im Verlauf der Sitzungszeit des Ersten Kontinentalkongresses im Jahr 1774 fiel (Krüger 1977, S. 19). Demgegenüber betont Mark Häberlein, dass bis Ende 1775 lediglich eine radikale Minderheit die Unabhängigkeit in Erwägung zog (Häberlein 2007, S. 134).

Einig ist sich die Forschungsliteratur weitgehend darin, dass Thomas Paines Flugschrift „Common Sense" zu Beginn des Jahres 1776 die Entscheidung für die Unabhängigkeit maßgeblich forcierte (Dippel 2005, S. 27). Die Beschlüsse des Zweiten Kontinentalkongresses einschließlich des bereits begonnenen Krieges mit Großbritannien führten dann am 4. Juli 1776 zur Unabhängigkeitserklärung, in der die seit 1774 unter dem Druck der politisierten Mittel- und Unterschichten radikalisierte Argumentation der revolutionären Elite nachklang (Kotte 2010, S. 112).

Umverteilung des Eigentums

Mit der Unabhängigkeit verloren die gegenüber der Kolonialmacht loyal geblieben, zahlreichen und oftmals besitzenden Kolonisten ihren Besitz, der versteigert und umverteilt wurde. Gustav Schmidt sieht in diesen Eigentumsumschichtungen einen Gradmesser für die durch die Revolution erreichte soziale Umstrukturierung (Schmidt 2004, S. 18). Horst Dippel hingegen schätzt die sozialrevolutionäre Wirkung dieser Maßnahme eher als gering ein (Dippel 2005, S. 28). Auch die Veränderung der sozialen Zusammensetzung der einzelstaatlichen Parlamente ist kein hinreichender Beleg für eine Entmachtung der soziopolitischen Elite. Diese wurde vielmehr erweitert durch die Repräsentation der neuen Westgebiete und die Besetzung von Positionen, die vorher durch die Loyalisten beklei-

Umschichtung politischer Macht?

det worden waren (Schröder 1982, S. 149). Eine Umschichtung der politischen Macht, wie sie in einigen Beiträgen aus der Forschung angedeutet wird (Häberlein 2007, S. 166-167), ist – zumindest in den ersten Jahrzehnten nach der Unabhängigkeit – nicht festzustellen (Finzsch 2005, S. 103) und auch die Sozialstruktur veränderte sich – trotz eines rapiden Bevölkerungsanstiegs bis 1815 – nicht signifikant (Finzsch 2005, S. 70-71). Die mit der Politisierung der Bevölkerung einhergehende Demokratisierung weiter Teile der Mittel- und Unterschichten war bereits in der Phase des Protests gegen das Siedlungsverbot und die Besteuerungsmaßnahmen der Kolonialmacht entstanden und zeigte sich nun in einem nachdrücklichen Plädoyer für die Verankerung des Prinzips der Volkssouveränität in den einzelstaatlichen Verfassungen und für eine weitreichende Kompetenz einer möglichst ungeteilten Legislative, das allerdings lediglich in Pennsylvania realisiert wurde (Dippel 2005, S. 29). In den meisten Staaten setzte sich dagegen die Elite durch, die mit ihrem Konzept des *limited government* durch die vertikale wie horizontale Gewaltenteilung sowie einer weitgehenden Beibehaltung der kolonialen Eigentumsqualifikationen für das Wahlrecht ihre Dominanz im politischen Prozess sichern wollte (Dippel 1985, S. 93-95). Damit geriet die ebenfalls nach diesen Leitlinien konzipierte *Federal Constitution* in ein eigentümliches Spannungsverhältnis zur Unabhängigkeitserklärung (Kotte 2010, S. 112), das zwar auch auf den unterschiedlichen Charakter der beiden Dokumente als Rechtfertigungs- und Propagandaschrift einerseits und rechtliche Grundlage eines neuen Staatswesens andererseits zurückzuführen ist (Dippel 1985, S. 109), darüber hinaus aber durch die aus Sorge vor einer unkontrollierbaren Majorisierung vonseiten der Mittel- und Unterschichten installierten Mechanismen des *limited government* durch die bei den *Federalists* organisierte Mehrheit entstand (Finzsch 2005, S. 103).

Konzept des limited government

Spannungsverhältnis von Unabhängigkeitserklärung und Verfassung

In ihrer Außenwirkung kann die Verfassung demgegenüber als Bekräftigung der Unabhängigkeit und Souveränität der Vereinigten Staaten sowie als Vollendung der Revolution gelten (Schröder 1982, S. 145), wenngleich sie innenpolitisch

Mythos der Continuing Revolution

durchaus eine konservative Kehrtwende markierte (Dippel 1985, S. 102). Die These einer Kontinuität der beiden wichtigsten Gründungsdokumente wurde mit zunehmendem Abstand zur Amerikanischen Revolution – zuletzt auch unter Mitwirkung der *Consensus History* – zu einem Mythos transformiert (Dippel 1985, S. 102), der im Anschluss an die noch aus kolonialer Zeit stammende Überzeugung von der eigenen Vorbildhaftigkeit *(City upon a Hill)* (Schröder 1982, S. 195) den Gedanken ausformte, mit dem Auftrag einer weiterwirkenden und in die Welt ausstrahlenden Revolution *(Continuing Revolution)* den Entstehungsprozess der Vereinigten Staaten als Bewegung im Konsens, in der es keine sozialen Gegensätze, kaum politische Kontroversen und schon gar keine Widersprüche zwischen Unabhängigkeitserklärung und Verfassung gegeben habe (Bercovitch 1988, S. 127; Kotte 1997, S. 394-395), geprägt zu haben. Doch auch jenseits ihres Kontroversen widerspiegelnden Binnenaspektes war die Amerikanische Revolution erheblich mehr als nur die Geburtsstunde der US-amerikanischen Nation. Die Unabhängigkeitserklärung, durch die früh mit universalem Anspruch in einem Staatsgründungsdokument die Menschenrechte als vorgängige, unantastbare Rechte eines jeden Individuums proklamiert wurden, schuf eine neue Basis für die Organisation der Beziehungen der Menschen untereinander in einem Staat, in dem das Verhältnis zwischen der Gesellschaft und ihren einzelnen Mitgliedern tendenziell zugunsten der Letzteren neu bestimmt wurde (Dippel 2005, S. 28). Die Verfassungsgebung beendete schließlich diese Revolution, in der die mentalen und institutionellen Voraussetzungen für den neuen, modernen Nationalstaat gelegt wurden, indem sie seine rechtliche Basis bildete (Schröder 1982, S. 160).

2.3 Darstellung: Polen als Objekt europäischer Grossmachtpolitik

Das Bedingungsfeld: Polen in der mächtepolitischen Konstellation Mitte des 18. Jahrhunderts

Außenpolitische Schwäche Polens im 18. Jahrhundert

Nach dem Großen Nordischen Krieg (1700-1721 zwischen Russland und zeitweise Dänemark und Polen-Litauen einerseits sowie Schweden andererseits um die Vorherrschaft im Ostseeraum) war die Stellung der ehemaligen ostmitteleuropäischen Großmacht Polen-Litauen so erschüttert, dass es als eigenständiger Akteur im europäischen Machtgefüge keine Rolle mehr zu spielen imstande war, sodass der russische Zar Peter I. die Teilnahme des Landes am Frieden von Nystad bzw. Uusikaupunki 1721 sogar verhindern konnte. Deutlich zeigte sich eine Krise der politischen Instanzen in Polen, doch die wirtschaftliche Entwicklung, die Polen für seine Nachbarn unter anderem zu einem begehrenswerten Objekt machte, stagnierte keineswegs, sodass bis Mitte des 18. Jahrhunderts der Rückstand zu anderen europäischen Ländern aufgeholt werden konnte. Die politische Machtlosigkeit wurde indes bereits im Jahre 1730 deutlich, als Preußen und Russland einen förmlichen Allianzvertrag zum Schutz von Protestanten und Orthodoxen in Polen schlossen, nachdem anlässlich von Angriffen auf die Jesuiten in Thorn, auf die der protestantische Stadtrat nur zögerlich mit Schutzmaßnahmen reagiert hatte, die Ratsmitglieder mit Todesurteilen bestraft und durch Katholiken ersetzt wurden.

Konkurrierende Adelsparteien

Auf dem zur Befriedung der Verhältnisse in Polen 1736 abgehaltenen Pazifikationsreichstag (auf dem dann auch das Problem der 1733 unter dem Einfluss unterschiedlicher Großmächte erfolgten Wahl zweier Könige gelöst wurde) zeigte sich eine Lagerbildung innerhalb der politisch führenden Kräfte der polnischen Adelsrepublik: Während sich die Mehrheit des alten Hochadels unter dem Etikett „Patrioten“ um die Preußen freundlich gesonnene Familie Potocki versammelte, tendierte ein weiteres, wichtige Reformen der alten Adelsrepublik anstrebendes Lager um die Familie Czartoryski unter der Selbstbezeichnung „Familia" eher zu Russland. Diese Lagerbildung sollte die polnische Politik noch über das 18. Jahrhundert hinaus beeinflussen.

Verständigung der drei Schwarzen Adler

Kurz vor dem Tode des polnischen Königs August II. (reg. 1697-1706 bzw. 1709-1736) verständigten sich Preußen, Österreich und Russland, auch nach ihren Wappentieren die „drei Schwarzen Adler" genannt, im Löwenwoldeschen Traktat (einem komplizierten Vertrag, der das Vorgehen in Polen mit anderen europäischen Fragen verband) auf gegenseitige Unterstützung bei der Wahl des Nachfolgers August III. (reg. 1736-1763). Durch Preußens zunächst höchst eigennütziges Vorgehen innerhalb Polens, das bereits um die Mitte des Jahrhunderts auf den Erwerb eines polnischen Landstreifens zur territorialen Verbindung zwischen Pommern und Ostpreußen gerichtet war, wurde die Zusammenarbeit der drei Mächte auf eine harte Probe gestellt. Im Jahre 1756 schließlich begann der Siebenjährige Krieg durch den Angriff Preußens auf Sachsen, das Stammland des polnischen Königs, der dort als Kurfürst regierte. Polen-Litauen blieb neutral, und Preußen, das auf eine Kursänderung der russischen Politik nach dem dortigen Thronwechsel 1762 hoffte, konnte den Krieg erfolgreich beenden, indem es Schlesien Österreich abtrotzte. Ein Jahr nach Beendigung des Krieges schloss die neue russische Kaiserin Katharina II. (reg. 1762-1796) mit dem preußischen König Friedrich II. (reg. 1740-1786) ein Bündnis, durch das Preußen verpflichtet wurde, den von Russland favorisierten neuen polnischen König Stanisław August Poniatowski (reg. 1764-1795), einen Angehörigen der Czartoryski-Familie, zu unterstützen.

Der Siebenjährige Krieg (1756-1763)

Der Anfang vom Ende: Die Wahl Stanisław August Poniatowskis und die Erste Teilung

Russische Polenpolitik im 18. Jahrhundert

Für die russische Polenpolitik war das Interesse ausschlaggebend, sowohl den polnischen Staat wie auch seine relative politische Schwäche und entsprechend seine Abhängigkeit von Russland zu erhalten, um die Kontrolle über die Adelsrepublik zu sichern. Eine Möglichkeit dazu bot die Königswahl von 1763, zu der der von der „Familia" unterstützte Kandidat Stanisław August Poniatowski antrat, der der russischen Kaiserin Katharina II. aus seiner Zeit als polnischer Diplomat in St. Petersburg bestens bekannt war. Während Katharina II. auch deswegen auf den Kandidaten der Czartoryski-Familie setzte, weil diese in den letzten Jahren in Opposition zum verstorbenen polnischen König und damit in großer Russlandaffinität agiert hatte, glaubten die Anführer der „Familia“, mithilfe der Zarin ein weitgespanntes Reformprogramm durchsetzen zu können.

An einer wirklichen Reformierung der Adelsrepublik, die eine wesentliche Revision der überkommenen Verfassung oder gar eine militärische Stärkung Polens bedeutet hätte, war die Zarin hingegen nicht interessiert, sodass die 1764 abgeschlossene Allianz mit dem reformabgeneigten Preußen die Grenzen des Bündnisses zwischen Russland und der Czartoryski-Familie deutlich markierte. Anders als Preußen reagierte Österreich ablehnend auf die russische Strategie, zumal in Wien der Verdacht entstand, dass die russisch-preußische Annäherung einer von Russland erwünschten Veränderung der Machtkonstellation in Mitteleuropa, die im Extremfall sogar auf eine Teilung Polens hinauslaufen könnte, dienen solle. Dennoch wurde angesichts der drohenden Gefahr eines erneuten Krieges in Österreich ein von Frankreich unterstütztes konkurrierendes Engagement in der Thronfolgefrage verworfen, und die Wahl Stanisław Augusts verlief – allerdings unter militärischer Machtdemonstration Russlands – ungehindert.

Reformen in Polen

Wenngleich der neue polnische König zu Beginn seiner Amtszeit sich noch in eine Randposition hinsichtlich der Geschicke Polens gedrängt sah, gewann er recht schnell politisches Profil. Auf dem ersten Interregnumsreichstag 1764 konnte die Czartoryski-Familie mit der Einführung eines allgemeinen Zolls, der Einsetzung einer Finanz- und Militärkommission zur Vorbereitung zukünftiger Reformprojekte und dem Ausnahmestatus einer Konföderation, der das Einstimmigkeitsprinzip bei der Beschlussfassung zugunsten der Regierungsmehrheit aufhob, der Anhebung der Steuern durch Einrichtung einer Schatzkommission sowie Impulsen zur Steigerung der Wirtschaftskraft der Städte und ihrer Bürger erste Reformschritte durchsetzen. Allerdings erntete die „Familia“

russischen Widerspruch, als Maßnahmen zur Reformierung des polnischen Heeres eingeleitet werden sollten. Als gar das *liberum veto,* jenes aus der Adelsrepublik überkommene Einstimmigkeitsprinzip des polnischen Reichstags *(Sejm)* durch Begrenzung auf Zustimmungen zu Krieg und Frieden weitestgehend aufgehoben, der besitzlose Adel politisch entmachtet und die Kompetenzen der Landtage beschnitten werden sollten, schritten die mächtigen Nachbarn Polens ein, erneut unter dem Vorwand des Schutzes der protestantischen und orthodoxen „Dissidenten", deren Beschwerden vom Reichstag 1766 zurückgewiesen worden waren, sodass sich die politischen Kräfte Polens, die nicht katholischen Glaubens waren, 1767 in der von Russland unterstützten Generalföderation von Radom unter dem vom Kleinadel verehrten Karol Radziwiłł (1734-1790) zusammenfanden. Insbesondere Preußen hielt an Grundsätzen, besonders dem *liberum veto,* fest, die für den *Sejm* nicht kompromissfähig waren, sodass nur durch Interventionsdrohungen Russlands und Preußens die Aufgabe der Verfassungsprojekte erzwungen werden konnte.

Liberum veto: politische Intervention Preußens in Russland

Die Initiative lag nun wieder bei den „Patrioten" um die Potocki-Familie, die die alte Reichstagsverfassung mit dem *liberum veto* bestätigten, aber – gegen deutliche russische Forderungen – auch die Diskriminierung der nicht katholischen „Dissidenten" aufrechterhielten. Der daraufhin 1768 durch Russland entschiedene Gebrauch militärischer Mittel zur Erzwingung von Beschlüssen, die die Vorrechte des Adels, die freie Königswahl, das Einstimmigkeitsprinzip und die Gleichberechtigung der Dissidenten bestätigten, wurde durch eine geheime russisch-preußische Rückversicherungskonvention gedeckt. Die Gegner der Reformpolitik hatten sich damit vollends russischen Forderungen verschrieben in der Hoffnung, den König und die Czartoryski-Familie von der Macht vertreiben zu können. Russland hingegen konnte sein Ziel der militärisch-politischen Kontrolle durch das förmliche polnische Ersuchen um russische Verfassungsgarantie legitimieren. Im Frühjahr 1768 wurde ein förmlicher Vertrag über weitgehende Schutzrechte Russlands in Polen abgeschlossen. Die Adelsrepublik wurde damit de facto zum Protektorat.

Russische Schutzrechte in Polen

Die Konföderation von Bar

Russland suchte nun wieder den Ausgleich mit der „Familia", und gegen die russische Hegemonie bildete sich die Konföderation von Bar, die von großen Teilen des Adels und insbesondere auch durch die „Patrioten" unterstützt wurde, sich aber auch der Beteiligung des Kleinadels erfreute und die russische Interventionsmacht in eine langwierige militärische Auseinandersetzung zog. Dieser vierjährige Krieg nahm die Entscheidung zur Ersten Teilung Polens zwar noch nicht voraus, zog aber eine ganze Reihe von Überlegungen nach sich, die den Teilungsgedanken bereits einschlossen. Nachdem im Oktober 1768 das Osmanische Reich Russland den Krieg erklärt hatte, der Konflikt damit in größere europäische Dimensionen gestellt wurde und Österreich ein Vordringen Russlands in die Donaufürstentümer Moldau und Walachei auf Kosten seiner eigenen machtpolitischen Interessen befürchtete, wurden in Wien Pläne zur Herstellung einer großen antirussischen Allianz überlegt, die eine Teilung Polens zur Ermöglichung eines territorialen Tausches als Grundlage des angestrebten Bündnisses beinhalteten. Der österreichische Kanzler Kaunitz wollte Preußen aus seinem Bündnis mit Russland herauslösen und in eine Zweckgemeinschaft mit Österreich und dem Osmanischen Reich locken, indem es im Tausch gegen das an Österreich zurückzugebende Schlesien seine Hilfe bei zukünftigen preußischen Gebietserwerbungen im Königlichen Preußen und in Kurland zusagte. Preußen reagierte daraufhin 1769 mit einem Plan, den vermutlich der frühere dänische Gesandte in St. Petersburg, der aus einer preußischen Adelsfamilie stammende Graf Rochus Friedrich zu Lynar (1708-1781), entwickelt hatte: Er riet Russland, neben Preußen auch Österreich in die antiosmanische Allianz einzubeziehen und dann durch miteinander vereinbarte Annexionen in Polen Kriegsengagement und -aufwendungen zu kompensieren. Demnach sollte Österreich Rothreußen (Gebiet der heutigen Westukraine um Lemberg) und Preußen das Königliche Preußen (einschließlich des Protektorats über Danzig) erhalten.

Erste Teilungspläne

Absetzung des polnischen Königs

Im Verlauf des Krieges in Polen wurden unterdessen erste Tatsachen geschaffen. Ermutigt durch die osmanische Kriegserklärung an Russland, erklärte die Konföderation von Bar 1770 König Stanisław August im Herbst 1770 für abgesetzt. Dieses

Vorgehen erwies sich hingegen als äußerst übereilt, denn schon im selben Jahr verzeichneten die russischen Truppen entscheidende Erfolge sowohl gegen das Osmanische Reich wie auch gegen die Konföderierten in Polen. Überdies besetzte Preußen 1770 das sogenannte Königliche Preußen (ein Teil des alten Deutschordensstaates, der 1466 an das Königreich Polen gefallen war) sowie Teile Großpolens (das Gebiet um Posen). Österreich annektierte die an der Grenze zum slowakischen Teil Ungarns gelegene Grafschaft Zips, die sich seit dem späten Mittelalter in polnischem Pfandbesitz befand, erklärte diese Maßnahme als rechtlich einwandfreie Reinkorporation und schickte Truppen ins Karpatenvorland Richtung Lemberg und Krakau. Preußen schob seine Truppen gewissermaßen als *cordon sanitaire* von Schlesien bis nach Ostpreußen weit über seine Grenze zu Polen vor und nutzte die Gleichzeitigkeit der Ereignisse, um 1771 den Bruder des Königs, Prinz Heinrich, zur Sondierung der Möglichkeiten für Teilungsverhandlungen nach Moskau zu schicken. Tatsächlich sprach die russische Kaiserin Katharina II. in diesem Jahr erstmals von der Möglichkeit eines Teilungsbündnisses der drei Nachbarn Polens.

Preußische und österreichische Besetzungen in Polen

Während Österreich in der Befürchtung territorialer Gewinne Russlands auf Kosten des Osmanischen Reiches (und damit einer Kräfteverschiebung in Südosteuropa gegen seine Interessen) den Konfrontationskurs durch eine (später allerdings nicht ratifizierte) Bündniskonvention mit dem Osmanischen Reich verschärfte, nutzte Preußen das von ihm übertriebene, realiter aber wenig wahrscheinliche Szenario einer militärischen Intervention Österreichs gegen Russland, um Moskau in der Teilungsfrage zu einem Kompromiss zu bewegen. Es ging darum, Russland zu bewegen, die Kriegsziele in Südosteuropa gegen eine Entschädigung mit polnischem Gebiet zu beschränken und auch Österreichs seit dem Verlust Schlesiens gestiegene Kompensationsbedürfnisse in Polen zu befriedigen, während Preußen im Rahmen der Pläne zur Arrondierung seines Staatsgebiets mindestens das Bistum Ermland und das Königliche Preußen zu erhalten wünschte. Zunächst kam es zu bilateralen Teilungsverhandlungen zwischen Preußen und

Russland, die im Februar 1772 zu einer gemeinsamen Teilungsvereinbarung führten. Im April 1772 wurde dann zwischen Russland und Österreich ein Teilungsvertrag abgeschlossen. Schließlich kam es am 5. August 1772 nach der Eroberung Tschenstochaus durch österreichische Truppen zum förmlichen Teilungsvertrag zwischen den drei Mächten: Russland erhielt das flächenmäßig größte Teilungsgebiet mit dem polnischen Livland und den weißrussischen Wojewodschaften (rd. 84.000 km^2 mit rd. 1,25 Millionen Einwohnern), Österreich bekam ein fast gleichgroßes Gebiet mit allerdings mehr als doppelt so vielen Einwohnern, das als Kronland unter dem „Königreich Galizien und Lodomerien" geführt wurde und das Kleinpolen (das Gebiet um Krakau, aber ohne die Stadt), Rothreußen (das polnisch-ukrainische Grenzgebiet mit den Städten Chełm, Halitsch und Lemberg), Podolien (das westukrainische Gebiet um Tarnopol) und Wolhynien (das nordwestukrainische Gebiet zwischen den Flüssen Bug und Dnjepr) umfasste, während Preußen zwar das weitaus kleinste Gebiet (das Königliche Preußen mit dem Ermland, aber ohne Danzig und Thorn sowie Gebiete Großpolens) mit nur gut einem Viertel der Bevölkerung des russischen Teilungsgebiets, darunter ca. 40 Prozent Deutsche, erhielt, aber nun über die strategisch und ökonomisch wichtige Landbrücke zwischen Pommern und Ostpreußen verfügte. Polen verlor damit knapp ein Drittel seines bisherigen Staatsgebiets. Die Teilungsmächte rechtfertigten dies als Maßnahme zur Befriedung Polens.

Die Erste Polnische Teilung (1772)

Der polnische Reststaat

Der mit unterschiedlichen Mitteln gefügig gemachte polnische Reichstag ratifizierte diese Grenzziehungen im September 1773. Der polnische Reststaat (527.000 km^2 mit rd. 7 Millionen Menschen) war trotz der höchst ungünstigen Grenzziehung durchaus lebensfähig und erlebte nach Verabschiedung einiger Reformen durch den *Sejm* sogar einen wirtschaftlichen Aufschwung. Der „immerwährende Rat", ein in Departements aufgeteiltes Regierungsgremium, erreichte immerhin die Verbesserung des Steuerwesens, die Modernisierung der Armee nach preußischem Vorbild, die Reform der politischen und sozialen Stellung der königlichen Städte und die Besserstellung der Bauern.

Ein letzter Versuch: Die polnische Verfassung vom 3. Mai 1791

Dennoch bestanden weiterhin starke Spannungen im inneren Gefüge in den Beziehungen Polens zu Russland. Zunächst einmal waren sich der König, die „Familia" und auch die von den „Patrioten" gestellten Mitglieder der Konföderation von Bar in ihrer Ablehnung der Forderungen der Teilungsmächte, die diese in Abtretungs- und Handelsverträgen sowie in Verfassungsauflagen diktierten, einig. Russland war zwar an der Sicherung des staatlichen Bestands Polen, seiner inneren Befriedung und der Stabilität der russischen Protektorenrolle maßgeblich interessiert, aber es war den führenden russischen Politikern ebenso bewusst, dass diese Zielsetzung besser mit einem Mindestmaß an gesellschaftlicher Zustimmung in Polen erreicht werden konnte. Eine neue Kooperation zwischen dem polnischen König Stanisław August und Russland schien möglich, als sich im Rahmen russischer Kompromissbereitschaft neuer politischer Handlungsspielraum für den König ergab. Doch Stanisław August musste erneut erkennen, dass Russland ebenso am Erhalt einer innenpolitischen Balance zwischen dem königlichen Hof und einer neuen, nun auch von den Czartoryski unterstützten Magnatenopposition festhielt, weil es auf diese Weise sowohl größeren Verfassungsänderungen als auch einer nach dem Einstimmigkeitsprinzip verfahrenden Reichstagskonföderation vorbeugen konnte. Die Erste Teilung hatte den zuvor zerstrittenen Adel Polens geeint, und als 1787 ein neuer Krieg Russlands mit dem Osmanischen Reich, in den Österreich diesmal auf russischer Seite eintrat, ausbrach, wuchsen in Polen die Hoffnungen, militärisch und außenpolitisch wieder eine eigene Bedeutung zu gewinnen. Diese wurden zusätzlich geschürt durch die im Einvernehmen mit Großbritannien durch Preußen verfolgte Politik gegen Russland und Österreich, durch die das Osmanische Reich unterstützt und Polen als Partner einbezogen werden sollte. Preußen sagte Polen Hilfe gegen die russische Hegemonie zu, billigte die polnischen Reformen und erklärte sein Einverständnis mit der Vergrößerung des polnischen Heeres. Unter Führung der Potocki-Familie nahm die polnische Politik, die nun

Russische Kompromissbereitschaft

Preußisch-polnische Annäherung

auch der König mittrug, unverhüllt antirussisches Gepräge an. Überdies sollten die galizischen Polen gegen Österreich ermuntert werden, indem der polnische Wiedererwerb Galiziens in Aussicht gestellt wurde. Im März 1790 gipfelte die preußisch-polnische Annäherung in einem förmlichen Bündnisvertrag, der zu gegenseitigem Beistand verpflichtete und Preußens Garantie für die territoriale Integrität Polens umfasste.

Preußisches Eigeninteresse und Teilungsabsicht

Preußen indes ließ sich auf diesen Handel nur ein, weil es das Osmanische Reich an sich binden wollte, um schließlich als Schlichter im Osmanisch-Russischen Krieg prädestiniert zu sein und für die Übernahme dieser Rolle von Österreich die Rückgabe Galiziens an Polen und für sich selbst Danzig, Thorn und einige weitere großpolnische Gebiete verlangen zu können. Eine Absicht zur Revision der Teilungen war also von preußischer Seite zu keinem Zeitpunkt gegeben, sondern in der preußischen Strategie war schon eher der Nukleus einer weiteren Teilung Polens angelegt. Was die Teilungspartner anbetraf, lief Preußen nur geringes Risiko, denn Russlands Kräfte waren ab 1788 in einem Zweifrontenkrieg gegen die Schweden einerseits und das Osmanische Reich andererseits gebunden, während Österreich durch die Erhebung der habsburgischen Niederlande unter Druck stand.

Die polnische Verfassung vom 3. Mai 1791

Angesichts der russischen Zweifrontensituation forderte der polnische König Stanisław August weitergehende Reformen durch den im selben Jahr eröffneten Großen (Vierjährigen) Reichstag, die ihren Kulminationspunkt dann in der Verfassung vom 3. Mai 1791 fanden. Der Reichstag beschloss die Ausgrenzung des besitzlosen Adels (dessen Stimmen häufig den Magnaten zugutegekommen waren) und die Zulassung städtischer Abgeordneter. Unter Einfluss der „Patrioten“ votierte er ebenfalls für die Abschaffung des *liberum veto* und der Wahlmonarchie, was allerdings den Einspruch Preußens provozierte. In dieser Situation entschlossen sich die Führer der Patriotenpartei und König Stanisław August zu einem sehr radikalen, aber auch mutigen Schritt: Der König verkündete am 3. Mai 1791 vor dem hastig zusammengerufenen *Sejm* eine neue Verfassung (ein neues Regierungsgesetz – *ustawa rządowa*), die ohne lange Debatten angenommen wurde. Durch sie wurde die Erbmonarchie (die den – ehemals herrschenden – sächsischen Wettinern vorbehalten sein sollte) eingeführt, das Mehrheitsprinzip statt des *liberum veto* verbindlich erklärt, die Verantwortlichkeit der Minister vor dem Parlament festgelegt, die staatliche Exekutive gestärkt, die Steuerfreiheit des Adels abgeschafft, der besitzlose Adel vom Reichstag ausgeschlossen und das vermögende Bürgertum, dem Rechte der Nobilitierung zugestanden wurden, über Repräsentanten aufgenommen – um nur die wichtigsten Veränderungen zu nennen. Polen sollte demnach eine konstitutionelle Monarchie werden. Die polnische Verfassung vom 3. Mai 1791 wurde als erste geschriebene Verfassung Europas vorbildhaft für die neuere Verfassungsgeschichte. Entsprechend wird ihrer noch heute am 3. Mai als dem polnischen Nationalfeiertag gedacht. Mit ihr wurde die Idee Rousseaus von der Volkssouveränität (die freilich nicht verwirklicht wurde) zumindest in Ansätzen (Mitwirkungsrechte für Bürger, Rechtsschutz für Bauern) aufgegriffen und die Umsetzung des von Montesquieu entworfenen Systems der Gewaltenteilung (durch klare Aufgabenzuweisungen an *Sejm,* Regierung und König sowie Einrichtung neuer zentraler Instanzen im Gerichtswesen) versucht. Mit ihrem Bekenntnis zur Nation (einschließlich einer Vorform der Staatsbürgerschaft als grundlegende Rechtsform) war die Konstitution vom 3. Mai von erstaunlicher Modernität geprägt.

Reaktionen der Großmächte

Russland und Preußen nahmen die Verabschiedung der Verfassung als unfreundlichen Akt auf, während Österreich noch das Projekt einer gemeinsamen Garantie der neuen Verfassung und der territorialen Unverletzlichkeit Polens verfocht. Gegen den vereinigten russischen und preußischen Widerstand hatte die Verfassung jedoch keine Chance, und Österreich war durch sein Ersuchen um preußische Unterstützung gegen Frankreich daran gehindert, die Unterdrückung des gesamten polnischen Reformwerks durch die anderen beiden Teilungsmächte zu verhindern.

Das Ende der polnischen Staatlichkeit in der Zweiten und Dritten Teilung

Die preußische Strategie

Die 1772 zwischen den Teilungsmächten getroffene Vereinbarung hatte sich nicht als tragfähige Konfliktlösung erwiesen. Gerade aus preußischer Sicht war sie aufgrund der Aussparung Danzigs und Thorns aus dem preußischen Teilungsgebiet höchst unbefriedigend. Seit Frühjahr 1792 suchte der preußische König Friedrich Wilhelm II. (reg. 1786-1797), obwohl formell das Bündnis mit Polen noch bestand, das Einverständnis der beiden anderen Teilungsmächte zu umfangreichen preußischen Erwerbungen gegen Polen zu erlangen. Gegenüber Österreich machte er diese Zustimmung zur Bedingung für Preußens Beteiligung am Krieg gegen Frankreich und bot im Gegenzug an, die österreichischen Pläne eines Tausches Belgiens gegen Bayern (ein Vorschlag Österreichs an den pfälzischen Kurfürsten) zu unterstützen.

Die russische Intervention

Russland gewann mit dem osmanisch-russischen Waffenstillstand seine Handlungsfähigkeit zurück und drang nach Preußens Versicherung, dass keine preußische Garantie oder gar Verteidigung der polnischen Verfassung beabsichtigt sei, im Mai 1792 militärisch in Polen ein. Die russischen Truppen besiegten binnen vier Wochen die polnischen Einheiten, deren General Tadeusz Kościuszko (1746-1817), ein Veteran des amerikanischen Unabhängigkeitskrieges, nach Sachsen floh. Auf der russischen Seite standen die konservativen polnischen Gegner der Maiverfassung, die sich in der Konföderation von Targowica zusammengeschlossen hatten, der schließlich auch König Stanisław August, vielleicht zur Vermeidung weiteren Blutvergießens, beitrat. Nach ihrem Sieg übernahmen diese Konföderierten von Targowica, die teilweise polnische Magnaten waren, die Regierung. König Stanisław August behielt zwar seine Stellung, konnte aber auf die Regierungsgeschäfte keinen Einfluss mehr ausüben. Alle Beschlüsse des Großen Reichstags wurden durch Russland, das als einzige Teilungsmacht die Erhebung militärisch bekämpft hatte, annulliert.

Die Zweite Polnische Teilung (1793)

Seit Herbst 1792 öffnete sich auch Russland, dessen Kaiserin Katharina II. in der polnischen Verfassung die Wirkung der ihr verhassten revolutionären französischen Prinzipien sah, zunehmend der Möglichkeit einer erneuten Teilung Polens, die im Januar 1793 in einem russisch-preußischen Vertrag festgelegt wurde. Preußen besetzte dementsprechend den westlichen Teil Polens mit der Begründung der Wahrung seiner eigenen Sicherheitsinteressen vor den aus Frankreich nach Polen importierten revolutionären Ideen. Russland erhielt nach dem Teilungsvertrag die gesamte Ukraine (mit Ausnahme der österreichischen Gebiete um Lemberg), d.h. 228.000 km^2 mit 3,06 Mill. Einwohnern. Preußen annektierte ein doppelt so großes Gebiet wie 1772 mit dem gesamten Großpolen zwischen Ostpreußen und Oberschlesien sowie einem Teil Masowiens (54.000 km^2 mit 1,14 Mill. Menschen). Österreich, das sich noch um einen Kompromiss über die polnische Verfassung bemüht hatte, blieb aus der Übereinkunft ausgeschlossen. In der Spur der Idee der Kompensation für Preußens und Russlands Kriegsanstrengungen gegen das revolutionäre Frankreich wurde in der Begründung der Annexionen die Zweite Teilung Polens als Ordnungsaktion gegen das „französische" Gedankengut der Demokratie dargestellt. Nachdem der polnische Reichstag von Grodno im August 1793 die Bestätigung der Gebietsverluste verweigert hatte, ratifizierte nach Gewaltandrohungen der „Stumme Sejm" am 29. September 1793 die Abtretungsverträge. Der Teilungsvorgang von 1793 war keineswegs ein erfolgreicher Kompromiss, durch den Krisen hätten entschärft werden können, denn der nicht mehr lebensfähige polnische Reststaat (240.000 km^2 mit 3,5 Mill. Menschen) wurde nun in einer nur provisorischen Lösung ganz offen dem russischen Protektorat unterworfen, sodass eine von russischen Truppen gestützte konservative Adelspartei kaum mehr Autorität entfalten konnte.

Neues Nationalgefühl in Polen

Als Gegengewicht entwickelte sich aus dem Engagement für die Maiverfassung ein neues, revolutionäres Nationalgefühl, das zwar unter anderen Voraussetzungen als die bürgerliche politische Nation in Frankreich entstand, aber von der Französischen Revolution dennoch stark beeinflusst war. Zwar übernahmen auch in dieser Nationalbewegung Vertreter aus Adel und Geistlichkeit die Führungspositionen, sie stand aber darüber hinaus auch bereits unter zunehmendem bürgerlich-intellektuellem Einfluss und schloss auch schon erste bäuerlich-sozialrevolutionäre Bestrebungen ein.

Der Kościuszko-Aufstand (1794)

Anfang 1794 befand sich Kościuszko heimlich wieder in Krakau und wurde zum Anführer des nationalen Befreiungskampfes ausgerufen, als aufgrund einer Order aus Russland das polnische Heer auf die Hälfte seiner Truppenstärke reduziert werden sollte und die Brigade Madaliński daraufhin ihre Auflösung verweigerte. Mit schnell ausgehobenen Truppen, zu denen auch bewaffnete Bauern stießen, erreichte Kościuszko bei Racławice einen Überraschungserfolg, dem im April 1794 eine Erhebung in Warschau folgte, durch die die russischen Garnisonen vertrieben wurden. Die Ablösung der militärisch gesicherten russischen Herrschaft gelang danach ebenfalls in einigen weiteren Städten, so in Wilna und Lublin. Dennoch hätten diese raschen Anfangserfolge die Aussichten der Unabhängigkeitsbewegung nur dann sichern können, wenn aus dem europäischen Ausland rasche Unterstützung für den Aufstand gewährt worden wäre. Diese blieb jedoch gänzlich aus. Stattdessen stellte sich Preußen offen auf die russische Seite und räumte der Niederschlagung des polnischen Aufstands sogar Priorität gegenüber dem Krieg gegen Frankreich ein, indem der preußische König Friedrich Wilhelm II. selbst mit einer Armee in Polen einrückte. Schon bald konnte Krakau eingenommen werden, und im Herbst 1794 errangen russische Truppen bei Maciejowice den entscheidenden Sieg, nach dem auch Kościuszko gefangen genommen werden konnte. Danach begann der Sturm russischer Truppen auf Warschau. Der im Aufstand von 1794 deutliche Anspruch der Polen, ihr Schicksal selbst bestimmen zu wollen, brachte nach der Niederschlagung das Todesurteil für die polnische Eigenstaatlichkeit, doch die eigentlichen Ursachen lagen tiefer im Bedingungsgefüge, das schon die Zweite Teilung bestimmt hatte: Eine Konsolidierung der Situation von 1793 entsprach nicht im Geringsten den Vorstellungen der Großmächte. Im Gegenteil: Die Kompensationsbedürfnisse Österreichs, das bei der Zweiten Teilung ausgeschlossen

Die Dritte Polnische Teilung (1795)

worden war, waren entsprechend groß, und auch aus russischer Perspektive entstanden aus der in der Zweiten Teilung vermeintlich überproportionalen Expansion Preußens neuartige Teilungs- und Annexionsinteressen, zumal die Aussicht auf Beruhigung der Lage im polnischen Reststaat durch den soeben niedergeschlagenen Aufstand ja geradezu augenfällig gescheitert war. So wurden alle staatlichen Strukturen im polnisch-litauischen Rumpfstaat aufgelöst. Am 2. Januar 1795 ging der polnische König Stanisław August ins Exil, und bereits einen Tag später schlossen Russland und Österreich ein Teilungsabkommen, dem Preußen im Oktober 1795 beitrat. Russland besetzte litauische und ruthenische Gebiete östlich der Flüsse Njemen und Bug (146.000 km^2 mit 1,34 Mill. Einwohnern), Österreich Kleinpolen bis zur Pilica und zum Bug einschließlich Krakau (51.000 km^2 mit 1,1 Mill. Einwohnern) und Preußen das restliche Masowien mit Warschau sowie Teile Podlachiens (das nordostpolnische Gebiet um Białystok) und Litauens (43.000 km^2 mit 1,04 Mill. Einwohnern). Am 25. November 1795 dankte König Stanisław August Poniatowski offiziell ab und Polen wurde als Staat von der Landkarte getilgt. Aber erst mit der zwischen Russland und Preußen am 26. Januar 1797 abgeschlossenen und durch Österreich gebilligten Konvention, die in einer geheimen Zusatzerklärung auch die unwiderrufliche Aufhebung des Staatsbegriffs „Königreich Polen“ verfügte, war die Dritte Teilung Polens endgültig abgeschlossen.

2.4 Erörterung wissenschaftlicher Kontroversen: Die Polnischen Teilungen – Selbstverschuldung oder Grossmachtpolitik?

Selbstverschuldung oder Großmachtpolitik?

Die lange in offiziellen Stellungnahmen der Teilungsmächte und auch in der Historiografie des 19. Jahrhunderts mit Blick auf das gewaltsame Ende der polnischen Staatlichkeit vertretene „Selbstverschuldungsthese“, nach der das Königreich Polen von innen zerfallen sei, war bereits zu ihrer Entstehungszeit umstritten (Müller 1984, S. 26) und wird mit zunehmendem

Nachdruck in der neueren deutschen Polenhistoriografie seit den 1970er Jahren (Broszat 1972, S. 43-44) und mittlerweile fast ausschließlich zurückgewiesen. Die neuere Forschung lässt keinen Zweifel daran, dass die Eliminierung des polnischen Staatswesens durch die benachbarten Großmächte herbeigeführt wurde (Heyde 2006, S. 53).

Preußische (und österreichische) Hauptverantwortung für die Erste Teilung

Zwar wird bisweilen festgestellt, dass die innerpolnischen Spannungen die Teilungspolitik der Großmächte mindestens begünstigten (Broszat 1972, S. 65), der in den Teilungen beinhaltete Gewaltakt wird jedoch unmissverständlich auf territoriale und machtpolitische Bereicherungsintentionen der drei benachbarten Großmächte zurückgeführt (Broszat 1972, S. 44). Während Martin Broszat im Hinblick auf die Erste Teilung Preußen als eigentlichen Initiator herausstellt, der sein Staatsgebiet arrondieren und damit auch dynastischen Desideraten gerecht werden wollte (Broszat 1972, S. 49-51), sieht Michael G. Müller die Ursachen der Teilung darüber hinaus auch in der österreichischen Politik, z. B. durch die Annexion der Grafschaft Zips (Müller 1984, S. 34-35). Die Rolle Russlands wird in der deutschen Forschungsliteratur als zurückhaltender beschrieben, da es ohnehin im Königreich Polen bereits vor den Teilungen die entscheidende Dominanz ausübte (Broszat 1972, S. 49-50).

Müller warnt allerdings vor einer allzu simplen Erklärung, wie sie zeitweise in der polnischen Forschungsliteratur unter anderem in der Zeit der Volksrepublik zu lesen war: Die Teilungen waren durchaus auch nicht einfach Folge eines (preußisch-) deutschen Drangs nach Osten. Daher formuliert er die weiterführende Frage nach den Umständen, die die empfindliche Balance der politischen Einflüsse durch die drei Großmächte in Ostmitteleuropa vor 1772 gefährden konnten, sodass sie in ein Teilungssystem einmündete (Müller 1984, S. 25-26). Zwar zeigten bereits die Ereignisse im Jahre 1768 das Scheitern der russischen Polenpolitik, doch sieht Müller darin noch keine Gefährdung der machtpolitischen Konstellation in Ostmitteleuropa, die erst durch äußere Einflussnahme entstanden sei, ausgelöst durch die österreichische Annexion der Grafschaft Zips (Müller 1984, S. 35) und die durch Preußen forcierte Kompensationstheorie hinsichtlich des russisch-osmanischen Konflikts, indem Russland für den von Österreich geforderten Verzicht auf die Donaufürstentümer in Polen entschädigt werden sollte (Müller 1984, S. 39). Damit lagen die Gründe für die Erste Teilung in einer Kombination polnischer Schwäche durch innere Zerstrittenheit, österreichischen Sicherheitsbedürfnisses mit offensiven Maßnahmen, preußischer Arrondierungspolitik im Einverständnis mit der dominierenden Macht Russland und russischer Hegemonialpolitik. Nach Müller nutzte letztlich Preußen die Koinzidenz der Unterdrückung der polnischen Reformen durch Russland, des vierjährigen polnischen Bürgerkriegs, des osmanisch-russischen Konflikts, der österreichischen Annexion der Grafschaft Zips und der preußischen Arrondierungspläne, um seine Teilungspläne als Kompromiss den anderen Großmächten zu präsentieren (Müller 1984, S. 37). Zwar stimmten die beiden anderen Großmächte der auch aus Gründen der ausgewogenen Kräftebalance in Ostmitteleuropa, die ja Probleme weit über die polnische Frage hinaus betraf, zu (Broszat 1972, S. 50), doch erwies sich die Erste Teilung Polens insbesondere für den preußischen König Friedrich II. als Erfolg (Müller 1984, S. 39), bei dem bereits eine langangelegte Strategie zur Schaffung eines geschlossenen preußischen Staatsgebiets, die Annexionen in Polen einschloss, festzustellen ist (Müller 1984, S. 26).

Zeitgenössische Verurteilung der Ersten Teilung als Gewaltakt

Dennoch stand die Teilung auch in den Augen vieler Zeitgenossen unter dem Odium des Gewaltakts, in dem ein „unschuldig“ erscheinender Staat zum Objekt einer von Großmächten diktierten, brutalen Zerschneidung wurde, die die Inbesitznahme eines Drittels des polnischen Staates durch die Großmächte ermöglichte, ohne dass sie durch einigermaßen überzeugende Rechtstitel oder Vertragsgrundlagen hätte gerechtfertigt werden können (Broszat 1972, S. 51). Um dieses Legitimationsdefizit zu tilgen, wurden neben der „Selbstverschuldungsthese“ in Preußen Argumente kreiert, dass ein dem Lande drohender Krieg verhindert und gleichzeitig die russische Machtausdehnung eingedämmt werden musste. Martin Broszat weist angesichts derartiger Begründungsversuche darauf hin, dass auch für die Erste Polnische Teilung angesichts russischen Hegemonialstrebens oder eines drohenden Krieges ganz gewiss nicht von einer aus preußischer Perspektive behaupteten Zwangsläufigkeit der Ersten Polnischen Teilung ausgegangen werden kann, sondern die beginnende Zerschlagung Polens Resultat einer territorialstaatlichen Erwerbspolitik war, an der die Zustände im Königreich Polen den geringsten Anteil hatten (Broszat 1972, S. 51). Mit Blick auf die weiteren Teilungen ist mit Michael G. Müller dabei hervorzuheben, dass der 1772 versuchte Interessenausgleich zwischen den drei Großmächten durchaus keine dauerhaft belastbare Grundlage im Verhältnis Preußens, Österreichs und Russlands darstellte und entsprechend auch keine geeignete Lösung für die polnische Frage war, die sich eher noch verschärfte (Müller 1984, S. 39).

Für das unmittelbare Vorfeld der Zweiten Teilung ist zu konstatieren, dass viele Elemente des Bedingungsgefüges für die erste Aufteilung im polnischen Reststaat überdauert hatten. Die Frage nach den Umständen der Zweiten Teilung impliziert daher nach Michael G. Müller auch die Untersuchung des endgültigen Scheiterns der Adelsrepublik Polen nach der Undurchsetzbarkeit einer grundlegenden, aufgeklärten Erneuerung des polnischen Staates (Müller 1984, S. 44). Dabei mag es, wie Müller anführt, ein Fehler gewesen sein, dass die führenden Kräfte in Polen der Strategie König Stanisław Augusts, sich vorsichtig an Russland anzunähern, seit 1788 nicht mehr gefolgt waren, aber andererseits kann als sicher vorausgesetzt werden, dass Russland das Kernstück des auch von Stanisław August mitgetragenen grundlegenden Reformwerks, die Maiverfassung, ohnehin nicht akzeptiert hätte. In der Folge ergab sich eine Konstellation, in der weiteren Annexionsabsichten Preußens (z.B. mit Blick auf die wichtigen Städte Danzig und Thorn) kein dezidiertes russisches Interesse an der Erhaltung des 1772 gebildeten polnischen Reststaates mehr gegenüberstand (Müller 1984, S. 44), sondern die Wiederherstellung der russischen Suprematie über Polen oberstes Ziel war (Broszat 1972, S. 59). Nach Auffassung Müllers kanalisierte erneut Preußen die Gegensätze in Richtung einer neuen Teilung (Müller 1984, S. 44) und nutzte als Anknüpfungspunkt das österrei-

Preußische Verantwortung für die Zweite Teilung

chisch-preußische Bündnis gegen das revolutionäre Frankreich, indem es für dieses Engagement eine territoriale Kompensation in Polen verlangte (Müller 1984, S. 47). Die vorherige strategische Annäherung Preußens an das Königreich Polen seit 1788 (formales Bündnis 1790) indes intendierte keinesfalls eine Wiederherstellung Polens in den Grenzen vor 1772. Die preußischen Kompensationsansprüche waren, nachdem Russland 1791 durch den Waffenstillstand mit dem Osmanischen Reich seine volle Handlungsfähigkeit zurückerhalten hatte, auch deshalb so erfolgreich, weil durch die nun wieder aktiv verfolgten russischen Status-quo-Interessen bei Dominanz des Zarenreichs in Polen nun ebenfalls Teilungsbegehrlichkeiten in Russland auftauchten, die mit der preußischen *Partage*-Politik (Teilungspolitik) korrespondierten (Müller 1984, S. 48). Preußen wurde – auch von vielen Zeitgenossen – als maßgeblicher Urheber auch der Zweiten Teilung angesehen (Broszat 1972, S. 60).

Keine Überlebensfähigkeit des polnischen Reststaats nach 1793

Der verbliebene polnische Reststaat war nach Auffassung der neueren Forschung nicht mehr lebensfähig (Hoensch 1998, S. 167). Die Teilung von 1793 war daher noch weniger als die Zerschneidung Polens im Jahre 1772 geeignet, die polnische Frage als politikbestimmendes Problem in Europa zu lösen (Müller 1984, S. 52). Denn neben der Konstruktion des Reststaates, der lediglich ein Provisorium darstellen konnte und im Übrigen ohnehin entscheidend dem russischen Protektorat unterworfen wurde, löste die aus der Perspektive der anderen Großmächte überproportionale Expansion Preußens potenzierte Kompensationsbedürfnisse vor allem Österreichs, das sich übergangen fühlte, aber auch Russlands aus. Dabei steht – wie Michael G. Müller feststellt – die Dritte Teilung noch immer in einem schon Jahre vorher existenten Bedingungsgefüge, weil die Situation von 1793 gar nicht auf Dauer angelegt sein konnte, sondern ihre Existenz sowohl von der Kriegssituation der antifranzösischen Koalition im Westen Europas wie auch von der Reaktion der polnischen Unabhängigkeitsbewegung abhing (Müller 1984, S. 52). Zwar sieht Müller die Ursache für die Dritte Teilung Polens nicht unmittelbar im Aufstand unter Tadeusz Kościuszko, sondern interpretiert das polnische Aufbegehren eher als Ursache für die erneute Konzentration der Großmächte auf Polen (mit einer gewissen Priorität gegenüber der Frankreich-Problematik) (Müller 1984, S. 52), doch ist Martin Broszat wohl zuzustimmen, dass der erneute polnische Versuch, das eigene Schicksal gegen den Willen der Großmächte bestimmen zu wollen, zumindest einer der Anlässe für das über den polnischen Reststaat verhängte Todesurteil in der Dritten Teilung gewesen ist (Broszat 1972, S. 63). Die ja auch territorial-materiell und diplomatisch-politisch bereits zusammengedachten europäischen Konfliktherde wurden durch die Rechtfertigungsversuche der Teilung erneut auch ideologisch in Verbindung gesetzt, indem behauptet wurde, dass der Vormarsch des revolutionären Gedankenguts aus Frankreich nach Polen durch die Eliminierung des polnischen Staates beendet worden sei (Müller 1984, S. 53). Für viele Zeitgenossen aber war die Zerschlagung des polnischen Staates eine erschütternde Unrechtstat (Hoensch 1998, S. 168), und dieses Bewusstsein von der Verletzung geltenden Völkerrechts wirkte trotz der Legitimationsversuche der Teilungsmächte noch weit in das 19. Jahrhundert hinein, obwohl – wie Jörg K. Hoensch hervorhebt – der Wiener Kongress sich bemühte, die Teilung – wiederum mit neuer Grenzziehung – auch völkerrechtlich abzusichern (Hoensch 1998, S. 192). Als hauptverantwortliche Macht identifiziert die neuere deutsche Forschungsliteratur das Königreich Preußen, das im Verlauf politisch-militärisch-diplomatischer Konjunkturen, die den gesamten europäischen Kontinent betrafen, durch fortgesetztes Annexionsbestreben nicht mehr nur – wie möglicherweise noch bei der Ersten Teilung – seine ureigenen staatspolitischen Interessen verfolgte, sondern sich letztlich alle Gebiete, die es bekommen konnte, einverleibte, obwohl dieser territoriale und demografische Zuwachs sein Gestaltungsvermögen bei Weitem überstieg (Broszat 1972, S. 53). Klaus Zernack hat dieses Phänomen, das er auch für Russland und Österreich konstatiert, als imperiale Überdehnungen der Großmächte nach Ostmitteleuropa hinein gekennzeichnet, die unter anderem in Polen starke Selbstbehauptungskräfte im Kampf um die nationale Identität ausgelöst hätten (Zernack 1998, S. 101).

Die Dritte Teilung im Kontext europäischer Machtpolitik

Völkerrechtsproblematik

Imperiale Überdehnung der Großmächte

Antideutsches Feindbild in Polen

Im Expansionsdrang der Großmächte verbanden sich geradezu spiegelbildlich hemmungslose Annexionspolitik und gegenrevolutionäre Unterdrückung, die – aufgrund des preußischen Handelns in der Zweiten Polnischen Teilung, die dem preußisch-polnischen Bündnis zuwiderlief – in Polen ein Bild von den Preußen als Erzfeind hervorrief, das im 19. Jahrhundert auf die Deutschen insgesamt übertragen wurde (Broszat 1972, S. 53). Als ein in der neueren deutschen Forschungsliteratur zu den Polnischen Teilungen dominierendes Resultat kann daher festgehalten werden, dass der polnische Staat weder durch innere Zwietracht zerstört noch durch Entstehung eines machtpolitischen Vakuums in der Mitte Europas zwangsläufig aufgehoben, sondern durch expansionistische Interessen der benachbarten drei Großmächte eliminiert wurde, die zudem mit anderen Konfliktherden in Europa verwoben waren, deren Realisierung allerdings durch die Schwäche der späten Adelsrepublik entscheidend erleichtert wurde.

2.5 Darstellung: Deutschland – das Ende des übernationalen Verbands

Der Reichsdeputationshauptschluss 1803

Koalitionskrieg gegen Frankreich

Die Veränderungen in Deutschland vollzogen sich vor dem Hintergrund der Koalitionskriege der europäischen Großmächte gegen das revolutionäre Frankreich. Nachdem das Zarenreich 1799 aus der aufgrund des französischen Vordringens im Orient gebildeten zweiten antifranzösischen Koalition ausgeschieden war, musste Österreich die Führung im kontinentalen Krieg, nunmehr nur noch unterstützt von den deutschen Mittelmächten Bayern und Württemberg, übernehmen. Nach den französischen Siegen bei Marengo und Hohenlinden 1800 musste Österreich im Frieden von Lunéville (1801), den es auch im Namen des Heiligen Römischen Reiches Deutscher Nation abschloss, auf Gebiete in Oberitalien (Modena und die Toskana) verzichten. Bereits zu diesem Zeitpunkt war eine Entschädigung der Habsburgermonarchie im Reich durch säkularisierten Kirchenbesitz vorgesehen. Dies galt auch für die Kompensation für die durch den ebenfalls in Lunéville vereinbarten Abtritt des linken Rheinufers betroffenen deutschen Fürsten.

Die französischen Pläne zur territorialen Neuordnung Deutschlands, die auch durch Russland unterstützt wurden, wurden erheblich erleichtert durch die Rivalität und Selbstsucht der beiden deutschen Großmächte Österreich und Preußen, die die deutschen Mittelstaaten veranlasste, auch außerhalb des Reiches nach Unterstützung zu suchen. Sie erhofften sich durch die territoriale Neuordnung Deutschlands eine entscheidende Stärkung, sodass der 1803 vom Reichstag verabschiedete Reichsdeputationshauptschluss in seinen wichtigsten Grundzügen bereits durch einzelstaatliche Verträge mit Frankreich und einen französisch-russischen Kompensationsplan vorweggenommen wurde. Die Basis dieses Plans bildete ebenjene bereits länger ins Auge gefasste Aufhebung der politischen Autonomie aller geistlichen Territorien auf deutschem Gebiet.

Reichsdeputationshauptschluss (1803)

Um die konkreten Umverteilungen vorzubereiten, setzte der Reichstag eine Reichsdeputation aus den Gesandten der Staaten Mainz (dessen Erzbischof Karl Theodor von Dalberg, gleichzeitig Erzkanzler des Reiches, mit einem Territorium um Aschaffenburg und Regensburg entschädigt werden sollte), Bayern, Böhmen, Hessen-Kassel, Preußen, Sachsen, Württemberg und des Deutschen Ordens zusammen, die die umfassende Umgestaltung der territorialen Besitzverhältnisse im Reichsdeputationshauptschluss vorbereiteten, der Kaiser und Reichstag dann zustimmten: Der Rhein wurde als Grenze Frankreichs festgelegt, die geistlichen Fürstentümer wurden aufgehoben und als Kompensationsmasse zur Entschädigung der mittleren und größeren Reichsstände benutzt (Säkularisation), die meisten Reichsstädte verloren ihre politische Selbstständigkeit und wurden den angrenzenden Territorien einverleibt (Mediatisierung). Damit verloren neben den linksrheinischen Gebieten weitere 110 rechtsrheinische Reichsstände ihre territoriale Existenz, auf die Gebiete der zunächst noch verschonten Reichsritter griffen die Reichsfürsten dann ab Herbst 1803 zu. Die geistlichen Stände hatten neben der Herrschaftssäkularisation auch noch eine Vermögenssäkularisation hinzunehmen, durch die die Güter der landsässigen Klöster und Stifte als zusätzliche Dispositionsmasse genutzt werden konnten. Profiteure der Umverteilungen waren vor allem die süddeutschen Staaten Bayern, Baden und Württemberg, aber auch Preußen, das seine Expansion in den Nordwesten des Reiches erheblich ausdehnte.

Das Ende des Heiligen Römischen Reiches Deutscher Nation 1806

Spaltung des Reiches in den Auseinandersetzungen mit Frankreich

Preußen war bereits seit dem Frieden von Basel (1795) nicht mehr Mitglied der antifranzösischen Koalition, sodass die nördliche Hälfte des Heiligen Römischen Reichs Deutscher Nation sich während des zweiten Koalitionskrieges (1799-1801) neutral verhielt, während die südliche Hälfte unter österreichischem Einfluss weitgehend frankreichfeindlich eingestellt war. Der Reichsdeputationshauptschluss präjudizierte dann den Zerfall des Heiligen Römischen Reiches Deutscher Nation, obwohl zunächst noch die alten Formen und Titel beibehalten und sogar neue Kurwürden an die Herrscher von Württemberg, Baden, Hessen-Kassel und Salzburg vergeben wurden. 1804 proklamierte Kaiser Franz II. (reg. 1792-1806/1835) – wohl in Vorahnung auf das baldige Ende des Reiches – ein Erbkaisertum für Österreich und band damit die Kaiserwürde an die habsburgische Dynastie.

Der Frieden von Pressburg (1805)

Im dritten Koalitionskrieg (1805) wechselten die süddeutschen Staaten Baden, Bayern und Württemberg auf die französische Seite und befanden sich nun in Gegnerschaft zu Österreich. Nach einem überwältigenden französischen Sieg in der Schlacht bei Austerlitz im Dezember 1805 zogen sich die russischen Truppen zurück, und Österreich war gezwungen, den aus seiner Sicht verlustreichen Frieden von Pressburg abzuschließen, durch den es Vorarlberg, Tirol, Brixen und Trient an Bayern (das zum Königreich erhoben wurde), seine oberrheinischen Kompensationsgebiete an Baden und seine erst in den 1790er Jahren gewonnenen venezianischen Gebiete an das neu gegründete napoleonische Königreich Italien verlor. Württemberg wurde ebenfalls Königreich mit voller staatlicher Souveränität. Erneut wurden innerhalb des Reiches die mittleren

(v. a. süddeutschen) Fürstentümer gestärkt, und auch die politische Teilung des Reiches dauerte an, nur dass Österreich nahezu ohne Einfluss dastand: Norddeutschland war der preußischen Hegemonie weiterhin ausgesetzt, Süddeutschland stand jetzt unter französischem Einfluss.

Der Rheinbund

Nachdem Napoleon 1806 den Rheinbund, dem neben seinen Verbündeten Baden, Bayern und Württemberg zunächst 13 weitere deutsche Staaten unter Lossagung vom Reich beitraten, gegründet und überdies ultimativ den Rücktritt Franz' II. als Kaiser gefordert hatte, legte der Habsburger am 6. Juli 1806 die Kaiserkrone nieder und erklärte die Auflösung des Heiligen Römischen Reiches Deutscher Nation. Damit war das Reich als einigende Klammer der deutschen Territorien (das aber immer auch weitere Gebiete umfasst, also niemals einen nationalen Verband dargestellt hatte) verschwunden, es wurde dennoch auch auf deutschem Gebiet kaum betrauert. Das Heilige Römische Reich Deutscher Nation war ein Produkt universalistischer Traditionen im politischen Denken innerhalb Europas. Es hatte sich überlebt, und sein Ende schuf die Voraussetzungen für die angesichts gewaltiger politischer, ökonomischer und sozialer Transformationsprozesse in der zweiten Hälfte des 18. und der ersten Hälfte des 19. Jahrhunderts dringend erforderliche Modernisierung.

2.6 Erörterung wissenschaftlicher Kontroversen: Die Aufhebung des Alten Reiches – Rückschlag oder Neuanfang?

Das Heilige Römische Reich Deutscher Nation war kein Staat im modernen Sinne

Barbara Stollberg-Rilinger hebt hervor, dass das Heilige Römische Reich Deutscher Nation nie einen Staat im modernen Verständnis darstellte, sondern im vormodernen Sinne einen ständisch-korporativen, durch hierarchische Verhältnisse strukturierten Verband von Personen zur Friedens- und Rechtswahrung, der ursprünglich auf Treueverhältnissen beruhte und einem Kaiser ohne effektive Erzwingungsgewalt unterstand. Zu den Merkmalen dieses sonderbaren Gebildes gehörte es, dass die politische Ordnung weder vom sozialen Gefüge noch von der religiösen Prägung getrennt war (vgl. Stollberg-Rilinger 2006, S. 116-118). Es war diese universalistische Tradition, die nach Auffassung Manfred Botzenharts das Reich untauglich machte, dem gewaltigen Modernisierungsdruck standzuhalten, der sich sowohl in der Veränderung der Wirtschaftsweisen wie auch besonders in der dadurch mitbedingten Erscheinung gesellschaftlicher Emanzipationsprozesse mit ungeheurem revolutionärem Potenzial spätestens seit Mitte des 18. Jahrhunderts bemerkbar machte (Botzenhart 1985, S. 50). In ebendiesem Transformationsprozess, in dem die politische Konstitution von Staaten eine immer stärkere Öffentlichkeit gewann, bildete sich nach Auffassung Wolfram Siemanns zunächst in den USA und dann in Frankreich ein moderner Nationalismus aus, mit dem umfassende Schichten der Bevölkerung, eben „das Volk", als revolutionäres Subjekt verstanden wurden (Siemann 1995, S. 298). Stollberg-Rilinger kennzeichnet das Heilige Römische Reich als letztes Relikt einer „universalistischen Tradition im politischen, öffentlichen Leben Europas" (Stollberg-Rilinger 2006, S. 110), in der Nationalität politisch keine Rolle spielte. Sofern also im letzten Drittel des Jahrhunderts Juristen, Publizisten oder Schriftsteller auf die (deutsche) Nation rekurrierten, meinten sie im verfassungspolitischen Sinne nicht viel mehr als die oberen Reichsstände (Siemann 1995, S. 298). Dieses kaum noch als „Nationalbewusstsein" zu kennzeichnende Verständnis von Nation musste sukzessive nach der Amerikanischen und der Französischen Revolution einer Auffassung weichen, in der der Untertan zum Staatsbürger wurde. Der insbesondere in den USA maßgeblich mit dem Staat verbundene Begriff der Nation wurde damit an die Zustimmung eines neu identifizierten Souveräns – des Volkes – gebunden.

Modernisierungsdruck

Diesem neuen Verständnis von Nation lag darüber hinaus eine gänzlich veränderte Auffassung von Freiheit zugrunde. Jene traditionellen Freiheiten der Stände im Alten Reich – so Barbara Stollberg-Rilinger – waren grundsätzlich zu unterscheiden vom in der Amerikanischen und der Französischen Revolution universal als Menschenrecht jedes einzelnen Indivi-

Neues Verständnis von Nation

duums erhobenen Freiheitspostulat (Stollberg-Rilinger 2006, S. 110). Wenngleich die beiden deutschen Großmächte Preußen und Österreich das Ende des Reiches durch ihren Antagonismus und ihr Eigeninteresse der Teilnahme an der europäischen Großmachtpolitik beschleunigt, vielleicht gar begünstigt hatten (Burg 1984, S. 51-52), zerbrach das Heilige Römische Reich nicht einfach nur aufgrund einer zentrifugalen Dynamik (Stollberg-Rilinger 2006, S. 120), sondern es konnte den Erfordernissen im Rahmen vielfältiger Transformationsprozesse nicht mehr gerecht werden (Schulze 1996, S. 58).

Brückenfunktion des Rheinbundes?

Obwohl die ältere deutsche Geschichtsschreibung den Rheinbund, der letztlich das Ende des Heiligen Römischen Reiches besiegelte, als den deutschen Interessen entgegengesetztes Instrument napoleonischer Machtpolitik verdammte, hebt Wolfram Siemann die Brückenfunktion des Rheinbundes zwischen dem 1806 zugrunde gegangenen Alten Reich und dem 1815 ins Leben gerufenen Deutschen Bund hervor (Siemann 1995, S. 302). Siemann weist den Rheinbund als Vorbild für die staatenbündische Konzeption des Wiener Kongresses aus, aus der sich dann schließlich im 19. Jahrhundert ein geeinter Verfassungs- und Nationalstaat hätte entwickeln können (Siemann 1995, S. 304).

Dieser These ist entgegenzuhalten, dass eben gerade die erste Hälfte des 19. Jahrhunderts jene vielfachen Versuche aufweist, die lockere, der Vielstaaterei und dem Großmachtgebaren Preußens und Österreichs Vorschub leistende Konstruktion des Deutschen Bundes zu überwinden. Auch der 1871 ins Leben gerufene kleindeutsche Nationalstaat stimmte wohl kaum mit den Vorstellungen von 1848 überein. Sehr viel plausibler ist daher Hagen Schulzes These, dass mit dem Ende des Heiligen Römischen Reiches jene für einen älteren Nationenbegriff dienliche Bezugsgröße weggefallen war, sodass nun kaum noch definiert werde konnte, was unter „Nation" oder „Deutschland" verstanden werden sollte (Schulze 1996, S. 58). Zwar erschienen schon sehr bald programmatische Schriften wie Johann Gottlob Fichtes „Reden an die deutsche Nation" (1807/1808) und Ernst Moritz Arndts „Was ist des Deutschen Vaterland?" (1809), aber die Nation blieb doch

Unbestimmtheit der Nation

merkwürdig unbestimmt, eher ein Ideal, das philosophisch und poetisch gepflegt wurde, aber keine territoriale Entsprechung erhielt (Schulze 1996, S. 87).

Für den unmittelbaren Zeitraum nach der Auflösung des Heiligen Römischen Reiches Deutscher Nation ist Schulze beizupflichten, wenn er für viele deutsche Einzelstaaten, deren Politik durch fundamentale Reformen geprägt war, eine grundlegende Neuausrichtung konstatiert (Schulze 1996, S. 58). Auch die Frühneuzeithistorikerin Barbara Stollberg-Rilinger sieht in der mit der Aufhebung des Alten Reiches verbundenen Befreiung von überkommenen Rechtsbeständen die entscheidende Voraussetzung für die nun erfolgenden, dringend erforderlichen Modernisierungsanstrengungen (Stollberg-Rilinger 2006, S. 114).

3. Aufbruch und Stabilisierung: Gefahrenabwehr und Bewährung

3.1 Darstellung: USA – Konsolidierung der Republik

Frühe Administrationen (Washington, Adams, Jefferson, Madison)

Die erste Regierung, die 1789 unter dem äußerst populären Präsidenten George Washington ins Amt kam, versuchte die in der Auseinandersetzung um die Verfassung zutage getretenen, höchst verschiedenen Politikentwürfe, die bereits Vorboten eines Zweiparteiensystems waren, noch einmal zu verdecken, indem sowohl Thomas Jefferson als Außenminister wie auch Alexander Hamilton als Finanzminister in das Kabinett eintraten. Dennoch verschärften sich die Gegensätze insbesondere in der zweiten Amtszeit Washingtons, in der die stärker zentralistischen Kräfte die Partei der *Federalists* um Hamilton und den Vizepräsidenten John Adams bildeten, während sich die Anhänger einer entscheidenden Macht der Einzelstaaten um Thomas Jefferson gruppierten und den Namen *Republicans* wählten (wobei zu betonen ist, dass diese *Jeffersonian Republicans* oder *Democratic Republicans* als Vorläufer der Demokratischen Partei gelten, während die Republikanische Partei ihre Tradition in den die stärker zentralistisch ausgerichtete Politik der *Federalists* aufnehmenden, 1834 gegründeten *Whigs* beheimatet sieht).

Grundstruktur des Zweiparteiensystems

In seiner berühmten Abschiedsrede im Herbst 1796 ermahnte George Washington zur Besinnung auf den Wert der noch ungefestigten Nation, auf deren Stabilisierung sich die USA zu beschränken hätten, anstatt sich in die Angelegenheiten fremder Mächte einzumischen, mit denen zwar Handel betrieben, aber keine Bündnisse eingegangen werden sollten.

„Isolationistische" Tendenzen in der US-amerikanischen Politik

Washington begründete mit dieser Rede die Politik eines im 19. Jahrhundert immer wieder beschworenen „isolationistischen" Credos, das allerdings eher rhetorisches Lippenbekenntnis als machtpolitische Realität war.

Nachdem sich mit der Wahl von John Adams 1796 erneut die *Federalists,* die immer mehr zu einer Partei des Nordens wurden, den Interessen des dort ansässigen Kapitals verpflichtet, durchgesetzt hatten, konnte 1800 Thomas Jefferson für die *Democratic Republicans,* die die Einzelstaatsinteressen stärker verfochten und als Partei der weniger besitzenden Schichten galten, den Wahlsieg erringen. Wie sehr sich die *Federalists* in der Anschauung einer Mehrzahl der damaligen Wähler von den Idealen der Revolution entfernt hatten, zeigt die weit verbreitete Hoffnung, dass die Wahl Jeffersons die 1776 hervorgehobenen liberalen Werte der Amerikanischen Revolution politisch reaktivieren werde.

Wiederbelebung der revolutionären Werte

Jefferson selbst betonte in seiner Antrittsrede dann auch diese Werte als einigende Substanz der US-amerikanischen Nation, schloss aber an Washington an, indem er wie dieser Allianzen mit auswärtigen Mächten ablehnte und das politische Potenzial bei der Konsolidierung der jungen Nation bündeln wollte. Mit ihrem zu Beginn des 19. Jahrhunderts zum Schutz ihrer Schiffe und vor allem ihrer Seeleute im Mittelmeer geführten Krieg gegen die dem Osmanischen Reich formal zugehörigen „Seeräuber-Staaten" *(Barbary States)* (1801-1805) verdeutlichten die USA aber ihren Anspruch auf Gleichberechtigung mit den europäischen Großmächten Großbritannien und Frankreich. Wie stark im 19. Jahrhundert das Selbstverständnis der US-Amerikaner dann letztlich doch durch eine expansive Entwicklung auf dem nordamerikanischen Kontinent geprägt werden sollte, zeigte sich in der ersten Amtszeit Jeffersons. Nachdem das 1763 an Spanien gefallene, westlich des Mississippi gelegene, riesige Louisiana-Gebiet 1800 durch einen Geheimvertrag wieder in französischen Besitz gekommen war, schickte Jefferson Unterhändler nach Paris, um Möglichkeiten für den Erwerb von New Orleans einschließlich seines bedeutenden Hafens auszuloten. Napoleon brauchte seinerseits Geld für die Kriege in Europa und bot den Ver-

Krieg gegen die Barbary States

Louisiana Purchase (1803): Expansion

kauf des gesamten Louisiana-Gebiets (das mit einer Größe, die den zeitgenössischen Vereinigten Staaten entsprach, wesentlich umfassender war als der heutige Bundesstaat) gegen 15 Millionen Dollar an. Die US-amerikanischen Bevollmächtigten konnten in der gebotenen Eile nicht mehr in Washington rückfragen, akzeptierten den Handel und verhalfen Jefferson damit zum größten außenpolitischen Erfolg seiner Präsidentschaft. Verfassungsrechtlich allerdings war es höchst fragwürdig, ob der Präsident, der den Kauf bestätigte, berechtigt war, ein Gebiet eines anderen Staates von der Größe der Vereinigten Staaten zu erwerben und in die USA zu inkorporieren. Wenngleich der Senat den Kauf nachträglich sanktionierte, drohten die oppositionellen *Federalists* aus Furcht vor einem Übergewicht des politischen Südens in den USA mit der Sezession der Neuenglandstaaten.

Jefferson hingegen war überzeugt, dass der Kauf des Louisiana-Gebiets nun doch noch durch Siedlungsausdehnung die Möglichkeit zur Realisierung des von ihm erträumten freiheitlichen Staats- und Gemeinwesens schaffe, das in der durch das Farmwesen garantierten finanziellen und politischen Unabhängigkeit des Einzelnen wurzelte. Wenngleich der Landverkauf die Erwartungen Jeffersons und seines Außenministers und Nachfolgers James Madison nicht erfüllte, reichten die Erlöse zusammen mit verschiedenen Sparmaßnahmen zur Konsolidierung des zuvor noch defizitären Haushalts, sodass die internen Zölle zwischen den Einzelstaaten abgeschafft und eine Phase wirtschaftlichen Wachstums eingeleitet werden konnte, in der die im Süden angebaute Baumwolle zum wichtigsten Exportprodukt der USA wurde.

Bevölkerungswachstum

Obwohl sich bis 1815 die Sozialstruktur nicht gravierend veränderte, nahm im selben Zeitraum, angelockt unter anderem durch die Siedlungsmöglichkeiten im Westen, die Bevölkerung der Vereinigten Staaten um das Drei- bis Vierfache zu. Zu Beginn des 19. Jahrhunderts dominierte – der Vorstellung Jeffersons nahekommend – in den USA tatsächlich noch der kleine Farmer mit seiner kinderreichen Familie, der noch weitgehend Subsistenzwirtschaft betrieb und die alltäglichen Gebrauchsgüter selbst herstellte, aber auch schon in geringerem

Anstieg der Einwanderung

Umfang für den Markt produzierte. Erst nach 1815 bewirkten Konzentrationsprozesse in der Wirtschaft eine zunehmende Industrialisierung, ein rasches Anwachsen der Städte, die Festigung der Mittelschicht und die Entstehung der Arbeiterschaft. Gleichzeitig stiegen die Einwanderungszahlen bis 1826 auf 20.000 Immigranten jährlich, verdoppelten sich ab Anfang der 1830er Jahre und stiegen dann sukzessive auf 100.000 Menschen pro Jahr in der Spitze. Diese Einwanderer zogen größtenteils nicht sofort in den Westen weiter, sondern blieben an der Ostküste, sodass sich das Gewicht zwischen urbaner und ländlicher Bevölkerung rasch verschob.

Wachsende Demokratisierung

Wenngleich Jefferson und auch Madison keine radikaldemokratische Kehrtwende vollzogen, so setzte unter ihren Administrationen doch eine deutliche innenpolitische Umorientierung ein, die ihre Basis in einem immer umgreifenderen Nationalismus fand. Die Besitzqualifikationen für das aktive Wahlrecht wurden in vielen Einzelstaaten gesenkt oder sogar abgeschafft, die Besitzanforderungen für das passive Wahlrecht ebenfalls deutlich reduziert. Allerdings blieb diese Demokratisierung auf weiße Männer beschränkt.

Religiöse Erweckungsbewegung

Begleitet wurden diese innenpolitischen Veränderungen durch eine religiös-liberale Erweckungsbewegung, die – im Unterschied zur geistig-spirituellen Bewegung des 18. Jahrhunderts, mit der sie sich kritisch auseinandersetzte – *Second Great Awakening* genannt wurde. Motiviert durch einen Konsens aller in den USA existenten protestantischen Denominationen, die Vereinigten Staaten zu einer Hochburg ihrer Konfession auszubauen, berührten die aufgeworfenen Fragen durchaus auch virulente soziale Probleme, so z. B. die Sklaverei oder die defizitäre rechtliche Stellung der Frauen. Hauptnutznießer dieser große Teile der Bevölkerung erfassenden Reformbewegung waren vor allem die in den neueren westlichen Gebieten stark vertretenen Organisationen der Methodisten und Baptisten, deren Kirchen, Missionen und Wanderprediger eine wichtige soziale Funktion als weithin akzeptierte Moralinstanzen in der räumlich oft disparaten, von Bedrohung und oftmals auch weitgehender Rechtlosigkeit gekennzeichneten Gesellschaft an der Grenze der weißen Besiedlung *(Frontier)* erfüllten. Der auch von den Führungspersönlichkeiten immer wieder beschworene Nationalismus bildete zusammen mit der Religion die Grundlage für einen politisch-sozialen Konsens, in den Partikularinteressen eingebunden werden konnten, sodass die protestantische Prägung angenommen und in Abgrenzung zu Fremden (Europäern, Indianern und auch Schwarzen) Gemeinsamkeiten herausgestellt wurden. Die sich zumindest für die weißen Männer positiv auswirkende demokratischere Grundausrichtung dieser Epoche machte sich allerdings ebenfalls bemerkbar, so z. B. in der Einstellung gegenüber Bildung und Erziehung. Jefferson hatte bereits in der *Confederation Period* im Hinblick auf die Besiedlungspläne für die westlichen Gebiete seine Sympathie für das neuenglische Gemeinschaftsmodell *(township system)* erkennen lassen, in dem eine Schule ihren festen Platz hatte – nun stand dieses Konzept Pate beim Entwurf einer Grundstruktur des späteren Bildungssystems der USA. Zwischen 1783 und 1815 entstanden vierzig *Colleges* und Universitäten in den USA, darunter auch die von Thomas Jefferson gegründete staatliche Universität von Virginia in Charlottesville.

Bildungsausbau

Die rasch fortschreitende Industrialisierung forcierte auch den Aufbau der Verkehrsinfrastruktur und des Kommunikationsnetzes. Zwar lag der Ausbau der Verkehrswege und Transportmöglichkeiten in der Kompetenz der Einzelstaaten, doch wurden die Bundesregierungen *(Federal Governments)* unter Madison sowie seinen Nachfolgern James Monroe und Andrew Jackson (1767-1845) hohe Investitionen getätigt. Diese gingen zunächst in den Kanalbau (1817 bis 1825 entstand der wichtige Erie-Kanal, der durch die Verbindung des Hudson River mit den Großen Seen New York zur wichtigsten Hafenstadt machte), wenig später auch in den Eisenbahnbau, wobei die Linien i. d. R. vom Osten in den Westen verliefen und die Besiedlung beschleunigten. In der Amtszeit James Monroes erlebten die USA einen gewaltigen wirtschaftlichen Aufschwung, gleichzeitig wurde das in der Revolution artikulierte Gedankengut genutzt, um die Öffnung von Politik und Gesellschaft im demokratischen Sinne voranzutreiben. Als Monroe 1823 in seiner berühmten Doktrin auf der Basis der von Washington und Jefferson propagierten außenpolitischen Leitlinien einen exklusiven

Industrialisierung

Ausbau der Verkehrsinfrastruktur

Schutz- und Verfügungsanspruch der USA für den amerikanischen Kontinent gegenüber den europäischen Mächten formulierte, zeigte sich ein gesteigertes US-amerikanisches Selbstverständnis als Ausdruck einer gelungenen Behauptung und Festigung der jungen Republik unter ihren ersten Regierungen.

Der Krieg von 1812 zwischen den USA und Großbritannien

Landerwerb von indigenen Völkern

Wie in der *Northwest Ordinance* festgelegt, erfolgten bereits in den Jahren 1804 bis 1808 Vertragsabschlüsse mit verschiedenen indigenen Völkern, durch die die USA riesige Gebiete im Westen erwarben, in denen die späteren Bundesstaaten Michigan, Illinois und Indiana entstanden. In der Regel wurden die Indianer durch diese Verträge übervorteilt. So erhielten die Ottawa, die Wyandot und die Potawatomi 1807 für 7 Millionen Acres im Südwesten Michigans lediglich 10.000 Dollar.

Den unmittelbaren Anlass für den 1812 beginnenden Krieg mit Großbritannien bot ebenfalls eine derartige Landkaufmaßnahme, die im Vertrag von Fort Wayne mit den Delaware, den Potawatomi, den Miami, den Eel-River-Indianern, den Wea und den Kickapoo abgeschlossen wurde, sodass die USA für 50.000 Dollar weitere 2,5 Millionen Acres erwarben, also nur zwei Cent pro Acre bezahlten. Die in dieses Gebiet nach Indiana ziehenden Siedler beklagten sich wenige Jahre nach Vertragsabschluss über Bedrohungen durch angeblich von den in Kanada stationierten Briten unterstützte Indianer und verlangten die Zerstörung der indianischen Stadt Tippecanoe, die der spätere US-Präsident William H. Harrison (1773-1841) schließlich herbeiführte, indem er den Bruder des wenige Jahre später gefallenen Shawnee-Häuptlings Tecumseh vernichtend besiegte.

Nationale Hochstimmung gegen Großbritannien und indigene Völker

Da das Verhältnis zu Großbritannien, in dessen Dienst Tecumseh tatsächlich schließlich eintrat, ohnehin bereits gestört war und die Gerüchte über eine britische Unterstützung der Indianer nicht verstummten, entstand in den USA eine nationalistische Hochstimmung, in der Scharfmacher insbesondere aus dem Süden und aus dem Westen, die das alte, schon im Unabhängigkeitskrieg kurzzeitig verfolgte Ziel einer Eroberung Kanadas propagierten, den Krieg mit Großbritannien forderten.

Viele US-Amerikaner sahen – wie im Unabhängigkeitskrieg – das Recht auf ihrer Seite und protestierten hasserfüllt gegen den „britischen Despotismus“. Tausende meldeten sich freiwillig zu den Streitkräften. Als Mitte 1812 die US-Regierung angesichts einer weit verbreiteten Befürwortung Großbritannien den Krieg erklärte, waren die USA allerdings nicht gut vorbereitet. Kriegsmarine wie Heer waren durch frühere Abrüstungsmaßnahmen Jeffersons und Madisons geschwächt. Der Versuch der Eroberung Kanadas scheiterte daher kläglich, und schließlich musste 1814 auch noch die Hauptstadt Washington kampflos geräumt werden, sodass die Briten das Weiße Haus und das Kapitol, die Symbole US-amerikanischer staatlicher Macht, zerstören konnten. Bereits in den ersten Kriegsmonaten vernichteten die Indianer die wichtigen Befestigungen Fort Mackinac, Fort Dearborn (das spätere Chicago) und Detroit im Norden der USA. In Neuengland war der Krieg nicht populär, und als im Jahr 1814 nach der Eroberung der Hauptstadt und der Zerstörung der Regierungsgebäude die Zuversicht auf einen Nullpunkt gesunken war, versammelten sich in Hartford, Connecticut führende *Federalists*, um über eine Sezession der nördlichen Staaten zu beraten. Die nationale Identität in den USA war offensichtlich noch nicht sehr gefestigt.

Rückschläge zu Kriegsbeginn

Immerhin gelang den US-amerikanischen Streitkräften 1813 in der Schlacht an der Thames ein entscheidender Sieg über die unter der Führung Tecumsehs versammelten indigenen Völker des Mittelwestens, der den Shawnee-Häuptling das Leben kostete. Im Süden erwarb sich der spätere US-Präsident Andrew Jackson den zweifelhaften Ruf eines besonders brutal vorgehenden Indianerbekämpfers.

Erfolge gegen die indigenen Völker

Für das mittlerweile stark geschwächte nationale Selbstbewusstsein der US-Amerikaner erwies sich auch der Sieg Oliver H. Perrys auf dem Erie-See 1813 als dringend erforderlich, zumal nun Harrison gegen Detroit vorrücken und die Briten nach Kanada zurückdrängen konnte. Die Kontrolle der Briten über den Lake Ontario verhinderte er hingegen nicht. Die noch 1814 stattfindende Schlacht von Baltimore nach der Beschießung von Fort Henry inspirierte den Schriftsteller Francis Scott Key zum Text der US-amerikanischen Nationalhymne „The Star-

Die US-amerikanische Nationalhymne

Spangled Banner“. Der Krieg wurde schließlich auf einem Status quo ante bellum vor dem Weihnachtsfest 1814 in Gent beendet, doch erreichte die Nachricht vom Friedensschluss aufgrund der zu Beginn des 19. Jahrhunderts noch sehr langsamen Kommunikation zwischen Europa und Amerika die USA erst verspätet, sodass Andrew Jackson noch im Januar 1815 die Briten in der Schlacht von New Orleans besiegen konnte. Auch wenn dieser Sieg erst nach dem Friedensschluss stattfand, war er für das angeschlagene US-amerikanische Selbstvertrauen von großer Bedeutung, denn mit seiner Hilfe ließ sich die Illusion vermitteln, die USA hätten den Krieg tatsächlich gewonnen. Auf US-amerikanischer Seite wurde der Krieg von 1812 folglich als zweiter Unabhängigkeitskrieg stilisiert. Wenngleich diese Auseinandersetzung keine unmittelbaren politisch-militärischen Auswirkungen zeitigte, so hatten die USA sich doch dauerhaft auf der politischen Landkarte etabliert. Mit der Schlacht an der Thames wurde der Widerstand der indigenen Völker des Mittelwestens gebrochen, wenige Monate vor dem Friedensschluss traten auch die Creek die Hälfte ihres Territoriums, etwa 23 Millionen Acres, auf denen 1819 der Staat Alabama entstand, an die USA ab. Damit waren die indigenen Völker aus den Gebieten östlich des Mississippi vertrieben, sodass der Krieg von 1812 im Hinblick auf die nationale Expansion nach Westen zumindest längerfristige Perspektiven brachte. Nach 1815 festigte sich das US-amerikanische Nationalgefühl nachhaltig, an eine Abspaltung der Neuenglandstaaten war gar nicht mehr zu denken.

Die Schlacht von New Orleans

Verdrängung der indigenen Völker

Stärkung des US-amerikanischen Nationalgefühls

3.2 Erörterung wissenschaftlicher Kontroversen: Die USA als paradigmatische Republik – Realität oder Utopie?

Dass Thomas Jefferson an seiner Vision einer Republik weitgehend gleicher Eigentümer, die auf der von ihm aufgrund der erhofften und intendierten Westexpansion ausreichenden Menge zur Verfügung stehenden Landes beruhte, sodass das

Farmwesen die finanzielle und politische Unabhängigkeit eines jeden US-Bürgers sichern sollte und soziale Friktionen vermieden werden könnten, auch nach Antritt seiner Präsidentschaft festhielt, sieht ein Teil der Forschungsliteratur durch den Erwerb des Louisiana-Gebiets begründet, durch den trotz steigender Einwanderung mit der Möglichkeit der Westsiedlung *(Westward Movement)* eine breite Eigentumsstreuung garantiert zu sein schien (Wala 2007, S. 189). Doch der Verkauf dieses Gebiets an siedlungswillige Farmer erwies sich, wie andere Stimmen aus der geschichtswissenschaftlichen Forschung konstatieren, als nicht so einfach, wie die Regierungen unter Jefferson und Madison es erhofft hatten (Finzsch 2005, S. 30). Überdies prägte nach Auffassung insbesondere der neueren, kulturwissenschaftlich ausgerichteten *Frontier*-Forschung die Industrialisierung und die mit ihr einhergehende, durch nochmals gestiegene Einwanderung erheblich forcierte Urbanisierung die Entwicklung der Vereinigten Staaten in den 1820er und 1830er Jahren sehr viel stärker als die Besiedlung des Westens (Slotkin 1985, S. 43). Festzustellen ist jedenfalls, dass die neuen Einwanderer überwiegend nicht in den Westen gingen, sondern in den großen Städten des Ostens verblieben, während die westlichen Gebiete eher von mit gewissen finanziellen Mitteln ausgestatteten, bereits länger in den USA ansässigen Menschen besiedelt wurden (Wala 2007, S. 227, 230-231).

Industrialisierung und Urbanisierung als prägende Kräfte

Die vom US-amerikanischen Historiker Frederick Jackson Turner am Ende des 19. Jahrhunderts aufgestellte These über die soziale Ventilwirkung der *Frontier,* die das Ideal Jeffersons zur historischen Realität erhob (Turner 1893, S. 28), ist daher kaum zu verifizieren und stieß in der US-amerikanischen Forschung bereits früh auf Kritik, indem auf die für die individuelle Landnahme unvorteilhaften Landpreise verwiesen wurde (Hofstadter 1949, S. 104-105). Nicht nur die deutsche Forschung zur US-Westsiedlung (Kollmann 1976, S. 575-576), sondern auch die neuere geschichts- und kulturwissenschaftliche Forschung in den USA bestätigte die Annahme, dass es eher die industrielle Entwicklung des Ostens mit ihren Begleitphänomenen der Urbanisierung und der

Massenimmigration war, die sich eben in den Metropolen konzentrierte und den Aufstieg der USA zur Weltmacht prägte (Slotkin 1985, S. 43).

Es ist also festzuhalten, dass der zwar weniger demokratisch ausgerichtete, aber – ausgehend von seinen Beobachtungen in den großen Städten der östlichen Küstenregion – die Zukunft der USA wohl realistischer einschätzende Alexander Hamilton durch die Entwicklung nach Beginn der Industrialisierung eher bestätigt wurde als Thomas Jefferson, dessen Vision sich nicht realisieren ließ, stattdessen jedoch ideologisch im expansiven Anspruch der USA, aber auch in der Überzeugung der eigenen Überlegenheit, genährt durch den Traum von der Vervollkommnung der US-amerikanischen Gesellschaft (American Dream), weiterlebte (Finzsch 2005, S. 473).

3.3 Darstellung: Polen – Nation ohne Staat

Polen unter den Teilungsmächten

Staatliche Eingliederungspolitik der Teilungsmächte

Nach der Dritten Polnischen Teilung gab es für 123 Jahre keinen eigenständigen polnischen Staat. Die Teilungsmächte hatten ein Interesse, die von ihnen annektierten Gebiete ökonomisch zu konsolidieren und politisch-administrativ den in Preußen, Österreich oder Russland herrschenden Verhältnissen möglichst weit anzugleichen. Um auch soziopolitische Veränderungen herbeiführen zu können, die mit den Entwicklungen innerhalb der drei großen Nachbarländer korrespondierten, mussten die politisch führende Position des Adels geschwächt und Staatsgüter sowie Kirchenbesitz enteignet und umverteilt, die Rechtsstellung der Bauern gestärkt, die Bewirtschaftung des Landes reformiert sowie neue Erwerbszweige geschaffen werden. Im Bewusstsein einer bereits starken Durchdringung der polnischen Bevölkerung mit modernem nationalem Gedankengut entschlossen sich die Teilungsmächte in einer geheimen Zusatzverordnung zu ihrer 1797 geschlossenen Konvention, den Staatsbegriff „Königreich Polen" unwiderruflich aufzuheben und den Landesnamen „Polen" aus dem offiziellen Sprachgebrauch zu verbannen.

Nationale Spannungen in Galizien

Das habsburgische „Galizien" bildete das am dichtesten besiedelte Teilungsgebiet, bekam aber als Randprovinz der Habsburgermonarchie keine vordringliche Aufmerksamkeit und war ökonomisch so rückständig, dass es im 19. Jahrhundert als Armenhaus Europas galt. Zudem litt es unter wachsenden, national eingefärbten Auseinandersetzungen zwischen den im Westen und in der Oberschicht dominierenden Polen und den im Osten die Bevölkerungsmehrheit bildenden ukrainischen Ruthenen. Daneben bedrohte die Diskriminierung des weitgehend nicht integrierten, aber numerisch und gesellschaftlich relevanten jüdischen Bevölkerungsteils den sozialen Frieden. Der Adel, der überdies gespalten war zwischen Magnaten (besitzendem Hochadel) und *Szlachta* (einer Art Großbauerntum bzw. Gutsbesitzerschaft), bemühte sich um enge Zusammenarbeit mit den österreichischen Behörden, auch um seine beträchtlichen Vorrechte zu erhalten. Dennoch ergriff die österreichische Administration schon bald notwendige Maßnahmen zur Reformierung der Besitzstruktur und zur Modernisierung der Sozialstruktur, indem sie bereits in den 1780er Jahren die Untertänigkeit der Bauern lockerte sowie deren für den Grundherrn zu erbringende Arbeitsleistungen verbindlich regelte, ohne allerdings die erwünschten ökonomischen Verbesserungen damit erreichen zu können.

Reformen im preußischen Teilungsgebiet

Im preußischen Teilungsgebiet wurden ähnliche Reformen durchgeführt, indem Erbuntertänigkeit und Bodengebundenheit der Bauern aufgehoben wurden. Das Monopol des Adels auf Landbesitz, das seine beherrschende Stellung fundamentierte, blieb allerdings erhalten. Mit der Einführung des allgemeinen Landrechts zwischen 1794 und 1797 wurde der durch die preußischen Beamten vor Ort strikt zentralistisch organisierte Verwaltungsaufbau der drei neu geschaffenen Provinzen „Westpreußen", „Südpreußen" und „Neupreußen" abgeschlossen. Schon bald wurde auch das Schulwesen für Germanisierungsmaßnahmen genutzt. Die Ansiedlung deutscher Bauern auf konfisziertem ehemaligen Staats- und Kirchenbesitz wurde forciert, die deutsche Zuwanderung in die Städte, vor allem in das von einer aufblühenden Industrie profitierende Posen, begünstigt. Trotz der Vorbehalte in der polnischen Bevölkerung setzte das Königreich Preußen ausschließlich Deutsche als Beamte ein.

Nationale Spannungen im russischen Teilungsgebiet

Im russischen Teilungsgebiet drohten Konflikte weißruthenischer, ruthenisch-ukrainischer und litauischer Bevölkerungsteile mit der polnischen Oberschicht, in deren Dienst häufig Verwalter, Aufseher und Buchhalter jüdischen Glaubens standen. Die *Szlachta*, die sich rasch mit der russischen Staatsmacht gegen bürgerliche und bäuerliche Gesellschaftssegmente arrangierte, wurde unter der russischen Kaiserin Katharina II. und ihrem Nachfolger Paul I. begünstigt, indem sie von Möglichkeiten des Getreideexports über die russischen Schwarzmeerhäfen, der Beibehaltung der alten Wahlkörperschaften und Gerichtsinstanzen sowie der politischen Mitbestimmung auf der Ebene der von den Russen als administrative Einheiten eingerichteten Gouvernements profitierte.

Exilpolnische Militäreinheiten

In dieser ersten Zeit unter der Herrschaft der Teilungsmächte richteten sich die Hoffnungen vieler Polen, ihre *złota wolność* (goldene Freiheit) zurückzugewinnen, auf das revolutionäre Frankreich. Schon bald gab es auf französischer Seite kämpfende polnische Truppen mit mehreren tausend Kämpfern – die ersten 1797 unter dem im Kościuszko-Aufstand am Ende noch zu Ruhm gekommenen General Henryk Dąbrowski (1755-1818) – die sich als Speerspitzen für *wolność i niepodległość* (Freiheit und Unabhängigkeit) auf der Basis der Maiverfassung verstanden und 1799 auch gegen die russischen Truppen unter Suworow eingesetzt wurden. Diesen Truppen zu Ehren schrieb Józef Wybicki seine „Mazurek Dąbrowskiego“, ein Lied mit dem Anfang „Jeszcze Polska nie zginęła“ („Noch ist Polen nicht verloren“), das 1918 im wiederaufgerichteten polnischen Staat zur Nationalhymne erhoben wurde. Das Engagement polnischer Soldaten, von denen über die Jahre ca. 30.000 den Tod fanden, wurde von der französischen Regierung und später auch von Napoleon ausgenutzt, ohne dass sich die Hoffnung, das polnische Schicksal zu wenden, erfüllte.

Innere Autonomie im russischen Teilungsgebiet

Eine Alternative zu dem in Frankreich gesetzten Vertrauen bildeten Hoffnungen auf die Gewährung einer zumindest inneren Autonomie der annektierten Gebiete, die aber nur im russischen Teilungsgebiet in der Regierungszeit des Zaren Alexander I. (reg. 1801-1825) einige Berechtigung fanden. 1803 wurde der Großneffe des letzten polnischen Königs, Adam Jerzy Czartoryski (1770-1861), Kurator des Schulwesens in den seit der Zweiten Teilung an Russland gefallenen Gouvernements. Die Universität Wilna wurde in der Folge ein Zentrum des polnischen Geisteslebens, sie nahm damit auch Einfluss auf das Schulwesen im polnisch-nationalen Sinne und intensivierte unter anderem die wissenschaftliche Erforschung der Sprache, der Geschichte und der kulturellen Grundlagen Polens. Sowohl das polnische Bildungswesen als auch der Gebrauch und die Entwicklung der polnischen Sprache blieben unter diesen Bedingungen zunächst noch verschont von russischem Reglement und auch die Verwaltung erhielt eine weitgehende Autonomie. 1805 bot eine Adelsversammlung in Puławy Zar Alexander I. sogar die polnische Königskrone an. Als im Juni 1806 Czartoryski jedoch aus dem russischen Außenministerium abberufen wurde, wurden die polnischen Hoffnungen auf eine weitgehende Selbstständigkeit unter russischem Protektorat enttäuscht.

Staatliche Integration des preußischen Teilungsgebiets in das Königreich Preußen

Im preußischen Teilungsgebiet gab es dagegen weit weniger Möglichkeiten für führende polnische Kräfte. Die Hohenzollernmonarchie demonstrierte ihre neu gewonnene territoriale Souveränität, indem Departements der preußischen Kriegs- und Domänenkammer mit einem entsprechenden Beamtenapparat eingerichtet, königlich-staatliche Ansprüche rigoros umgesetzt sowie polizeiliche, steuerliche und ökonomisch-kolonisatorische Maßnahmen unerbittlich durchgeführt wurden. In Pommerellen (dem Gebiet um Danzig vor allem in südlicher Richtung), im Kulmerland (dem Gebiet um Kulm östlich der Weichsel) und im „Netzedistrikt“ (dem Gebiet um Bromberg westlich der Weichsel) wurde eine vergleichsweise harte „Verpreußung“ vorgenommen. In Westpreußen wurden mit Auflösung der alten Starosteien deren Güter als Domänenbesitz eingezogen, und die Steuerbehörden sowie die preußische Verwaltung griffen auch auf einen Großteil der kirchlichen Grundherrschaft sowie auf die Hoheitsrechte der adligen Großgrundbesitzer zu. In Pommerellen, dem Ermland und dem Kulmerland konnte die Assimilation in den preußischen Staat ungehinderter vollzogen werden, weil die Bevölkerung dieser bereits 1772 von Preußen annektierten Gebiete weniger von den Ereignissen zwischen der Einberufung des Vierjährigen Reichstags (1788) und dem Kościuszko-Aufstand (1794) sowie dem wachsenden polnischen Nationalismus erfasst worden war. Das von den Preußen angestrebte „Kolonialsystem" war anders als in den zentralpolnischen Gebieten in Westpreußen sehr viel deutlicher ausgeprägt. In den später von Preußen sich in der Zweiten und Dritten Teilung einverleibten Gebieten ordnete der preußische König Friedrich Wilhelm II. (reg. 1786-1797) ebenfalls schon bald nach der Annexion die Übertragung preußischer Verfassungsgrundsätze an. In ihrer Polen-Politik waren die führenden preußischen Politiker von der Überlegenheit ihres eigenen Staatsaufbaus und der preußischen Bevölkerung überzeugt, sodass sie die Abschaffung der polnischen Selbstverwaltung und die Zwangseinführung des preußischen Beamtenregiments als Wohltaten auswiesen.

Verfolgung der Unterstützer des Kościuszko-Aufstands

Daneben wurden nach dem Kościuszko-Aufstand harte Maßnahmen durchgeführt: Nach der Militäraktion zur Unterstützung Russlands wurde ein lang andauernder militärischer Ausnahmezustand verhängt und adlige wie kirchliche Unterstützer des Aufstands wurden durch Repressalien, wie z. B. die Einziehung von Kirchengütern und die drastische Festsetzung hoher Steuersätze für den Adel in Großpolen, geschädigt. Dabei ging es nicht zuletzt um die deutliche Erhöhung der Steuereinnahmen. Darüber hinaus wurden immer wieder Rufe nach siedlungspolitischer und sprachlicher Germanisierung laut. Vertreter des polnischen Hochadels, die mit der preußischen Verwaltung zusammenzuarbeiten bereit waren, entwickelten Konzeptionen für eine Umgestaltung des preußischen Staates zu einem Föderativgebilde, das den polnischen Annexionsgebieten wenigstens ein Mindestmaß an Selbstverantwortung belassen hätte, und boten schließlich dem preußischen König sogar die polnische Krone an, die er jedoch sofort zurückwies.

Hoffnungen: Polen und Napoleon

Hoffnung auf Wiedererlangung der Staatlichkeit mit französischer Hilfe

Der Ausbruch des preußisch-französischen Krieges und die Siege Napoleons bei Jena und Auerstedt im Jahre 1806 nährten die in Polen bereits seit langem existenten Hoffnungen, mit französischer Unterstützung der Wiedervereinigung des polnischen Staates näherzukommen. Bereits Ende desselben Jahres befanden sich die ersten französischen Truppen in den polnischen Provinzen Preußens. Zwar war der seit 1798 in Paris lebende, republikanisch eingestellte Kościuszko nicht zu einer Zusammenarbeit mit Napoleon zu bewegen, aber Dąbrowski trat bereitwillig in den französischen Dienst. Als durch einen Aufstand in der Provinz „Südpreußen" preußische Beamte gewaltsam vertrieben wurden, konnten französische Truppen dieses Gebiet einschließlich Warschaus, wo die polnischen Einheiten die Vorhut der *Grande Armée* bildeten, rasch besetzen, während sich das preußische Heer in nördlicher Richtung hinter die Weichsel zurückzog, bis auch dort nach der Schlacht von Friedland die Lage aussichtslos wurde. Preußen hatte damit sein Teilungsgebiet in Polen verloren, hoffte aber auf Rückgewinnung bis zum Frieden von Tilsit 1807, als es unter massivem Druck Napoleons seine Anteile aus der Zweiten und Dritten Teilung sowie das Kulmerland und den Netzedistrikt aufgeben musste.

Herzogtum Warschau

Zu diesem Zeitpunkt bestanden vermutlich die größten Chancen, das zerteilte Polen wiederherzustellen, denn Preußen, das maßgeblich den vierten Koalitionskrieg gegen Frankreich initiiert hatte, war besiegt und sogar bis auf Ostpreußen besetzt. Dennoch entstand unter dem Schutz Napoleons lediglich aus den von Preußen aufgegebenen Gebieten mit einigen Grenzkorrekturen das Herzogtum Warschau, zu dessen Herrscher der Wettiner König Friedrich August I. von Sachsen, ein Verbündeter Napoleons mit Anrechten auf den polnischen Thron, bestimmt wurde und das – maßgeblich auf Drängen Dąbrowskis – 1809 um das von Österreich annektierte Gebiet aus der Dritten Teilung („Westgalizien") erweitert wurde. Der konstitutionelle Aufbau dieses kurzlebigen polnischen Staates wurde diktiert. Er war zwar begrenzt am Vorbild der Maiverfassung von 1791 orientiert, aber die Rechtswirklichkeit wurde letztlich durch den *Code Napoléon* bestimmt, der 1808 verbindlich eingeführt wurde. Der französische Einfluss war dominant, wie die straff organisierte, dem zentralistischen Prinzip unterworfene, in sechs, später zehn Departements eingeteilte Verwaltung zeigte. Zwar führte Fürst Józef Poniatowski (1763-1813) die Regierungsgeschäfte, in den letztlich aber oftmals entscheidenden militärischen Angelegenheiten bestimmten dagegen französische Kommandostellen. Der Katholizismus wurde zur Staatsreligion bei gleichzeitiger Glaubensfreiheit erklärt. Da der Herzog überhaupt nur viermal in Warschau war, übten die französischen Residenten den entscheidenden politischen Einfluss aus. Napoleon war also an einem lebensfähigen, souveränen polnischen Staat nicht wirklich interessiert. Er tastete das russische Teilungsgebiet mit Rücksicht auf das Zarenreich nicht an und ließ lediglich einen polnischen Staat zu, den er als Herzogtum, nicht als Königreich deklarierte, dem er den Namen „Polen" verweigerte und der – auch vom Umfang her – nie mehr als ein französischer Protektoratsstaat sein konnte, dessen materielle und militärische Ressourcen vom napoleonischen Frankreich ausgebeutet wurden.

Dennoch bot dieses Herzogtum für viele Polen die notwendigen Identifikationsmöglichkeiten, die für die Aufrechterhaltung der nationalen Widerstandskraft und der Hoffnung auf Rückgewinnung der vollen Souveränität ihres wiedervereinigten Staates (möglichst in den Grenzen vor 1772) erforderlich waren. Auch wenn diese Hoffnungen in der napoleonischen Zeit erneut enttäuscht wurden, so blieb doch letztlich ein gestärktes polnisches Selbstbewusstsein, das in der Zeit nach dem Wiener Kongress die von den Teilungsmächten beabsichtigte staatliche Assimilation der annektierten Gebiete verhinderte.

Der Russlandfeldzug Napoleons, an dem auch die Warschauer Truppen unter Józef Poniatowski teilnahmen, leitete 1812 den Untergang dieses Pseudostaates ein, der zwei Jahre nach der Besetzung Warschaus durch russische Truppen 1815 sein Ende fand.

3.4 Erörterung wissenschaftlicher Kontroversen: Polen – nostalgische Erinnerung an die Adelsrepublik oder revolutionärer Neubeginn?

Orientierung an der alten Rzeczpospolita

Am Ende des 19. Jahrhunderts war die sich noch entwickelnde polnische Nationalidee noch eng mit der *Rzeczpospolita szlachecka* verbunden, jenem eigentümlichen Gebilde, in dem der Adel regierte und auch die monarchische Spitze bestimmte, sodass in der Forschungsliteratur immer wieder von „(Adels-)Republik" die Rede ist (Heyde 2006, S. 48; Hoensch 1998, S. 168; Müller 1984, S. 28-29). Die in der wachsenden Nationalbewegung nach 1795 zunächst verbreitete Untergangsstimmung war gewiss mit dieser weitgehenden Identifikation der *Rzeszpospolita* mit der polnischen Nation verbunden (Hoensch 1998, S. 168), und insbesondere die polnische Romantik knüpfte mit der maßgeblich durch den polnischen Nationaldichter Adam Mickiewicz geprägten Vorstellung von Polen als dem „Christus der Völker" in ihrem Messianismus an den älteren Bezug zur Adelsrepublik durch nostalgische Rückerinnerung an (Garewicz 1993, S. 152).

Andererseits ist mit Martin Broszat zu konstatieren, dass der Verfassung vom 3. Mai 1791 durchaus ein revolutionäres Potenzial innewohnte (Broszat 1972, S. 56), das nicht allein in ihrer schriftlichen Niederlegung – damals für Europa noch sehr ungewöhnlich – zum Ausdruck kam (Heyde 2006, S. 51-52), sondern auch mit der Ablösung des kaum noch arbeitsfähigen, durch Gegensätze paralysierten adelsparlamentarischen Systems durch ein konstitutionelles Arrangement das Königreich Polen in einen modernen Staat verwandelt hätte (Broszat 1972, S. 56; Hoensch 1998, S. 166-167).

Neues breitenwirksames Nationalgefühl in Polen

Jörg K. Hoensch weist zudem darauf hin, dass die sowohl durch die späte Adelsrepublik als auch später durch die Teilungsmächte eingeleiteten notwendigen Reformen und Veränderungen politische und soziale Umschichtungen in Gang setzten, durch die ein neues, sukzessive breitere Schichten der Bevölkerung einbeziehendes und erfassendes Nationalgefühl entstehen konnte, das ein Überleben der polnischen Nation im 19. Jahrhundert auch ohne Staat sicherte (Hoensch 1998, S. 168). Dieser Wandel vollzog sich in der ersten Hälfte des 19. Jahrhunderts und kam damit erst nach 1850 zu seiner vollen Wirkung (Hoensch 1998, S. 220). Aber bereits vorher galt den Zeitgenossen die polnische Unabhängigkeitsbewegung als Inbegriff einer revolutionären Avantgarde (Müller 1984, S. 61), als die sie die Romantiker eben auch stilisierten (Garewicz 1993, S. 155), und durch die in ausländischen, vornehmlich französischen Diensten kämpfenden polnischen Soldaten wurde dieser Eindruck noch massiv verstärkt (Hoensch 1998, S. 184-185). In diesem Sinne, so Michael G. Müller, wirkte der in Polen entwickelte emanzipatorische Nationalismus geradezu prägend auf andere Freiheits- und Einheitsbewegungen in Europa, wie sich am Beispiel der liberal-nationalen Bewegung in Deutschland – insbesondere nach dem polnischen Novemberaufstand von 1830/1831 – eindrucksvoll belegen lässt (Müller 1984, S. 61).

Emanzipatorischer Nationalismus

Zwar war die wachsende polnische Nationalbewegung, wie Müller betont, nie einheitlich, aber der im Verlauf des 19. Jahrhunderts in Polen zu beobachtende Prozess der gesellschaftlichen Neuformierung vollzog sich maßgeblich unter dem Vorzeichen des Strebens nach nationaler Unabhängigkeit und Einheit (Müller 1984, S. 62). Diese Wirkung konnte nach Müller ganz entscheidend durch die Suggestion historischer und politischer Kontinuität im gesellschaftlichen Bewusstsein, die auch an die Adelsrepublik anknüpfte, aber gleichermaßen visionäres, breite Bevölkerungsschichten ansprechendes Potenzial enthielt, erreicht werden – durch große Aufstände, durch unermüdliche oppositionelle Arbeit in der Emigration und durch Prozesse der Volksbildung (im letzten Drittel des 19. Jahrhunderts). Diese innovativen Strategien, durch die die polnische Frage im Bewusstsein der einheimischen Bevölkerung wie auch der europäischen Diplomatie wachgehalten wurde, die den sozialen wie ideologischen Prozess der modernen Nationswerdung unter den Umständen der Teilung aufrechterhielt,

Resistenzfähigkeit

bewahrten letztlich die nationale Identität in der Überzeugung der gesellschaftlichen Selbstverteidigung auch unter den Bedingungen rigider Entnationalisierung durch die Teilungsmächte Preußen und Russland gegen Ende des 19. Jahrhunderts. Für Müller ist die im Widerstand gegen die Teilungsmächte entstandene Resistenzfähigkeit ein Grundzug der politischen Mentalität der polnischen Gesellschaft geworden (Müller 1984, S. 62), der es verhindert hat, dass die Herrschaft der Teilungsmächte in den jeweils annektierten polnischen Gebieten jemals den Charakter der Fremdbestimmung verlieren konnte.

3.5 Darstellung: Deutschland – Restauration oder Innovation in staatenbündischen Strukturen?

Französische Dominanz

Französische Siege bei Jena und Auerstedt (1806)

Nach den französischen Siegen bei Jena und Auerstedt (1806) musste sich Preußen geschlagen geben. Der königliche Hof floh nach Ostpreußen und Napoleon wurde in Berlin sogar begeistert begrüßt. Im Frieden von Tilsit (1807) diktierte Napoleon die Bedingungen: Preußen musste die Gebiete westlich der Elbe an die französischen Satellitenstaaten Westphalen und Berg abtreten und verlor daneben seine territorialen Gewinne aus der Zweiten und Dritten Polnischen Teilung, aus denen ein mit Sachsen in Personalunion verbundenes Herzogtum Warschau gebildet wurde. Ein preußischer Rumpfstaat blieb als Puffer zwischen Frankreich und Russland bestehen. Die preußische Großmachtstellung allerdings war vernichtet.

Die preußischen Reformen

Diese grundlegende Erniedrigung und Erschütterung des preußischen Staates ebnete den Weg zu Reformen, die dazu beitragen sollten, niemals wieder eine derartig desaströse Niederlage und die damit verbundene Schmach ertragen zu müssen. Unter der Leitung von Freiherr Karl von und zum Stein (1757-1831) und später Fürst Karl August vom Hardenberg (1750-1822) wurde die Modernisierung Preußens in Staatswesen, Gesellschaft und Wirtschaft eingeleitet und durchgeführt. Die einzelnen Maßnahmen bestanden in der Aufhebung der

Gutsuntertänigkeit der Bauern (Oktoberedikt 1807, gültig 1810), der Städteordnung und der Gemeindereform mit kommunaler Selbstverwaltung und Beteiligung der Bürger am politischen Prozess (1808), der Straffung von Regierung und Verwaltung durch Schaffung eines Ministerapparats mit dem Staatskanzler an der Spitze (1808/1810), dem einheitlichen staatlichen Bildungssystem aus Volksschul-, Gymnasial- und Universitätswesen (Bildungsreformen ab 1809), der Freiheit von Kapital und Gewerbe durch Aufhebung des Zunftzwangs (Gewerbeedikt 1810), der Judenemanzipation mit Gewährung sämtlicher Rechte, die auch andere Staatsbürger genossen (Emanzipationsedikt 1812), sowie der Ablösung des alten Söldnerheeres durch eine Armee freier Staatsbürger ohne Adelsprivilegierung, aber mit allgemeiner Wehrpflicht und revidiertem Disziplinarrecht (Heeresreform 1813). Allerdings hatten diese Neuerungen nicht nur positive Folgen: Das Oktoberedikt von 1807, das die persönliche Freiheit der Bauern sicherstellte, bestimmte gleichzeitig den Wegfall aller Schutz- und Hilfsverpflichtungen des Gutsherrn und enthielt aus Sicht der Grundherren vorteilhafte Ablösebestimmungen zum Erwerb von Grund und Boden, da die Kleinbauern oft ihre Höfe nicht halten konnten und letztlich als Tagelöhner oder Arbeiter in die vorindustriellen Betriebe der Städte abwanderten. Auch das Gewerbeedikt von 1810 hatte manche unerwünschte Folge, indem es durch den Anstieg der Betriebe zu einem Konkurrenz- und Verdrängungswettbewerb im Handwerk führte. All diese Reformen dienten dazu, den Modernisierungsschub aufzufangen und sein revolutionäres Potenzial zu entschärfen, gleichzeitig aber einen von seinen Bürgern getragenen, nach innen wie außen wehrhaften Staat zu schaffen. Ungeachtet wiederholter Versprechen durch den preußischen König Friedrich Wilhelm III., eine Gesamtstaatsverfassung einzuführen, wurde diese nicht zugelassen, sondern Preußen blieb – auch über 1848/49 hinaus – ein monarchischer Obrigkeitsstaat.

Reformen in einigen Rheinbundstaaten

Auch in einigen Rheinbundstaaten kam es zu Reformen, durch die Fachministerien, effizientere Verwaltungs- und Steuersysteme, Gewerbefreiheit, Rechtsvereinheitlichung (bis hin zur Übernahme des französischen *Code civil*), Bauernbefreiung, Infrastrukturverbesserungen, Handelsgerichte, Handelskammern und Handelsbörsen sowie Zivilehe und Zivilscheidung eingeführt wurden. Oftmals wurden dabei französische Institutionen und Rechtsnormen als Orientierungsmaßstab herangezogen und den eigenen Verhältnissen angepasst. Auch die Mediatisierung schritt innerhalb des Rheinbundes weiter voran, durch die Konföderationsakte vom Juli 1806 konnten weitere 70 kleinere Fürstentümer und Herrschaften aufgehoben werden. Der Rheinbund bot für die Staaten des späteren „Dritten Deutschland", d. h. der kleineren und mittleren Staaten zwischen den Großmächten Österreich und Preußen, die Möglichkeit einer von diesen unbeeinträchtigten politischen Entwicklung in staatenbündischen Strukturen, allerdings um den Preis französischer Dominanz. Entsprechend entwickelte sich im Rheinbund auch eine napoleonfreundliche Publizistik, durch die Forderungen formuliert wurden, die später zum Kerngedankengut der liberal-nationalen Bewegung in Deutschland gehörten: Grund- und Menschenrechte, freie Repräsentativverfassungen, Gewaltenteilung, freie Wahlen, nationaler Föderativstaat, Abschaffung der Stehenden Heere, Nationalbewaffnung und Steuerreform. Bereits in dieser Rheinbundpublizistik traten die Schwierigkeiten zutage, nationale Anliegen mit universalistischen Forderungen, deutsche Sehnsüchte mit europäischen Erfordernissen, Traditionen mit Reformen zu verbinden.

Französische Satellitenstaaten

In den französischen Satellitenstaaten auf dem Gebiet des ehemaligen Alten Reiches, dem Königreich Westphalen und dem Großherzogtum Berg, wurden Verwaltung und Rechtssystem in direkter Weise von Frankreich bestimmt. Diese von Napoleon geschaffenen Staatswesen wurden zu einem besonderen Symbol der französischen Fremdherrschaft, die der aufkeimende Nationalismus, wie er in den Schriften bekannter Persönlichkeiten des deutschen Geisteslebens wie Fichte (1762-1814) und Arndt (1769-1860) oder auch in den konspirativen Zirkeln wie dem Deutschen Bund Friedrich Ludwig Jahns (1778-1852) gepflegt wurde, besonders verurteilte. Frankophobie, Freiheitsstreben und der Wunsch nach Überwindung der deutschen Vielstaaterei verbanden sich ab 1848 zu einer durchaus problematischen Mischung.

Stagnation in Österreich

In Österreich blieb die Aufbruchstimmung der Napoleonischen Ära ungenutzt. Während Preußen und die deutschen Mittelstaaten angesichts ihrer existenziellen Krisen versuchten, den durch gewaltige Umbrüche in fast jedem elementaren Bereich entstandenen Reformstau zu beseitigen, stagnierte die innere Ausgestaltung der Habsburgermonarchie, sodass 1811 sogar ein Staatsbankrott hingenommen werden musste. Dennoch konzentrierte sich die österreichische Regierung stärker auf die Abwehr liberal-nationaler Vorstöße als auf die Beseitigung der größtenteils auch für diese ursächlichen Missstände. Damit wurde auch der Anschluss an die Konstitutionalisierung der deutschen Staatenwelt verpasst. Österreich blieb ein durch die habsburgische Dynastie künstlich zusammengehaltener Vielvölkerstaat, der zudem einem protektionistischen Wirtschaftsmodell huldigte und die auf seinem übernationalen Staatsgebiet entstehenden nationalen Sprengkräfte massiv unterschätzte.

Die Niederlage Napoleons

Antifranzösische Aktivitäten in Europa

Seit 1809 suchten sich die mit antifranzösischen Ressentiments durchtränkten Nationalismen nicht nur in Deutschland, sondern auch in vielen anderen Teilen des napoleonisch dominierten Europas ihr Ventil in massenwirksamen Bekundungen und vor allem in Aufständen. Konkret ausgelöst wurden diese antifranzösischen Aktivitäten durch eine immer weiter um sich greifende Rekrutierung von Soldaten für die Kriege Napoleons auch in den verbündeten Staaten, die steigende finanzielle Belastung durch Erhebung der zur Finanzierung dieser Kriegsführung erforderlichen Steuern, die immer massivere Unterdrückung der zunehmend kritischeren öffentlichen Meinung in den besetzten und alliierten Staaten sowie schließlich die Beschränkungen des Handels (auch der deutschen Staaten) durch die gegen Napoleon verhängte Kontinentalsperre. Parallel zu diesen deutlichen Unmut in der Bevölkerung hervorrufenden Entwicklungen verstärkte sich in den deutschen Ländern das Nationalbewusstsein mit der Forderung nach einem deutschen Einheitsstaat, die mit „Erzfeind"-Vorstellungen gegen Frankreich, dem nur in Einigkeit wirksam zu widerstehen sei,

Vorstellungen vom „Erzfeind" Frankreich

verbunden wurden. Eine wahre Flut nationalistischer und franzosenfeindlicher propagandistischer wie literarischer Publikationen befeuerte eine immer umfassendere Massenbegeisterung, in der der Kampf gegen Napoleon von breiten Schichten der Bevölkerung als wahrhaftiger „Volkskrieg" empfunden wurde.

Antinapoleonische Opposition in Europa

Mit dieser immer stärker verbreiteten Stimmung trieb eine nationalistisch durchtränkte Mehrheitsmeinung die deutschen Fürsten vor sich her. Die nationalen Lehren drangen bis an die Fürstenhöfe vor und veranlassten die österreichische wie die preußische Regierung, die die schmachvollen Niederlagen von 1805 und 1806 nie wieder erleben wollten, an der Seite Russlands einen erneuten Krieg gegen Frankreich zu erklären. Der preußische König Friedrich Wilhelm III. wandte sich nach der fast vollständigen Vernichtung der französischen Streitkräfte in Russland 1813 mit dem Aufruf „An mein Volk" der preußischen Bevölkerung zu und forderte sie zur Opferbereitschaft im Krieg gegen Napoleon auf. Der österreichische Außenminister Fürst Klemens August von Metternich (1773-1859) bemühte sich um die Rheinbundstaaten, denen bei Wahrung der Neutralität ihre Souveränität und die volle Integrität ihres Staatsgebiets garantiert wurden. Der Erfolg der neuen antinapoleonischen Koalition schien allerdings erst nach dem Beitritt Österreichs und der rheinbündischen Truppen, die damit ihre Fürsten zur Entscheidung zwangen, gesichert. Dem Bündnis, das einen Friedensschluss nur bei Wiederherstellung des europäischen Gleichgewichts zulassen wollte, gehörten außerdem Russland, Preußen und Schweden sowie ab Herbst 1813 auch Großbritannien an. Im Oktober 1813 kam es zur sogenannten Völkerschlacht bei Leipzig, die 120.000 Menschen das Leben kostete und das Ende des napoleonischen Systems in Europa einleitete. Bereits im Frühjahr 1814 standen die Koalitionstruppen vor Paris und erzwangen Napoleons Abdankung.

Völkerschlacht bei Leipzig (1813)

3.6 Erörterung wissenschaftlicher Kontroversen: Das „Dritte Deutschland“ – Weg in die Zukunft?

Der Rheinbund als antinationales Bündnis

Wenngleich das Ende des Heiligen Römischen Reiches Deutscher Nation nicht überraschend kam (Siemann 1995, S. 299), ja durch den Reichsdeputationshauptschluss geradezu vorgezeichnet war (Stollberg-Rilinger 2006, S. 114), so war es letztlich doch die Gründung des Rheinbundes, die ganz unmittelbar dem Alten Reich den Todesstoß versetzte (Stollberg-Rilinger 2006, S. 115). Dieser Umstand sowie die im Rheinbund angelegte Allianz der Mitgliedsstaaten mit dem napoleonischen Frankreich veranlassten die ältere Forschung, in diesem durch Napoleon initiierten Zusammenschluss ein den nationalen Desideraten in Deutschland entgegengesetztes Bündnis zu sehen (Siemann 1995, S. 302), was er ganz unmittelbar ja auch war, wenngleich die erste Hochkonjunktur eines breitenwirksamen nationalen Gedankenguts in Deutschland erst einige Jahre nach Gründung des Rheinbundes zu konstatieren ist (Schulze 1996, S. 89).

Der Rheinbund als föderatives Vorbild

Gegen diese ältere Auffassung hat Wolfram Siemann geltend gemacht, dass sich im Rheinbund bereits föderative Strukturen entwickeln konnten, an die der Deutsche Bund, aus dem letztlich – allerdings in Konfrontation und nicht auf friedlich-evolutionärem Wege – das Deutsche Reich von 1871 erwuchs, anschließen konnte (Siemann 1995, S. 304). Dieser These hat die neuere Forschung zum Deutschen Reich widersprochen, indem sie einerseits – trotz der offensichtlichen Anknüpfung an zuvor noch offenkundige staatenbündische Strukturen des Norddeutschen Bundes (mit allerdings deutlich preußischer Dominanz) (Siemann 1990, S. 286) – der Reichsverfassung den Charakter eines Vertrags zwischen souveränen Territorien abspricht (Clark 2000, S. 46) und andererseits – angesichts der unbestreitbaren föderativen Elemente der Reichsverfassung – die unitarische Tendenz des Deutschen Reiches maßgeblich erst im späteren Ausbau der

Reichsgesetzgebung verankert (Althammer 2009, S. 41). Es ist also durchaus nicht unproblematisch, im Rheinbund ein Fundament für die spätere Entwicklung der deutschen Staaten und des Deutschen Reiches zu erblicken.

Reformwirkung des Code Napoléon

Wesentlich überzeugender ist die These, dass der Einfluss des *Code Napoléon* innerhalb der Rheinbundstaaten sowie deren Bereitschaft zu Reformen mit der Formulierung bürgerlicher Rechte, der Abschaffung der Adelsprivilegien und der Befreiung der Bauern auf ein auch für die entstehende Nationalbewegung attraktives Gedankengut zurückzuführen *war*, sodass weitgehend vom französischen Ursprung befreite liberale Ideen weiter popularisiert wurden (Schulze 1996, S. 88). Die im Rheinbund organisierten Staaten des späteren „Dritten Deutschland“ (Siemann 1995, S. 304) waren – wie Hagen Schulze es ausdrückt – „im Innern freier und fortgeschrittener als das übrige Deutschland“ (Schulze 1996, S. 88), sodass es nicht verwundert, dass – trotz der politisch restaurativen Tendenz des Wiener Kongresses – es verschiedene Staaten mittlerer Größe (v.a. im Süden) waren, in denen die ersten fortschrittlichen Verfassungen eingerichtet wurden (Hardtwig 1985, S. 50-51), auch wenn sie – wie die Reformgesetzgebung insgesamt – durchaus revolutionspräventive Intentionen bargen (Hardtwig 1985, S. 52).

Keine politische Modellwirkung des Rheinbundes

Der Weg eines größeren Teils des „Dritten Deutschland“, insbesondere der süddeutschen Staaten, der im Rheinbund begann, hat mit dieser Strategie durchaus Tendenzen der historischen Entwicklung innerhalb des gesamten Deutschen Bundes und – wenngleich sehr abgeschwächt – auch des Deutschen Reiches im Segment des politischen Liberalismus von den noch revolutionären Forderungen 1848 bis zur im letzten Drittel des 19. Jahrhunderts beobachtbaren Staatsnähe begünstigt und damit Wirkungen erzielt, die eigentlich nicht beabsichtigt waren. Im Hinblick auf die verfassungsmäßige Ausgestaltung der deutschen Einzelstaaten und des Deutschen Bundes nach 1848 hat er jedoch keine Modellwirkung gehabt, und auch das Deutsche Reich von 1871 war – trotz seiner föderalistischen Elemente – von den staatenbündischen Strukturen des Rheinbundes oder den fortschrittlichen Verfassungstendenzen in den südlichen Staaten kaum beeinflusst.

4. Nationale Missionen

4.1 Darstellung: Die Westexpansion der USA

Monroe-Doktrin und Manifest Destiny

Jeffersons Traum von einer paradigmatischen Republik der Freiheit durch Westausdehnung stand bereits in einer langen Tradition, die viele Gründerpersönlichkeiten beseelt hatte und durch die die Gebietsgewinne 1783 sowie der Erwerb von Louisiana, noch stärker aber eine in den 1840er Jahren einsetzende systematische und auch aggressive Expansionspolitik der USA sowohl bestätigt als auch verfolgt wurde. Nachdem durch den Kauf von Louisiana die USA nach 1803 im Südwesten direkt an den spanischen Kolonialbesitz, der dann von Mexiko übernommen wurde, grenzten und im Krieg von 1812 durch Verdrängung indigener Völker auch die Gebiete jenseits des Mississippi für die Westsiedlung gesichert hatten, verfolgten sie zunächst einmal eine Politik der Grenzfestlegung gegenüber den Kolonialmächten Großbritannien und Spanien. 1818 wurde die Grenze zum britischen Kanada entlang des 49. Breitengrades vereinbart, wobei das Oregon-Gebiet gemeinsam von Großbritannien und den USA verwaltet wurde. 1819 erreichten die USA für die Anerkennung des spanischen Besitzes in Mexiko (einschließlich des Texas-Gebiets) die Inbesitznahme Floridas und die Anerkennung des 42. Breitengrades als Südgrenze durch Spanien, sodass letztlich der US-amerikanische Anspruch auf Ausdehnung bis an den Pazifik stillschweigend akzeptiert wurde. 1824 gelang auch eine Einigung mit Russland über die südliche Grenze seines Einflussgebiets an der Westküste.

Die Westexpansion

Im selben Zeitraum kamen immer mehr Siedler aus Neuengland in das Hinterland von New York und ins Ohio-Becken und später in die neuen Staaten Indiana und Illinois, in die südlichen Gebiete Michigans und Wisconsins sowie nach Iowa und Minnesota, die kurz zuvor noch zum Gebiet der Sauk and Fox

Die Westsiedlung

gehört hatten. Zu diesen englischstämmmigen Siedlern gesellten sich zunehmend auch Menschen deutscher Herkunft aus Pennsylvania und Kentucky. Die Landnahme wurde zudem erleichtert durch Gesetze *(Preemption Acts),* die die eigentlich illegale Aneignung von Indianergebiet oder staatlichen Domänen im Nachhinein legalisierten. Auch die Transportmöglichkeiten vom Osten in den Westen wurden zunehmend verbessert. 1840 gab es bereits ein Kanalnetz von 5.000 km und in die Eisenbahn wurde ebenfalls kräftig investiert, sodass insbesondere die Besiedlung der Great Plains beschleunigt wurde.

Aufnahme neuer Staaten in die Union

In der Zeit zwischen 1810 und 1820 wurden sechs neue Staaten in die Union aufgenommen. Als im Jahre 1819 Missouri aufgrund seiner ausreichenden Bevölkerung von 60.000 Einwohnern (unter denen allerdings 10.000 Sklaven waren) seine Aufnahme in die Union beantragte, drohte das mühsam austarierte Gleichgewicht zwischen sklavenfreien Staaten im Norden und sklavenhaltenden Staaten im Süden zerstört zu werden. Aus diesem Grunde wurde im 1820 geschlossenen Kompromiss *(Missouri Compromise)* zunächst das von Massachusetts abgespaltene Maine als gleichberechtigter Bundestaat anerkannt, dem dann das sklavenhaltende Missouri folgte. Gleichzeitig wurde im *Missouri Compromise* für den weiteren Verlauf im Westen eine Linie in der Breite der Südgrenze Missouris festgelegt, oberhalb derer zukünftig keine Sklaverei mehr zugelassen werden sollte.

Die achtjährige Präsidentschaft James Monroes wird oft als Blütezeit in der Entwicklung der USA gesehen, aber es zeigte sich bereits früh auch das Bedürfnis, Fragen des Zusammenwachsens des immer größer werdenden Staates mit einer in großen Teilen nach Westen wandernden Bevölkerung zu diskutieren. Monroe selbst formulierte in der bereits von Thomas Jefferson bemühten Tradition, die Zukunft der Vereinigten Staaten im Westen zu erblicken, und der von seinem Außenminister und Nachfolger John Quincy Adams im Duktus der puritanisch-neuenglischen Auserwähltheitslehre bereits 1811 geäußerten Überzeugung von der göttlichen Vorherbestimmung, den nordamerikanischen Kontinent mit Menschen einer Nation, einer Sprache und gemeinsamen Werten und Gewohnheiten zu besiedeln, im Jahre 1823 in seiner berühmten Doktrin erstmals den hegemonialen Anspruch der USA, Schutzmacht des gesamten amerikanischen Kontinents zu sein, indem er die europäischen Mächte vor der Gründung von Kolonien oder auch nur der Einmischung in Angelegenheiten Amerikas warnte und gleichzeitig in der Tradition Washingtons die Abstinenz der USA in europäischen Fragen betonte. Die Monroe-Doktrin gewann in der Folge als grundsätzliche Bekundung des US-amerikanischen Selbstverständnisses einen fundamentalen politischen Stellenwert. Hier wurde nun unmissverständlich deutlich, dass die USA mit ihrem gewachsenen Selbstvertrauen auch bereit waren, die durch Monroe beanspruchte Kontrolle über die – noch keineswegs abschließend definierte – westliche Hemisphäre im Bedarfsfall auch militärisch durchzusetzen.

US-amerikanischer Schutzmachtanspruch für den gesamten Kontinent Amerika

Unter Monroes Nachfolger John Quincy Adams, einem Sohn des zweiten Präsidenten, wurden die in der Monroe-Doktrin spürbaren nationalistischen Töne noch einmal verschärft. Gleichzeitig wurde der Ausbau der Infrastruktur intensiviert und die Umsiedlung der indigenen Völker in Gebiete weiter jenseits des Mississippi systematisiert, bis sie dann in der unwürdigen und unmenschlichen Zwangsumsiedlung von fünf als zivilisiert apostrophierten Indianervölkern *(Trail of Tears),* die noch in Florida, Georgia, Alabama, Mississippi, Illinois und Wisconsin lebten, einen tragischen Höhepunkt fand. Diese massive Verfolgungspolitik unter Jackson, dem ersten US-Präsidenten aus dem Westen, wurde möglich durch eine Gesetzgebung, die die Abdrängung der Indianer legitimierte (*Indian Removal Act,* 1830) und ihre Verbringung nach Oklahoma ermöglichte (*Indian Intercourse Act,* 1834).

Trail of Tears

Derartige Maßnahmen begünstigten das *Westward Movement*, sodass bald im Ohio-Tal die fruchtbarsten Landstreifen vergeben waren und viele Siedler noch weiter in den Westen eindrangen. Dabei spielten unterschiedliche Faktoren eine Rolle: Zunächst einmal wuchs der Landhunger der im Norden durch Einwanderung immer stärker ansteigenden Bevölkerung, zudem war das Plantagensystem des Südens auf neue Anbauflächen (insbesondere für die lukrative Baumwolle) an-

Westward Movement

gewiesen und schließlich lockte die seit Jahrzehnten von den Gründern der USA wie auch ihren Nachfolgern immer wieder propagierte Auserwähltheit des US-amerikanischen Volkes zur Beherrschung des Kontinents. In den 1830er und 1840er Jahren verstärkte sich der Ruf nach weiterer Expansion, die bei zunehmender Einwanderung, entsprechendem anhaltendem Wachstum der Bevölkerung, der Notwendigkeit der Erschließung neuer Märkte, mancher Enttäuschung aufgrund der Unwirtlichkeit der Great Plains sowie verbreiteter Hoffnungen auf die Lösung drängender Probleme in den weiter westlich gelegenen Gebieten geradezu zwingend erschien. Ein weiterer *Preemption Act* ermöglichte 1841 illegalen Siedlern *(squatters)*, das angeeignete Land für eineinviertel Dollar pro Acre zu erwerben. Im selben Jahr lockte die Verfügbarkeit freien Landes und die entsprechende Begeisterung *(Oregon Fever)* Tausende von Siedlern nach Oregon, sodass auch hier nun die Erforderlichkeit einer endgültigen Grenzziehung erkennbar wurde, die dann schließlich 1846 durch Bestätigung des 49. Breitengrades als Nordgrenze der USA erreicht wurde.

Manifest Destiny

Im Jahr zuvor hatte die mittlerweile tief verwurzelte Überzeugung, dass die Landnahme im Westen eine von der göttlichen Vorsehung den US-Amerikanern übertragene Aufgabe sei, im Begriff des „offenkundigen Schicksals" *(Manifest Destiny)* der USA einen erneuten Höhepunkt erlebt. Angesichts der aus Großbritannien möglichen Unterstützung für die mexikanische Perspektive, in der Texas, dessen überwiegend nordamerikanische Bevölkerung 1836 die Unabhängigkeit erklärt hatte, weiterhin als Teil des mittelamerikanischen Staates wahrgenommen wurde, interpretierte der Journalist John O'Sullivan 1845 in zwei Zeitungsartikeln die britisch-mexikanischen Abstimmungsversuche in dieser Frage als Versuch, die USA an der Erfüllung ihres Auftrags zu hindern, den ihnen von der göttlichen Vorsehung zugewiesenen Kontinent für eine freie Entwicklung der stetig wachsenden US-amerikanischen Gesellschaft zu nutzen. Ganz in der Tradition der in politischen Reden und Schriften beispielsweise Thomas Jeffersons, John Quincy Adams' oder James Monroes immer wieder im Rekurs beschworenen Auserwähltheitslehre sah O'Sullivan die Besiedlung des Westens als historische Mission der Vereinigten Staaten zur Verbreitung von Demokratie und Freiheit und erneuerte auf diese Weise die Idee des *American Exceptionalism*. Für ihn keimte die Größe der USA in ihrer geografisch wie perspektivisch, langfristig weitgespannten, unbegrenzten Zukunft, in der eine aus Einwanderern unterschiedlichster Herkunft in einer riesigen Domäne von Zeit und Raum geformte Nation den Kontinent (und für manche eben auch schon die westliche Hemisphäre) durchdrungen haben würde.

Der Begriff des *Manifest Destiny* wurde auf diese Weise zu einem Schlagwort, mit dem die in der zweiten Hälfte der 1840er Jahre wieder Fahrt aufnehmende territoriale Expansion der Vereinigten Staaten moralisch begründet und ideologisch abgesichert wurde. Gekoppelt war diese Erneuerung des expansionistischen Impetus an klare ökonomische und politische Interessen, die 1846 mit der Teilung des Oregon-Gebiets und der von Mexiko erzwungenen Abtretung des gesamten Südwestens der heutigen USA schließlich erreicht wurden. Geografisch war mit der Sicherung Oregons 1846 und der Eroberung Kaliforniens 1848 auch der Pazifik erreicht. 1867 schließlich schalteten die USA mit dem Kauf Alaskas von Russland einen weiteren Konkurrenten im Westen aus.

Die Besiedlung der neu erworbenen Gebiete wurde durch ein nochmals günstigeres Gesetz, den *Homestead Act* (1862), der bis 1976 in Kraft blieb, forciert, nach dem in Besitz genommenes, bewirtschaftetes Land nach fünf Jahren gegen eine geringe Gebühr in Eigentum überging. Auch infrastrukturell wurde der Westen durchdrungen. 1860 existierte bereits ein Eisenbahnnetz von 30.000 Meilen, das maßgeblich nach Westen verlief, und 1868 wurde die transkontinentale Eisenbahn vollendet. Auf diese Weise konnten die Ansiedlungsmöglichkeiten für Farmer vergrößert, der Abbau von Bodenschätzen konnte intensiviert und die schon in der spanischen Kolonialzeit im Südwesten betriebene Rinderzucht ausgebaut werden.

Sozialkonflikte im Westen

Dennoch vollzog sich die Besiedlung durchaus nicht friedlich. Ausdruck eines tiefgreifenden Sozialkonflikts waren die partiell sehr blutigen Weidekriege in den erst 1889 bzw. 1890 der

Union beigetretenen Bundesstaaten Montana und Wyoming, in denen Rinderzüchter die riesigen von ihnen in Besitz genommenen und benötigten Areale gegen Farmer und Schafzüchter auch unter Brechung geltender Gesetze und zum Teil mit Unterstützung der Obrigkeit verteidigten.

Indianerkriege

Noch gewaltsamer verlief die Landnahme im Südwesten, in dem bis Mitte des 19. Jahrhunderts immerhin noch 360.000 Indianer unterschiedlicher Volkszugehörigkeit lebten, deren Gebiete kontinuierlich unter Bruch von Verträgen verkleinert wurden und die permanent von Zwangsumsiedlung bedroht waren. In den sogenannten Indianerkriegen zwischen 1865 und 1885 setzten sich viele indigene Völker im gesamten Westen gegen Zwangsenteignung, Abdrängung und Völkermord zur Wehr. Den wohl bekanntesten Sieg errangen die Lakota Sioux und die Nördlichen Cheyenne 1876 in der Schlacht am Little Big Horn gegen die 7. Kavallerie der US-Armee unter George A. Custer. Der letzte Widerstand der indigenen Bevölkerung gegen ihre Entrechtung wurde 1890 durch ein furchtbares Massaker der US-Armee gegen die Lakota Sioux am Wounded Knee gebrochen.

Schließung der Besiedlungsgrenzen

Im selben Jahr erklärte die US-amerikanische Volkszählungsbehörde *(Bureau of the Census)* die Besiedlungsgrenze der Vereinigten Staaten für geschlossen. Allerdings waren zu diesem Zeitpunkt manche Gebiete des Westens noch zu dünn besiedelt, um den Eintritt als Bundesstaaten in die Union beantragen zu können, sodass noch in den 1890er Jahren etliche Staaten und erst nach der Wende zum 20. Jahrhundert Oklahoma, New Mexiko und Arizona gleichberechtigt aufgenommen werden konnten.

Das politische Grundsatzprogramm der Monroe-Doktrin und die Überzeugung von einem *Manifest Destiny* der USA zur Besiedlung und Unterwerfung des Kontinents (sowie möglicherweise auch weiterer Gebiete in der westlichen Hemisphäre) waren Kulminationspunkte, essenzielle Grundlagen, Legitimationen und letztlich auch Haupttriebkräfte einer nicht allein geografisch, sondern vor allem im Selbstverständnis der USA wirksamen und damit historisch wie politisch äußerst folgenreichen Dynamik. Diese war nur unter der Maßgabe der totalen soziopolitischen Entrechtung der indigenen Bevölkerung, aber auch der Latinos sowie verschiedener sozialer Verwerfungen innerhalb der weißen Siedlergesellschaft möglich, sodass die Geschichte der westlichen Expansion nicht nur die territoriale Entwicklung der USA zu einer Großmacht verdeutlicht, sondern auch eine gewaltsame Unterwerfung aufzeigt, in der Rassismus und Profitgier nicht selten eine herausragende Funktion einnahmen.

Negative Aspekte der Expansion

Die Texas-Frage

Konflikte in Texas

Das Verbot der Sklaverei, das in Mexiko 1829 erlassen wurde, brachte die nordamerikanischen Siedler, die im mexikanischen Texas Plantagen errichten wollten, in große Schwierigkeiten. Um den Konflikt nicht noch zu verschärfen, verhängte die mexikanische Regierung 1830 einen Einwanderungsstopp, der allerdings nicht verhinderte, dass sich die Bevölkerung von Texas maßgeblich durch Immigration aus den nördlich gelegenen Vereinigten Staaten in den nächsten vier Jahren verdoppelte. Zwar wurde 1834 die Einwanderungsbeschränkung aufgehoben, doch übernahm im selben Jahr Antonio López de Santa Anna durch einen Staatsstreich die Macht in Mexiko und marschierte ein Jahr später in Texas ein.

Texanische Unabhängigkeitserklärung (1836)

Die nordamerikanischen Siedler in Texas fürchteten um ihre relativ ausgeprägte Autonomie, erklärten 1836 ihre Unabhängigkeit von Mexiko, schrieben das Recht auf Sklavenhaltung in ihrer Verfassung fest und wählten Sam Houston zu ihrem Präsidenten und zum Oberbefehlshaber ihrer Truppen. Die verzweifelten Abwehrkämpfe der rasch zusammengestellten texanischen Verbände waren äußerst verlustreich. Besondere Bedeutung erreichte in nachträglicher mythischer Überhöhung die Verteidigung des Alamo, bei der 1.500 Texaner im Kampf gegen die weit überlegene Armee Santa Annas den Tod fanden. Texas befand sich bald in einer äußerst prekären Lage und ließ daher deutlich erkennen, dass es eine Annexion durch die USA begrüßen würde. Zwar konnte Houston schließlich in der Schlacht bei San Jacinto den entscheidenden Sieg erringen, doch stellten die Texaner 1837 einen Antrag auf die Aufnahme ihrer Republik in die Union, sodass die USA erneut in ihr altes Dilemma gerieten, durch die Akzeptanz eines weiteren sklavenhaltenden Staates, dessen Einwohner zudem noch selbst über die Sklavereifrage zerstritten waren, das Nord-Süd-Arrangement zu gefährden. Überdies hatte Großbritannien an Texas Interesse erkennen lassen, sodass eine Annexion oder Aufnahme der texanischen Republik nicht nur internationale Probleme, sondern auch einen Konflikt zwischen Nord- und Südstaaten hätte auslösen können. Aus diesem Grunde verweigerten sowohl Andrew Jackson wie auch sein Nachfolger Martin Van Buren die Aufnahme von Texas in die Vereinigten Staaten und die texanische Frage blieb bis Mitte der 1840er Jahre ungelöst.

Der Krieg zwischen den USA und Mexiko 1848

US-amerikanische Annexion von Texas (1845)

Als 1845 die USA schließlich unter Präsident John Tyler das bereitwillige Texas trotz ungeklärter Grenzfragen mit Mexiko annektierten und Tylers Nachfolger James K. Polk die Texaner ganz offen in ihren Ansprüchen auf ein riesiges Gebiet zwischen Nueces River und Rio Grande unterstützte, war der Konflikt mit Mexiko vorprogrammiert. 1846 wurden US-Truppen unter dem späteren Präsidenten Zachary Taylor in das von den Texanern beanspruchte Gebiet entsendet. Die US-Regierung verfolgte mittlerweile ganz unverhohlen einen expansionistischen Kurs, der ideologisch durch das von John O'Sullivan in die Diskussion eingeführte Schlagwort *Manifest Destiny* untermauert wurde. Im Mai 1846 erfolgte die Kriegserklärung an Mexiko, die Polk in der weitergehenden Absicht, den USA auch Kalifornien und New Mexico anzuschließen, vom Kongress verlangt hatte. Vorausgegangen war die Ermunterung der nordamerikanischen Siedler durch den Außenminister und späteren Präsidenten James Buchanan, sich gegen die mexikanische Herrschaft zu Wehr zu setzen, sodass in Kalifornien die unabhängige *Bear Flag Republic* ausgerufen wurde, die die USA dann rasch annektierten. Auch ein zeitweilig befürchtetes Eingreifen Großbritanniens war gebannt, nachdem sich die US-Amerikaner mit den Briten über offene Grenzfragen im Nordosten (Maine) und im Nordwesten (Oregon) geeinigt und

Kriegserklärung an Mexiko (1846)

Annexion Kaliforniens (1846)

damit die erste Ausdehnung ihres Staatsgebiets bis an den Pazifik erreicht hatten.

Frieden von Guadalupe Hidalgo (1848)

1847 konnte Mexico City erobert werden. Im Februar 1848 waren die Mexikaner so sehr geschwächt, dass sie im Friedensvertrag von Guadalupe Hidalgo schließlich der Abtretung der Hälfte ihres Staatsgebiets (Kalifornien, Nevada, Utah, New Mexico sowie Teile Wyomings und Colorados) an die USA gegen die Zahlung von 15 Millionen Dollar zustimmen mussten. Für die USA war damit der nordamerikanische Kontinent (mit Ausnahme Kanadas) gewonnen, ihr Staatsgebiet hatte sich seit 1845 noch einmal verdoppelt. Rio Grande und Gila wurden als ihre Südgrenze festgelegt. 1853 wurde die Grenze durch den Landkauf von Gadsden *(Gadsden Purchase)*, durch den die USA einen Landstrich südlich des Gila für den Bau einer Eisenbahnlinie nach Südkalifornien erwarben, geringfügig verändert.

Rassismus

Der Krieg gegen Mexiko war in der Bevölkerung äußerst populär, politische Propaganda, aber auch Siedlungsdruck hatten ihre Wirkung erzielt. Deutlich wurden innerhalb des angeheizten Nationalismus auch rassistische Überlegenheitsgefühle gegenüber den Mexikanern, wie es sie zuvor schon gegenüber Indianern gegeben hatte. Damit verstärkte sich der xenophobe, zum Teil gar rassistische Impetus der Westexpansion, der diese partiell überhaupt erst möglich gemacht hatte.

4.2 Erörterung wissenschaftlicher Kontroversen: Der US-amerikanische Westen – soziales Ventil oder Kolonialgebiet?

Einfluss der Westexpansion auf die Entwicklung der USA

Die Frage, welchen Einfluss die stete Expansion mit einer kontinuierlich nach Westen verschobenen *Frontier* und den Extremerfahrungen der weißen Pioniergesellschaft bei der Eroberung, Erschließung, Unterwerfung, Bebauung und Besiedlung der Gebiete des Westens auf die soziale und mentale Entwicklung der US-amerikanischen Gesellschaft ausgeübt hat, ist seit über hundert Jahren eines der zentralen Themen der US-amerikanischen Geschichtsforschung. Insbesondere in den letzten Jahrzehnten ist die bis in die 1980er Jahre in verschiedenen Varianten mehrheitlich gepflegte Auffassung, die *Frontier*-Erfahrung habe eine egalisierende, demokratisierende und amerikanisierende Wirkung gehabt (Billington 1971, S. 18), die den spezifischen *American Way of Life* ermöglicht habe, durch eine neue geschichtswissenschaftliche Richtung *(New Western History)* hinterfragt worden, durch die der Eroberungs-, Kolonialisierungs- und Unterwerfungsaspekt des *Westward Movement* bei stärkerer Berücksichtigung des Schicksals der indigenen Bevölkerung wie auch der Latinos in den Vordergrund gestellt wurde (Limerick 1987, S. 26-29). Diese neue Geschichtsschreibung über den Westen zeigte dunkle Seiten auf, sie zentralisierte Ausbeutungs- und Klassenkampfphänomene und entlarvte die rassistische Seite der Westexpansion (Walsh 2005, S. 11).

Der Mythos des Westens

Von der neueren Forschung wird daher das traditionelle Bild des Westens als Geburtsstätte der eigentlichen Vereinigten Staaten als Mythos ausgewiesen (Limerick, 1987, S. 323). Im Mittelpunkt dieses *Frontier*-Mythos steht nicht die territoriale Expansion, sondern die mit der Besiedlung unterstellte umfassende, auch materielle Verbesserung der Lebensumstände (Depkat 2008, S. 78-79). Das unter Aufnahme der biblischen Symmetrie beschworene Image des Westens als Garten Eden und der in der Folge des in den Augen der US-Amerikaner ihnen durch Gott auferlegten Auftrags *(errand)* formulierte Anspruch auf Expansion und Unterwerfung (Bercovitch 1988, S. 126) determinierten eine gundsätzlich positive Interpretation von (europäischer) Einwanderung und Besiedlung sowie eine entsprechende Anerkennung der Bedeutsamkeit des *Westward Movement* für die Entwicklung der Vereinigten Staaten. Die weiße Inbesitznahme der erworbenen, eroberten und annektierten Gebiete vollzog sich sehr viel langsamer als die bloße territoriale Einverleibung. Richard Slotkin identifiziert sechs bis sieben *Frontiers* (Slotkin 1985, S. 37). Erst 1890 wurde offiziell durch das Bureau of the Census festgestellt, dass die Westexpansion beendet sei.

Turners Frontier-These

Diesen Anlass nutzte der Historiker Frederick Jackson Turner, um in einer Abhandlung die Bedeutung der *Frontier* für die US-amerikanische Geschichte zu untersuchen. In der von ihm verfochtenen Kernthese werden der fortschreitende Prozess der Amerikanisierung der Bevölkerung, d. h. die Herausbildung eines US-amerikanischen Nationalismus einschließlich der Vorstellung einer aus verschiedenen Ursprüngen gebildeten neuen Nation (zu Beginn des 20. Jahrhunderts dann erstmals als „Schmelztiegel", *Melting Pot,* bezeichnet), der als exklusiv US-amerikanisch ausgewiesene Individualismus, die Vorstellungen von den USA als Land des Reichtums *(Land of Plenty)* und der unbegrenzten Möglichkeiten *(Land of Opportunity)* sowie die Selbstreformierungsfähigkeit der US-amerikanischen Gesellschaft durch behaupteten kontinuierlichen Neubeginn sämtlich als durch die und an der *Frontier* realisiert bzw. entwickelt ausgewiesen (Turner 1893, S. 30).

Die *Frontier* wird bei Turner zum Ort der US-amerikanischen Nationsbildung, an dem sich folglich auch die erfolgreiche Verschmelzung der Einwanderer unterschiedlicher ethnischer Herkunft vollzieht (Turner 1893, S. 44). Turner sieht die geografische Mobilität, die ihm als Voraussetzung des sozialen Aufstiegs gilt, als grundlegendes Charakteristikum eines an der *Frontier* begründeten Amerikanismus. Expansion wird in diesem Deutungsmuster zum Lebenselixier der US-amerikanischen Nation, durch die die fortwährende Erneuerung der Gesellschaft in einer weiterwirkenden Revolution *(Continuing Revolution)* ermöglicht wird (Turner 1893, S. 28).

Expansion als Lebenselixier der US-amerikanischen Nation

Die Erneuerung der US-amerikanischen Gesellschaft, ihrer Grundsätze und ihrer Institutionen erschöpft sich aber nicht in der Wiedergeburt, sondern vollzieht sich nach Turner in fortwährender demokratischer Perfektionierung (Turner 1893, S. 51). So kann er die USA ganz im Sinne der puritanischen Tradition als leuchtendes Beispiel für die Menschheit ausweisen. Das Phänomen der *Frontier*, das dem *American Way of Life* seine Existenz ermöglicht und die Basis der als erfolgreich und zukunftsweisend apostrophierten US-amerikanischen Entwicklung liefert, verpflichtet die Bevölkerung der USA in Turners Deutung zur Bewältigung weiterer Herausforderungen (Turner 1893, S. 57).

Während die von Turner herausgestellte andauernde Wirkung des expansiven Grundzugs US-amerikanischer Geschichte und Politik auch von der *New Western History* – freilich nicht in der verheißungsvollen Diktion Turners – bestätigt wird (Limerick 1987, S. 18), war und ist die durch monokausale Geschichtskonstruktion, geografischen Determinismus und ethnische Vereinseitigung geprägte *Frontier*-These Turners höchst kontroversen Reaktionen ausgesetzt. Der *Frontier*-Mythos, den Turner bediente, ist über die Jahrhunderte ein derartig umfassender und substanzieller Bestandteil des US-amerikanischen Selbstverständnisses *(American Creed)* geworden, dass die Kontroversen über Turners Interpretation des Westens und deren Relevanz für die geschichtswissenschaftliche Beschäftigung mit dem Westen der USA nicht allein als akademische Streitfrage betrachtet werden können, sondern das aus der Deutung ihrer Geschichte maßgeblich prädisponierte Selbstbild einer Mehrheit der US-Amerikaner und damit auch das Verständnis der Rolle ihres Landes in der Zukunft berühren (Smith 1988, S. 148).

Der Frontier-Mythos

Selbst Verteidiger der These Turners wie Ray Allen Billington räumen ein, dass er die geografische Bedingtheit US-amerikanischer Geschichte zu stark betonte (Billington 1971, S. 5-7). Gleichzeitig verweisen sie aber darauf, dass die durch manche seiner Nachfolger forcierte Verabsolutierung der *Frontier*-These mit der unvermeidbaren monokausalen Erklärung für die unterstellte Besonderheit US-amerikanischer Geschichte der Auffassung Turners zuwiderlief.

Definition der Frontier

Billington ist auch der Hinweis zu verdanken, dass Turner eine genaue Definition der *Frontier* bewusst verweigerte, weil die Unschärfe des Begriffs es ihm ermöglichte, sowohl ein geografisches Gebiet als auch einen zivilisatorisch-gesellschaftlichen Prozess zu beschreiben (Billington 1971, S. 18-19). In der Nachfolge Turners bezeichnet die *Frontier* in geografischer Hinsicht eine zumindest weitgehend unbesiedelte Zone (unter Ausblendung der indigenen Völker), an der ausreichende Ressourcen ungewöhnliche Möglichkeiten für schlecht situierte Individuen bieten, ihre Situation ökonomisch und sozial zu verbessern. Als Prozess hingegen wird sie als gesellschaftlicher Übergang und soziale Entwicklung interpretiert, die mit Zeit und Ort abhängig von der Art der Siedler und der Beschaffenheit der neuen Umgebung variieren (Depkat 2008, S. 64).

Lange vor der Geschichtsrevision durch die *New Western History* gab es bereits namhafte Historiker wie Richard Hofstadter, die zwar Turners Bemühungen, spezifisch amerikanische Charakteristika in der Westexpansion der USA bzw. im *Westward Movement* großer Teile der US-amerikanischen Bevölkerung zu verorten, durchaus würdigten, aber Turners aus der Erfahrung der *Frontier* abgeleitete Exklusivität der US-amerikanischen Entwicklung für die Phase der Hochindustrialisierung nach dem *Civil War* nachdrücklich kritisierten. Turners These einer Stärkung der Demokratie durch die *Frontier*-Erfahrung vernachlässigt nach Hofstadter den gesamten Komplex von Institutionen, Gewohnheiten und Ideen, die im Osten des Landes entwickelt und beheimatet waren. Auch die These der *Frontier* als eines sozialen Ventils bezweifelt Hofstadter, indem er die vergleichsweise niedrigen Kosten für den Erwerb von Land im Westen als noch immer unerschwinglich für einen durchschnittlichen Arbeiter aus dem Osten ausweist, den Misserfolg des *Homestead Act* (1862) hervorhebt und auf Landfluchtbewegungen zwischen 1860 und 1900 verweist (Hofstadter 1949, S. 103-105).

Hochindustrialisierung im Osten als prägende Kraft US-amerikanischer Entwicklung

Hofstadter hat mit seiner Kritik an Turners These Argumente vorweggenommen, wie sie in der *New Western History* geltend gemacht werden, deren Argumente stärker durch die Perspektive von Eroberung und Unterwerfung als durch die Sichtweise von Erschließung und Besiedlung des Westens geprägt sind (Wright 2003, S. 88). Es ist daher auch nicht verwunderlich, dass Patricia Nelson Limerick als eine der bedeutendsten Vertreterinnen der *New Western History* Turner und seinen Nachfolgern Ethnozentrismus und Nationalismus vorwirft (Limerick 1987, S. 20-21).

Westexpansion der USA als Kolonialismus

Eine der bevorzugten Perspektiven der *New Western History* ist die Wahrnehmung der Geschichte des Westens in den Kategorien der Kolonialhistorie (Walsh 2005, S. 8), eine Deutungslinie, die auch in der deutschen Forschungsliteratur für die Staatsgründungsphase Anwendung fand (Kollmann 1976, S. 769). Mit Blick auf die frühe US-amerikanische Westpolitik seit den 1780er Jahren wird von Gegnern dieser These darauf hingewiesen, dass ein geregeltes System mit dem Ziel der letztlich gleichberechtigten Aufnahme der westlichen Territorien als Bundesstaaten in die Union etabliert wurde, ein andauernder kolonialer Status der Gebiete im Westen des Kontinents also nicht beabsichtigt war (Kotte 1997, S. 324).

Entwicklung im Osten der USA entscheidend

Dennoch eröffnen die in der *New Western History* angelegten Perspektiven auch die Möglichkeit einer grundsätzlichen Infragestellung der entscheidenden Prägung US-amerikanischer Entwicklung durch Westexpansion und *Frontier*. Patricia Nelson Limerick verweist auf die vorübergehende historische Bedeutung des Westens wie auch die zeitbegrenzte historiografische Aufmerksamkeit für den Westen (Limerick 1987, S. 19), sodass die politischen und ökonomischen Entscheidungszentren des Ostens schnell wieder in den Fokus kamen und die Frage diskutiert wurde, ob es nicht grundsätzlich doch eher der Osten gewesen sei, der durch seine Produktionsweisen, seine Bewertung ökonomischer und sozialer Güter, seine ausgeprägte gesellschaftliche Kultur, seine Entwicklung der sozialen Verhältnisse sowie seine politischen Institutionen sowohl die Entscheidungen der westlichen Siedler wie auch ihre Wirtschaftsweisen und die Regierung der neuen Territorien beeinflusst habe (Slotkin 1985, S. 42-43). Begründet wird diese Annahme unter anderem durch die Untersuchung der gesetzlichen Regelungen für die Landvergabe und ihre Konsequenzen, die individuelle Landnahme nicht begünstigten (Wright 2003, S. 88-92). Richard Slotkin weist darauf hin, dass ebendiese Spannung zwischen offizieller Propaganda und durch diese hervorgerufene Erwartungshaltung bei kapitalistischer Praxis bei der Landvergabe Konflikte auslöste, die die *Frontier*-These in der Nachfolge Turners eben gerade übertünchen sollte, und führt als Beispiel die Weidekriege an, unter denen der sogenannte *Johnson County War* (O'Neal 2004, S. 37) als besonders blutiges Beispiel sozialer Friktionen und demokratiefeindlicher Agitation der besitzenden Schichten herausragt (Slotkin 1985, S. 43-44).

In der neueren deutschen Literatur zur Geschichte der Vereinigten Staaten haben die Perspektiven und Schwerpunktverschiebungen der *New Western History* bisher nur sehr unzureichend Niederschlag gefunden. So geht Norbert Finzsch – ganz in der Nachfolge der Turner-These – davon aus, dass die Ausbreitung der demokratischen Kultur, das Vordringen organisierter Bildung und die Selbstverständlichkeit der Eigenvorsorge in den USA nur durch das Phänomen der rasch nach Westen verschobenen Besiedlungsgrenze verständlich ist (Finzsch 2005, S. 109-110). Michael Wala sieht die ab Mitte des 19. Jahrhunderts erneut deutlich ansteigende Einwanderung in einem unmittelbaren Zusammenhang mit der geografischen Erweiterung der Vereinigten Staaten (Wala 2007, S. 188-189), wenngleich er einräumt, dass es zumeist gar nicht frisch eingewanderte Europäer waren, die den Westen besiedelten, sondern bereits länger im Osten ansässige weiße Einwohner der USA (Wala 2007, S. 227). Horst Dippel immerhin stellt deutlich heraus, dass die Zerstörung indigener Kulturen durch die weiße Besiedlung des Westens bedingt war (Dippel 2005, S. 65-66). Die blutigen Weidekriege der 1880er und 1890er Jahre finden innerhalb der deutschen geschichtswissenschaftlichen Literatur zu den USA keine Erwähnung.

Das Image des Westens

Weit mehr als die historischen Vorgänge der Eroberung, der Unterwerfung, der Besiedlung, der Nutzung und der Ausbeutung des Westens sowie des Betrugs, der Zwangsumsiedlung, der sozialen Diskriminierung, partiell sogar der Tötung der indigenen Bevölkerung und der Latinos, aber schließlich auch aufgrund sozialer Friktionen unter den Weißen war es das Image des Westens auf der Basis der Turner-These und des durch diese aufgegriffenen und verstärkten *Frontier*-Mythos, das sich im US-amerikanischen Selbstverständnis festsetzte und dieses bis in die Gegenwart beeinflusst (Limerick 1987, S. 20). Der Mythos der *Frontier* fand Eingang in die Massenmedien und damit in die Populärkultur der Vereinigten Staaten, in der nach Auffassung Slotkins überwiegend die Sichtweisen gesellschaftlich hegemonialer Gruppen Verbreitung finden (Slotkin 1985, S. 30).

4.3 Darstellung: Polen in Europa – Kompensations- und Verfügungsmasse

Polen als Verhandlungs- und Verteilungsgegenstand auf dem Wiener Kongress

Die polnische Frage auf dem Wiener Kongress

Der Wiener Kongress 1815 war vermutlich weit stärker durch restaurative Tendenzen geprägt, als dass eine wirkliche Neuordnung Europas angestrebt wurde. Die polnische Frage, ein in Wien besonders heftig diskutiertes Problem, wurde jedenfalls ganz im Sinne der Großmächte nach dem Grundsatz proportionaler Interessenwahrnehmung in Ostmitteleuropa und damit durch ein Prinzip, das Konsens fand, behandelt. Damit war die „Vierte Teilung" beschlossen.

Die „Vierte Teilung"

Dennoch erhielten die Polen 1815 auch Zusagen hinsichtlich des Erhalts ihrer Sprache und der Einheit ihrer Nation über die verfügten Grenzen hinweg, doch waren diese Garantien offensichtlich nicht auf das Territorium des ehemaligen polnisch-litauischen Staates vor 1772 bezogen, sondern konzentrierten sich auf das Gebiet des von Napoleon gegründeten Herzogtums Warschau. Denn die russischen Gewinne aus allen Teilungen des 18. Jahrhunderts sowie die Annexionen Preußens und Österreichs aus der Ersten Teilung wurden im Wiener Vertrag weder erwähnt noch in der Folge durch die Großmächte in diese Zusagen einbezogen. So gab es zwar eine Neuverteilung, weil die Teilungen der 1790er Jahre z. T. zur Disposition standen, die Zugehörigkeit der 1772 bereits durch die Großmächte einverleibten Gebiete hinterfragte der Wiener Kongress aber ebenso wenig, wie dies vorher Napoleon getan hatte.

Die drei Teilungsmächte selbst traten zwar mit höchst unterschiedlich motivierten und daher auch divergierenden, aber durchaus kompatiblen Ansprüchen auf. Während Russland das von Napoleon ins Leben gerufene Herzogtum Polen mit Teilen des russischen Annexionsgebietes zu einem Königreich Polen unter russischer Oberhoheit vereinen wollte, legte Österreich Wert darauf, das durch Napoleon verlorene Gebiet nördlich der Stadt Krakau („Westgalizien") einschließlich der Metropole zu erhalten. Preußen schließlich sah seine Rolle immer stärker im Deutschen Bund, wo es die Rheinlande, Westfalen und Teile Sachsens zugesprochen bekam, und war sogar bereit, auf die Rückgabe großer, durch Napoleon dem Herzogtum zugeteilter Gebiete zu verzichten. Großbritannien allerdings war strikt gegen eine Machtausweitung Russlands, sodass ein Kompromiss gefunden werden musste.

Großherzogtum Posen

Die gemeinsame Übereinkunft sah schließlich vor, das *Partage*-Prinzip, allerdings bei wesentlicher Abänderung der Teilungsgrenzen gegenüber 1795, beizubehalten, gleichzeitig aber den drei Polen benachbarten Mächten aufzuerlegen, durch Zulassung von Selbstverwaltungsorganen, Aufrechterhaltung wirtschaftlicher Bindungen und Förderung der polnischen Sprache die Einheit der polnischen Nation zu schützen. Preußen gab die in der Dritten Teilung erworbenen Gebiete weitestgehend auf und konzentrierte sich auf jene Erwerbungen, die seine Politiker zu germanisieren hofften, erreichte aber einen Grenzverlauf entlang der Flüsse Drewenz und Prosna und bekam Thorn, nicht hingegen Kalisch zurück. Kujawien (die Landschaft beiderseits der Weichsel zwischen Thorn und Płock) und Wielkopolska (das Gebiet um Posen) wurden aus dem Herzogtum Warschau herausgelöst und wieder an Preußen gegeben, das das „Großherzogtum Posen" ins Leben rief. Österreich behielt Galizien mit dem von Russland wieder herausgegebenen Tarnopol, aber ohne Zamość und vor allem ohne Krakau, das eine freie Stadtrepublik wurde. Den größten Anteil erhielt letztlich aber Russland, das die Oberhoheit über das aus weiten Teilen des Herzogtums Warschau gebildete Königreich Polen erhielt, dessen Herrscher der russische Zar in Personalunion wurde und das unter dem Begriff „Kongresspolen" bekannt wurde. Damit befanden sich nun immerhin 82 Prozent der ehemaligen Adelsrepublik unter russischer Hegemonie. Die britischen, unter dem Argument des Gleichgewichts der Mächte stehenden Vorbehalte gegen eine russische Machtausdehnung, der auch Preußen und Österreich skeptisch gegenüberstanden, wurden vor allem durch die Schaffung des „Großherzogtums Posen" unter preußischer Verwaltung ausgeräumt.

Königreich Polen

Der Wiener Kongress hielt also an der überkommenen Großmachtpolitik unter dem Prinzip des Kräftegleichgewichts fest und stellte die *Partage*-Politik in Polen keineswegs in Frage. Eine Wiederherstellung Polens wäre angesichts der zwar unterschiedlichen, aber vereinbaren Vorstellungen der drei Teilungsmächte, die als Mitglieder der antinapoleonischen Koalition immerhin zu den Siegermächten gehörten, auch kaum realistisch gewesen. Dem von der Romantik in vielen europäischen Ländern befruchteten neuen Nationsprinzip öffneten sich die Politiker und Gesandten des Wiener Kongresses im Hinblick auf die polnische Frage nur so weit, dass sie gewisse Maßnahmen zum Schutz der nationalen Identität der Polen festschrieben, wobei die Teilungsmächte diese Auflagen lediglich auf die aus dem napoleonischen Herzogtum Warschau hervorgegangenen Einwohner des neu entstandenen Königreiches Polen wie auch des ebenfalls neu gegründeten Großherzogtums Posen bezogen. Das nationale Prinzip, das eine Neuordnung hätte begründen können, hatte sich also keineswegs durchgesetzt.

Maßnahmen zum Schutz der polnischen Identität

Die drei Teilungsmächte sahen sich nach den Turbulenzen der Wende vom 18. zum 19. Jahrhundert mit politischen Modernisierungsaufgaben konfrontiert, die die innere Staatsbildung mit der Ersetzung des alten Kontrollstaats durch ein auf Partizipation beruhendes modernes Gemeinwesen implizierten, das in der sich wandelnden Gesellschaft nur durch die Bereitstellung von Teilnahmemöglichkeiten und entsprechend aufgebauter Loyalität erreicht werden konnte, aber gleichzeitig weiterhin dem herrschaftlichen Zugriff durch gelenkte Kanalisierung „staatsbürgerlicher" Aktivität unterworfen bleiben sollte. Die staatliche Integration ethnisch und verfassungsmäßig fremder Gebiete wie der polnischen Teilungsgebiete bedeutete vor diesem Hintergrund ein politisches Dilemma, denn nationale und konstitutionelle polnische Unabhängigkeitsansprüche mussten zwangsläufig mit den Erfordernissen imperialer Herrschaftssicherung kollidieren. Die nur scheinbar konstitutionellen Lippenbekenntnisse des Wiener Kongresses wiesen hier keinen Ausweg. So entschlossen sich Russland, Österreich und Preußen zur Gründung der Heiligen Allianz als Instrument

Die Heilige Allianz

der Restauration auf europäischer Ebene und bekundeten damit überdeutlich ihre Absage an eine nationalrevolutionäre Staatsgestaltung französischer Provenienz. Mit dem Erbe des durch Napoleon in Europa weitverbreiteten Gedankenguts versuchten sie umzugehen, indem sie – zumindest noch im ersten Drittel des 19. Jahrhunderts – eine staatliche, nicht eine nationale Integration anstrebten, sodass im kulturellen Bereich zunächst noch gewisse Zugeständnisse möglich erschienen.

Selbstverwaltungsbefugnisse in „Kongresspolen"

Unter den Herrschern der drei Teilungsmächte war der russische Zar Alexander I. als einziger willens, den vom Wiener Kongress erteilten Auflagen in begrenzter Weise – zumindest im Königreich Polen – Folge zu leisten. Der Satellitenstaat erhielt schon 1815 eine vom polnischen Magnaten und Politiker Adam Jerzy Czartoryski in Grundsätzen entworfene, für russische Verhältnisse sehr liberale Verfassung, die Elemente der Konstitution vom 3. Mai 1791 aufnahm und das napoleonische Grundgesetz des Herzogtums Warschau berücksichtigte, schließlich aber auch den autokratischen Vorstellungen Alexanders I. entgegenkam, indem sie ihm als König direkte Interventionsmöglichkeiten einräumte. Polnisch wurde einzige Amtssprache, als Selbstverwaltungsgremium wurde ein Verwaltungsrat mit fünf Ministern und einem Staatssekretär geschaffen, der auf Kollegialbehörden für sechs zentrale Ressorts, darunter Justiz, Finanzen, Krieg und Erziehung, zurückgreifen konnte. Daneben gab es ein bikamerales Parlament mit einem Unterhaus aus Vertretern des Adels und Deputierten von Stadt und Landgemeinden und einem Senat aus Angehörigen des russischen Kaiserhauses. Für die Bewerbung um diese Staatsämter und Repräsentationsfunktionen waren allerdings extrem hohe Besitzqualifikationen (große Einkünfte oder umfassender Land- und Sachbesitz) nachzuweisen, und nur 3 Prozent der Bevölkerung waren wahlberechtigt. Den größten Einfluss behielten trotz dieser recht weitgehenden polnischen Selbstverwaltungsbefugnisse der als Oberkommandierender der russischen Truppen eingesetzte Zarenbruder Großfürst Konstantin Pawlowitsch Romanow (1779-1831) und weitere hohe russische Beamte. Als Statthalter des Zaren fungierte aber immerhin ein Militär polnischer Herkunft, General

Zajączek (1752-1826). 1816 wurde die Universität Warschau gegründet. Bis zum Tode Czartoryskis 1824 blieb das Bildungswesen in polnischer Hand, sodass der Gedanke an eine Wiedervereinigung in den Grenzen der alten polnisch-litauischen Staatenunion (ohne Infragestellung der russischen Suprematie) begrenzt aufrechterhalten werden konnte.

Keine Verfassung im Großherzogtum Posen

Im preußisch annektierten Großherzogtum Posen wurde keine Verfassung zugelassen. Allerdings versprach der preußische König Friedrich Wilhelm III. den Bewohnern des Großherzogtums Posen bereits 1815, ihre Nationalität, Religion und Sprache zu achten und ihnen die Übernahme öffentlicher Ämter grundsätzlich zu ermöglichen. Auch im Großherzogtum Posen war der Statthalter des Königs, Fürst Anton Radziwiłł, polnischer Herkunft, ihm wurde aber ein deutscher Oberpräsident mit weitreichenden Vollmachten an die Seite gestellt. Immerhin wurde 1824 ein Landtag mit zweisprachigen Verhandlungen eingerichtet, mit dem dann allerdings die preußische Regierung der polnischen Selbstverwaltung im Sinne der Wiener Schlussakte auch Genüge getan zu haben meinte.

Fortsetzung der Reformen in Preußen

In Preußen selbst war angesichts der napoleonischen Bedrohung ein Reformprozess in Gang gekommen, der unter dem ebenfalls in Wien anwesenden Staatskanzler Fürst Karl August von Hardenberg (1750-1822) fortgesetzt und 1815 auch auf Posen übertragen wurde. Hardenberg war der festen Überzeugung, nationale Besonderheiten durch eine notwendigen und grundlegenden Reformen unterworfene umsichtige Staatspolitik auf gesellschaftlich-ständischer Ebene binden zu können (in diesem Zusammenhang besonders wichtig: die Regulierungsedikte zur Ablösung der Grundherrschaft 1811 und 1816, aber auch die Bildungsreform 1809/1810). Diese Strategie zur Vereinheitlichung des preußischen Gesamtstaats, die einer Sonderstellung des Großherzogtums Posen entgegenstand, zog 1816/1817 die Einführung des preußischen Landrechts und Maßnahmen zur Vereinheitlichung der Verwaltung nach sich. Zwar wurde als juristische Schlussinstanz innerhalb des Großherzogtums ein Oberappellationsgericht in Posen eingerichtet, aber das Rechtswesen wurde in die Hände

Vereinheitlichung des preußischen Gesamtstaats

deutscher Justizbeamter übertragen, und die Gleichberechtigung der beiden Sprachen bei Gericht blieb weitgehend Theorie. Bei diesen Maßnahmen handelte es sich noch nicht um Regelungen im Sinne einer gezielten Germanisierung, sondern sie entsprangen eher preußisch-etatistischen Überlegungen, das nationale Bewusstsein der polnischen Untertanen durch deren Einbindung in das preußische Staatswesen, v. a. durch Nutzung der ständischen Identität, zu neutralisieren. Umworben wurde zunächst besonders der Adel, dem im ersten Jahrzehnt nach dem Wiener Kongress sein beherrschender Einfluss auf Kreis- und Lokalverwaltungen belassen wurde. Auch im Schulunterricht wurde 1822 die polnische Sprache durch einen Erlass des Kultusministers von Altenstein geschützt, und die katholische Kirche konnte zu diesem Zeitpunkt ihren Aufgaben noch weitgehend ungehindert nachgehen und sich damit auch zu einem Zentrum polnisch-nationaler Identitätswahrung entwickeln.

Bauernbefreiung

Diese Politik änderte sich nach dem Tode Hardenbergs, als mit dem die Tendenz der preußischen Reformgesetzgebung fortführenden Regulierungsgesetz die endgültige Bauernbefreiung zur Förderung eines ökonomisch stabilen Mittelbauerntums angeordnet wurde, die spätestens nach dem Novemberaufstand 1830/1831 bewusst als Instrument zur Einschränkung des beherrschenden Einflusses durch den Adel als deutlich hervorgetretene, noch immer entscheidende soziale Trägerschicht polnischer nationalpolitischer Anliegen genutzt wurde. Zwar blieb die Stellung des Adels noch bis Mitte des 19. Jahrhunderts rechtlich weitgehend unangetastet, aber die preußische Regierung förderte nun offen die Ansiedlung deutscher Grundbesitzer auch in Großpolen und Kujawien, indem der Erwerb abgelösten Bauernlandes durch polnischen Adel untersagt wurde (während er z. B. in den bereits seit 1772 von Preußen annektierten Gebieten dem deutschen Adel durchaus weiter möglich war). Mit der Bauernbefreiung waren also auch erste deutlich germanisierende Intentionen verbunden, die nach dem weitgehenden Scheitern der Werbung um den Adel die in Polen noch zu beobachtende, aus der Adelsrepublik überkommene weitgehende Identität von ständisch-sozialer

Förderung deutscher Ansiedlung

Zuordnung und nationalpolitischen Interessen nutzten, um die Stellung des Adels auszuhöhlen. Generell galt nach 1830/31 die Strategie, behutsam die reformierte preußische Staatswirklichkeit mit der polnisch-nationalen Tendenz zu verbinden, als gescheitert.

Verbindung österreichischer Besatzungsmacht und polnischer Oberschicht in Galizien

Die österreichische Regierung fühlte sich ganz offensichtlich nach 1815 nicht an die Wiener Bestimmungen über die Kulturautonomie gebunden, obwohl sie – schon aufgrund der ethnischen Verhältnisse in Małopolska (Kleinpolen) und den östlich angrenzenden Gebieten Galiziens (etwa hälftig Polen und Ruthenen, daneben eine größere Anzahl an Juden und auch wenige Deutsche) – die polnische Kultur, die auch in der einheimischen Oberschicht (und damit den von österreichischer Seite als Verbündete empfundenen Kreisen) dominierte, zunächst kaum behinderte. Allerdings war Deutsch als Amtssprache vorherrschend und wurde auch 1824 an der 1817 wiedereröffneten Universität Lemberg verbindlich, die allerdings ein knappes Jahrzehnt später wenigstens einen Lehrstuhl für polnische Sprache und Literatur erhielt. 1817 wurde in Galizien auch ein Landtag eingerichtet, der aus den Vertretern von vier Ständen bestand, in dem aber neben Klerus und Adel bzw. *Szlachta* nur zwei Repräsentanten der Städte und damit des Bürgertums saßen. Wie dieser Landtag, dem lediglich ein Mitspracherecht in Steuerangelegenheiten eingeräumt wurde, hatte auch das Exekutivorgan des Landesausschusses kaum Einfluss auf die maßgeblich mit Deutschen und Tschechen besetzten Behörden.

Krakau als kulturelles Zentrum Polens

Ganz anders sahen aus polnischer Sicht die Machtverhältnisse in der von allen Teilungsmächten, besonders aber von Österreich begehrten und vom Wiener Kongress auch in symbolischer Bedeutung zur freien Republik erklärten, alten Königsstadt Krakau aus. Hier begünstigte das Zensuswahlrecht die aristokratisch-klerikale Oberschicht, die sich bis 1827 gegen die bürgerliche Opposition durchsetzen konnte, danach aber auf österreichische Unterstützung zurückgreifen musste. Während das umliegende Galizien von einer erschreckenden Rückständigkeit auf allen Sektoren des gesellschaftlichen und ökonomischen Lebens geprägt war, galt Krakau den Polen in allen Teilungsgebieten als wirtschaftlich prosperierender Ort und Hort polnischer Freiheit. Die in Krakau besonders deutliche Unterstützung des Novemberaufstandes 1830/1831 und der Sturz der aristokratischen Stadtregierung durch die bürgerliche Opposition sowie schließlich die Aufnahme kongresspolnischer Freiheitskämpfer lieferten Russland 1831 den Vorwand zur vorübergehenden Besetzung der Stadt, der 1833 gravierende Eingriffe in die politische Struktur der Stadtregierung folgten.

Russische Besetzung Krakaus nach dem Novemberaufstand

Der Novemberaufstand 1830/1831

Zwar war das sogenannte Königreich Polen nicht wirklich souverän, doch hatte Zar Alexander I. bis zu seinem Tod 1825 eine weitgehende Selbstständigkeit zugelassen, die sich vor allem in der fortschrittlichsten Verfassung innerhalb des russischen Imperiums niederschlug und durch die Bewahrung, ja sogar Förderung der polnischen Kultur offensichtlich wurde. Sein Nachfolger Nikolaj I., der Schwiegersohn des preußischen Königs Friedrich Wilhelm III., wählte hingegen einen reaktionären Kurs, den er mit nationalrussischer Tendenz auch gegen polnische Einflüsse wendete. So wurde in „Kongresspolen" die Presse einer scharfen Zensur unterworfen und die Öffentlichkeit konnte nicht weiter an den Sitzungen des Warschauer *Sejm* teilnehmen.

Änderung der russischen Polenpolitik

Diese Einschränkungen riefen schon bald den Protest demokratischer politischer Kräfte, z.B. der Patriotischen Gesellschaft, hervor, die eine deutlich antirussische Stimmung schürten. Nachdem 1830 Aufstände und politische Umstürze in Frankreich die Mitgliedsstaaten der Heiligen Allianz in Alarmstimmung versetzt hatten, veranlasste Großfürst Konstantin die Mobilmachung der russischen Truppen in „Kongresspolen". Tatsächlich ermutigte das Beispiel der französischen Julirevolution und der anschließenden Erhebung der liberal-nationalen Kräfte in Belgien die antirussischen Kräfte im Königreich Polen, sodass ein Anschlag auf den Großfürsten Konstantin einen Aufstand, maßgeblich initiiert durch junge Warschauer Offiziere und unterstützt von Studenten der Warschauer Universität wie auch von fortschrittlichen Adelsgesell-

Proteste in „Kongresspolen"

schaften, später dann auch durch Vertreter des Hochadels, auslöste, in dessen Verlauf die Residenz Konstantins besetzt wurde und die russischen Truppen zunächst aus Warschau, dann aus ganz „Kongresspolen" vertrieben wurden. Ohne offiziell einen Krieg auszulösen, wurde unter der Regierung von Fürst Adam Jerzy Czartoryski ein unabhängiges Königreich proklamiert, dessen militärische Kräfte, verstärkt durch Freiwillige aus den anderen Teilungsgebieten, vor allem aus dem Großherzogtum Posen, den anfänglichen Überraschungserfolg gegen anrückende russische Streitkräfte behaupten konnten. Als der Zar dennoch die Kapitulation der polnischen Truppen verlangte, erklärte der *Sejm* 1831 die Absetzung der russischen Dynastie Romanow.

Proklamation eines unabhängigen Königreichs Polen

Reaktion der anderen Großmächte

Die polnische Regierung bemühte sich angesichts des zu erwartenden Krieges um Unterstützung aus dem europäischen Ausland, die allerdings nicht gewährt wurde: Der österreichische Kaiser Franz I. (reg. 1804-1835) lehnte die ihm angebotene polnische Königskrone ab, während Preußen, zwar formell neutral, aber hinter den Kulissen auf russischer Seite, an seiner Grenze zu „Kongresspolen" Truppen konzentrierte, um ein Überspringen des Aufstandes auf das preußische Teilungsgebiet zu verhindern. Der preußische König Friedrich Wilhelm III. riet der polnischen Regierung sogar zur Unterwerfung unter den Zaren und entschied sich schließlich – sowohl gegen die liberalen Kräfte im eigenen Land wie auch gegen warnende Stimmen aus dem eigenen Offizierskorps – zur Unterstützung der im Sommer 1831 beginnenden russischen Gegenoffensive.

Russische Einnahme Warschaus (1831)

Die Wende des bis weit in das Jahr 1831 erstaunlich erfolgreich geführten nationalen Kampfes der Polen kam mit einer extrem verlustreichen Niederlage bei Ostrołęka, nach der die verbliebenen polnischen Einheiten sich Richtung Warschau zurückzogen, das sie bis Herbst 1831 gegen die russische Übermacht verteidigen konnten. Nach der Einnahme Warschaus im September 1831 kapitulierte das Königreich Polen, die Reste der polnischen Armee traten auf österreichisches und preußisches Teilungsgebiet über und wurden dort inhaftiert.

Auseinandersetzungen in der polnischen Aufstandsbewegung

Die Aufstandsbewegung war bereits während der Erhebung in ihrer Koordination erheblich geschwächt worden durch die Auseinandersetzungen zwischen konservativem Hochadel, liberaler „Kalisch"-Gruppe und radikaler linker Kräfte, aber auch nach dem Zusammenbrechen des Aufstands zeigte sich die tiefe Kluft zwischen den höchst unterschiedlichen Erwartungen der Magnaten, des Gutsadels, des liberalen Bürgertums, der *Inteligencja,* der städtischen unterbürgerlichen Schichten und der Bauern: Ein von allen Hauptschichten der polnischen Bevölkerung getragener Konsens war nicht in Sicht. Die Divergenz der Vorstellungen und der damit verbundene Streit um konstruktive Zielsetzungen, die rasche Ablösung von regierenden und militärischen Führungspersönlichkeiten, die zunehmende Radikalisierung und die immer verlustreicheren Kämpfe hatten schließlich die Zuversicht der rebellierenden Bevölkerungsteile erschöpft und bescherten dem Aufstand sein Ende.

Konsequenzen des Novemberaufstands: „Kongresspolen" auf dem Status einer russischen Provinz

In St. Petersburg hinterließ der Novemberaufstand deutliche Zweifel am Erfolg der russischen Polenpolitik bis 1825. „Kongresspolen" sank nach Repressalien gegen polnische Schlüsselpersönlichkeiten des Aufstands auf den Status einer russischen Provinz herab, indem die Mehrzahl der von Alexander I. gewährten Rechte widerrufen, das polnische Heer aufgelöst wurde, die Warschauer und die Wilnaer Universität geschlossen, ca. 3.000 Güter des polnischen Adels und der katholischen Kirche konfisziert und die Schulen unter strenger Aufsicht russifiziert wurden. Der vom Zaren zum Fürsten von Warschau ernannte letztlich erfolgreiche russische Feldmarschall Paskevič (1782-1856) leitete unverzüglich direkte Strafmaßnahmen ein: Die Verfassung wurde kassiert, der *Sejm* aufgehoben, ein „Organisches Statut" (1832) proklamiert und der Ausnahmezustand 1833 verhängt (bis 1856). In zahlreichen Einzelverfahren wurden Aufständische abgeurteilt und ins Innere Russlands umgesiedelt, es gab Verurteilungen zu langen Haftstrafen und zu Zwangsarbeit, aber keine Todesurteile. In den folgenden Jahren wurden weitere repressive Maßnahmen beschlossen, so wurde (nach der Schließung vieler polnischer Gymnasien) nach 1839 das Erziehungswesen direkt von St. Petersburg aus verwaltet, ab 1837 das polni-

Organisches Statut (1832)

sche Wojewodschaftssystem durch das russische Gouvernementsystem ersetzt, 1841 die russische Münze eingeführt, 1847 das russische Staatsrecht oktroyiert. Der russische Zar Nikolaj I. entwickelte sogar den Plan einer Teilung „Kongresspolens", aber Preußen lehnte diesen ab, weil es kein Interesse hatte, das nationalpolnische Problem in sein Teilungsgebiet zu importieren. Das Großherzogtum Posen allerdings beanspruchte Preußen nach wie vor ungeschmälert. In Polen wurde diese Politik Preußens als reaktionäre Komplizenschaft mit dem Zarenreich und erneute Unterdrückungserfahrung wahrgenommen, der mit zunehmender Radikalisierung des Nationalgefühls begegnet wurde.

Radikalisierung des polnischen Nationalgefühls

Restriktionen im Großherzogtum Posen

Die Teilungsgebiete in preußischer und österreichischer Hand waren nur indirekt durch den Novemberaufstand betroffen, mussten aber dennoch in den 1830er Jahren erneute Restriktionen erdulden. 1830 wurde Eduard von Flottwell (1786-1865) Oberpräsident der Provinz Posen, der – wie dies bereits in Westpreußen geschehen war – die Lösung des Nationalitätenproblems in einer Politik der Vereinheitlichung der Bevölkerung im preußischen Staatsbürgerbewusstsein sah. Ab 1840 jedoch versuchte Friedrich Wilhelm IV. (reg. 1840-1861) mit einem liberaleren Kurs, der die Sicherheitsmaßnahmen der Politik seines Vaters abschwächte, der polnischen Bevölkerung eine etwas stärkere Selbstständigkeit unter Vermeidung der Herausstellung nationaler Gegensätze zu gewähren, um die polnischen Untertanen nicht durch behördliche Maßnahmen und übertriebene Germanisierung dem preußischen Staat zu entfremden.

Liberaler Kurs ab 1840

In Galizien wurden zwar Polizeiaktionen gegen mutmaßliche Verschwörer durchgeführt, aber keine systematischen Unterdrückungsmaßnahmen ergriffen. Die Stadtrepublik Krakau musste allerdings wegen der Unterstützung des Aufstandes gewisse Einschränkungen in ihrer Selbstständigkeit hinnehmen.

Polnische Emigration

Circa 50.000 Teilnehmer des Novemberaufstandes gingen nach dem Zusammenbruch der Erhebung zunächst ins Ausland, knapp ein Fünftel blieb auch wegen fortgeführter politischer Aktivitäten in der Emigration. Ideologisch verhärtete sich das polnische Nationalbewusstsein in den Jahren nach der

Erhebung. Romantische Vergangenheitsverklärung mischte sich mit revolutionärem Messianismus, der seinen Ausdruck insbesondere in der polnischen Emigrationsliteratur und in der Arbeit polnischer nationaler Komitees im Ausland fand. In der Folge der erzwungenen Staatenlosigkeit steigerte sich der polnische Nationalismus mythisierend in die vergangene Größe der polnisch-litauischen Union, um die Wiedergewinnung dieser Herrlichkeit für die Zukunft zu verheißen. Das Schicksal des verlorenen polnischen Staates und seiner Bevölkerung wurde als Martyrium für Europa, ja sogar für die Welt interpretiert, durch das die nationalen und freiheitlichen Anliegen befördert werden sollten. Die polnische Unabhängigkeitsbewegung wurde in dieser kanonischen Auslegung zur Speerspitze des Freiheitskampfes aller unterdrückten Völker und dementsprechend auch von den liberal-nationalen Bewegungen in unterschiedlichsten europäischen Ländern verehrt.

Revolutionärer Messianismus

Polnisches Martyrium für Europa

Besondere Hochachtung schlug den polnischen Emigranten aus den süddeutschen Staaten entgegen. Auf ihrer Flucht kamen viele polnische Aufständische durch Sachsen, Bayern und Baden, wo sie in einer – etwas übertrieben „Polenbegeisterung" genannten – Hochstimmung als Teil der gesamteuropäischen Bewegung der „jungen" Idee der Nation gegen die alte Ordnung imperialer Herrschaft gefeiert wurden. Im Jahr 1832 fand diese Zustimmung zum polnischen Novemberaufstand, der in seinen abstrakten Forderungen nach Freiheit und Einheit für Polen schlagwortartig in die Nähe der in Deutschland erhobenen Forderungen gerückt wurde, seinen Höhepunkt auf der größten deutschen Vormärz-Demonstration, dem Hambacher Fest, auf dem neben der deutschen Freiheitsflagge mit den Farben Schwarz, Rot und Gold auch die französische Trikolore und eben die weiß-rote polnische Fahne zu sehen und polnische Redner zu hören waren. Karl von Rotteck (1806-1898), bekannter deutscher Staatsrechtler und führender liberaler Politiker, nannte die Polnischen Teilungen eine Völkerrechtsverletzung, der später in Polen zum Nationaldichter erhobene Adam Mickiewicz (1798-1855) beschrieb im deutschen Exil die „Große Emigration" polnischer Revolutionäre in Analogie zum biblischen Exodus.

„Polenbegeisterung" in deutschen Staaten

Polnische Opposition in Paris

Der weitaus größte Teil der dauerhafter in der Emigration verweilenden Aufständischen ging nach Paris, wo politische und ideologische Konzeptionen zur Befreiung der polnischen Heimat, verbunden mit dem später in vielen Ländern Europas populären Schlagwort „Für eure und unsere Freiheit" entwickelt wurden. Wenngleich dieses Ziel von nahezu allen polnischen Emigranten geteilt wurde, wurden doch sehr unterschiedliche Wege zur Wiedererlangung der staatlichen Souveränität Polens entwickelt. Bereits im November 1831 wurde ein polnisches Nationalkomitee auf der Grundlage der Ideen des ehemaligen Mitglieds der Aufstandsregierung Joachim Lelewel (1786-1861) gegründet, dem die Gründung eines „Jungen Polen" als Zweitorganisation von Manzinis „Jungem Europa" folgte. Polen waren am Aufstand der Seidenweber in Lyon (1831) ebenso wie am Frankfurter Wachensturm (1833) beteiligt, sodass sie in vielen Teilen Europas als revolutionäre Vorkämpfer gepriesen oder auch geschmäht wurden.

4.4 Erörterung wissenschaftlicher Kontroversen: Die Mitte Europas – ein Herd der Instabilität?

Die polnische Frage auf dem Wiener Kongress

Wenngleich die polnische Frage auf dem Wiener Kongress, wie Michael G. Müller hervorhebt, eines der am stärksten diskutierten Probleme darstellte (Müller 1984, S. 58) und damit ihre europäische Relevanz ganz unmittelbar deutlich wird, so ist doch zu konstatieren, dass ihre Behandlung bis zum Ersten Weltkrieg maßgeblich durch die benachbarten Großmächte Preußen, Österreich und Russland bestimmt wurde, da sich für Großbritannien und Frankreich nur in sehr begrenztem Maße machtstrategische und ökonomische Optionen in Ostmitteleuropa ergaben (Müller 1984, S. 57). So setzten sich in Wien gegen die Chancen zur konstruktiven Neugestaltung Europas restaurative Tendenzen durch, deren Basis der Gleichgewichtsgrundsatz mit möglichst austarierter Interessenwahrnehmung der Großmächte bildete, um so jene bereits seit Mitte des 17. Jahrhunderts gepflegte eigentümliche Friedensord-

Gleichgewichtsgrundsatz

nung im Sinne der Hegemonialmächte aufrechtzuerhalten (Müller 1984, S. 59). Die letztliche Bestätigung, nach Auffassung Jörg K. Hoenschs sogar Legitimierung der Polnischen Teilungen (Hoensch 1998, S. 192), bedeutete zusammen mit der Aufhebung des Heiligen Römischen Reiches Deutscher Nation (1806) nach Michael G. Müller die Durchsetzung eines neuen Typs der maßgeblich auf eine Herrscherfamilie (Romanows, Hohenzollern, Habsburger) konzentrierten Machtstaaten (Müller 1984, S. 56; Stollberg-Rilinger 2000, S. 40-42).

Virulenz des polnischen Nationalgedankens

Andererseits blieb die polnische Frage von hoher internationaler Brisanz, da sich der seit dem späten 18. Jahrhundert in Polen auch auf bürgerliche und schließlich sogar auf unterbürgerliche Schichten ausweitende polnische Nationalismus nicht in einer erwünschten Loyalität zur jeweiligen Teilungsmacht eindämmen ließ (Broszat 1972, S. 106-107), sodass dieses Gedankengut nicht nur im Rahmen der großen europäischen Wendemarken 1815/1818 und 1848/1849 virulent wurde, sondern auch eine große Eigendynamik, so eben im Novemberaufstand 1830/1831 oder auch in der zweiten Jahrhunderthälfte im Januaraufstand 1863/1864, entfaltete (Müller 1984, S. 57). Im revolutionären Potenzial der polnischen Unabhängigkeitsbewegung zeigte sich somit ein für das innere Gefüge der Teilungsmächte bedrohlicher Faktor, der sich als oppositionelle Kraft eben nicht mehr einfach unterdrücken ließ (Müller 1984, S. 60).

Der mit dem fortgesetzten Emanzipationsprozess der polnischen Nation einhergehende gesellschaftliche Formationsvorgang in Polen (Müller 1984, S. 62) generierte neue Organisationsmuster und Strategien, die die polnische Frage sowohl im öffentlichen Bewusstsein als auch in der europäischen Diplomatie virulent erhielten. Damit stellte die polnische Frage im 19. Jahrhundert nicht nur einen – aus Sicht der europäischen Großmächte – potenziellen Gefahrenherd dar, sondern bewirkte auch ein strukturelles Problem für die Innenpolitik der Teilungsmächte, das deren verfassungs- und gesellschaftspolitische Entwicklung durchaus maßgeblich beeinflusste (Müller 1984, S. 63).

4.5 Darstellung: Die Deutschen in der Mitte Europas

Frühe nationale und liberale Forderungen und Bestrebungen

Wenn im letzten Drittel des 18. Jahrhunderts von der deutschen Nation die Rede war, waren oftmals lediglich die hohen Reichsstände gemeint. Dieses ältere Nationalbewusstsein geriet in den deutschen Staaten in jenem Ausmaß in die Defensive, in dem das Gedankengut der Atlantischen Revolutionen in Nordamerika und in Frankreich, wo große Teile der Bevölkerungen um konstitutionell verbindliche politische Systeme und Partizipation an der Macht rangen, verbreitet wurde. Aus dem Untertan wurde – zumindest rechtlich – in diesen Revolutionen der Bürger, der dem Kollektiv des Volkes angehörte, das die Souveränität des Gemeinwesens verkörperte. Die Nation war damit an die Zustimmung des Volkes, das aus den einzelnen Staatsbürgern gebildet wurde, gebunden, das Individuum umgekehrt durch eigene subjektive Entscheidung gegenüber der Nation, die nun als Staatsbürgernation existierte, verpflichtet.

Gedankengut der Atlantischen Revolutionen

Derartige Ideen sickerten nur langsam in das in Deutschland vorherrschende politische Bewusstsein ein, sodass die Urteile über die Französische Revolution höchst unterschiedlich ausfielen. Radikale Verfechter einer neuen politischen Ordnung, deren Vorstellungen z. T. bis in einen frühen Republikanismus hineinreichten, reagierten begeistert auf die Vorgänge in Frankreich und befürworteten auch in den deutschen Staaten ein stärkeres Vorgehen gegen veraltete Strukturen und überkommene Privilegien. Eine unmittelbare Anknüpfung an das Reichsrecht war ohnehin nicht möglich, da der aus den Atlantischen Revolutionen abgeleitete universale Freiheitsbegriff mit den „Freiheiten" der Reichs- und Landstände im Alten Reich kollidierte.

Frühe Aufstände im Alten Reich

Es gab innerhalb des Reiches sogar einige Aufstände in zeitlicher Koinzidenz zur Französischen Revolution, so beispielsweise 1789 in Lüttich und 1790 in Sachsen. Größere Aufmerksamkeit erregte die Gründung einer „Mainzer Republik" im Jahr 1792 durch die Gesellschaft der Freunde der

Gleichheit und Freiheit, die jedoch bereits im folgenden Jahr von den Koalitionstruppen beseitigt wurde.

Kein breitenwirksames Nationalbewusstsein im Alten Reich

Ein flächendeckendes deutsches Nationalbewusstsein ist im Alten Reich nicht feststellbar, gemäß seiner föderalen Struktur erfolgten die Impulse zur modernen Staatsbildung eher aus den Einzelstaaten. Ein unter Intellektuellen zunehmend verbreitetes Zugehörigkeitsgefühl zu einer noch vergleichsweise unbestimmten deutschen Nation leitete sich eher aus beschworenen kulturellen Traditionen ab, wie sie beispielsweise im sehr problematischen Begriff des „Nationalcharakters" beim deutschen Philosophen Johann Gottfried Herder (1744-1803) gebündelt wurden. Herder formulierte auch die Vision einer Erneuerung der politischen und gesellschaftlichen Gemeinwesen in Mitteleuropa, die den staatenlosen Nationalitäten ihre Unabhängigkeit bringen würde. Viele Deutsche unterstützten – beeinflusst von Herders Ideen – dann die Unabhängigkeitsbestrebungen der 1820er und 1830er Jahre in Griechenland, Polen, Belgien und Italien.

Transformationsprozesse um 1800

Auch die um die Wende zum 19. Jahrhundert in ihren gesellschaftlichen und mentalen Auswirkungen massiv durchschlagenden Transformationsprozesse wirkten sich durch soziale Entwurzelung, vorindustrielle Massenarmut, Binnenwanderung, soziale Ungleichheit, das gestiegene Bedürfnis einer neuen Legitimation politischer Herrschaft sowie den Verlust der Bindungskraft der Kirchen und berufsständischer Organisationen wie der Zünfte aus. Im Gegenzug wurde zunehmend nach Kompensation im neuen, säkularisierten Glauben an die Nation gesucht. Bereits 1806 erschien in Augsburg noch vor den Niederlagen von Jena und Auerstedt eine Flugschrift unter dem Titel „Deutschland in seiner tiefen Erniedrigung", deren deutliche Forderung nach Formierung einer wehrhaften Nation in ihren massiven Angriffen gegen die französische Besatzungsmacht als Novum innerhalb der deutschen Publizistik zu bewerten ist, sodass der Verleger Johann Philipp Palm zum Tode verurteilt und hingerichtet wurde. Das Bedürfnis nach Befreiung und nationaler Gemeinschaft zeigte sich auch in Vereinsgründungen, so sehr früh 1808 in Königsberg, wo der „Tugendbund" ins Leben gerufen wurde, in dessen Statuten

Neuer Glaube an die Nation

die Mitsprache des Bürgertums in politischen Fragen gefordert und damit in den Augen der staatlichen Vertreter das Politikmonopol der Regierungen in Frage gestellt wurde. Die Auffassung der Beteiligung breiterer Bevölkerungsschichten wurde dann Grundlage für viele Vereinsgründungen einschließlich der Burschenschaften während der antinapoleonischen Kriege im zweiten Jahrzehnt des 19. Jahrhunderts.

Antifranzösische Aktivitäten in Europa

Seit 1809 lehnten sich große Teile der unter französischer Besatzung stehenden Bevölkerungen in Europa, auch in Deutschland, gegen die Fremdherrschaft auf. Parallel dazu wuchsen in verschiedenen europäischen Staaten nationale Bewegungen, so auch auf deutschem Gebiet, wo beispielsweise Johann Gottlieb Fichtes und Ernst Moritz Arndts Schriften durch Schlüsselbegriffe wie „Vaterland" und „Nation" das entstehende Bewusstsein stabilisierten. Gleichzeitig bildeten sich, z. B. bei Arndt, auch bereits erste antagonistische, stereotype und pauschalisierende Vorstellungen wie die des „Erzfeindes" (gegen die französische Besatzungsmacht) aus. Der in dieser Phase ausgeprägte deutsche Kulturnationalismus, durch den Arndts Lied „Des Deutschen Vaterland" (1813) zur heimlichen Hymne der Nation aufstieg, implizierte bereits jene problematische Abgrenzung gegen benachbarte Nationen, die sich zu diesem Zeitpunkt noch nahezu exklusiv gegen Frankreich richtete, aber langfristig auch weitere Feindbilder beförderte und am Ende des 19. Jahrhunderts in einen aggressiven, rassistischen Chauvinismus einmündete.

„Erzfeind" Frankreich

Die frühe deutsche Nationalbewegung

Erste organisatorische Verfestigungen fand die frühe Nationalbewegung in Form konspirativer Gruppierungen wie beispielsweise im durch Friedrich Ludwig Jahn (1778-1852) gegründeten „Deutschen Bund". Doch die Nationalstaatsvorstellung blieb während der antinapoleonischen Kriege unbestimmt, sie wurde eher in poetischer, historischer oder utopischer Weise beschworen und mit einem Ideal verbunden, das in seiner irdischen Inkarnation bisweilen bereits preußisch-deutsche Konnotationen hatte.

Die Deutschen dieser Jahre waren in vorher ungekannter Weise politisiert. Die Forderung nach Bildung eines Nationalstaats, in dem breiten Bevölkerungsschichten politische Mitsprache gewährt wurde, gewann an Attraktivität und Unterstützung in der Bevölkerung, vornehmlich im Bürgertum. Die Kriege gegen Napoleon hatten die lebhaften nationalen Strömungen mit ersten Ansätzen zur Bildung politischer Organisationen erheblich verstärkt, sodass spätestens 1812 auch eine höchst wirkungsvolle Publizistik durch Broschüren und Flugblätter in Massenauflagen eine die Einzelstaaten überspannende Öffentlichkeit, die weit über Universitäten und Bildungsbürgertum hinausging, erreichte. Die vier politischen Kernforderungen lauteten: nationale Einheit, politische Teilhabe, freie Presse und Anerkennung der politischen Vereinsbildung.

Politische Kernforderungen

Auch die Fürsten erkannten das Potenzial dieser wachsenden Bewegung für die Befreiung von französischer Besatzung und richteten Aufrufe an die Bevölkerungen ihrer Staaten, deren berühmtester durch den preußischen König Friedrich Wilhelm III. „An mein Volk" 1813 relativ spät erfolgte. Um die Zustimmung der national gesinnten Bevölkerungsteile zu erhalten, musste Friedrich Wilhelm III. viermal während der Befreiungskriege für Preußen eine Verfassung versprechen, deren letztliche Verhinderung in der Argumentation der liberal-nationalen Bewegung im deutschen Vormärz eine wichtige Rolle spielte.

Aufruf der deutschen Fürsten

Die in den Befreiungskriegen entstandene und durch die fürstlichen Aufrufe befeuerte nationale Euphorie zeigte sich auch im freiwilligen Kriegsdienst vieler Studenten in gesonderten Einheiten wie dem Lützowschen Freicorps, dem unter anderem Jahn und Theodor Körner (1791-1813) angehörten und dessen Farben Schwarz, Rot und Gold den Wahlspruch „Freiheit, Ehre, Vaterland" symbolisierten und die spätere deutsche Nationalflagge inspirierten. Bereits 1814 wurde in Halle die erste national gesinnte Studentenbewegung unter dem Namen „Teutonia" ins Leben gerufen, aber der entscheidende Anstoß zur politischen Burschenschaftsbewegung ging 1815 von der Jenaer „Urburschenschaft" aus. In Gießen zeigten sich mit der Gründung des „Bundes der Schwarzen" bzw. des „Bundes der Unbedingten" unter Führung des späteren Universitätsdozenten Karl Follen (1796-1840) erste Ansätze des

Nationale Euphorie in den antinapoleonischen Kriegen

Burschenschaften

Einbezugs bürgerlicher Gesellschaftskreise, begünstigt durch die von Ernst Moritz Arndt 1814 angeregten „Deutschen Gesellschaften", in denen die Gießener aktiv wurden. Erste allgemeine Aufmerksamkeit zogen die Burschenschaften 1817 aufgrund des aus Anlass des 300. Jubiläums der Reformation veranstalteten Wartburgfestes auf sich, das oftmals an den Anfang der politischen Demonstration in Deutschland gestellt wird. Unter symbolischer Verwendung der Farben Schwarz, Rot und Gold wurde ebenfalls der Jahrestag der Leipziger Völkerschlacht gefeiert und mit den Forderungen nach einem einigen, freien Deutschland verbunden, von radikalen Turnern um Jahn nach Abschluss der eigentlichen Kundgebung verstärkt durch die Verbrennung von Büchern als reaktionär angesehener Schriftsteller. Diese politische Manifestation hinterfragte mit erheblicher Folgewirkung das obrigkeitsstaatliche Monopol des symbolträchtig-feierlichen Gedenkens an Ereignisse mit historischer Bedeutung für das Gemeinwesen. Die auf dem Wiener Kongress beschlossene Einrichtung eines Deutschen Bundes als lockere Staatenkonföderation wurde durch den Studenten Riemann massiv kritisiert. Ein Jahr später verfasste Riemann mit den „Grundsätzen der Wartburgfeier" ein aus den zentralen Zielen der frühen liberal-nationalen Bewegung in Deutschland bestehendes „Programm", durch das die ökonomische und politische Einheit wie auch die militärische Stärkung Deutschlands, seine konstitutionelle Verfasstheit einschließlich der Ministerverantwortlichkeit (auch auf der einzelstaatlichen Ebene) sowie die Gleichheit der Staatsbürger vor dem Gesetz gefordert wurde. Im selben Jahr wurde die Allgemeine Deutsche Burschenschaft am Jahrestag der Wartburgfeier konstituiert.

Wartburgfest (1817)

Liberal-nationale Programmatik

Diese erste sehr fruchtbare Phase der deutschen Freiheits- und Nationalbewegung, die durch freie organisatorische Zusammenschlüsse, politische Zielsetzungen in staatlicher Einheit und freiheitlicher Verfassung, Nutzung des entstehenden öffentlichen Raums durch systematische Werbemaßnahmen, Einflussnahme auf die politische Willensbildung und schließlich auch eine auf Dauer gestellte Beteiligung an Wahlen durch parteiähnliche Gruppierungen gekennzeichnet war, wurde durch die Karlsbader Beschlüsse (1819) vergleichsweise abrupt beendet. Bis zu diesem Zeitpunkt aber konnten einige Erfolge erzielt werden. So führte Sachsen-Weimar bereits 1814 als erster deutscher Staat eine Verfassung ein, zwischen 1818 und 1820 folgten die süddeutschen Staaten Bayern, Württemberg, Baden und Hessen.

Verfassungen in Süddeutschland

Die Gründung des Deutschen Bundes auf dem Wiener Kongress 1814/1815

Leitende Prinzipien des Wiener Kongresses

Der im Herbst 1814 nach dem Ende der napoleonischen Herrschaft maßgeblich unter dem Vorsatz einer weitgehenden Wiederherstellung des europäischen Staatensystems vor allem in territorialer und politischer Hinsicht tagende Wiener Kongress stand unter fünf leitenden Prinzipien: Restauration (mit Bezug auf Grenzziehungen und politische Ordnungssysteme), Legitimität (durch Rückführung entmachteter Dynastien), Autorität (durch Stärkung des monarchischen Prinzips), Solidarität (in der Abwehr revolutionärer Bestrebungen) und europäisches Gleichgewicht (durch die mächtepolitische Balance innerhalb der Pentarchie der fünf Großmächte). In dem Bestreben, Frankreich zwar weiterhin in diese Konstellation einzubinden, aber eine erneute französische Vormachtstellung in Europa unter anderem durch die Rückführung Preußens in den Großmachtstatus zu verhindern, musste insbesondere das durch Auflösung des Heiligen Römischen Reiches Deutscher Nation entstandene Machtvakuum in der Mitte Europas geschlossen werden. Überdies musste eine tragfähige Lösung für die russischen Ambitionen im östlichen Mitteleuropa, insbesondere in Polen, die in Preußen aufgrund der eigenen Wünsche zur Annexion des bis zuletzt mit Napoleon verbündeten Sachsen auf großes Verständnis stießen, gefunden werden. Der Konsens in dieser Frage konnte schließlich hergestellt werden, indem Preußen für den Verlust einiger Gebiete seines ursprünglichen Teilungsgewinns in Polen durch ungefähr die Hälfte Sachsens mit zwei Fünfteln der sächsischen Bevölkerung sowie durch Westfalen und das Rheinland entschädigt wurde. Die Grenzziehungen zwischen den Teilungsmächten in Polen wurden entsprechend

Lösung für die Mitte Europas

verändert, und das – eher auf dem Papier – neu gegründete Königreich Polen wurde in Personalunion mit Russland verbunden, d. h. de facto dem Zarenreich als vergrößertes Teilungsgebiet angeschlossen. Österreich verlor demgegenüber Belgien, die Niederlande und den Breisgau im Tausch gegen die Wiedergewinnung alter deutsch-österreichischer Gebiete (Tirol, Vorarlberg, Kärnten, Salzburg) sowie erheblicher Areale in Oberitalien, sodass sich das Interesse der Habsburgermonarchie im selben Moment nach Süden verlagerte, in dem Preußen territorial nach Deutschland hineinwuchs und nun bestrebt war, eine Landbrücke zwischen seinen westlichen Provinzen und seinen Gebieten östlich der Elbe zu gewinnen.

Dualismus der deutschen Großmächte Österreich und Preußen

Für die Gesamtorganisation der deutschen Staatengemeinschaft verfolgte Metternich zunächst eine Doppelhegemonie der beiden deutschen Großmächte bei Zurücksetzung des Dritten Deutschlands, die sich allerdings nicht realisieren ließ. Folgenreicher war der österreichische Versuch einer Kontrolle Deutschlands gegen Preußen, der auf die Verständigung mit den deutschen Mittel- und Kleinstaaten, vornehmlich im Süden, angewiesen war und damit den föderativen Kräften großes Gewicht gab. Die machtpolitische Hegemonie der deutschen Großmächte wurde über die Verfassung des Deutschen Bundes nicht institutionalisiert, und die deutschen Königreiche konnten mit Österreich weder im engeren Rat noch im Plenum der Bundesversammlung die anderen Staaten dominieren. Die Festschreibung landständischer Verfassungen durch die Bundesakte, deren auf diese Weise geforderte Einrichtung die Realisierung des konstitutionellen Prinzips ganz gewiss nicht intendierte, bot eine Einfallstür für den Deutschen Bund in die Belange seiner Einzelstaaten und bildete die monarchische Antwort auf das Postulat der Volkssouveränität, denn die Landstände reaktivierten die adelig-patrizische Dominanz der vornapoleonischen Zeit ganz im Sinne des Restaurationsprinzips, das von Preußen und Österreich gegen Alleinherrschaftstendenzen unter den ehemaligen Rheinbundfürsten gerichtet wurde.

Der Deutsche Bund

Territoriales und demografisches Übergewicht der deutschen Großmächte

Doch auch wenn den Großmächten (sogar im Verbund mit den anderen Königreichen) die Dominanz im Deutschen Bund institutionell erschwert wurde, war das territoriale wie demografische Übergewicht Österreichs und Preußens erdrückend. Auf ihrem Gebiet lebten mehr als 50 Prozent der Bevölkerung, während 20 andere deutsche Staaten weniger als 100.000 Einwohner, 13 davon sogar weniger als 50.000 Einwohner hatten. Die Großmächte konnten formal nur über die Lenkung der Stimmabgabe in der Bundesversammlung die Politik des Deutschen Bundes bestimmen, was allerdings bis 1848, als der preußisch-österreichische Dualismus nicht mehr zu kaschieren war, auch weitgehend gelang.

Die Bundesversammlung

So entstand ein lockerer Staatenbund aus zunächst 41, ab 1831 38 souveränen einzelnen Staaten und einem einzigen zentralen Organ, der Bundesversammlung, später Bundestag genannt, als ständischem Gesandtenkongress unter dem Vorsitz Österreichs. Artikel 2 der Bundesakte legte den Erhalt der äußeren Sicherheit und die Wahrung des inneren Friedens sowie der Unabhängigkeit und Unverletzlichkeit der Einzelstaaten als Ziele des Deutschen Bundes fest. Die Bundesversammlung sollte eine Militärverfassung verabschieden, ein Schiedsgerichtsverfahren für Streitfälle zwischen Mitgliedsstaaten (einschließlich einer Exekutionsordnung zur Durchsetzung von Bundesbeschlüssen) festlegen, Leitlinien für die Einführung landständischer Verfassungen beschließen sowie Handel und Verkehr auf dem Gebiet des Deutschen Bundes erleichtern. Die Kompetenzen des Bundes wurden gestärkt durch ein Stehendes, jederzeit einsatzbereites Kontingentheer, zu dem die Einzelstaaten in unterschiedlicher Weise beizutragen hatten, sowie drei, ab 1840 fünf Bundesfestungen, die sämtlich entlang der französischen Grenze angelegt waren. Allerdings wurden die militärischen Möglichkeiten des Deutschen Bundes de facto auch als eine Art innere Polizeigewalt zur Durchsetzung repressiver Bundesbeschlüsse und als Überwachungsapparat vor allem gegen das Dritte Deutschland in Krisensituationen (1819, 1830 und 1848) eingesetzt.

Der Deutsche Bund als Instrument des europäischen Gleichgewichts

Der Deutsche Bund war durch diese Funktionen auch Instrument des europäischen Gleichgewichts zur Aufrechterhaltung des Friedens in der Mitte Europas sowie Hürde gegen erneute Hegemonialbestrebungen Frankreichs und gegen Expansionsgelüste Russlands. Durch die Wiederherstellung der Herrschaft europäischer Dynastien in den deutschen Einzelstaaten war der Deutsche Bund überdies mit der europäischen Ordnung in engster Weise verklammert: Mitglieder waren ebenfalls der englische König als König von Hannover, der dänische König als Herzog von Holstein und Lauenburg sowie der niederländische König als Großherzog von Luxemburg. Mit Blick auf die politische Verfasstheit seiner Mitgliedsstaaten kennzeichnete den Deutschen Bund eine durchaus problematische Heterogenität: Die Präsidialmacht Österreich bildete ein durch die Funktion des Kaisers zusammengehaltenes, übernationales Reich mit beratenden Provinziallandtagen, aber ohne gesamtstaatliche Verfassung. Preußen war durch die höchst ambivalente Politik Friedrich Wilhelms III. geprägt, der 1815 die Reformanstrengungen Steins und Hardenbergs weitestgehend ausbremste und die versprochene Verfassung nicht gewährte. Das Dritte Deutschland schließlich war durch eine konstitutionelle Trennlinie zwischen Nord- und Süddeutschland gespalten.

Proteste aus der nationalliberalen Bewegung

Die nationalliberale Bewegung in Deutschland, die zur Zeit des Wiener Kongresses zunehmenden Zulauf hatte und mit der Einführung von Verfassungen in den süddeutschen Staaten auch Erfolge für sich beanspruchte, war hingegen mit der Konstruktion des Deutschen Bundes, wie sich auf dem Wartburgfest 1817 ganz unverhohlen zeigte, nicht zufrieden. Nicht nur fehlte eine bundesstaatliche Verfassung mit möglichst vielen gemeinschaftlichen Institutionen und Kompetenzen, die dann auch – als wohl wichtigste Forderung – ein Parlament mit gewählten Abgeordneten auf Bundesebene ermöglicht hätte, auch gab es keinen Grundrechtekatalog, keine einheitlichen Bestimmungen zur Pressefreiheit, keinen Konsens in der Frage der einzelstaatlichen Verfassungen, kein oberstes Bundesgericht und – noch – kein gemeinsames Zollgebiet. Im Gegenteil – das Verfassungsergänzungsgesetz von 1820 wies den

Deutschen Bund als völkerrechtlichen Verein souveräner Fürsten und Städte aus, der zwar nach außen als Gesamtmacht agieren konnte, nach innen aber im Interesse der Fürsten eine äußerst heterogene Vielfalt bewahrte.

Revolutionärer Kurs der Präsidialmacht Österreich

Österreich versuchte, den Deutschen Bund als Instrument zu nutzen, den immer deutlicher artikulierten Forderungen nach staatlicher Einheit und freiheitlicher Verfassung zu begegnen und revolutionäre Bestrebungen zu unterdrücken, was in den 1820er Jahren auch weitgehend gelang. Dieser Frage nach innerer Zwangsbefriedung dienten dann auch die Karlsbader Beschlüsse, durch die sich 1819 der reaktionäre Kurs Metternichs durchsetzen konnte. Außenpolitisch diente die Gründung der Heiligen Allianz zwischen Zar Alexander I. von Russland, Kaiser Franz I. von Österreich und König Friedrich Wilhelm III. von Preußen, der später weitere Staaten beitraten, demselben Ziel. Auf einer Serie von Konferenzen zwischen 1818 und 1822 wurden Interventionen in Ländern, die von Freiheits- und Unabhängigkeitsbestrebungen geprägt waren, erörtert.

Die Karlsbader Beschlüsse 1819 und ihre Auswirkungen

Bereits auf dem Wartburgfest hatte die entstehende nationalliberale Bewegung, hier in ihrem studentischen Segment, ihre Kritik und ihre Forderungen unmissverständlich und öffentlichkeitswirksam vorgebracht. Den besonderen Unmut der Fürsten erweckten radikale Maßnahmen wie die von einer Minderheit der Teilnehmer inszenierte Bücherverbrennung. Den unmittelbaren Anlass für die vom österreichischen Außenminister Fürst Klemens Wenzel von Metternich (1773-1859) 1819 in Karlsbad durchgesetzten repressiven Maßnahmen lieferte die durch den Studenten Karl Sand verübte Ermordung des in russischen Diensten stehenden deutschen Schriftstellers August von Kotzebue, der gegen die politischen Grundlagen der nationalliberalen Bewegung polemisiert hatte und als Inkarnation restaurativer Tendenzen verunglimpft wurde. Sand war beeinflusst durch die von Karl Follen vertretene „Überzeugungsethik", nach der zu einem sittlichen Zweck jegliche Mittel erlaubt sind

Ermordung Kotzebues (1819)

und die Verwirklichung des Einzelnen sich durch die Umsetzung der vernunftmäßig als wahr erkannten Überzeugung vollzieht.

Karlsbader Beschlüsse (1819)

Auf dieses Attentat, das nicht nur eine Eskalation, sondern auch eine Provokation darstellte, mussten die Fürsten des Deutschen Bundes reagieren. Metternich gelang es unter Nutzung der aufgeregten Stimmung auf einer in Karlsbad anberaumten Konferenz, repressive Beschlüsse, die dann zu Bundesgesetzen erhoben wurden, durchzusetzen: Mit einem Universitätsgesetz sollten die Entlassung von Hochschullehrern erleichtert und studentische Vereinigungsbestrebungen unterbunden werden. Daneben wurde in einem Pressegesetz die Vorzensur für Bücher, Zeitungen und Zeitschriften bis zu ca. 320 Seiten wiedereingeführt. Mit einem Untersuchungsgesetz wurde die Mainzer Zentraluntersuchungskommission eingerichtet, als Strafverfolgungsbehörde zuständig für den gesamten Deutschen Bund und damit den einzelstaatlichen Sicherheitsbehörden übergeordnet. Und schließlich erlaubte die neue Exekutionsordnung auch den Einsatz militärischer Mittel zur Durchsetzung von Bundesbeschlüssen gegen widerstrebende Einzelstaaten. Die Zweite Wiener Schlussakte vom 15. Mai 1820 erweiterte die Eingriffsmöglichkeiten des Bundes in die inneren Verhältnisse der Einzelstaaten noch einmal, verlangte aber auch die Einrichtung von Verfassungen, allerdings unter Wahrung des monarchischen Prinzips.

Biedermeierzeit

Die massiven Unterdrückungsmaßnahmen brachten die im zweiten Jahrzehnt des Jahrhunderts mit Vehemenz vorgetragenen Forderungen und die spektakulären Aktivitäten der wachsenden Nationalbewegung für etwa ein Jahrzehnt, das später die Bezeichnung „Biedermeier“ erhielt, weitgehend zum Erliegen – die Verfassungsentwicklung stagnierte. Doch danach, beginnend in den 1830er Jahren, zeigte sich in grundsätzlicher und anhaltender Weise bis 1848 das Wechselspiel zwischen restaurativen Tendenzen in Anknüpfung an vorrevolutionäre Strukturen unter Betonung des monarchischen Prinzips und Engagement für eine nationale Einigung, gekoppelt mit dem Plädoyer für eine liberale Verfassungsordnung.

Das Revolutionsjahr 1830

Aufstände und Revolutionen in südeuropäischen Ländern

Auch mit den Karlsbader Beschlüssen gelang eine vollständige Unterdrückung der liberalen und nationalen Bestrebungen nicht mehr. Die Revolutionsversuche und Verfassungskämpfe in Spanien, Italien und Griechenland zu Beginn der 1820er Jahre wurden – auch durch die ausführliche Presseberichterstattung – intensiv in der deutschen Öffentlichkeit wahrgenommen. Die Hoffnung auf eine geeinte Nation in einem Staatswesen verlagerte sich in den scheinbar unpolitischen Raum, indem sie beispielsweise in das Liedgut der Männergesangsvereine aufgenommen wurde.

Die Aufstände in Südeuropa wirkten sich auch auf die Nationalbewegungen anderer Länder aus, sodass 1830 in weiteren Ländern Europas, auch in einigen Einzelstaaten des Deutschen Bundes, nationalliberale Bekundungen und Unruhen entstanden. Dieses neue Phänomen der zeitgleichen Artikulation ideell ähnlich gelagerter, allerdings in den konkreten Auswirkungen oftmals durchaus kollidierender Ideen, Ansprüche und Ziele erschien vielen Zeitgenossen wie eine allgemeine Erhebung und Erneuerung der Völker, wie ein „Völkerfrühling" von den belgischen Niederlanden bis nach Oberitalien, von der Schweiz bis nach Polen. Besondere Wirksamkeit entfalteten die Vorgänge der Julirevolution (1830) in Frankreich, in deren Verlauf der Bourbone Karl X. dem „Bürgerkönig" genannten Louis-Philippe von Orléans weichen musste. In „Kongresspolen" kam es im selben Jahr zu einem Aufstand gegen die russische Fremdherrschaft, der bis 1831 andauerte und in Deutschland unter liberalen Kräften kurzfristig große Sympathien auslöste.

Die französische Julirevolution (1830)

Die Bewunderung für die französische Julirevolution und die Sympathie für den polnischen Befreiungskampf, die durch die gemeinsame Überzeugung vom Ideal der freiheitlichen Gestaltung eines national geeinten und souveränen Staatswesens geleitet wurden, führten auch im Deutschen Bund zu einer Massenmobilisierung, wie sie zuletzt wohl in den antinapoleonischen Kriegen zu beobachten gewesen war. In einigen deutschen Ländern kam es zu Unruhen und Massendemonstrationen aufgrund der Verweigerung einer Verfassung, reaktionärer Regierungsstile, hoher Besteuerung und sozialer Not. So löste im Herzogtum Braunschweig 1830 ein konservativer Staatsstreich Herzog Karls II. einen Aufruhr aus. Karl II. wollte die Machtbefugnisse wieder auf sich als Herrscher konzentrieren und missachtete die turnusgemäße Einberufung der Stände, die aber auf ihrem Konvokationsrecht bestanden. Eine angedrohte Bundesexekution zwang den Herzog letztlich zum Einlenken, aber eine Missernte rief nun auch soziale Proteste hervor. Das Braunschweiger Schloss wurde in Brand gesteckt, der Herzog musste ins Ausland fliehen, und selbst der bürgerliche Magistrat hatte Bedenken wegen weiterer Übergriffe gegen öffentliches und privates Eigentum und setzte die Bürgerwehr zur Eindämmung des Aufstandes ein.

Aufruhr in Braunschweig (1830)

In Kurhessen lehnten sich Teile des Bürgertums, der Bürokratie und des Adels gegen die Misswirtschaft des Kurfürsten Wilhelm II. auf, während zur gleichen Zeit in Hanau soziale Proteste von Bauern, Kleingewerbetreibenden und Arbeitern entstanden. Auch im Königreich Sachsen zeigten sich derartige frühindustrielle Motive gewaltsamen Protests, so in Dresden, Freiberg, Leipzig und Chemnitz. Im geburtsständisch verfassten Königreich Hannover gipfelten die Unruhen 1831 in einem Aufstandsversuch in Göttingen unter Führung des Privatdozenten Hermann von Rauschenplat (1807-1868), der drei Jahre später zu den Anführern des Frankfurter Wachensturms zählte. Auch hier zeigte sich die Aktionseinheit aus Bürgern, Studenten und Bauern aus der Umgebung.

Proteste in Hessen und Sachsen

Der Göttinger Aufstand (1831)

In allen genannten Fällen mit Ausnahme Braunschweigs, wo die Vertreibung des Herrschers gelang, wurden die Aufstände zwar unterdrückt, führten aber dennoch letztlich zu vergleichsweise liberalen Verfassungen. Dennoch rissen die Proteste, die sich eben nicht mehr nur aufgrund politischer Unzufriedenheit, sondern auch in sozialen Notlagen entwickelten, zunächst nicht mehr ab: Im Kurfürstentum Hessen rebellierten die Stadtarmeen in der Residenzstadt, und nach einer Erhöhung der Brotpreise wurden Bäckerläden gestürmt, wie es ähnlich auch in Hessen-Darmstadt der Fall war, während im Königreich Hannover studentische Unruhen in der Residenzstadt entstanden.

Liberale Verfassungen

Weitere Unruhen

Dabei ging nun die Initiative oftmals von unterbürgerlichen Schichten aus, es zeigte sich 1830 erstmals ein sozioökonomischer Konfliktstau, der sich in Volksunruhen entlud, die die bürgerlichen Forderungen nach Liberalisierung und Nationalisierung verstärkten. Noch gab es kein ausformuliertes Programm, sondern die in Klein- und Mittelstaaten stattfindenden Unruhen sollten die alten Autoritäten mit gewohnten Protestmitteln schwächen und die restaurativen Systeme erschüttern, um Raum für freie Meinungsäußerung und öffentliche Kritik zu gewinnen.

Parlamentsinitiativen in den süddeutschen Staaten

Die Mehrheit der nationalliberalen Bewegung war allerdings trotz der gewaltsamen Ausschreitungen 1830 noch nicht bereit, ihre Zielsetzungen auf revolutionärem Wege zu verfolgen. In den süddeutschen Staaten wurden die Verbesserungen auf parlamentarischem Wege verfolgt. So stellten Karl Theodor Welcker (1790-1869) im badischen und Sylvester Jordan (1792-1861) im kurhessischen Landtag Anträge, die Parlamente der Einzelstaaten an der Willensbildung des Bundestages zu beteiligen. Doch die Verbitterung stieg während der folgenden Jahre aufgrund gebrochener Verfassungsversprechen, rigider Meinungs- und Pressezensur sowie polizeilicher Kontrollen. Auch die sozialen Spannungen nahmen weiter zu.

Verdichtung öffentlicher Kommunikation

Dass der Unmut und die Unruhe sich in den 1830er und 1840er Jahren nicht noch einmal dauerhaft unterdrücken ließen, lag ganz maßgeblich an der fortgeschrittenen Entwicklung der Mittel öffentlicher Kommunikation, ob sie nun in der Verkehrsinfrastruktur, den Medien oder der Formierung von Interessengruppen gesehen werden. Im ersten Drittel des 19. Jahrhunderts war das Verkehrsnetz kontinuierlich ausgebaut und verbessert worden, auch durch breite und bequeme Chausseen, allerdings stärker im Süden und Westen als im Norden und Osten. Die Erhebung von Straßengeldern verlangsamte aufgrund der vielen Zollstationen den Verkehr zwischen den Einzelstaaten, sodass es 1830 auch Angriffe auf Mauthäuser gab. Aufgrund der erheblichen ökonomischen Erschwernisse verzichteten bereits viele Mittel- und Kleinstaaten im Verlauf des Vormärz auf Straßenbenutzungsgebühren, überdies wurde nach 1840 der systematische Ausbau des

Eisenbahnnetzes aufgenommen, sodass die Gebührenerhebung auf den Straßen weniger verlockend erschien. Vom Straßenzustand war auch die Qualität der Postlinien abhängig. In den Einzelstaaten gab es nach der Aufhebung der zentralen Reichspost selbstständige Postverwaltungen, das Postprivileg wurde als landesherrliches Hoheitsrecht wahrgenommen.

Verkehrssystem

Auch in den Städten wurde das Verkehrssystem verbessert, im frühen 19. Jahrhundert wurde die Abschottung zum Umland durch Einriss vieler Stadtmauern und -tore aufgehoben. Seit den 1820er Jahren erlaubte die sukzessive installierte Straßenbeleuchtung auch eine uneingeschränkte Nachtnutzung der innerstädtischen Wege. Für den öffentlichen Verkehr wurden Pferdeomnibusse eingerichtet, die später als Straßen- und Trambahnen auf Schienen fuhren. In größeren Städten wie Berlin und Wien gab es auch Droschken.

Wasserstraßen

Von großer Bedeutung waren auch die Wasserstraßen, die den großdimensionierten Warenaustausch der Großstädte ermöglichten. In Österreich gab es bereits im letzten Drittel des 18. Jahrhunderts eine Schifffahrtsordnung für die Donau, die zudem einer systematischen Flussregulierung unterworfen wurde. In Preußen gab es Bemühungen, die Oder und die Elbe durch Kanalbau zu verbinden. Bereits in den Napoleonischen Kriegen 1812/1813 waren große Transporte über Wasserwege bewerkstelligt worden. Nun wurden auch Dampfschifffahrtslinien zur Erhöhung des Personen- und Warenverkehrs eingerichtet, so 1827 auf dem Rhein zwischen Köln und Mainz und 1835 auf der Donau als bayerisch-württembergische Kooperation.

Eisenbahnbau

Schließlich war der Eisenbahnbau von höchster Bedeutung: 1835 entstand die erste Eisenbahnlinie zwischen Nürnberg und Fürth. Später gab es auch in Österreich Linien von Wien nach Brünn und nach Wagram. Die erste staatlich getragene Eisenbahnlinie wurde 1838 von Braunschweig nach Wolfenbüttel fertiggestellt, andere Staaten wie Bayern, Baden und Preußen zogen, z. T. mit Verbindungen bis in ausländische Grenzstädte, in den 1830er und 1840er Jahren nach. Kurz vor der Revolution gab es allein in Preußen 27 privatwirtschaftliche

Eisenbahnunternehmen, die 3.200 Kilometer Schienen verlegt hatten, aber ein einheitliches Schienennetz (auch mit Blick auf andere deutsche Staaten) erschwerten. Dasselbe gilt für die einzelstaatliche Eisenbahnpolitik, die lediglich innerhalb der eigenen Staatsgrenzen nach übergeordneten Interessen entschied. Trotz dieser Hemmnisse waren bestimmte einheitliche Normen, wie z. B. die Spurbreite, für Massentransporte unverzichtbar. Seit 1840 wuchs das Schienennetz rasch, sodass es ein Jahrzehnt später mehr als verzehnfacht worden war. Für die Revolution von 1848 gewann die Eisenbahn durch die Bewegung riesiger Personengruppen große Bedeutung.

Medien

Die Entstehung einer kritischen politischen Öffentlichkeit im Vormärz war maßgeblich durch die Entwicklung der Printmedien bedingt. Um die Wende zum 19. Jahrhundert, als etwa ein Viertel der deutschen Bevölkerung lesen konnte, waren aufgrund entsprechender Nachfrage bereits so viele unterschiedliche Publikationstitel vorhanden, dass mit einem durch Leihbibliotheken geförderten und in Lesegesellschaften organisierten Publikum eine informierte Öffentlichkeit entstand. Bis zur Revolution von 1848 war der Alphabetisierungsgrad der deutschen Bevölkerung um etwa das Doppelte gestiegen, wobei große Unterschiede zwischen Städten und ländlichen Gebieten festzustellen waren. Die Buchproduktion stieg bis 1843 kontinuierlich an. In den 1830er und 1840er Jahren erlebten auch Zeitungen und Zeitschriften einen enormen Aufschwung, der sogar das Buch, besonders im Revolutionsjahr 1848, in Bedrängnis brachte, als eine politisierte Öffentlichkeit nach teilweise stündlich neuen Nachrichten verlangte.

Zensur

Der enorme Einfluss der Printmedien war den Regierungen der Einzelstaaten durchaus bewusst, sodass sie versuchten, durch Zensurmaßnahmen die sich immer stärker differenzierende öffentliche Meinung zu kontrollieren. Dabei erstreckte sich die Überprüfung vom Drucker und Druckort über die Herstellung bis zur Auslieferung und Verteilung insbesondere der Zeitungen und Zeitschriften und umfasste zunächst noch sehr allgemeine Maßnahmen. Natürlich ging es auch im ersten Drittel des 19. Jahrhunderts bereits um die politische Kontrolle der veröffentlichten Meinung mit häufigen Versuchen der Verharmlosung von Konflikten, aber es wurde auch das ästhetische Niveau literarischer Produktionen beurteilt, sodass populäre Schriften unterdrückt sowie Aberglaube und Schwärmerei bekämpft werden konnten und schließlich wissenschaftlich vertretbare Standards in der akademischen Fachliteratur eingefordert wurden. Vor allem aber sollte der lesefähige Teil der klein- und unterbürgerlichen Schichten vor Unmoral bewahrt werden, ein Vorsatz, der breite Interpretationen ermöglichte und sich unschwer gegen politisch unliebsame oder gesellschaftlich unorthodoxe Ansichten anwenden ließ. In der zweiten Hälfte des 19. Jahrhunderts verstärkte sich dann die direkte politische Zensur der Printmedien, doch mit Erfindung der Schnellpresse erreichte das Tagesschrifttum kaum noch kontrollierbare Ausmaße.

Natürlich wirkte sich der deutsche Föderalismus auch auf dem Gebiet der Zensur aus, doch wurden durch den Bundesbeschluss von 1819 erstmals Normen für alle deutschen Einzelstaaten dekreditiert. Zwar gab es auch Instruktionen für die Ausführung der Bundesbeschlüsse durch die einzelstaatlichen Ordnungsbehörden, doch die Praxis lag letztlich bei den einzelnen Beamten in den Einzelstaaten. Der pressewirksame Bundesbeschluss von 1832 stellte dann auch die Nutzung politischer Symbolik unter Strafe.

Vereinswesen

Mit Auflösung der frühneuzeitlichen Ständegesellschaft, deren Korporationen seit dem späten 18. Jahrhundert ihre bindende Kraft verloren, gewann das Vereinswesen an Popularität, das auf der Basis naturrechtlicher Gesellschaftsvorstellungen die grundsätzliche Gleichheit der Mitglieder, die sich durch erworbene Bildung allerdings unterscheiden konnten, voraussetzte. Dieser neue Stellenwert von Bildung und Wissenschaft veränderte die Wahrnehmung politischer Vorgänge und auch die Bereitschaft zu entsprechendem Engagement, das in Interessengruppen sehr viel effektiver zu verfolgen war. So bildete sich bereits im 18. Jahrhundert eine aufklärerische Akademiebewegung, daneben entstanden Handels-, Erwerbs- und Sprachgesellschaften, vor allem aber publizistisch vernetzte Lesegesellschaften. Begünstigt wurde die Ausbreitung des Vereinswesens, das im 19. Jahrhundert auch zunehmend berufsständische Interessenverbände umfasste, durch die fortschreitende Professionalisierung mit der Entwicklung speziellerer Berufsprofile und eines entsprechenden Selbstverständnisses, dem Ausbau des Schul- und Universitätswesens, der wachsende Arbeitsteiligkeit in der Wirtschaft sowie der Differenzierung in der Verwaltung. Diese verstärkte Differenzierung der Berufe bedurfte aber auch der Entwicklung und Abnahme von Qualifikationen, Standards und Zertifikaten, die über berufsständische Vereinigungen gewährleistet werden mussten. So bildeten sich in der ersten Hälfte des 19. Jahrhunderts etliche Berufsverbände mit dezidiert nationalem Anspruch heraus, darunter die „Versammlung Deutscher Naturforscher und Ärzte" (1822), die „Versammlung Deutscher Philologen und Schulmänner" (1837) und der „Deutsche Anwaltstag" (1844/1846). Zwar war vor der Revolution von 1848 die Gründung von Vereinen noch vornehmlich ein Anliegen des Bürgertums, doch bildeten sich auch bereits auf dem Lande Interessengruppen, in Preußen beispielsweise bis 1820 immerhin acht landwirtschaftliche Vereine.

Das Hambacher Fest 1832

Auseinandersetzung in Baden um ein liberales Pressegesetz

In der Auseinandersetzung zwischen dem Landtag und der Regierung in Baden um ein liberaleres Pressegesetz, in der sich die liberale Mehrheit für die Aufhebung der Vorzensur und die Zulassung der Öffentlichkeit zu Presseprozessen aussprach, wandte sich Ende 1830 der liberale Abgeordnete Karl Theodor Welcker mit einer Petition an den Bundestag, um Pressefreiheit für den gesamten Deutschen Bund zu erreichen. Die Journalisten Johann Georg August Wirth (1798-1848) und Philipp Jacob Siebenpfeiffer (1789-1845) riefen ihrerseits im Februar 1832 in der bayerischen Pfalz, in der noch liberalere Rechtsverhältnisse aus napoleonischer Zeit vorherrschten, zur Gründung eines Preß- und Vaterlandsvereins auf, der rasch Filialen in anderen Staaten des Deutschen Bundes gewann. Die Regierungen erkannten schnell die Gefahren für ihr Politikmonopol, sodass der Verein bereits im März 1832 in Bayern und wenig später auch im gesamten Deutschen Bund verboten wurde. Er existierte aber im Untergrund weiter und beschäf-

Preß- und Vaterlandsverein

tigte sich vor allem mit der Vorbereitung der Hambacher Festtage vom 27. bis zum 30. Mai 1832.

Das „Allerdeutschenfest" auf dem Hambacher Schloss

In diesen Tagen fand das „Allerdeutschenfest" auf dem Hambacher Schloss in der Pfalz statt. Es wurde mit über 20.000 Teilnehmern aus den unterschiedlichsten Gegenden Deutschlands, mehrheitlich aus dem Süden, zur wohl größten politischen Massendemonstration liberaler und demokratischer Kräfte, die ihren nationalen und konstitutionellen Forderungen Nachdruck verleihen wollten. Bewusst in die Tradition des Wartburgfestes gestellt, versammelten sich auf dem Hambacher Schloss allerdings nicht nur Studenten, sondern auch Angehörige des Bürgertums und sogar der unterbürgerlichen Schichten, die ebenfalls langsam von der Nationalisierung erfasst wurden. Siebenpfeiffer forderte auf dem Hambacher Fest unter den Schlagworten „Vaterland" und „Freiheit" Volksvertretung, Gleichberechtigung der Frau, Freiheit von Handel und Verkehr im nationalen Rahmen, Steigerung des deutschen Anteils am Welthandel sowie Pflege des Patriotismus in Alltag, Erziehung, Wissenschaft und Kunst. Damit sagte er den bestehenden politischen Zuständen in den deutschen Staaten den Kampf an.

Strategiedebatte

Allerdings kam es unter den Wortführern auf dem Hambacher Fest bereits zu einer bedeutsamen Strategiedebatte, in der ein eher reformistisch-legalistischer Flügel einer stärker revolutionär ausgerichteten Fraktion gegenüberstand. Überdies wurde bei aller deutlich sichtbaren und lautstark bekundeten Sympathie für die französische Julirevolution und die aufständischen Polen auch bereits nationalistische Überheblichkeit, gekoppelt an ein deutsches Sendungsbewusstsein, deutlich. So sprach der zweite Hauptredner Wirth zwar von einem verbundenen Schicksal der europäischen Nationen, für das die deutsche Nationalbewegung besondere Verantwortung trage, er warnte aber ebenfalls nachdrücklich vor französischen Gelüsten nach der Rheingrenze. Das Hambacher Fest war also durchaus nicht nur von Harmonie geprägt, und spektakuläre Einzelaktionen im Umfeld der Kundgebung wie die Verbrennung eines Bildes mit den deutschen Fürsten zeigten trotz ihrer Verurteilung von der Rednertribüne, dass die Frage, ob die Einheit und die Freiheit der Nation eher durch legale Opposition oder revolutionäre Insurrektion zu erreichen seien, in Zukunft eine bedeutendere Rolle spielen würde.

Frankfurter Wachensturm (1833)

Der Sturm auf die Frankfurter Hauptwache, der 1833 unter führender Mittätigkeit Hermann von Rauschenplats erfolgte und erneut eine aufständische Aktionseinheit aus Studenten, Handwerkern, Kaufleuten, Gesellen, Bauern und sogar polnischen Offizieren aufwies, bildete den Gipfel der vielen unkoordinierten Proteste und Erhebungen zu Beginn der 1830er Jahre. Dieser Gewaltakt ist als deutliche Bekundung für ein revolutionäres Prinzip zu verstehen. Wenngleich er scheiterte und – gemeinsam mit dem Hambacher Fest und weiteren Unruhen – eine neue Welle von Repressionen auslöste, formulierten die Beteiligten durchaus klare Ziele, die bereits eine erstaunliche Nähe zu den Postulaten von 1848 aufwiesen: Eine provisorische Regierung sollte ein Vorparlament zusammenrufen, das Wahlen zur verfassunggebenden Abgeordnetenversammlung ausschreiben sollte. Diese „Constituante" (verfassunggebende Versammlung) sollte dann letztendlich darüber befinden, ob ein geeintes Deutschland ein „Freistaat" (= Republik) oder eine konstitutionelle Monarchie werden sollte. Wenngleich ein großer Teil der Nationalbewegung diesen Forderungen zugestimmt haben dürfte, so wurde der Weg der gewaltsamen Veränderung, den der Überfall auf die Wache verkörperte, in den 1830er Jahren noch von einer überwiegenden Mehrheit der liberal und national bewegten Bevölkerungsteile abgelehnt.

Süddeutsche Kammerkämpfe

Repressive Maßnahmen der Obrigkeit

Nach den Ereignissen 1830 und insbesondere nach dem Hambacher Fest versuchte die Obrigkeit, durch repressive Maßnahmen wie Vereins-, Versammlungs- und Publikationsverbote sowie Einschränkungen der Rede- und Berichtsfreiheit der Landtage z. B. durch den Bundesbeschluss vom 5. Juli 1832, das „Maßregelngesetz", die aufgewühlte Stimmung wieder einzudämmen. Doch die erstarkte liberal-nationale Bewegung ließ sich nicht mehr unterdrücken. Nicht allein die alle gesellschaftlichen Schichten erfassenden, um eine soziale

Verfassungskämpfe in süddeutschen Landtagen

Komponente erweiterten Aufstände im Norden Deutschlands, sondern auch heftige Verfassungskämpfe in den süddeutschen Landtagen (Kammerkämpfe) zeigten den energischen Widerstand gegen restaurative Tendenzen und für die Einrichtung moderner Verfassungen, die Stärkung der Volksvertretung gegenüber den fürstlichen Gewalten und vor allem die Grundrechte der Vereins-, Versammlungs- und Pressefreiheit. In den süddeutschen Kammerkämpfen wurde das Budgetrecht, d. h. die Zustimmungspflicht der Landtage zu den jeweiligen Staatshaushalten, als bedeutendes Instrument in der Auseinandersetzung mit der Staatsgewalt eingesetzt. In Kurhessen, wo der Landtag aus nur einer Kammer bestand (eine in damaliger Perspektive sehr fortschrittliche Einrichtung), wurde 1831 die Gesetzesinitiative durch das Parlament, der Verfassungseid des Militärs und die Ministeranklage eingerichtet. In Württemberg entstanden im Zuge der Auseinandersetzungen im Landtag Wahlklubs, die als Vorformen politischer Parteien gelten können. Die süddeutschen Parlamentskammern entwickelten sich in der ersten Hälfte der 1830er Jahre zu den Zentren des politischen Lebens in Deutschland.

Frühindustrialisierung und Politisierung der Bevölkerung

Spürbar wurden nun auch die Folgen der Frühindustrialisierung in einer zunehmenden Politisierung der pauperisierten, unter- und kleinbürgerlichen Bevölkerung, die sich gegen ihr wirtschaftliches Elend und ihre gesellschaftliche Ortlosigkeit zu wehren begann und zunächst noch durch die liberal-nationalen Kräfte als willkommene Verstärkung begrüßt wurde. Es entstand sukzessive jene Konstellation, die den Anfang der revolutionären Vorgänge von 1848 kennzeichnen sollte: die Verbindung von Verfassungsforderungen des liberalen Bürgertums mit der sozialen Unruhe der unterbürgerlichen Schichten.

Unterdrückungsmaßnahmen der deutschen Großmächte

Insbesondere die beiden deutschen Großmächte nahmen die Ereignisse in der ersten Hälfte der 1830er Jahre zum Anlass, zunehmend polizeiliche Maßnahmen gegen die liberal-nationale Bewegung in Presse, Vereinen, Versammlungen und Parlamenten anzuwenden und diese auch im Deutschen Bund durchzusetzen. Es wurde nicht nur im Zusammenhang mit dem „Maßregelngesetz“ eine Überwachungskommission für die einzelstaatlichen Kammern eingerichtet, sondern mit der

Frankfurter Zentraluntersuchungsbehörde und dem Mainzer Informationsbüro, einer geheimpolizeilichen Nachrichtenbehörde für den Informationsaustausch zwischen Österreich, Preußen, Hessen-Darmstadt und Nassau, exekutive Überwachungsorgane gestärkt bzw. neu geschaffen.

Verfassungskonflikte in Norddeutschland: Das Beispiel Hannover und die „Göttinger Sieben"

Im Königreich Hannover hatten die Unruhen von 1830/1831 immerhin bewirkt, dass ein Staatsgrundgesetz gewährt wurde, das zwar in der Bandbreite der deutschen Verfassungen eher konservativ einzuschätzen war, aber die konstitutionelle Grundausrichtung dieses Mittelstaates garantierte. Mit der Thronfolge des Herzogs Ernst August von Cumberland, der seinem Bruder König Georg IV. von England auf den hannoverschen, nicht aber den englischen Thron folgte, endete die Personalunion der beiden Königreiche. Ernst August, der mit Verweis auf seine Thronfolgerrechte hervorhob, dem Staatsgrundgesetz niemals zugestimmt zu haben, hob dieses 1837 auf und setzte die alte ständische Verfassung von 1820 wieder in Kraft.

Aufhebung des hannoverschen Staatsgrundgesetzes (1837)

Gegen diese Maßnahmen protestierten sieben Professoren der Universität Göttingen, die die Aufhebung des Staatsgrundgesetzes als „Willkürakt" brandmarkten und ihren Widerstand durch die Vorrangigkeit ihres auf das Staatsgrundgesetz geleisteten Eides gegenüber ihrer Treueverpflichtung zum König begründeten. Diese sieben Hochschullehrer, unter ihnen der Historiker Friedrich Christoph Dahlmann (1785-1860), die Sprachwissenschaftler Jacob (1785-1863) und Wilhelm Grimm (1786-1859) sowie der Literarhistoriker Georg Gottfried Gervinus (1805-1871), zum Teil 1848 Mitglieder des Paulskirchenparlaments, übergaben dem König ein förmliches Protestschreiben („Protestation"). In ihren späteren Rechtfertigungsschriften betonten sie sämtlich den legalistischen Charakter ihres Widerspruchs. In ihren Augen stellte die Protestation eine Verteidigung des bestehenden Rechts dar, nach dem sich der König selbst verpflichtet hatte, keine Verfassungsänderung ohne Zustimmung der Parlamentskammern, die bei der Aufhebung des Staatsgrundgesetzes nicht erfolgt war, durchzufüh-

„Protestation" von sieben Göttinger Professoren

Legalistisches Selbstverständnis der „Göttinger Sieben"

ren. Durch dieses legalistische Selbstverständnis, das in der Berufung auf geltendes Recht wurzelte, gaben die „Göttinger Sieben" ihrem Widerstand gegen den Staatsstreich Ernst Augusts die notwendige Legitimität, die für sie selbst, noch stärker aber für die Wahrnehmung ihres Verhaltens in der Öffentlichkeit von entscheidender Bedeutung war. Das Verhalten der sieben Professoren entsprach den Überzeugungen der bürgerlich-liberalen Opposition gegen königliche Autokratie, sodass das Handlungsprogramm der staatsgrundgesetzlichen Opposition in Hannover durch die Göttinger Protestation für die nächsten Jahre markiert war.

König Ernst August allerdings sah im Protest der Professoren Hochverrat. Auch wenn sich die letztliche Entscheidungsfindung vor dem Frankfurter Bundestag noch bis 1840 hinzog, schuf der Monarch Fakten: Er entließ die Professoren mit sofortiger Wirkung und verfügte im Falle Dahlmanns, Jacob Grimms und Gervinus' die schnelle Ausweisung aus dem Königreich. Auch versuchte er, die Anstellung der sieben Hochschullehrer in anderen deutschen Staaten zu verhindern, was zunächst auch gelang, doch letztlich profitierten die Professoren dann doch von der Vielfalt und vom Geltungsdrang der Einzelstaaten innerhalb des Deutschen Bundes.

Entlassung der Professoren

Der Fall der „Göttinger Sieben" verdeutlicht die unruhige Stimmung auch in der zweiten Hälfte der 1830er Jahre. Ihr Protestschreiben genügte, um die Regierung eines deutschen Einzelstaates wie auch die Entscheidungsträger auf der Bundesebene in Verlegenheit zu bringen und die öffentliche Meinung in erheblichem Ausmaß zu aktivieren. Die „Göttinger Sieben" lieferten den Archetypus des „politischen Professors", der freilich niemals im angenommenen Maße Realität war, sondern eher simplifiziertes Sinnbild eines sich im Vormärz ausprägenden politischen Einflusses des Bildungs- und Beamtenbürgertums, der dann auch in der Paulskirche 1848 zum Tragen kam.

4.6 Erörterung wissenschaftlicher Kontroversen: Deutschland – Reform oder Revolution?

Frage der Breitenwirksamkeit früher nationaler Anliegen

Wolfram Siemann weist darauf hin, dass die um die militärischen Auseinandersetzungen mit Napoleon bereits rasch nach 1813/1814 einsetzende Mythisierung der „Freiheitskriege", durch die die Kämpfe als „Volkserhebung" gegen die französische Fremdherrschaft stilisiert worden seien, den Blick auf die Erforschung der Tiefenwirkung nationaler Parolen verstellt habe (Siemann 1995, S. 306). So seien in der neueren Forschung Zweifel über die Breitenwirksamkeit der Nationalisierung in der deutschen Bevölkerung in den Jahren vor dem Wiener Kongress geäußert worden. Demgegenüber betonen andere Autoren die politisierende und mobilisierende Wirkung der Napoleonischen Kriege, die die Forderungen nach Bildung eines einheitlichen Nationalstaats und nach Ausweitung der politischen Partizipation erheblich befördert habe. Ganz gewiss war die militärische Konfrontation mit Napoleon kein „konventionelle[r] Fürstenkrieg mit begleitender eingehegter Elitenideologie" (Siemann 1995, S. 307), aber die soziale Dimension etwa durch ein Engagement klein- und unterbürgerlicher oder auch bäuerlicher Gesellschaftsschichten war noch nicht sehr ausgeprägt. Allerdings entstand – für die weitere Entwicklung entscheidend – in der Folge der Napoleonischen Kriege maßgeblich durch vorher unbekannt hohe Auflagen von Flugblättern und Flugschriften eine politische, die Einzelstaaten übergreifende Öffentlichkeit, deren Träger zwar zunächst vornehmlich die akademische Jugend und das intellektuelle Bürgertum waren, die aber bald in die Bevölkerung ausstrahlte, begünstigt durch die national eingefärbten Aufrufe der Fürsten (Siemann 1995, S. 331).

Mobilisierung großer Teile der Bevölkerung durch Napoleonische Kriege

Problematik des Phasenbegriffs „Restauration"

Der für die Zeit nach den Karlsbader Beschlüssen bis zur Julirevolution von Teilen der Forschung gewählte Begriff der „Restauration" (Hardtwig 1985, S. 7) trifft zwar die in den 1820er Jahren eintretende weitgehende Paralyse des oppositionellen Protests, berücksichtigt aber zu wenig den tiefgreifenden politischen Umbruch, der sich während der französischen

Suprematie und Okkupation in großen Teilen des ehemaligen Reiches vollzogen hatte (Siemann 1995, S. 313). Es war nicht nur das Alte Reich als überlebte, den Erfordernissen der Moderne nicht mehr gewachsene staatliche Klammer verschwunden, sondern es war mit Auflösung der geistlichen Territorien wie auch der Klein- und Kleinstherrschaften die staatliche (und kulturelle) Vielfalt in Deutschland reduziert worden und eine neue staatenbündische Konstruktion entstanden. Deutschland hatte die Napoleonische Ära keineswegs als kompakte Macht in der Mitte Europas überlebt, sondern wurde als Feld des europäischen Interessenausgleichs im Sinne der Gleichgewichtsorientierung des Wiener Kongresses genutzt und gestaltet (Schulze 1996, S. 94). Auch mit Blick auf das untergegangene Heilige Römische Reich wurden keineswegs territoriale Grenzziehungen oder politisch-dynastische Zustände wiederhergestellt, sondern es wurde eine Neugestaltung vorgenommen, die allerdings nicht vom Nationalitätenprinzip geleitet wurde (Schulze 1996, S. 94). Diese Rahmenbedingungen erklären zu einem guten Teil den nach 1815 immer deutlicher artikulierten Nationalismus, gekoppelt mit einem zunehmend selbstbewussteren Konstitutionalismus (Siemann 1995, S. 313).

Landständische Verfassungen nach dem Wiener Kongress

In diesem Zusammenhang stellt sich die Frage, ob die in Wien beschlossene Bundesakte Anknüpfungspunkte für das liberalnationale Desiderat freiheitlicher Verfassungsverhältnisse bot, wie Wolfram Siemann annimmt (Siemann 1995, S. 324). Auch wenn dies – in Anknüpfung an die zeitgenössischen Interpretationen und Verweise – in der Forschung immer wieder behauptet wurde (Schulze 1996, S. 94), so ist doch festzuhalten, dass der in diesem Zusammenhang bedeutsame Artikel 13 der Bundesakte keineswegs Verfassungen liberaler Ausprägung vorsah, sondern landständische Verfassungen, deren restaurativer Charakter nicht verkannt werden sollte (Siemann 1995, S. 317).

Umschichtungen im inneren Machtgefüge der deutschen Staaten

Bedeutsam für die spätere Realisierung des deutschen Nationalstaats war darüber hinaus eine Umschichtung im inneren Machtgefüge der deutschen Staaten. Da sich Österreichs Interessen zu einem Teil aus Deutschland auf den Balkan und nach Oberitalien verlagerten und gleichzeitig Preußen territorial – insbesondere durch den Gewinn gewerblich fortgeschrittener Gebiete im Westen, deren höherer Grad an Industrialisierung ein ökonomisches, politisches und militärisches Übergewicht Preußens begünstigte – in das deutsche Kernland expandierte, wurde die preußische Hegemonie, in der Publizistik als „deutsche Mission Preußens" gefeiert, besonders in der nördlichen Hälfte des deutschen Gebiets gefördert (Siemann 1996, S. 314-315). Wolfgang Hardtwig hebt hervor, dass es eben durch diese Dominanz Preußens den konservativen Eliten gelang, das preußische Modell des effizienten Militär- und Verwaltungsstaats gegen die liberal-nationalen Bestrebungen des Bürgertums sogar bis zum Ende des Kaiserreichs aufrechtzuerhalten (Hardtwig 1985, S. 43). Die „restaurativen, legitimistischen und machtpolitischen Leitlinien" (Burg 1984, S. 22) des Wiener Kongresses hatten diese durchaus reaktionär wirkende Rolle Preußens innerhalb des Deutschen Bundes ermöglicht, die im Widerspruch zu den im zweiten Jahrzehnt des 19. Jahrhunderts aufkeimenden und dann im Vormärz ab 1830 immer deutlicher artikulierten liberal-nationalen Forderungen stand. In den norddeutschen Staaten existierten überdies nur wenige Verfassungen altständischen Charakters, und Preußen löste die während der Napoleonischen Kriege gegebenen Verfassungsversprechen nicht ein, sodass sich der konstitutionelle Gegensatz zu den südlichen deutschen Staaten noch verstärkte (Burg 1984, S. 87).

Dominanz Preußens

Doch nicht nur diese durch Preußen gehemmte und damit den bürgerlichen Emanzipationsbestrebungen diametral entgegengesetzte Verfassungsentwicklung in weiten Teilen des Deutschen Bundes musste entschiedenen Widerstand hervorrufen und damit auch revolutionäres Potenzial generieren. Auch die Konzeption des Deutschen Bundes, die das immer deutlicher beschworene Nationalitätenprinzip missachtete und eher als „anachronistisches Bollwerk der Reaktion" (Althammer 2009, S. 14) betrachtet werden muss, schürte den Protest in den Reihen der liberal-nationalen Bewegung. Dabei weist Siemann nachvollziehbar darauf hin, dass der Deutsche Bund nur bei isolierter Betrachtung seiner Konzeption als bloßer Staatenbund angesehen werden kann (Siemann 1995, S. 326). Unter Einbezug seiner historischen Entwicklung jedoch werde offensichtlich, dass sich der Deutsche Bund zu-

Missachtung des Nationalitätenprinzips durch den Wiener Kongress

nehmend bundesstaatliche Kompetenzen insbesondere zur Abwehr liberaler und nationaler Tendenzen mit revolutionärem Potenzial angeeignet habe, begleitet durch die Einrichtung zentraler Überwachungsbehörden in Mainz und Frankfurt. Die überwiegend zur Kontrolle oppositioneller Kräfte feststellbaren begrenzten Zentralisierungsmaßnahmen wurden damit nicht in Richtung des nationalstaatsbezogenen Postulats großer Teile der politisierten Bevölkerung eingesetzt, sondern – diametral entgegengesetzt – zu dessen Abwehr.

Die reaktionäre Politik des Deutschen Bundes

Probleme mit sozialrevolutionären Vorstellungen bei Ausweitungen des vormärzlichen Protests

Die in der Restaurationsphase abgeschwächten liberal-nationalen Stimmen wurden nach der französischen Julirevolution, begleitet von Demonstrationen und teilweise auch gewaltsamen Erhebungen, verstärkt durch eine wachsende Mobilität in einem zunehmend verdichteten Verkehrsnetz, durch zahlreichere und einflussreichere Printmedien und durch das wachsende Vereinswesen (Siemann 1995, S. 204) wieder deutlich erhoben. Dennoch ist, wie Peter Burg hervorhebt, für die 1830er Jahre nicht von einer mehrheitlich revolutionären Überzeugung in der liberal-nationalen Bewegung in den deutschen Staaten auszugehen (Burg 1984, S. 31). Zwar erreichten die Proteste der 1830er Jahre nun auch außerbürgerliche Schichten, doch zeigt das Beispiel Braunschweig schon sehr früh die Grenzen dieser „Aktionseinheit" aus Bürgertum, Angehörigen unterbürgerlicher Schichten und Bauern aus der Umgebung (Husung 1983, S. 83-84). Magistrat und Bürgerwehr befürchteten Übergriffe auf öffentliches und privates Eigentum und damit auch auf ihren eigenen Besitz, sodass sie die Unruhen einzudämmen versuchten (Husung 1983, S. 53). Für den Fall eines revolutionären Umschlags kündigte sich im „Hauptkrisenherd" Braunschweig (Engehausen 2007, S. 16) eben schon jenes Bündnis zwischen Bürgertum und alter Obrigkeit an, das auch im Verlauf des Jahres 1848 die soziale Stoßkraft der Revolution erheblich abschwächte (Wolf 1982, S. 27).

Mobilisierung klein- und unterbürgerlicher Schichten

Nachdem sich in Braunschweig und dann auch in Göttingen die soziale Dimension der Unruhen verstärkt hatte (Husung 1983, S. 83-84) und damit auch die politischen Forderungen nach Liberalisierung und partiell schon Demokratisierung sowie die Bestrebungen zur Errichtung eines Nationalstaats verstärkt wurden (Siemann 1995, S. 344), zeigte sich auf dem Hambacher Fest der Einbezug handwerklicher und unterbürgerlicher Schichten in erheblichem Ausmaß. Es war ganz maßgeblich diese Ausweitung der Trägergruppen des vormärzlichen Protests, die auf der größten Demonstration dieser Zeit die Ausprägung eines noch dominanten reformistisch-legalistischen Flügels einerseits und einer revolutionären Minderheit andererseits bewirkte, in der sich bereits die spätere Spaltung zwischen Liberalen und Demokraten abzeichnete (Siemann 1995, S. 147). Überdies ist Wolfgang Hardtwig beizupflichten, der für das Hambacher Fest auch erste Anzeichen nationaler Überheblichkeit feststellt, die sich im Verlauf des 19. Jahrhunderts immer verhängnisvoller in der deutschen Nationalbewegung auswirken sollte (Hardtwig 1985, S. 42).

Erste Bekundungen nationaler Überheblichkeit

Hardtwig charakterisiert die Aktivitäten in den frühen 1830er Jahren als „steckengebliebene Revolution" (Hardtwig 1985, S. 64). Im Vergleich zur Formationsphase der liberal-nationalen Bewegung in den Jahren unmittelbar nach dem Wiener Kongress hatte die Vehemenz der Proteste zweifelsohne zugenommen, und auch die Gewaltbereitschaft war in Teilen der liberal-nationalen Bewegung gestiegen. Dennoch konnte sich der revolutionäre Gedanke noch nicht durchsetzen (Burg 1984, S. 31), die Zielsetzung einer evolutionären Veränderung auf dem Wege von Reformen innerhalb der bestehenden Gesetze wurde vor allem durch die liberalen Abgeordneten in den süddeutschen Landtagen verfolgt (Hardtwig 1985, S. 65). Allerdings fehlte nicht mehr viel für den revolutionären Umschlag, wie Hagen Schulze betont: Der politische Protest, zunehmend angereichert durch soziale Unruhen, musste eigentlich nur noch durch eine umgreifende Wirtschaftskrise und ein besonders aufrüttelndes politisches Ereignis ergänzt werden, um auch in der Mehrheit der liberal-nationalen Bewegung den Gedanken an einen revolutionären Umsturz der bestehenden Verhältnisse zumindest als Ultima Ratio festzusetzen (Schulze 1996, S. 102-103).

Steigende Gewaltbereitschaft

Diese Konstellation ließ hingegen noch auf sich warten, sodass der Protest der „Göttinger Sieben" gegen die staatsstreichartige Aufhebung des hannoverschen Staatsgrundge-

Protest der „Göttinger Sieben" als Resultat legalistischen Denkens

setzes zunächst noch einmal die klare Dominanz legalistischen Denkens unter den bürgerlichen Meinungsführern verdeutlicht (Hardtwig 1985, S. 24). Friedrich Christoph Dahlmann beispielsweise hat auch in der Folge des hannoverschen Verfassungsstreits sich wiederholt von Umsturzgedanken distanziert, wie Miriam Saage-Maaß in einer neueren Studie nachgewiesen hat (Saage-Maaß 2007, S. 31). Lediglich durch die Argumentation des hannoverschen Königs wurde das Verhalten der Göttinger Professoren als Rechtsbruch deklariert. Im Hintergrund der Auseinandersetzung aber stand, wie Saage-Maaß überzeugend darlegen kann, eine durch divergierende Staatsauffassungen durchaus zentrale Auseinandersetzung innerhalb des deutschen Vormärz: In der Konfrontation der patrimonialen Überzeugung des Königs vom Staat als Objekt der einzig dem Fürsten zustehenden Souveränität mit der Ansicht der Göttinger Professoren über die Verfassungsbindung des Königs als staatliches Organ keimte bereits der in der Revolution von 1848 dann explizit artikulierte Widerspruch zwischen der vormodernen Auffassung vom Gottesgnadentum und dem Prinzip der Volkssouveränität auf, das dann eben doch revolutionär zur Anwendung gebracht werden musste (vgl. Saage-Maaß 2007, S. 23).

Im Verlauf der 1830er, besonders dann Anfang der 1840er Jahre verschärfte sich der Gegensatz zwischen einer liberalen Ausrichtung, die ihre Ziele auf evolutionärem Wege verfolgte, und einem radikaleren demokratischen Flügel, der für eine revolutionäre Neugestaltung der gesellschaftlichen und politischen Verhältnisse eintrat (Burg 1984, S. 122). Das lange Festhalten am legalistischen Konzept in weiten Teilen der deutschen Nationalbewegung, die sich dann schließlich doch mehrheitlich der revolutionären Option öffnen musste, führte, wie Wolfram Siemann nachweist, letztlich in der Revolution von 1848 zu einer eigenartigen Verschränkung von Traditionalität und Modernität, die partiell zurückzuführen war auf ein Spannungsverhältnis von Peripherie und Zentrum und in der durchaus rückwärtsgewandte Utopien in revolutionärer Ausformung eine bedeutende Rolle spielten (Siemann 1995, S. 366).

5. Krisen und Bewährung: Interne Konflikte und ihre (vorläufige) Lösung

5.1 Darstellung: USA – die Zerreissprobe des Bürgerkriegs

Ökonomische Divergenzen zwischen Norden und Süden

Strukturelle Unterschiede zwischen Norden und Süden

Die in den beiden Hauptregionen der USA, im Norden und im Süden, feststellbaren Unterschiede reichten in ihrer Genese bis in die Kolonialzeit zurück und waren sowohl durch Klima, Bodenbeschaffenheit und natürliche Umgebung wie auch durch Religion, Brauchtum und Gemeinschaftsauffassung der unterschiedlichen Siedlergruppen bzw. Siedlungsinitiatoren geprägt. Sie wurden weder in der Revolution noch im Staatsgründungsprozess grundsätzlich harmonisiert oder gar nivelliert und verschärften sich in der ersten Hälfte des 19. Jahrhunderts. Wenngleich auch innerhalb dieser beiden Großregionen weitere erhebliche Divergenzen existierten, so können doch spätestens um die Mitte des Jahrhunderts generell widerstreitende Tendenzen zwischen den beiden Landesteilen durch verschiedene ökonomische Ausrichtungen, die mit einer geradezu diagonal entgegengesetzten Sozialstruktur einhergingen und unterschiedliche Gepflogenheiten im gesellschaftlichen Leben hervorriefen, festgestellt werden.

Im Norden dominierte die Industriegesellschaft, in der Innovation und Fortschritt, aber auch Zuverlässigkeit gefragt waren und die ihren wachsenden Bedarf an Arbeitskräften maßgeblich durch die hohe Immigration befriedigen konnte, sodass in den großen Städten multiethnische Bevölkerungen entstanden, innerhalb derer das Individuum auf der Basis seiner Fähigkeiten aufsteigen konnte.

Im Süden hingegen herrschte das großagrarische Plantagensystem vor, das nur auf der Basis billiger Arbeitskräfte überhaupt existieren konnte und insofern auf Sklaverei angewiesen war. Paternalismus und Respekt, aber auch ein ausgeprägtes Ehrgefühl prägten die stark hierarchisierte Gesellschaft des Südens, in der die schwarzen Sklaven lediglich als Eigentum galten.

Ausgleichendes politisches Arrangement

Diese Gegensätze, die innerhalb der Union nur durch ein sorgfältig austariertes und immer wieder der Aufmerksamkeit bedürftiges politisches Gleichgewicht einigermaßen kompensiert werden konnten, verschärften sich durch die Entwicklungen seit 1800 v. a. vor dem Hintergrund der territorial expandierenden Vereinigten Staaten, die die neu entstehenden Bundesstaaten des Westens aufzunehmen hatten, ohne die Gewichte in der Union insgesamt zu verändern. Mit dem *Missouri Compromise* von 1820 gelang durch Festlegung einer geografischen Linie zwischen zukünftigen sklavenfreien und sklavenhaltenden Staaten eine politische Vereinbarung, die zumindest die nächsten dreißig Jahre nicht mehr in Frage gestellt wurde. Dennoch war der Konflikt angesichts der fortschreitenden Westexpansion damit letztlich nur verschoben.

Agrarkapitalismus und Industrialisierung im Norden und Westen

Im Norden entstand aufgrund der anhaltenden bzw. sogar zunehmenden Einwanderung ein Bevölkerungsdruck, der sich z. T. durch Abwanderung bereits etablierter US-Bürger in den Westen entlud, dessen partiell sehr fruchtbare Flächen und Böden für eine am Markt orientierte landwirtschaftliche Produktion geeignet erschienen. So wurde der Grundstein für den modernen Agrarkapitalismus der Vereinigten Staaten gelegt, dessen Bedürfnisse aus dem Norden schneller gedeckt werden konnten und von dem umgekehrt der Norden folglich auch deutlicher profitierte. Im Westen bildeten sich Landstädte als Zentren landwirtschaftlicher Verarbeitungs- und Zulieferindustrie, die gleichzeitig als Umschlagplätze für landwirtschaftliche Produkte wie Getreide oder Vieh galten und zunehmend durch Eisenbahnlinien für den Transport der Rohwaren mit den großen Metropolen industrieller Verarbeitung und Fertigung im Nordosten der USA verbunden waren, die sie umgekehrt mit Fertigprodukten versorgten. Um diese arbeitsteiligen landwirtschaftlich-industriellen Prozesse mit der erforderlichen Effizienz organisieren zu können, war der Auf- und Ausbau einer Infrastruktur für eine möglichst rasche Kommunikation und einen schnellen Transport erforderlich: Zwischen 1820 und 1840 wurden allein in den Kanalbau über 60 Millionen Dollar investiert, sodass die USA im Norden 1840 über ein Kanalnetz von bereits 5.000 Kilometern verfügten. Der Eisenbahnbau hingegen wurde maßgeblich durch private, aber staatlich subventionierte Gesellschaften organisiert. Im Jahr 1860 verfügten die Vereinigten Staaten bereits über ein Eisenbahnnetz von 30.000 Meilen, der Großteil davon lag im Norden. 1844 wurde die Telegrafie erfunden, bereits 16 Jahre später verbanden 50.000 Meilen Telegrafendrähte die teilweise entlegenen Klein- und Mittelstädte mit den industriellen Zentren im Nordosten. Der sich rapide entwickelnde Agrarkapitalismus und die durch diesen beflügelte Industrialisierung generierte einen Bedarf an billigen Arbeitskräften, dem durch die hohe Einwanderung über die Hafenstädte entsprochen werden konnte. Die im Nordosten besonders rasch verlaufende Industrialisierung führte in Teilen der Bevölkerung zu einem gewissen gestreuten Wohlstand, der die Einrichtung von Schulen, Bibliotheken und anderen Bildungsanstalten in einer bemerkenswerten Dichte ermöglichte, sodass die im 19. Jahrhundert angestrebte Assimilation der Immigranten verfolgt werden konnte. Die industrielle Fertigung führte in verschiedenen Bereichen zu Hochproduktion, sodass in den 1820er Jahren in der Textil-, in den 1830er Jahren in der Lederwaren- und in den 1840er Jahren in der Eisenverarbeitung Kulminationsphasen zu verzeichnen waren.

Großagrarische Exportwirtschaft im Süden

Im Gegensatz dazu entstand im Süden ein immer gewaltigeres Baumwollreich, dessen Bewirtschaftung weitgehend unabhängig von Industriebetrieben und Städten geleistet werden konnte, da die Baumwolle, in Ballen verschnürt, direkt verschifft wurde. Die zur Bearbeitung der riesigen Anbauflächen erforderlichen Arbeitskräfte wurden durch die im Süden institutionalisierte Sklaverei rekrutiert. Auch in den älteren Südstaaten, in denen noch vornehmlich Indigo, Reis und Tabak zur Belieferung des Weltmarkts angebaut wurden, existierten

Plantagen, auf denen Sklaven unter unwürdigen Bedingungen die Arbeit verrichteten. Entsprechend rückwärtsgewandt erschien die Gesellschaftsordnung in den südlichen Bundesstaaten, sie hatte durch die Etablierung einer kleinen sozioökonomischen Elite pseudoaristokratischen Charakter und war vorkapitalistisch organisiert. Der Erfolg des Südens lag im Welthandel, auf dem sich insbesondere die Baumwolle, das erfolgreichste Exportprodukt der USA, gut verkaufen ließ. Die sonstige Produktion (z. B. Nahrungsmittel wie Brot und Fleisch) war weitestgehend auf Erfordernisse des alltäglichen Lebens ausgerichtet. In vielen anderen Bereichen aber hing der Süden von Importen aus dem Norden oder aus Europa ab, so beispielsweise bei Textilien sowie Eisen- und Stahlprodukten wie Werkzeugen und Waffen.

Strategische und militärische Bedingungen beider Seiten

Im Norden war nicht nur die Infrastruktur besser ausgebaut, sondern allein in New York war die Verbrauchsgüterproduktion viermal höher als im gesamten Süden. Mit Blick auf die zu Beginn der 1860er Jahre bevorstehende militärische Konfrontation war es von besonderer Bedeutung, dass im Norden fast die gesamte Feuerwaffenproduktion beheimatet war, die wesentlich größere Handelsmarine eingesetzt werden konnte und ein immenser demografischer Vorteil auch im Hinblick auf das Bevölkerungssegment der im Krieg einsetzbaren Männer zwischen 20 und 30 Jahren gegeben war. Der Süden hingegen verfügte deutlich über die erfahreneren, besser ausgebildeten und fähigeren Offiziere wie Albert Sidney Johnston und Robert E. Lee. Sein Vorteil konnte weder in der industriellen Produktion noch in der Infrastruktur oder in der Bevölkerungsdichte liegen. Allerdings konnte der Süden einen defensiven Krieg führen, der mit geringeren Mitteln zu bestreiten war und weitestgehend auf eigenem, wohlvertrautem Terrain stattfand, das kurze Nachschublinien garantierte. Ein Eroberungskrieg, wie ihn letztlich der Norden führen musste, erforderte mehr Soldaten, größere Mengen an Material und schließlich eine weitaus stabilere Moral.

Die Sklavereifrage

Diskussionen über die Sklaverei im Staatsgründungsprozess

Bereits im Verlauf der Amerikanischen Revolution gab es zwar erhitzte Debatten um die Sklaverei, aber keine großen Fortschritte in der Abschaffung dieser menschenunwürdigen Einrichtung. Schon bei der Verabschiedung der Unabhängigkeitserklärung wurde dem Begehren der Repräsentanten südlicher Staaten im Kontinentalkongress stattgegeben, die von Jefferson formulierte Verurteilung des Sklavenhandels zu streichen. Auch in den Verfassungsdebatten wurde das diesbezügliche Verbot um zwanzig weitere Jahre auf 1808 verschoben. Es stellt ein gewisses Paradox der jungen US-amerikanischen Republik dar, dass die zunehmende politische und gesellschaftliche Freiheit ihrer (weißen) Staatsbürger zu einem beträchtlichen Teil auf der Unfreiheit der schwarzen Sklaven beruhte.

Arbeitskräftemangel im frühen 19. Jahrhundert

Im Jahr 1810 war bereits jeder sechste Einwohner der USA ein Sklave. Diese Erhöhung des Bevölkerungsanteils ist auf die besondere Entwicklung des Südens zurückzuführen, in dem nach der Möglichkeit der territorialen Expansion nach dem *Louisiana Purchase* (1803) und der Einführung des Baumwollanbaus eine Plantagenwirtschaft neuen Typs entstand, die ohne Sklaverei nicht vorstellbar war. Der ohnehin schon vorhandene Arbeitskräftemangel erhöhte sich drastisch, nachdem riesige Flächen fruchtbaren Landes den Creek, Chicasaw, Choctaw und Cherokee durch Kriege, Vertragsbrüche und Zwangsumsiedlung bei gleichzeitiger Reduktion der Indianer in der Folge von Seuchen und durch Zerstörung ihrer ökonomischen und ökologischen Lebensgrundlagen den USA als Territorien einverleibt und zur Besiedlung durch Weiße freigegeben worden waren. Neben Georgia wurden die neuen, zwischen 1817 und 1836 der Union beigetretenen Bundesstaaten Mississippi, Alabama und Arkansas zu den wichtigsten Baumwollstaaten, deren Produktion bis 1860 um das Achtunddreißigfache gesteigert wurde. Nach dem Verbot des Sklavenhandels erhöhte sich die Bedeutung der Sklavenmärkte innerhalb der Vereinigten Staaten. Mit dem Anbau von Baumwolle und dann auch Zuckerrohr wurde die Sklavenarbeit zur substanziellen Grundlage der bestimmenden Wirtschaftsform des Südens. Um 1830 bildeten die Sklaven ungefähr die Hälfte der Bevölkerung in den Südstaaten, wenngleich ihr Anteil an der Gesamtbevölkerung der USA leicht zurückgegangen war.

Gleichgewichtsgrundsatz der Union

1819 gab es – gemäß dem Gleichgewichtsgrundsatz – elf sklavenfreie und elf sklavenhaltende Staaten in der Union. Durch den *Missouri Compromise* (1820) kamen mit Maine auf der nördlichen und Missouri auf der südlichen Seite zwei weitere Staaten hinzu, die verhängte Grenzregelung entschärfte trotz fortschreitender Westexpansion für die nächsten drei Jahrzehnte den Konflikt.

Widerstand gegen Sklaverei im Norden

In der Bevölkerung des Nordens jedoch wuchs der Widerstand gegen die Sklaverei, hier bewirkte die allmähliche Demokratisierung des öffentlichen Lebens und die Veränderung der religiösen Kultur ab den 1820er Jahren auch eine Verstärkung der Antisklavereibewegung. In der durchaus heterogenen Reformbewegung des *Second Great Awakening* suchten große Teile der Bevölkerung in ihrer Verunsicherung angesichts der rapiden Modernisierung einschließlich des damit assoziierten und weithin beklagten Werteverlusts und fortschreitender Säkularisierungstendenzen neue Orientierungen, durch die die Vereinigten Staaten stärker in die Richtung der glorifizierten Ideale der Gründerväter gelenkt werden sollten. Die Abschaffung der Sklaverei (Abolitionismus) war dabei eines der wichtigsten Ziele. Die freien Schwarzen im Norden lebten überwiegend in Städten, wo sie bessere Arbeit fanden, Gemeinschaften mit anderen Afroamerikanern bilden konnten und auch größere Sicherheit vor weißen Rassisten genossen.

Nach der Verdoppelung des Staatsgebiets der USA in den 1840er Jahren wurden außer Texas keine weiteren sklavenhaltenden Staaten in die Union aufgenommen. Bereits 1850 verschärfte sich die Situation im Hinblick auf die politische Geografie, als Kalifornien als sklavenfreier Staat Mitglied der Union wurde und die Südstaaten erneut ein Übergewicht der Staaten mit Sklavereiverbot befürchteten. Eine Lösung des Problems wurde durch ein weiteres Gesetz (*Kansas-Nebraska Act,* 1854) versucht, mit dem der *Missouri Compromise* für nichtig erklärt und der Bevölkerung eines jeden zukünftigen Bundesstaates im Nordwesten die Entscheidung über Ablehnung oder Einrichtung der Sklaverei überlassen bleiben sollte.

Der Bürgerkrieg 1861-1865

Einschränkung der Sklaverei durch die Wahl Abraham Lincolns (1860)

Die aus Resten der *Federalist*-Nachfolgepartei, *der Whig Party,* und einigen weiteren Gruppierungen entstandenen Republikaner *(Republican Party)* traten 1860 offen dafür ein, dass die Sklaverei auf die bereits bestehenden sklavenhaltenden Staaten begrenzt bleiben sollte und konnten unter anderem mit dieser Forderung ihren Kandidaten Abraham Lincoln bei der Präsidentschaftswahl durchsetzen. Daraufhin erklärte sich noch vor Weihnachten desselben Jahres South Carolina zum selbstständigen Staat, bis Februar 1861 folgten fünf weitere Südstaaten, die die *Confederate States of America* unter dem ehemaligen US-Kriegsminister Jefferson Davis als Präsidenten gründeten.

Sezession der ersten Südstaaten (1861)

Lincoln hielt zwar eine versöhnliche Antrittsrede, bestritt aber den Einzelstaaten das Recht der Sezession. Damit hielt er auch die Verfügungsgewalt über das Unionseigentum im Süden aufrecht, zu dem unter anderem der Stützpunkt Fort Sumter in der Hafeneinfahrt von Charleston, der Hauptstadt von South Carolina, zählte, der schließlich zum Testfall wurde. Als im April 1861 Unionstruppen versuchten, die Besatzung dieses Forts mit Lebensmitteln zu versorgen, eröffneten konföderierte Einheiten das Feuer. Dieses Gefecht zwischen Truppen der Nord- und der Südstaaten bei Fort Sumter gilt als Beginn des Bürgerkrieges *(Civil War)*, wenngleich keine Kriegserklärung der Union erfolgte, da die Südstaatenkonföderation nicht als selbstständige kriegsführende Macht angesehen wurde, sondern die Sezession im Norden als Rebellion galt. Noch im selben Monat trat der Schlüsselstaat Virginia aus der Union aus, aber der nicht sezessionswillige westliche Teil spaltete sich ab und wurde 1863 als Bundesstaat West Virginia in die Union aufgenommen. Der Austritt Virginias bedeutete für die Union einen herben Verlust, grenzte doch die Hauptstadt Washington, D. C. im Süden und Westen direkt an diese älteste europäische Niederlassung in Nordamerika *(Old Dominion)*, aus der überdies eine ganze Reihe überragender Offiziere

Gefecht bei Fort Sumter (1861)

Sezession weiterer Südstaaten (1861)

kam. Noch im Mai 1861 folgten weitere drei Staaten dem Beispiel Virginias, lediglich die Südstaaten Delaware, Maryland, Kentucky und offiziell auch das politisch geteilte Missouri verblieben in der Union.

Absicherung der Sklaverei in der Verfassung der Konföderation

So wie in der Union die *Federal Constitution* galt, hatte sich auch die Konföderation eine rechtliche Grundlage gegeben, die in weiten Teilen der Unionsverfassung glich, aber Rechte und Pflichten der Einzelstaaten expliziter betonte, die Sklaverei absicherte, Steuern und Zölle zum Zwecke der Fiskalpolitik untersagte und die Befugnisse der zentralen Regierungsebene deutlich einschränkte.

Strukturelle Ungleichgewichte im Bürgerkrieg

Der Bürgerkrieg war zu Beginn von unterschiedlichsten Ungleichgewichten geprägt. Während der Süden einen Verteidigungskrieg führen konnte, musste der Norden zur Erhaltung der Union die südlichen Staaten erobern. Aus dieser Konstellation heraus entwickelte sich der blutigste Krieg der US-Geschichte, in dem über eine Million Tote und Verwundete nicht zuletzt aufgrund neuartiger Waffentechnik zu beklagen, massive Investitionen aufgrund umfassenden Materialeinsatzes erforderlich, eine stärkere Mobilität der Truppen u.a. durch Nutzung der Eisenbahn möglich und die Mobilisierung großer Heere notwendig waren. Während der Norden in den ersten Jahren massiv unter der Unfähigkeit seiner Generäle zu leiden hatte, wirkten sich im Süden die Defizite in der industriellen Fertigung und in der Infrastruktur sowie der demografische Nachteil verheerend aus. Den sechs Millionen Einwohnern des Südens standen 20 bis 30 Millionen Menschen im Norden gegenüber, die Union verfügte über ein Vielfaches der finanziellen Leistungskraft und über die sieben- bis achtfache Produktivität des Südens. Dennoch war der Ausgang des Krieges nicht sicher, denn der Süden besaß den entscheidenden Vorteil, den Krieg nur so lange hinziehen zu müssen, bis die Bevölkerung des Nordens seiner überdrüssig wurde und ihre Regierung zur Beendigung der Auseinandersetzungen zwang. Um dieses Ziel zu erreichen, beanspruchte der Süden für sich das Recht auf Freiheit und Selbstbestimmung und stand auf diese Weise jenseits der Sklavereiproblematik für Werte ein, die auch im Norden als Vermächtnis der Staatsgründer galten. Dagegen konnte der Norden nur auf den Erhalt der Union setzen, insbesondere Lincoln betonte zu Beginn des Krieges immer wieder, dass es nicht um die Sklaverei, sondern um die Einheit der Nation ging. Seine Zurückhaltung in der Sklavereifrage sollte die Unterstützung der vier südlichen Grenzstaaten *(Border States),* die sich der Sezession nicht angeschlossen hatten, sichern.

Militärische Erfolge der Konföderation

In der ersten größeren Schlacht des Krieges bei Bull Run im Juli 1861 scheiterte der Versuch der Unionstruppen, in Virginia einzudringen. Daraufhin verlagerte die Nordstaatenarmee ihren strategischen Schwerpunkt nach Tennessee, um die Konföderation jenseits des Mississippi zu spalten und dann über den Osten Tennessees den Vorstoß gegen das Machtzentrum des Südens in Richmond zu führen. Die Schlacht von Richmond im Juni/Juli 1862 erwies sich aber zunächst einmal als Glücksfall für die Konföderation. Tausende von Freiwilligen meldeten sich für die Sache des Südens, die Zuversicht über einen Sieg der Konföderation erreichte ihren Höhepunkt. Wenige Monate später verhinderte die Schlacht am Antietam Lees Absicht, den Krieg auf das Territorium der Union zu tragen. Auch die in Aussicht stehende diplomatische Anerkennung der Konföderation durch Großbritannien blieb danach aus. Lincoln nutzte die Situation wenige Monate später zu einer Erklärung zur Befreiung der Sklaven *(Emancipation Proclamation),* die damit zum offiziellen Kriegsziel erhoben wurde, wenngleich ab dem Jahr 1863 nur die Sklaven in kriegsführenden Staaten für frei erklärt wurden, nicht aber diejenigen in den besetzten Gebieten oder in den *Border States*. Obwohl der strategische Hintergrund dieser Maßnahme unverkennbar ist, wurde der Bürgerkrieg vonseiten des Nordens nun immer stärker von einer Anstrengung zur Bewahrung der Einheit der Nation zum Feldzug für die Menschlichkeit stilisiert.

Emancipation Proclamation

Schlacht bei Gettysburg (1863)

Das Jahr 1863 erwies sich dann als kriegsentscheidend. Zwar hatte Lee bisher keine größere Schlacht verloren, auch die Konfrontation am Antietam war, anders als sie in der Union interpretiert wurde, durchaus kein eindeutiger Sieg des Nordens. Aber Lee scheiterte im wesentlichen Moment, als er die Grenze nach Pennsylvania überschritten hatte, in der enorm verlustreichen Schlacht bei Gettysburg im Juli 1863: Er verlor ein Drittel seiner Soldaten und musste sich nach Virginia zurückziehen. In seiner berühmten Gettysburg-Rede *(Gettysburg Address)* erklärte Lincoln den Bürgerkrieg zur Feuerprobe der Nation.

Schlacht bei Vicksburg (1863)

Auch im westlichen Kriegsgebiet ging die Strategie des Nordens nun auf. Ebenfalls im Juli 1863 eroberte der spätere Präsident Ulysses S. Grant Vicksburg, sodass der Mississippi, der dem Süden über die Verbindung nach New Orleans als wichtige Nachschublinie gedient hatte, nun unter der Kontrolle der Unionstruppen stand. Damit hatte der Norden sein erstes wichtiges Kriegsziel erreicht. Im Dezember 1863 erließ Lincoln ein Angebot zur Amnestie und zum Wiederaufbau im Süden *(Proclamation of Amnesty and Reconstruction).* Für den Verzicht auf Strafmaßnahmen forderte er den Eid von mindestens 10 Prozent der Bevölkerung eines jeden ausgetretenen Südstaates auf die Verfassung der USA und die verbindliche Anerkennung der Sklavenemanzipation, damit neue Regierungen gebildet werden und die einzelnen Südstaaten bei Erfüllung dieser Voraussetzungen in die Union zurückkehren konnten. Noch 1864 wurden auf der Basis dieser Proklamation in Louisiana und Arkansas neue Regierungen gebildet.

Sherman's Raid (1864)

Im September 1864 erreichte der Zerstörungsfeldzug des Nordstaatengenerals William T. Sherman durch Georgia, der für die nächsten Jahrzehnte tiefe Wunden hinterließ, mit der Einnahme Atlantas seinen Höhepunkt. Sherman hatte diesen Südstaat systematisch und planmäßig verwüstet und ausgeplündert, indem er die Infrastruktur, insbesondere die Eisenbahntrassen zerstörte, brutale Enteignungen vornahm und Brücken sprengte.

Sieg Lincolns bei den Präsidentschaftswahlen (1864)

Kriegsziel: Einheit der Union

Mitten im Bürgerkrieg fanden in den Nordstaaten 1864 die Präsidentschaftswahlen statt, deren Ausgang lange ungewiss war. Der schließlich wiedergewählte Lincoln zeigte in seiner Inaugurationsrede vom März 1865 seine Entschlossenheit, das in seiner Perspektive durch den Bürgerkrieg einer harten Probe unterzogene Werk der Einigung der Nation zu vollenden, indem er die Aussöhnung mit dem Süden ankündigte, dessen Staaten er möglichst schnell wieder gleichberechtigt aufnehmen wollte.

Kapitulation des Südens (1865)

Die Wiederwahl Lincolns, die Verweigerung der Anerkennung der Konföderation durch Großbritannien und Frankreich, der Verwüstungsmarsch Shermans durch Georgia und der Belagerungsring Grants um Petersburg besiegelten die Niederlage des Südens: Zwei Drittel der verbliebenen konföderierten Armee desertierten, Lees Soldaten waren vollkommen erschöpft, wurden nicht mehr verpflegt und lebten wie Besatzer im eigenen Land von Plünderungen. Am 9. April 1865 kapitulierte Robert E. Lee vor Ulysses S. Grant im Appomattox Court House in Virginia. Lee erschien in voller Uniform, während Grant in einem einfachen Feldhemd ohne Säbel die Kapitulation entgegennahm. Grants Bedingungen waren großzügig: Nachdem Waffen und Material abgeliefert worden waren, wurden die konföderierten Soldaten und ihre Offiziere, die Portepées und Pferde behalten durften, begnadigt.

Lincolns Versöhnungskurs

Lincoln bekräftigte in seiner letzten Rede zwei Tage nach der Kapitulation des Südens seinen Vorsatz, die Sezessionsstaaten möglichst schnell wieder auf der Basis der Gleichberechtigung in die Union zurückzuführen. Er sah sich nicht als Eroberer des Südens, sondern als Präsident der Vereinigten Staaten, aus denen in seinem verfassungsrechtlichen Verständnis die Südstaaten niemals ausgetreten waren, da ihnen das Recht auf Sezession gar nicht zustand.

Ursachen der Niederlage der Konföderation

Die Niederlage des Südens ist vor allem mit der drückenden Überlegenheit der Union hinsichtlich der Mengen an Menschen und Material zu erklären. Überdies waren die Unionssoldaten deutlich besser ausgerüstet, sowohl in Bezug auf die Waffen als auch hinsichtlich des Schuhwerks und der Kleidung. Zwar hatte der Norden einen Eroberungskrieg zu führen, der ein erheblich größeres Heer erforderte, um rückwärtige Räume zu sichern, doch gelang es eben insbesondere in der zweiten Hälfte des Bürgerkrieges auch, die entsprechende Anzahl an Soldaten zu rekrutieren. Auch die längeren Nachschub- und Versorgungswege der Union konnten dank der erheblich besseren Infrastruktur im Norden bewältigt werden. Schließlich spielte noch ein psychologisches Moment eine Rolle, das letztlich in den unterschiedlichen politischen Kulturen des Nordens und des Südens wurzelte. Die Loyalität zur zentralen Ebene unter Jefferson Davis war im Süden nicht sehr ausgeprägt, die Kompetenzen der Konföderationsregierung waren begrenzt. Die Menschen im Süden bekannten sich eher zur einzelstaatlichen, regionalen und lokalen Politik, sodass Einzelinteressen und bisweilen auch eine gewisse Uneinigkeit die Kriegsführung erschwerten. Insbesondere zu Beginn des Krieges verfügte der Süden über die erheblich erfahreneren und damit auch besseren Offiziere – ein Vorteil, den der Norden durch den Austausch seines militärischen Führungspersonals im Verlauf des Krieges allerdings kompensierte.

Der *Civil War* war mit über 600.000 Toten der verlustreichste Krieg, den die USA jemals zu führen hatten. Weite Teile des Südens waren wirtschaftlich zerstört, seine soziale Ordnung war erschüttert und seine politischen Institutionen mussten erneuert werden.

Ende der Sklaverei in den USA

Der Bürgerkrieg beendete die Sklaverei in den Vereinigten Staaten, nicht aber den Rassismus. Die Befreiung der Sklaven wurde über den 13. Verfassungszusatz *(Amendment)* sichergestellt. Im 14. *Amendment* (*Civil Rights Bill,* 1866) wurde vor allem das Staatsbürgerschaftsrecht geregelt, nach dem alle in den Vereinigten Staaten geborenen Menschen US-Staatsbürger waren und gleiche Behandlung vor dem Gesetz in Anspruch nehmen konnten. Der 15. Verfassungszusatz 1870 schließlich erteilte schwarzen Männern das Wahlrecht. Im Süden allerdings schlug sich der Rassismus in Rassentrennungsgesetzen *(Jim Crow Laws)* nach dem Motto „getrennt, aber gleich“ *(separate but equal)* nieder.

Rassismus im Süden

Reconstruction Era

Die Südstaaten wurden unmittelbar nach dem Bürgerkrieg einer radikalen Wiederaufbau-Politik *(Reconstruction)* unter größtmöglicher Kontrolle des Nordens unterworfen. Die auf der Grundlage von Lincolns *Proclamation of Amnesty and Reconstruction* bereits 1864 gebildeten Regierungen in Louisiana und Arkansas wurden wieder aufgelöst, und als 1865 Vertreter der alten Südstaateneliten wieder in Staats- und Bundesämter gewählt worden waren, verweigerte der Kongress den Repräsentanten der Südstaaten das Sitzrecht. Erneut wurde das Kriegsrecht verhängt, und fünf Militärbezirke wurden errichtet, in denen unter militärischer Kontrolle neue Verfassungskonvente mit Beteiligung schwarzer Männer und unter Ausschluss konföderierter Amtsträger gebildet wurden. Dann sollten neue Einzelstaatsverfassungen von Mehrheiten der männlichen Wahlberechtigten angenommen und durch die Parlamente der Südstaaten sollte der 14. Verfassungszusatz ratifiziert werden und erst danach überprüfte ein vom Kongress gebildetes Komitee, ob die Bedingungen für die Wiederaufnahme in die Union erfüllt waren. Obwohl der Norden durch massive Eingriffe und Entrechtungen versuchte, die Südstaaten nach seinem Gusto umzugestalten, gelang dies nur sehr begrenzt, und als nach 1872 das Interesse des Nordens schwand und im Süden wieder eine Eigenentwicklung einsetzte, zeigte sich sehr schnell, dass sich alte politische und gesellschaftliche Strukturen wieder einschliffen und Mitglieder der vormaligen politisch-ökonomischen Elite wieder in entscheidende Positionen gelangten.

5.2 Erörterung wissenschaftlicher Kontroversen: Der US-amerikanische Civil War – ein moralischer oder ein struktureller Konflikt?

Bedeutung der Sklavereifrage

Lange Zeit ist in der US-amerikanischen Forschung zum *Civil War* darüber debattiert worden, welchen Stellenwert die Forderung nach Abschaffung oder Beibehaltung der Sklaverei unter den Zielen beider Seiten im Bürgerkrieg einnahm. Die ältere Forschung ging mehrheitlich davon aus, dass nicht die Abschaffung der Sklaverei, sondern die durch ökonomisch-strukturelle Unterschiede bedingten verschiedenen Wertesysteme und politischen Kulturen, die regelmäßig in Konflikten über das Verhältnis der Einzelstaaten zur Bundesebene und in der durch Steuern und Zölle bestimmten Fiskalpolitik ihren Ausdruck fanden, die primären Zielsetzungen innerhalb des Bürgerkriegs bestimmten (Finzsch 2005, S. 624). Seit den 1980er Jahren hingegen setzte sich in der US-amerikanischen Geschichtsforschung eine Richtung durch, die betonte, dass die Sklavereifrage der entscheidende, die Kriegsziele des *Civil War* bestimmende Aspekt in der Auseinandersetzung zwischen dem Norden und dem Süden gewesen sei (Hochgeschwender 2010, S. 138). Doch auch diese These hat bereits wieder Gegner gefunden, die allerdings weniger die Frage der Ursächlichkeit als das Problem der längerfristigen Konsequenzen in den Blick nehmen, indem sie den *Civil War* als Auseinandersetzung, die die Bildung der Nation letztlich beschleunigte (Wala 2007, S. 190), in den Blick nehmen und auf durchgreifende und langfristige strukturelle Veränderungen wie Massenproduktion, Massenkonsum, Kommunikation, Transportwesen, Medien, Propaganda und Reklame sowie Populärkultur verweisen (Hochgeschwender 2010, S. 139).

Diese Diskussion hat auch in die deutsche Forschungsliteratur zum Amerikanischen Bürgerkrieg ausgestrahlt. Michael Wala vertritt die Auffassung, dass es zumindest für die Zeitgenossen eindeutig gewesen sei, dass der Bürgerkrieg letztlich über die politische, wirtschaftliche und gesellschaftliche Ausrichtung der Vereinigten Staaten entscheiden würde und die Frage der Sklaverei eher ein Symptom der ökonomisch-politischen Divergenzen als einen Grund für den *Civil War* gebildet habe (Wala 2007, S. 286). Horst Dippel stützt diese Sichtweise, indem er darauf hinweist, dass Lincoln zu Beginn des Krieges äußerste Zurückhaltung in der Sklavenfrage, auch aus Rücksicht auf die *Border States*, gezeigt habe (Dippel 2005, S. 58). Das primäre Ziel des *Civil War* sei eben nicht die Abschaffung der Sklaverei (Wala 2007, S. 291), sondern der Erhalt der Union gewesen (Dippel 2005, S. 58). Nach Norbert Finzsch haben zwar radikale Abolitionisten bereits früh den Krieg als humanitären Kreuzzug zur Befreiung der Sklaven proklamiert (Finzsch 2005, S. 655), doch ist sich die deutsche Forschungsliteratur weitgehend einig, dass erst mit der *Emancipation Proclamation* vom Herbst bzw. Winter 1862 die Abschaffung der Sklaverei zum offiziellen Kriegsziel deklariert wurde (Wala 2007, S. 291).

Ökonomische und wirtschaftlich-strukturelle Hintergründe

Zweifelsohne ist aus sozialgeschichtlicher Sicht darauf hinzuweisen, dass es das auf der Grundlage der Sklaverei errichtete Plantagensystem des Südens war, das die institutionalisierte Sklaverei (gerade auch im Hinblick auf den erfolgreichsten Exportartikel der USA, die Baumwolle) für die Existenz nicht nur des Wirtschaftssystems, sondern auch der sozialen

Hierarchie und der politischen Kultur des Südens so unverzichtbar erscheinen ließ (Schmidt 2004, S. 13). Die ökonomischen wie auch politischen Differenzen zwischen dem Norden und dem Süden hatten sich schon in der Revolution gezeigt, waren aber durch die gemeinsame Frontstellung gegen die Kolonialmacht Großbritannien überdeckt worden. Sowohl in der Verfassungsdiskussion als auch während der Expansion in der ersten Hälfte des 19. Jahrhunderts zeigten sich aber immer wieder die grundsätzlichen Interessenkonflikte zwischen dem Norden und dem Süden, indem sie sich wie ein roter Faden durch die Entscheidungsfindung in der US-amerikanischen Geschichte zogen, sodass die Vermutung, die im *Civil War* zum Ausdruck kommende Gegensätzlichkeit sei strukturell bereits viel früher angelegt gewesen (Dippel 2005, S. 47), nicht von der Hand gewiesen werden kann.

Hauptziel der Union: Bewahrung der Einheit

Daneben ist aber die von Michael Hochgeschwender zentralisierte Frage der Bewertung des *Civil War* als eines letztlich die Konstruktion der US-amerikanischen Nation befördernden Konflikts (Hochgeschwender 2010, S. 139) von großer Bedeutung, schließt sie doch an Lincolns immer wieder betonte Intention an, die Einheit der Nation zu bewahren bzw. (wieder)herzustellen (Finzsch 2005, S. 717-718). Hochgeschwender verweist nicht allein auf die erheblichen Folgen der Ausbildung einer modernen Kommunikations- und Konsumgesellschaft in den USA, sondern benennt darüber hinaus durch diese Entwicklungen forcierte erinnerungskulturelle Zusammenhänge, die einerseits – insbesondere im Süden – zu mythischen Konstruktionen führten (Hochgeschwender 2010, S. 128-132), in denen andererseits aber auch – nach einer Phase der Bitternis – der *Civil War* ab den 1880er Jahren – ganz in der Folge der Propaganda Lincolns – als bestandene Bewährungsprobe der US-amerikanischen Nation stilisiert wurde (Kotte 1998, S. 572-574).

Der Bürgerkrieg als Bewährungsprobe der USA

5.3 Darstellung: Polen – revolutionäre Veränderungen und nationaler Entwicklungsgedanke

In den 1830er und 1840er Jahren entwickelten sich die drei Landesteile Polens, abhängig von der Politik der jeweiligen Teilungsmacht, recht unterschiedlich. Die bis zum Novemberaufstand kaum von gezielten und konsequenten Germanisierungsmaßnahmen durchzogene preußische Polenpolitik fand in der Folge der Erhebung ein rasches Ende. Der polnische Statthalter Fürst Radziwiłł wurde vom Amt suspendiert, Eduard von Flottwell (1786-1865) als Oberpräsident eingesetzt. Flottwell wollte die bereits in Westpreußen erprobte Germanisierungspolitik auch auf das Großherzogtum Posen übertragen – zur Schwächung der in Polen traditionell vorherrschenden ständischen Gesellschaftsordnung durch Förderung der bürgerlichen und bäuerlichen, als königstreu geltenden Elemente. Die preußische Polenpolitik geriet damit immer stärker in Widerspruch zu den Forderungen der liberal-nationalen Bewegung in Deutschland, die nach 1830 eine Wechselwirkung zwischen polnischer Unfreiheit und dem Mangel an Freiheit und Einheit in Deutschland festgestellt zu haben meinte.

Germanisierungspolitik im preußischen Teilungsgebiet

Aspekte der staatlichen Sicherheit sollten von nun an die Polenpolitik bestimmen: Gegen mehr als 1.000 Polen, vorwiegend aus dem Adel, wurden wegen Unterstützung der Erhebung Hochverratsprozesse geführt, die allerdings zumeist mit milden Strafen und Freisprüchen endeten. 1832 wurde Deutsch als innere Amtssprache obligatorisch, 1833 wurden durch ein königliches Dekret die Mitwirkungsmöglichkeiten des Adels auf der Kreisebene (z. B. bei Ernennung der Landräte, die ab diesem Zeitpunkt vorwiegend Deutsche berücksichtigte) abgeschafft, ebenfalls 1833 wurde ein Güterbetriebsfond zum Aufkauf verschuldeter polnischer Güter und zur Unterstützung des Weiterverkaufs dieser Besitzungen an deutsche (meistens adlige) Interessenten errichtet. 1836 wurde – unter anderem durch Aufhebung der altpolnischen Institution der *Woyds* (d. h. der grundherrlichen Amts- und Polizeigewalt auf

Gemeindeebene) – die polnische lokale Selbstverwaltung zerschlagen. Das Großherzogtum Posen wurde in der Folge dieser Regelungen der am stärksten verwaltete (und damit kontrollierte) Landesteil des Königreiches Preußen – fast wie eine eroberte Provinz.

Die Germanisierung verband sich mit erheblichen, auf die bürgerlichen und bäuerlichen Gesellschaftssegmente konzentrierten Anstrengungen: Die städtische Selbstverwaltung wurde ausgebaut, bürgerliche Gewerbe wie das Handwerk wurden gefördert, die Bauernablösung wurde fortgeführt und das Land wirtschaftlich weiter kultiviert. Insbesondere wurden neue Bildungsstätten eingerichtet und neue Schulen gebaut.

Ein Streit zwischen der preußischen Regierung und dem katholischen polnischen Erzbischof Marcin Dunin-Sugustowski von Gnesen-Posen (1774-1842) über Mischehen (die seit 1837 durch die katholische Kirche in Posen nur erlaubt wurden, wenn die Kinder in katholischem Glauben erzogen wurden) weitete sich mit nationaler Relevanz bis zur Amtsenthebung des Erzbischofs und seiner nachmaligen Verhaftung 1839 aus.

In Krakau, das als freie Republik ein Zentrum des polnischen Widerstands gegen die Fremdherrschaft bildete, erging bereits 1836 die Bitte um eine Militärintervention der Teilungsmächte durch deren dort ansässige Vertreter. 1846 wurde in Galizien ein Aufstand versucht, der allerdings von den Bauern nicht mitgetragen wurde, sodass diese von den Österreichern gegen die Gutsbesitzer ermutigt wurden. Der Aufstand schlug in eine soziale Erhebung um, in deren Verlauf Gutshöfe geplündert und adlige Großgrundbesitzer ermordet wurden. Die österreichische Obrigkeit ging erst sehr spät gegen die Bauern vor. Diese sozial motivierte Erhebung zeigt sehr deutlich, dass zu diesem Zeitpunkt ein das polnische Volk in allen Schichten ergreifender Aufstand gegen die Teilungsmächte noch illusionär anmutete.

Aufstand in Galizien (1846)

Die harsche Germanisierungspolitik in Preußen endete zunächst mit der Thronbesteigung Friedrich Wilhelms IV. (1840-1861), der einen zwar konservativen, der polnischen Bevölkerung im Großherzogtum Posen gegenüber aber aufgeschlossenen Kurs verfolgte. Die harten Jahre des vorhergehenden Jahrzehnts hatten jedoch mit Blick auf die polnische Selbsthil-

Liberalisierungskurs im preußischen Teilungsgebiet unter Friedrich Wilhelm IV.

fe Folgen gezeitigt: 1839 war ein Zentrum für Politik, Kultur und Geselligkeit im Posener Hotel Bazar durch polnische Adlige und Bürger gegen die Germanisierungstendenzen gegründet worden. 1840 rief der Arzt Karol Marcinkowski (1800-1846) seine Gesellschaft für wissenschaftliche Hilfe ins Leben, die Stipendien an Kinder weniger begüterter polnischer Familien vergab und damit die preußische Kulturpolitik unterlief.

Friedrich Wilhelm IV. erließ als symbolträchtigen Auftakt gleich zu Beginn seiner Herrschaft eine Amnestie für die Teilnehmer des Novemberaufstands, veranlasste die Rückkehr des Erzbischofs Dunin-Sugustowski, entfernte Flottwell aus seinem Amt und sorgte für die Einrichtung einer katholischen Abteilung im preußischen Kultusministerium. Der von Flottwell innerhalb des Großherzogtums Posen mit Staatsgeldern aufgekaufte Grundbesitz wurde zu gleichen Bedingungen an Polen und Deutsche veräußert, und die Germanisierungsmaßnahmen in der Praxis der Schul-, Behörden- und Gerichtssprache sollten aufgehoben werden. Der preußische König übte in der Nationalitätenfrage weitgehende Neutralität, erwartete aber im Gegenzug eine vorbehaltlose preußische Staatsgesinnung der polnischen Untertanen. Die Posener Stände wiederum gaben 1843 zu verstehen, dass die Loyalität gegenüber dem preußischen Staat das polnische Nationalbewusstsein nicht ersetzen könne.

Posen als Zentrum nationaler Aktivitäten in Polen in den 1840er Jahren

Dieses polnisch-nationale Bewusstsein wurde in vielfältiger Weise gepflegt. Posen wurde vorübergehend sogar zum Zentrum nationaler Aktivitäten in Polen. Aus dem von Marcinkowski 1840 gegründeten Nukleus der „Gesellschaft“ entwickelten sich Maßnahmen zur „organischen Arbeit“, d. h. zur Hebung der kulturellen und wirtschaftlichen Situation der polnischen Land- und Stadtbevölkerung. So wurde beispielsweise eine Vielzahl polnischer Zeitungen und Zeitschriften ins Leben gerufen, durch die ein zunehmend entstehender öffentlicher Kommunikationsraum gestaltet werden konnte.

Die Mehrheit des diese Aktivitäten unterstützenden, politisch entmündigten und weitgehend sozial deklassierten Adels war weiterhin aber auch für revolutionäres Gedankengut empfänglich, und so bildeten sich Geheimgesellschaften (z. B. der vom Buchhändler Walenty Stefański organisierte Bund der Plebejer) zur Vorbereitung einer neuen revolutionären Erhebung, die seit 1846 in Posen durch die von Ludwik Mierosławski (1814-1878) geführte Demokratische Gesellschaft vorbereitet wurde. Diese Konspiration wurde zwar 1847 aufgedeckt und zerschlagen, zusammen mit dem Aufstandsversuch und den sozialen Konflikten in Galizien brachte sie den preußischen König Friedrich Wilhelm IV. jedoch dazu, seine vergleichsweise nachsichtige Polenpolitik zu ändern. Von August bis Dezember 1847 fand in Berlin-Moabit der „Polenprozess" gegen 254 Angeklagte statt, in dem acht (nicht vollstreckte) Todesurteile und 112 hohe Freiheitsstrafen verhängt wurden. Noch einmal schlugen unter deutschen Liberalen und Demokraten Sympathien für die polnischen Anliegen durch, war es doch eine weitverbreitete Auffassung, dass ein freiheitlicher deutscher Nationalstaat nicht mit der Unterdrückung anderer Nationalitäten vereinbar war.

Konspiration in Posen (1846/47)

„Polenprozess" in Berlin

Die Revolution im März 1848 schien dann tatsächlich die Möglichkeit zu bieten, sowohl einen deutschen als auch einen polnischen Nationalstaat zu realisieren. Die auch unter Liberalen attraktive Losung, dass Preußen in Deutschland aufgehen solle, konnte nach Auffassung fortschrittlicher politischer Kräfte nur dann eine Chance zur Verwirklichung erhalten, wenn auch die Polen einen eigenen Staat erhalten würden. Auf dieser Basis wurde sogar ein gemeinsamer Krieg gegen Russland erwogen, dem der preußische König Friedrich Wilhelm IV. freilich nicht zustimmte.

Revolution 1848

Die Märzrevolution sorgte auch für die Befreiung der Verurteilten des „Polenprozesses". In Posen setzte sich ein polnisches Nationalkomitee weiterhin für die Idee eines polnischen Nationalstaates – auch als Bollwerk gegen Russland – ein. Friedrich Wilhelm IV. versprach im März 1848 die nationale Reorganisation des Großherzogtums Posen. Danach trieb das Nationalkomitee, dem jetzt auch zurückgekehrte Führer der Nationalbewegung wie Mierosławski angehörten, die Aufstellung polnischer Streitkräfte sowie die Ablösung missliebiger deutscher Beamter und deren Ersetzung durch Polen voran.

Revolution in Posen

Anfang April 1848 ergriff die preußische Armee Maßnahmen gegen eine befürchtete polnische Machtübernahme im Großherzogtum Posen und verhängte den Ausnahmezustand. Gleichzeitig vollzog sich in der zunächst den Maßnahmen des Nationalkomitees gegenüber aufgeschlossenen deutschen Bevölkerung Posens ein Stimmungsumschwung. In Berlin wurden Pläne entworfen, das Großherzogtum in einen polnischen und einen deutschen Teil zu splitten, wobei ersterer eine liberale Verfassung erhalten und letzterer in den Deutschen Bund integriert werden sollte. Nachdem Überfälle auf preußische Soldaten verübt worden waren und Gefechte zwischen polnischen Kämpfern und preußischen Truppen stattgefunden hatten, kapitulierten die Aufständischen im Mai 1848 und Mierosławski wurde verhaftet.

Antipolnische Tendenzen in der „Polendebatte“ der Frankfurter Paulskirche

Wie im deutschen Bevölkerungsteil des Großherzogtums Posen war auch unter den Liberalen in Deutschland die propolnische Stimmung endgültig umgeschlagen. Die „Polendebatte“ in der Frankfurter Paulskirche zeigte deutlich, dass die überwältigende Mehrheit des liberal-nationalen Lagers das Großherzogtum Posen komplett in das zu gründende Deutsche Reich eingliedern wollte. Auch wenn diese Maßnahme nicht realisiert wurde, zeigte sich hier bereits deutlich im Kern jene deutschnationale Machtpolitik, die die Nationalliberalen in Deutschland später mit Bismarck zusammenführen sollte.

Zwar votierte die Mehrheit der Abgeordneten ebenfalls für besondere Rechte des Großherzogtums Posen innerhalb des preußischen Staates, doch in der preußischen Verfassung von 1849 stand dann kein Hinweis mehr auf eine derartige Sonderstellung. Das 1851 wieder aus dem Deutschen Bund ausgeschiedene, nicht geteilte Großherzogtum, im Schriftverkehr nunmehr als „Provinz Posen“ bezeichnet, wurde zukünftig nicht anders behandelt als andere östlich gelegene Provinzen des Königreichs Preußen. Durchgesetzt hatte sich noch einmal der Staatsgedanke vor dem Nationalitätenprinzip. Die Lage aber hatte sich nach 1848 verkompliziert: Während die polnische Frage vor der Revolution im Wesentlichen ein Problem zwischen dem preußischen Staat und der in Relikten fortbestehenden polnischen Adelsnation gewesen war, wurde sie nun

Provinz Posen (ab 1851)

zur dauerhaften Schwierigkeit zwischen preußisch-staatlichen, nationaldeutschen und nationalpolnischen Interessen.

Fortsetzung der Germanisierungspolitik

Die bereits in den 1830er Jahren begonnene Germanisierungspolitik wurde nach 1848 auch unter den deutschen Liberalen im gesamten preußischen Teilungsgebiet populär, wie unter anderem der erfolgreichste deutsche Roman des 19. Jahrhunderts, Gustav Freytags „Soll und Haben" (1854), verdeutlichte, in dem der Kanon späterer bürgerlich-nationaler und grenzdeutscher Ostmarkenideologie bereits vorgezeichnet wurde.

Zwar sprang der revolutionäre Umsturzgedanke 1848 auch nach Galizien über, allerdings wurden zwei Aufstandsversuche im Juni in Krakau und im November in Lemberg rasch unter österreichischem Bombardement beendet. In „Kongresspolen" hingegen fand unter dem harten Regiment des russischen Statthalters Paskevič kein Erhebungsversuch statt. Hier war nach 1831 in den acht Gouvernements des umbenannten „Nordwestlichen Landes" ein verschärfter Russifizierungskurs verfolgt worden, durch den unter anderem die Anhänger der griechisch-unierten Kirche zum Übertritt zur orthodoxen Staatskirche gedrängt werden sollten. Allerdings blieb die Zweisprachigkeit auch im Behördenbereich erhalten, in dem bis zur mittleren Ebene Stellen auch mit Polen besetzt wurden. Das Polnische wurde ebenfalls als Unterrichtssprache beibehalten.

Entspannung in „Kongresspolen"

Liberale Reformpolitik in „Kongresspolen" unter Alexander II.

Unter dem russischen Zaren Alexander II. (reg. 1855-1881) setzte dann in „Kongresspolen" wieder eine liberalere Entwicklung ein, die mit den vom Herrscher ab 1855 in Gang gesetzten inneren Reformen einherging und stärker auf einen russisch-polnischen Ausgleich zielte. Die nach 1830/1831 emigrierten Aufständischen wurden amnestiert und konnten zurückkehren, das Kriegsrecht wurde aufgehoben, und das „Organische Statut" von 1832, das Polen immerhin den Zugang auch zu hohen Staatsämtern ermöglichte, wurde wieder eingesetzt. Bis 1861 erfolgten weitere Reformen: die Bauernbefreiung, die weitgehende Emanzipation der jüdischen Bevölkerung und die Besetzung hoher Ämter bis zur Gouverneursebene mit Polen.

Auch wurde nach 1855 weniger Druck auf die katholische Geistlichkeit ausgeübt, die daher in ihren Predigten oftmals nationale Themen aufgreifen konnte.

Die Rolle des Katholizismus im Kampf um die nationale Unabhängigkeit Polens wurde auch deutlich, indem bei Kundgebungen jetzt religiöse Symbole auftauchten, obwohl Zar Alexander II. 1856 bei seinem Besuch in Warschau dem polnischen Adel geraten hatte, den nationalen Visionen abzuschwören. Die italienische Freiheitsbewegung und die Kriege Napoleons III. weckten überdies in „Kongresspolen" erneut Hoffnungen, innerhalb eines internationalen Gärungsprozesses die Wiederrichtung des polnischen Staates erreichen zu können. Erneut entstand eine revolutionäre Stimmung, die auch ins preußische Teilungsgebiet ausstrahlte, in dem nun ebenfalls die nationalen Forderungen mit größerer Entschiedenheit vorgetragen wurden.

Ein letztes gewaltsames Aufbäumen: der Januaraufstand 1863/64

Die durch die russische Befriedungspolitik und den allmählichen Fortschritt ermutigte Ausgleichspolitik gemäßigter polnischer Kräfte fand starken Widerspruch im demokratischen Lager, dem sowohl junge Intellektuelle und Studierende aus abgesetztem polnischen Adel als auch Mitglieder der niederen Beamtenschaft und des Warschauer Stadtbürgertums angehörten. Die vorwärtsdrängenden politischen Kräfte verfolgten konspirativ, aber auch offen revolutionäre Zielsetzungen und vertraten die Notwendigkeit eines erneuten Aufstandes. Im April 1861 wurde eine Demonstration gewaltsam aufgelöst, sodass mehr als 100 Tote zu beklagen waren. Der niedere Klerus unterstützte dennoch Protestkundgebungen im Herbst desselben Jahres aus Anlass des Gedenkens an die Lubliner Union. Die Beisetzung des Warschauer Erzbischofs Antoni Melchior Fijałkowski lieferte den Anlass zur Gründung der Adelsunion von Horodło.

Revolutionäre Regungen in „Kongresspolen" (1861)

Im Oktober 1861 war die Situation derartig gespannt, dass erneut das Kriegsrecht verhängt wurde und russische Soldaten polnische Demonstranten bis in die Kirchen verfolgten.

Sowohl der katholische Klerus als auch protestantische Pfarrer und Rabbiner protestierten gegen diese Verletzung des Kirchenasyls massiv und schlossen die Gotteshäuser in Warschau. In einer Phase harten Durchgreifens erfolgten von russischer Seite Massenverhaftungen, aber ab Mitte 1862 verfolgte der Zar Alexander II. wieder eine liberalere Politik. Sein Bruder, Großfürst Konstantin Nikolaevič wurde neuer Statthalter, Aleksander Wielopolski (1803-1877) Leiter einer rein polnischen Zivilregierung. Der politisch-administrative Zustand vor 1830 wurde weitestgehend wiederhergestellt, allerdings gab es keine zentrale Landesvertretung und auch keine polnische Armee mehr. Wielopolski war auf der polnischen Seite weitgehend isoliert, die gemäßigte Adelsfraktion versagte ihm die Unterstützung, während die radikaleren politischen Kräfte ein nationales Zentralkomitee als Kommandozentrale zur Vorbereitung eines Aufstandes für das Frühjahr 1863 einrichteten.

Die polnische Zivilregierung unter Wielopolski

Der Aufstand erfolgte im russischen Teilungsgebiet bereits im Januar 1863, doch gelang es den Insurgenten – maßgeblich aufgrund ihrer schlechten Ausrüstung – nicht, geschlossene Gebiete oder größere Städte für sich zu vereinnahmen. Überdies wurde der als militärischer Oberbefehlshaber (mit dem Titel „Diktator“) vorgesehene Mierosławski bereits beim Übertritt in das russische Teilungsgebiet geschlagen. Bereits im Mai bzw. Juni 1863 gab es aus dem Untergrund heraus eine Nationalregierung, die allerdings aufgrund ihrer rasch wechselnden Zusammensetzung niemals durchgreifende Kompetenzen entfalten konnte. Immerhin aber leisteten kleine, aus der Zivilbevölkerung heraus gebildete Partisaneneinheiten, die insgesamt wohl niemals mehr als 30.000 Kämpfer umfassten, 15 Monate Widerstand gegen eine zehnmal größere, gut ausgebildete russische Armee. Im März 1864 jedoch wurde der zum „Diktator“ ausgerufene Marian Langiewicz (1827-1887) zum Übertritt auf galizisches Gebiet gezwungen und dort von den österreichischen Behörden inhaftiert. Mit einer gewissen Hoffnung auf einen französisch-russischen Konflikt hielten sich die polnischen Kämpfer noch bis April 1864, konnten aber nicht mehr auf Hilfe durch westeuropäische Regierungen hoffen.

Aufstand (1863)

Niederschlagung des Aufstands

Preußen hatte bereits im Februar 1863 in der Konvention von Alvensleben mit Russland eine Zusammenarbeit vereinbart. Beide Seiten verpflichteten sich zur gegenseitigen Unterstützung bei der Bekämpfung des Januaraufstands, die so weit ging, dass russische Truppen zu diesem Zweck sogar preußisches Staatsgebiet betreten durften. Der russische Zar Alexander II. konnte, auf diese Weise abgesichert, die gewaltsame Wiederherstellung des Status quo in „Kongresspolen" ungehindert verfolgen. Großbritannien, Frankreich und Österreich protestierten zwar gegen die preußisch-russische Allianz in der polnischen Frage, aber sie fanden sich zu keiner weiteren Unterstützung der polnischen Anliegen bereit.

Folgen des Aufstands in Polen

Nach der Niederschlagung des Aufstands übte Russland ein grausames Strafgericht in Polen, das sich insbesondere gegen Adel, Klerus und *Inteligencja* richtete: Mehr als 250 Aufständische wurden hingerichtet, über 1.500 Insurgenten zur Zwangsarbeit verurteilt und 11.000 Beteiligte nach Sibirien oder ins Innere Russlands verbannt. Neben 1.660 Konfiskationen polnischer Güter mussten Kontributionen geleistet, lange Einquartierungen erduldet und Entlassungen aus dem Staatsdienst ertragen werden.

Folgen des Aufstands in Litauen

In Litauen, wo der Aufstand ebenfalls stattgefunden hatte, übte der russische Generalgouverneur von Wilna, Mikhail Murav'ev, besonders harte Vergeltung: Neben 128 Hinrichtungen wurden fast 1.000 Personen zu schwerer Zwangsarbeit verurteilt und weitere 8.000 verbannt, daneben wurden 1.800 Güter konfisziert. Die katholische Kirche wurde massiv geschwächt, 26 von 46 Klöstern wurden aufgelöst. Daneben zwangen willkürlich festgesetzte Geldstrafen viele polnische Gutsbesitzer zum Verkauf, gegen den polnischen Adel wurde offener Terror ausgeübt. Erst 1883 konnten viele Verurteilte durch eine Amnestie wieder in ihre Heimat zurückkehren.

Antideutsche Ressentiments in Polen

Das russisch-preußische Zusammenwirken bei der Niederschlagung des Aufstands schürte in Polen die ohnehin schon vorhandenen germanophoben Antipathien. Verstärkt wurden diese noch durch anmaßende Äußerungen Bismarcks über Polen, denen die starre These von der Unvereinbarkeit preußischer Staatsräson und jeglicher Form polnischer Selbstständigkeit zugrunde lag. Die Machtlogik Bismarcks, in der die polnische Frage bündnispolitisch instrumentalisiert wurde, verhärtete die negative Haltung Preußens gegenüber Polen zu einem unerbittlichen Prinzip preußischer Staatsräson.

Maßnahmen zur Russifizierung und Germanisierung: Liberalisierung in Galizien

Russifizierung im „Weichselland“

Für die Teilungsmächte verdeutlichte der Januaraufstand das Scheitern ihrer bisherigen Politik staatlicher Integration der polnischen Gebiete. Die russische Regierung wollte das von Russland annektierte Teilungsgebiet nun vollständig assimilieren. Das „Königreich Polen“ sollte in Zukunft nur noch als „Weichselland“ bezeichnet werden, der Staatsname „Polen“ wurde erneut aus dem offiziellen Sprachgebrauch verbannt. 1866 wurden die bis dato weitgehend selbstständigen Institutionen „Kongresspolens“ aufgelöst. Dieser Abbau der Sonderstellung war noch einschneidender als die unmittelbaren Vergeltungsmaßnahmen nach dem Aufstand, er ging einher mit einer sukzessiven Angleichung „Kongresspolens“ an russische Verhältnisse. Die in der Anzahl auf zehn verdoppelten „Weichselgouvernements“ wurden ausnahmslos von Russen verwaltet, bis 1868 war auch die überwiegend aus Polen bestehende mittlere und untere Beamtenschaft entlassen worden. Der *Code Napoléon* blieb zwar in Kraft, aber das Gerichtswesen wurde russifiziert. In den Volksschulen wurde Russisch Unterrichtsfach und später auch Schulsprache (außer im Religionsunterricht). Ein größeres Interesse, der Bevölkerung Bildungsmöglichkeiten zu eröffnen, hatten die russischen Behörden jedoch nicht, um 1900 waren noch immer ca. 70 Prozent der Bevölkerung „Kongresspolens“ Analphabeten. Im Jahre 1870 war keines der katholischen Bistümer mehr besetzt, da der Klerus trotz Verbots und trotz Aufkündigung des russisch-vatikanischen Konkordats weiterhin zur Kurie Kontakt hielt. Das unierte Bistum Chełm wurde 1875 zwangsweise mit der orthodoxen Staatskirche vereint.

Auch im preußischen Teilungsgebiet nahm die Unterdrückung polnischer Unabhängigkeitsansprüche im letzten Drittel des 19. Jahrhunderts immer stärker zu, bis sie am Ende des

19. Jahrhunderts in offenkundigen fatalen Bestrebungen gipfelte, die ethnische Identität der polnischen Bevölkerung zu zerstören. Im Vorfeld der deutschen Reichseinigung 1871 verfolgte auch Preußen eine deutliche administrative Unifizierungspolitik. Dabei standen konfessionelle Kriterien im Vordergrund, wie der 1873/1874 geführte „Kulturkampf" erkennen ließ.

Von polnischer Seite wurde trotz des nachdrücklichen Widerstands gegen eine Inkorporation der Provinz Posen in den kleindeutschen Nationalstaat kein starrer Konfrontationskurs gegen die preußische Regierung oder die Reichsregierung geführt, sondern der Versuch eines Auskommens unternommen. Es gab kein ausgearbeitetes verpflichtendes politisches Programm für die polnischen Mandatsträger, aber Initiativen und Stellungnahmen zur Wahrung der polnisch-nationalen Eigenständigkeit und zur Vertretung polnischer Interessen. Die Loyalität zum preußischen Staat und das Bekenntnis zu gesetzeskonformen Mitteln wurden von polnischer Seite immer wieder betont, ohne dass das langfristige Ziel der Wiederherstellung des polnischen Nationalstaats aufgegeben worden wäre. Auf kurze Sicht jedoch erschien die Verbesserung der wirtschaftlichen, sozialen und kulturellen Verhältnisse sowie die Bewahrung und Erweiterung der religiösen und individuellen Freiheiten vordringlicher.

Preußische Germanisierungspolitik

Durch die auf der Basis der Wiener Schlussakte von 1815 formulierte polnische Ablehnung einer Inkorporation der Provinz Posen in den Norddeutschen Bund und dann in das neu gegründete Reich sah Bismarck seine antipolnischen Ressentiments bestätigt, was innerhalb des Kulturkampfes zur Verschärfung beitrug – das antiklerikale Vorgehen der preußischen Staatsmacht in der Provinz Posen, in Oberschlesien und in Westpreußen war untrennbar mit Germanisierungstendenzen verbunden. Die 1871 verfügte Aufhebung der geistlichen Schulaufsicht durch das preußische Schulaufsichtsgesetz war eine der wichtigsten Maßnahmen der nun systematisch vollzogenen Eindeutschungspolitik. 1872 folgte die Einführung des Deutschen als Unterrichtssprache in Schlesien, 1873 auch in Posen und Westpreußen, möglich sollte die Festlegung des

Deutschen als Schulsprache nun auch im Religionsunterricht werden. Daneben wurde Polnisch sukzessive zwischen 1772 und 1790 als Unterrichtsfach abgeschafft. 1876 wurde das Deutsche dann auch alleinige Geschäftssprache. Für Bismarck war diese sprachliche Zwangsgermanisierung ein probates Mittel, um die Masse der polnischen Bevölkerung dem geistigen und politischen Einfluss des Klerus und den polnisch-nationalen Erwartungen zu entziehen. Die Germanisierung wurde von preußischer Seite sogar als Wohltat propagiert, da sie angeblich bessere Aufstiegschancen für bürgerliche und bäuerliche Schichten eröffnete. Durch die Nutzung der Schule als antipolnisches Kampfinstrument wurde diese Perspektive jedoch in ihr Gegenteil verkehrt. Hatten die Bildungsanstalten im preußischen Teilungsgebiet zuvor noch – zumindest begrenzt – zum Kulturkontakt beigetragen, weil sie eben noch nicht so sehr unter dem politischen Diktat litten, und hatten sie durchaus sozialen Fortschritt befördert, so brach die preußische Sprachen- und Kulturkampfgesetzgebung diese ansatzweise auch nützlichen Funktionen komplett ab.

Kulturkampf

Gegen diese Maßnahmen protestierte der Erzbischof Mieczysław Ledóchowski von Gnesen-Posen, der zunächst 1874 verhaftet und dann 1876 an der Rückkehr in seine Kirchenprovinz gehindert wurde. In der Folge des massiven Protests gegen diese Handlungsweise der preußischen Behörden wurden über 100 Geistliche inhaftiert und 126 Pfarrstellen blieben vakant. Der Widerstand gegen die Behandlung des Erzbischofs bezog sich nun nicht mehr nur auf polnisch-nationale, katholische Kreise, sondern zeigte seine Wirksamkeit auch im preußischen Abgeordnetenhaus und im deutschen Reichstag, wo die deutsche katholische Zentrumspartei mit den polnischen Abgeordneten zusammen gegen die Maßnahmen der preußischen Regierung stimmte. Obwohl der Kulturkampf am Ende nur das Gegenteil der preußischen Intentionen erreichte, also eher eine Stärkung als eine Schwächung des polnischen Nationalismus bewirkte, wurde auch nach seiner Beendigung die germanisierende Sprachenpolitik fortgesetzt: Nach der Festlegung des Deutschen als Geschäftssprache folgte 1877 auch ein Gesetz zur Bestimmung der deutschen

Sprache als Gerichtssprache. Ähnlich wie die meisten schulpflichtigen polnischen Kinder konnten auch viele erwachsene Polen kein Deutsch sprechen und waren durch diese Vereinseitigung jeglicher sprachlicher Betätigung im öffentlichen Raum in der Besatzersprache Deutsch zu Staatsbürgern zweiter Klasse degradiert.

Die preußischen Verfechter der germanisierenden Sprachenpolitik erwarteten, dass die Mehrheit der polnischen Bevölkerung, durch diese Maßnahmen eingeschüchtert und weitgehend wehrlos gemacht, ihrer Assimilation als Reichsbürger keinen ernsthaften Widerstand mehr entgegensetzen würde. Der Glaube an die Wirksamkeit gezielter sprachlich-kultureller Germanisierung wurde gespeist durch ein im Deutschen Reich sehr verbreitetes, kulturell-ethnisch begründetes Superioritätsbewusstsein gegenüber den Polen.

Nationale polnische Aktivitäten

Diese Erwartungen erwiesen sich als schwere Fehlkalkulationen: Die Polen innerhalb des Deutschen Reiches waren in den 1770er und 1780er Jahren eben durchaus keine unmündigen Untertanen, sondern wurden – vor allem durch das Vereins- und das Zeitungswesen – äußerst aktiv. In besonderer Weise ist die Wirksamkeit der bereits bestehenden Bildungsvereine Marcinkowskis zu nennen, daneben aber wurden auch polnische Bauernvereine in der Provinz Posen, vor allem durch Maksymilian Jackowski, ins Leben gerufen.

Galizische Besonderheiten

Auch in Galizien gab es nach 1849 zunächst Versuche, nationale und – hier verstärkt zutage tretende – soziale Spannungen durch Zentralisierungs- und Germanisierungsmaßnahmen zu unterdrücken, aber diese Politik wurde spätestens Ende der 1850er Jahre nach den ersten verlustreichen Erfahrungen Österreichs mit der italienischen Nationalbewegung aufgegeben. Ohnehin war die Situation im österreichischen Teilungsgebiet anders geartet als in den von Russland und Preußen annektierten polnischen Territorien: Die Habsburgermonarchie stellte insgesamt ein übernationales Reich mit (mindestens) zehn nationalen Einzelbevölkerungen dar, sodass die Dominanz einer einzelnen (deutsch-österreichischen) Titularnation ohnehin nicht durchsetzbar war. Zudem war der Bevölkerungsanteil Deutscher in Galizien sehr gering, sodass er den Autonomiewünschen im Namen des fast hälftigen polnischen Anteils an der Gesamtbevölkerung nicht im Wege stand. Daneben gab es auch keinen zusätzlichen konfessionellen Gegensatz.

Österreichische Umwerbung polnischer Eliten in Galizien

Österreichs Niederlage im Deutschen Krieg von 1866 und die ungarischen Forderungen nach größerer Selbstständigkeit und nach Gleichberechtigung innerhalb des Habsburgerreiches zwangen den österreichischen Kaiser Franz Josef I. im Herbst 1866, sich die Unterstützung der galizischen Polen durch seine Zusage zu sichern, die polnische Prägung der Verwaltung und des Schulwesens zu dulden. Zwar wurde kein offizielles Autonomiegesetz für Galizien verabschiedet, doch wurden die Selbstverwaltungsbefugnisse der ganz maßgeblich durch den Hochadel repräsentierten galizischen Polen in der Landesresolution von 1868 gestärkt, sodass danach im „Kronland Galizien" die Autonomie unter dem Dach der Habsburgermonarchie durchgesetzt werden konnte. Die Zustimmung der galizischen Polen zum Österreichisch-Ungarischen Ausgleich von 1867 wurde mit der Errichtung eines galizischen Landschulrats und der Einführung des Polnischen als Unterrichtssprache honoriert. 1868 wurde Polnisch wieder Amts- und Gerichtssprache, 1870 wurden die Landesuniversitäten von Krakau und Lemberg polonisiert, ab 1871 vertrat ein Minister Galizien in der Wiener Zentralregierung, 1873 wurde – unter Bevorzugung der Polen gegenüber den Ruthenen – die Zahl der galizischen Abgeordneten im Reichsrat erhöht. Die Begünstigung der Polen hatte aus österreichischer Sicht neben der so gesicherten Unterstützung der kaiserlichen Politik gegenüber Ungarn einen weiteren entscheidenden taktischen Vorteil: Die Förderung der Polonisierung in Galizien ermöglichte gleichzeitig eine wirksame Eindämmung sowohl ruthenisch-ukrainischer als auch panslawistischer Separationsbestrebungen. Trotz ihrer durchaus loyalen Haltung gegenüber dem habsburgischen Kaiserhaus blieben aber die galizischen Polen, insbesondere die führenden Kräfte des Hochadels und der *Inteligencja*, Kristallisationskräfte polnischer nationaler und kultureller Energien, die durchaus auch Einfluss in die russischen und preußischen Teilungsgebiete auszuüben verstanden.

Initiativen zur Stärkung der polnischen Identität in der Provinz Posen

Im preußischen Teilungsgebiet waren führende Kräfte schon im Zusammenhang mit der gescheiterten Posener Revolution von 1848 zu der Einsicht gekommen, dass vom kleinen, preußisch besetzten Teil Polens nur schwerlich eine erfolgversprechende Aufstandsinitiative zur Wiedergewinnung der nationalen Unabhängigkeit erfolgen könne. Dementsprechend entwickelte sich hier schon früher als in den anderen Teilungsgebieten das Konzept der „organischen Arbeit", das die Aufrechterhaltung des nationalen Bewusstseins durch Bildung über polnische Geschichte, Literatur, Kunst, Tradition und schließlich auch politisch-nationale Desiderate anstrebte. Neben der Posener Gesellschaft der Freunde der Wissenschaften (1859) und der Gesellschaft zur Förderung der moralischen Interessen der polnischen Bevölkerung unter preußischer Herrschaft (1869) trug vor allem die sich rapide entwickelnde polnische Presse in der Provinz Posen zum weiter wachsenden Selbstbewusstsein und zum sich stetig steigernden nationalen Bewusstsein der bürgerlichen Schichten der polnischen Bevölkerung bei: 1859 wurde das *Dziennik Poznański* (Posener Tageblatt), dann das *Tygodnik Katolicki* (Katholisches Wochenblatt) und schließlich 1872 der *Kurjer Poznański* (Posener Kurier) gegründet. Zwar war die Strategie der preußischen Behörden, die polnischen Elemente nicht nur aus der Verwaltung, sondern auch aus dem Bildungswesen zu tilgen, unübersehbar, die polnisch-nationalen Kräfte setzten aber äußerst effizient eine außerschulische Erziehungs- und Bildungsarbeit im polnisch-nationalen Sinne dagegen, die einen noch engeren Zusammenschluss der polnischen Bevölkerung im preußischen Teilungsgebiet beförderte.

Radikalisierung der preußischen Polenpolitik gegen Ende des 19. Jahrhunderts

In der Überzeugung preußischer Herrschaftsberechtigung und Überlegenheit über die als kulturell unterlegen dargestellten Polen radikalisierte sich die Polenpolitik Preußens immer stärker, bis sie gegen Ende des 19. Jahrhunderts den Charakter nahezu unverhüllter deutschnationaler Kampfpolitik annahm und in einen nationalistischen Ausgrenzungskurs einmündete. Nicht nur war die Sprachenpolitik der 1870er Jahre völlig erfolglos geblieben, auch wirkte der Zuzug von Polen aus den östlichen Gebieten in das preußische Teilungsgebiet, der die Bevölkerungsrelation zu polnischen Gunsten veränderte, dem nationalstaatlichen Konzept der Eindeutschung entgegen. Die Anwesenheit nichtdeutscher Bevölkerungsteile wurde nunmehr einzig als Bedrohung für den Zusammenhalt des preußischen Staates wahrgenommen. Dies betraf im preußischen Teilungsgebiet neben den Polen auch die Kaschuben, die Litauer um Tilsit und Memel und die Juden. Gegen die zunehmende Zuwanderung aus dem russischen Teilungsgebiet und aus Galizien vor allem nach Schlesien, aber auch von dort bis in westliche Reichsteile, vor allem das Ruhrgebiet, setzte die deutsche Reichsregierung auf eine rigide Ausweisungspolitik, die eine ungewöhnlich massive Verschärfung der ohnehin schon restriktiven preußischen Polenpolitik bedeutete und die sogar der Reichstag 1886 mehrheitlich verurteilte. Die polnischen Einwanderer galizischer Herkunft zeitweise einbezogen, fanden die Massenabschiebungen dennoch bis 1887 weiterhin statt.

Ausweisungspolitik

Zudem wurde 1886 ein Gesetz zur Förderung deutscher Ansiedlungen in Posen und Westpreußen beschlossen, durch das ein Fonds mit 100 Millionen Mark zum Ankauf von Grundbesitz im preußischen Teilungsgebiet gegründet wurde, der bis 1914 auf 500 Millionen Mark aufgestockt wurde. Der Flächenanteil deutscher Landbesitzer hatte zwar bereits seit 1848 erheblich zugenommen, da aber die deutschen Güter im Durchschnitt um gut die Hälfte der Fläche größer waren als die polnischen, gab es numerisch immer noch mehr polnische Grundbesitzer. Das klar formulierte Ziel lautete nun, den Deutschen eine absolute Majorität auf dem Lande zu gewährleisten, sowohl nach Besitzfläche wie auch nach Bevölkerungszahl – ein Vorsatz, der nur schwerlich als defensiv zu bezeichnen ist.

Begünstigung deutscher Siedlungen im preußischen Teilungsgebiet

Flankiert wurden diese bevölkerungs- und besitzpolitischen Maßnahmen durch eine Reihe weiterer Gesetze und Erlasse, die teilweise die alten Germanisierungsmaßnahmen trotz ihrer Ineffizienz fortsetzten: 1898 verpflichtete die Reichsregierung ihre Beamten per Dekret zur Förderung des Deutschtums, sodass es für nationalbewusste Polen nahezu unmöglich wurde, ein Staatsamt zu übernehmen. 1901 wurde Deutsch als alleinige Unterrichtssprache auch für den Religionsunterricht festgelegt, eine Maßnahme, die die Bestreikung der Schulen durch die polnische Bevölkerung bzw. die polnischen Schülerinnen

Weitere Germanisierungsmaßnahmen

und Schüler nach sich zog. 1906 wurde der Religionsunterricht in den oberen Klassen des Gymnasiums verboten. 1908 wurde das Polnische als Vereins- und Versammlungssprache weitgehend verboten, was allerdings später durch Gerichtsbeschluss wieder korrigiert wurde. Ebenfalls 1908 wurde auf Druck des deutlich völkisch gesonnenen Ostmarkenvereins (gegründet 1894 durch deutsche Großgrundbesitzer in der Provinz Posen) das Ansiedlungsgesetz verschärft durch die nun eröffnete Möglichkeit, polnischen Besitz gegen Entschädigungszahlungen zu enteignen. Für die Polen im preußischen Teilungsgebiet wirkte es sich verhängnisvoll aus, dass sie unter Zwang deutsche Reichsbürger werden mussten, denn nun waren sie im Deutschen Reich eine nationale Minderheit, und die polnische Frage wandelte sich von einem letztlich staatlichen Problem Preußens zu einem national-ethnischen der deutschen Innenpolitik, das zunehmend in den Sog völkisch-nationaler Radikalisierung am Ende des 19. und zu Beginn des 20. Jahrhunderts geriet. Mit Blick auf das preußische Staatsgebiet wurde die deutsche Polenpolitik immer stärker zu nationaler Kampfpolitik, durch die die Reichsverfassung in bedenklicher Weise ausgehöhlt wurde: Die konstitutionelle Grundlage des Deutschen Reichs von 1871 wurde durch die wilhelminische „Ostmarkenpolitik" grundsätzlich kompromittiert.

Das Programm der „organischen Arbeit"

Bereits in den 1840er Jahren setzte sich im Großherzogtum Posen, besonders nach der gescheiterten Posener Revolution 1848, sukzessive die Ansicht durch, dass durch gewaltsame Erhebungen, an denen immer nur Teile der Bevölkerung, zunächst maßgeblich aus Adel und Klerus, später auch aus der *Inteligencja,* aber nur sehr eingeschränkt das übrige Bürgertum und fast gar keine Bauern, beteiligt waren, die staatliche Souveränität Polens nicht zurückzugewinnen war. Vielmehr erstarkten jene Stimmen, die – auch in Abwehr der zunehmenden Germanisierungs- und Russifizierungsbestrebungen – die Erinnerung an die glorreiche Vergangenheit Polen-Litauens, die Pflege polnischer Kultur und die Zuversicht in eine wieder selbstbestimmte Zukunft über inoffizielle Bildungsinitiativen

Kultur- und Bildungsinitiativen zur Stärkung polnischer nationaler Identität wachhalten wollten. Auch sollte ein öffentlicher Kommunikationsraum durch Entwicklung der Presse und des Buchmarktes hergestellt sowie politische Anliegen durch Gründung entsprechender Organisationen befördert werden, um die Masse der Bevölkerung für die Befreiung von der Fremdherrschaft der Teilungsmächte und die Wiedergewinnung der Unabhängigkeit Polens zu begeistern. Auf der Basis der Vorarbeiten Marcinkowskis wurden bereits in den 1850er Jahren erste Anstrengungen unternommen, die mit der nach Niederschlagung des Januaraufstandes verbreiteten Trostlosigkeit an Relevanz gewannen.

In dieser Situation suchten vor allem junge Literaten und Historiker nach neuen Wegen der nationalen Selbstbehauptung. Den romantischen Nationalismus der alten adligen Staatsnation sahen sie durch die Unterdrückung des Januaraufstandes als gescheitert an, ihre Kritik richtete sich vor allem gegen den Messianismus der polnischen Romantiker. Allerdings wurde die bahnbrechende Rolle der romantischen Nationaldichtung in Polen und die Bedeutung ihrer Hauptvertreter, insbesondere Adam Mickiewiczs', nicht grundsätzlich hinterfragt.

Polnischer Positivismus

Die Exponenten des „Positivismus", wie diese realistische Ausrichtung in der Kunst genannt wurde, die ihre wichtigste Stimme im *Przegląd Tygodniowy* (ab 1882 *Wskazania Polityczne*) Aleksander Świętochowskis fand, bewahrten die Vision der wiederzuerlangenden Unabhängigkeit, verlegten aber deren Realisierung in eine nicht näher bestimmte Zukunft. Die Lehre aus dem gescheiterten Aufstand von 1863/1864 bestand vor allem in der Einsicht, die Wiederaufrichtung des polnischen Staates weniger auf revolutionärem als kontinuierlich auf evolutionärem Wege zu verfolgen. Dieser sollte durch ein Programm der „organischen Arbeit" in allen Bereichen des politischen, ökonomischen, gesellschaftlichen und kulturellen Lebens gestaltet werden, um vor allem durch Bildung das Selbstbewusstsein und die Mündigkeit der polnischen Bevölkerung insgesamt zu befördern und so Russifizierungs- wie Germanisierungsbestrebungen effektiv begegnen zu können. Der Abschied von den romantischen Vorstellungen der Adelsnation ermöglichte die Ausweitung des Nationsbegriffs auf alle sozialen Schichten der Bevölkerung. Da die offiziellen Bildungsinstitutionen im russischen und im preußischen Teilungsgebiet nicht zum Zwecke der Stärkung des polnischen Nationalgefühls genutzt werden konnten, entstand eine illegale Bildungsorganisation, die über Themen der polnischen Geschichte, Literatur und Kultur den Gedanken an die Wiedererlangung der staatlichen Souveränität ebenso motivieren wie innergesellschaftliche Konflikte entschärfen sollte. Begünstigt wurden diese Anliegen durch das Arrangement massenwirksamer Gedenkfeiern zu bedeutenden Ereignissen der polnischen Geschichte, die im späten 18. und im 19. Jahrhundert zunehmend zu historisch-politischen Mythen mit einer Integrationskraft für die polnische Gesellschaft über die Teilungsgrenzen hinweg stilisiert wurden: das zweihundertjährige Jubiläum zur Rettung Wiens vor den Osmanen durch Jan Sobieski (1883), der 100. Geburtstag des Nationaldichters Adam Mickiewicz (1898) und der 500. Jahrestag des mittelalterlichen polnischen Sieges bei Grunwald/Tannenberg (1910). In diesen Jubiläumsfeiern kristallisierte sich die Erkenntnis heraus, dass eine Nation, also auch die polnische, auf einem übergreifenden Zusammengehörigkeitsgefühl basiert, für das Kriterien wie Sprache, Konfession, Geschichte und Kultur zwar eminent wichtig sind, letztlich aber vor allem das subjektive Bewusstsein von der Möglichkeit der Teilhabe an dieser Gemeinschaft entscheidend ist.

Polnische Gedenkfeiern

Die Rolle der polnischen Literatur und Kunst

Geistige Wegbereiter und Hauptvertreter dieser neuen Denkrichtung waren Schriftsteller wie Bolesław Prus (1847-1912), Henryk Sienkiewicz (1846-1916) und Eliza Orzeszkowska (1841-1910), Historiker wie Karol Szajnocha (1818-1868) und Maler wie Jan Matejko (1838-1893). Sie waren überzeugt von der Notwendigkeit einer inneren Modernisierung der polnischen Gesellschaft, die sie ins Zentrum ihres Schaffens stellten. Je stärker die Teilungsmächte auf Zwang und Konfrontation setzten, desto schärfer wurde die nationale Auseinandersetzung in der polnischen Literatur geführt. Ein Beispiel dafür mag Maria Konopnickas (1842-1910) in Form eines Gebets verfasstes Gedicht „Rota“ (Gelöbnis) sein, das aus Anlass der Einführung des Deutschen als Unterrichtssprache auch im Religionsunterricht und des nachfolgenden Schulstreiks 1908 verfasst wurde und unter dem einem Ursprungsmythos entnommenen, zum Namen der ersten polnischen Königsdynastie erkorenen und schließlich auf polnische Thronprätendenten angewendeten Begriff *Piast* das Etikett der Nation ausdrücklich an die gesamte polnische Gesellschaft heftete. Besonderen Erfolg verzeichnete der spätere polnische Literaturnobelpreisträger Sienkiewicz, der – wie auch der bedeutendste polnische Historienmaler Matejko – die Erinnerung an die glorreiche Vergangenheit Polens, verknüpft mit einer hoffnungsvollen Zukunftserwartung, durch die Gestaltung höchst populärer historischer Motive (z.B. die Schlacht von Grunwald) belebte und auf diese Weise seinen Aufruf zur Wiedererrichtung der polnischen Staatlichkeit mit Blick auf die Zensur kaschierte, obwohl seine Leserschaft diese Botschaft leicht entschlüsseln konnte.

Die Stanczycy in Krakau

In Krakau bildete sich in den Kontroversen über die Ursachen für das erneute Scheitern eines Aufstandes eine Gruppe junger Konservativer unter der Führung des Grafen Stanisław Tarnowski (1837-1917). Die – nach einem Hofnarren im 16. Jahrhundert – *Stanczycy* genannte Gemeinschaft lehnte Befreiung und Wiedervereinigung zwar ebenfalls als politische Zielsetzungen nicht ab, forderte aber als notwendige Voraussetzung durch „erzieherische" Maßnahmen eine grundlegende Veränderung der polnischen Mentalität und die Förderung des Erwerbs praktischer Erfahrungen mit der politischen Macht. Auf diese Weise sollten die nationalen Kräfte in Polen allmählich wieder, auf breiterer Basis als zuvor, erstarken.

In den polnischen Teilungsgebieten war nach dem Januaraufstand bis Ende der 1880er Jahre ein gewaltiger Bevölkerungsanstieg zu verzeichnen, die überwiegende Mehrheit der Polen lebte auf dem Lande. Relativ schnell setzte sich daher innerhalb der Vertreter eines Programms der „organischen Arbeit" die Auffassung durch, dass durch konzeptionelle Maßnahmen für die Landbevölkerung deren wirtschaftlich-soziale Organisation vorangetrieben und systematisiert und sie auf diese Weise in die politischen Aktivitäten der polnischen Nationalbewegung

Genossenschaftsgründungen und Bauernvereine

eingebunden werden könne. In Großpolen gab es bereits 1873 14 durch den Geistlichen Augustine Szamarszewski (1832-1891) gegründete Genossenschaften. 1873 bis 1877 entstanden auf Initiative von Maksymilian Jackowski (1815-1905) 105 Bauernvereine, die moderne Betriebstechniken und profitablere Anbaumethoden vermittelten, den preiswerten Einkauf von Geräten, Saatgut und Düngemitteln ermöglichten sowie in Kredit- und Versicherungsfragen berieten. Diese Organisationen, die die von preußischer Seite vorangetriebene Parzellierung des Grundbesitzes in Posen und Westpreußen zu polnischen Gunsten beeinflussten, förderten letztlich das nationale Selbstbewusstsein der Bauern und stärkten ihre Position gegenüber dem Adel. So stand die Veränderung des Begriffs der Nation in enger Wechselwirkung mit dem im letzten Drittel des 19. Jahrhunderts in Polen vollzogenen wirtschaftlichen und sozialen Wandel.

Industrialisierung und sozialistische Bewegungen in „Kongresspolen"

Ein Anstieg der Bevölkerungszahl war auch in den Städten zu verzeichnen, die z. T. besonders von technischen Neuerungen profitiert hatten und industrielles Wachstum erlebten, indem die Textilindustrie durch Mechanisierung intensiviert wurde, der Eisenbahnbau den Absatz aus der Schwerindustrie intensivierte und – besonders um Warschau – eine konkurrenzfähige Leichtindustrie entstand. Der mit der Industrialisierung einhergehende soziale Wandel begünstigte die Entstehung sozialistischer Bewegungen, die allerdings bis Mitte der 1880er Jahre unter Berufung auf die internationale Solidarität der Arbeiterschaft der nationalen Idee, die in der lange gültigen Tradition der Adelsrepublik insbesondere als Anliegen der *Szlachta* und vielleicht noch der Bourgeoisie interpretiert wurde, eher ablehnend gegenüberstand. Zwar erreichten diese in der Illegalität operierenden sozialistischen Organisationen keine Massenbasis, aber gerade deswegen mussten sie sich dezidiert zu den nationalen Anliegen ins Verhältnis setzen, sodass schon bald Kontroversen entstanden. So vertrat die bereits im westeuropäischen Ausland gegründete, an das Erfurter Programm der deutschen Sozialdemokraten angelehnte, ab 1893 auch in „Kongresspolen" aktive Polnische Sozialistische Partei (PPS) unter dem späteren polnischen Staatspräsidenten Józef Piłsudski (1867-1935) schon bald die Auffassung, dass die überfällige soziale Umgestaltung nur in einem unabhängigen, demokratischen Polen möglich sei und näherte sich damit an einen nationalpolnischen Kurs an. Dagegen betonte die durch enge Zusammenarbeit mit der russischen Sozialdemokratie gekennzeichnete, von Rosa Luxemburg (1871-1919) und Julian Marchlewski (1866-1925) gegründete *Socjaldemocracja Królestwa Polskiego i Litwy* (Sozialdemokratie des Königreiches Polen und Litauen – SDKPiL) trotz ihres Namens ihren internationalistischen und klassenkämpferischen Charakter.

Bürgerliche Parteien in „Kongresspolen"

Im bürgerlichen Lager entstand auf der Basis einer nach Demonstrationen 1891 zur Maiverfassung und 1894 zum Kościuszko-Aufstand zerschlagenen nationaldemokratischen Organisation unter Führung von Roman Dmowski (1864-1939) die *Liga Narodowa* (Nationale Liga) mit ihrem Organ *Przegląd Wszechpolski* (Allpolnische Rundschau), das insbesondere das Bürgertum, aber auch die besitzende Bauernschaft erreichte. Die nationaldemokratische Partei kolportierte dann auch Ideen eines – durchaus bereits antisemitisch eingefärbten – biologischen Nationalismus sowie entsprechend eines sakralisierten nationalen Eigennutzes und betonte die Notwendigkeit der Restitution Polens in den Grenzen von 1772. Die nationale Unruhe, die auch in „Kongresspolen" dem am „Blutigen Sonntag" in St. Petersburg gewaltsam niedergeschlagenen Generalstreik (1905) folgte, versuchten die Nationaldemokraten zwar im Verbund mit dem Klerus zu besänftigen, doch den bis 1908 andauernden, von den Sozialdemokraten mitinitiierten Schulstreik unterstützten sie.

Politische Organisation in Galizien

In Galizien verlief die Entwicklung politischer Organisationen maßgeblich durch zwei Aspekte in etwas abweichender Weise. Erstens hatte sich die Teilungsmacht Österreich zu einem vergleichsweise liberalen, die galizischen Polen, die auch die Oberschicht bildeten, begünstigenden Kurs entschieden, der wachsenden Widerstand des beachtlichen ruthenischen Bevölkerungsteils (43 Prozent) hervorrief. Trotz des Protests der polnischen Vertreter wurde allerdings 1907 das allgemeine, freie Wahlrecht eingeführt, das jedoch in der Umsetzung manipuliert wurde, sodass der sehr große ukrainisch-ruthenische Bevölkerungsteil nur 29 Prozent der Mandate erhielt. Die Bildung politischer Organisationen wurde also ganz maßgeblich durch die ethnisch-religiöse Gemengelage in Galizien, die auch einen größeren Teil an vornehmlich in den Städten ansässigen Juden umfasste, und deren Handhabung durch die österreichische Teilungsmacht beeinflusst.

Zweitens war auch in Galizien trotz steigender Todesrate und zunehmender Auswanderung im letzten Drittel des 19. Jahrhunderts ein erhebliches Bevölkerungswachstum zu verzeichnen. 80 Prozent der Menschen lebten von der Landwirtschaft. Unterbeschäftigung und offene Not nach schlechten Ernten bedrückten die Bevölkerung zusätzlich. Zu den ethnisch-religiös bedingten Spannungen kamen also soziale Missstände, die freilich die polnische Oberschicht wenig tangierten.

Die bereits 1892 gegründete *Galicjaska Partia Socjalno-Demokratyczna* (Galizische Sozialdemokratische Partei) ging in der *Polska Partia Socjalno-Demokratyczna* (PPSD) unter Ignacy Daszyński (1866-1936) auf. Die übrigen polnischen Parteien, unter denen die Nationaldemokraten besonders stark waren, zeigten in den antisemitisch und antiukrainisch ausgerichteten, polnisch-nationalistischen Zielsetzungen große Schnittmengen.

Trotz seiner ungelösten sozialen und ethnischen Probleme und trotz seiner ökonomischen Rückständigkeit blieb Galizien – zumindest für den polnischen Bevölkerungsanteil – dank weitreichender Landesselbstverwaltung und breitgefächertem Pressewesen ein entscheidendes geistiges und organisatorisches Zentrum des polnischen Freiheitskampfes, von dem vor Beginn des Ersten Weltkrieges bedeutsame nationale Impulse ausgingen.

Im ausgehenden 19. Jahrhundert war die von polnischer wie auch preußischer oder russischer Seite mit steigender Hartnäckigkeit geführte nationale Auseinandersetzung um Sprache, Schule und Boden zunehmend von ideologischer und politischer Rigorosität und Verkrampfung gekennzeichnet. Wichtige Machtinstrumente befanden sich zwar in Händen der Teilungsmächte, aber die durch verschärfte Restriktionen und Zwangsmaßnahmen der fremden Obrigkeit in Reaktion ausgeprägte und durchformte polnische Nation konnte durch die Polenpolitik der Besatzer nicht verhindert werden – im Gegenteil, sie wurde gestärkt. Strukturiert wurde diese ausgereifte polnisch-nationale Gesellschaft durch eine sachlich-nüchterne Arbeit in straffer Disziplin unter Verzicht auf revolutionäre Aktionen. Auf diese Weise wurde ein durch die Teilungsmächte nicht mehr assimilierbares polnisches Gemeinwesen *(społeczeństwo)* mit ökonomischen Autarkiebestrebungen in einem eng verknüpften Netzwerk nationaler Organisationen und mit einem effizienten Pressewesen geschaffen.

5.4 Erörterung wissenschaftlicher Kontroversen: Polen – Abschied vom „romantischen Nationalismus"?

Das neue polnische Nationalgefühl am Ende des 18. Jahrhunderts

Martin Broszat beschreibt, dass die territoriale wie auch innere Konstruktion des nach der Zweiten Polnischen Teilung verbliebenen Reststaates, in dem eine von russischen Truppen geschützte konservative Adelspartei ohnehin nur geringe Autorität besaß, auch deswegen keine Chancen auf längeren Bestand hatte, weil sich mit der Maiverfassung 1791 bereits ein neues polnisches Nationalgefühl gezeigt hatte, das zwar anders geartet war als das Überzeugungssystem der bürgerlichen Nationen, aber dennoch unter dem Einfluss der Französischen Revolution stand (Broszat 1972, S. 61). Nach Broszat hatte der Gewaltakt der Zweiten Teilung dieses Nationalgefühl, das auf das alte polnisch-litauische Staatswesen in der Verfasstheit einer Adelsrepublik und in den Grenzen vor 1772 rekurrierte, noch verstärkt. Getragen wurde diese Nationalbewegung des ausgehenden 18. und frühen 19. Jahrhunderts maßgeblich vom polnischen Adel und von der katholischen Geistlichkeit, aber schon bald gesellten sich bürgerlich-intellektuelle Kräfte und – allerdings noch sehr begrenzt – sogar bäuerlich-sozialrevolutionäre Bestrebungen hinzu (Broszat

Veränderungen in der polnischen Gesellschaftsstruktur im 19. Jahrhundert

1972, S. 61). Diesen langsamen, aber andauernden Transformationsprozess der polnischen Nationalbewegung führt Jörg K. Hoensch auf bedeutende Veränderungen in der polnischen Gesellschaftsstruktur zurück, die insbesondere im Verlauf des 19. Jahrhunderts den sozialen Aufstieg bürgerlicher Gesellschaftsgruppen ermöglichten und teilweise sogar ganz neue soziale Segmente hervorbrachten, sodass die Dominanz der *Szlachta* stetig zurückgedrängt wurde (Hoensch 1998, S. 192). Besonders aus dem besitzlosen Kleinadel, der nur in Teilen in das Bauerntum abstieg, mehrheitlich aber in den städtischen Schichten und im Beamtentum aufging, bildete sich ein neues und zunehmend wichtigeres Fundament der nationalen Einigungsbewegung, das auf eine grundlegende Reform des anachronistischen Staatsgefüges drängte.

Romantische Vergangenheitsverklärung und revolutionärer Messianismus in Polen in den 1830er Jahren

Dabei war allerdings bis zu Beginn der 1830er Jahre hinein das Ziel der Wiedervereinigung der polnischen Territorien zu einem souveränen Staat in den Grenzen der alten polnisch-litauischen Union weitestgehend unumstritten (Hoensch 1998, S. 195). Eine gewisse ideologische Versteifung der historischen Legitimation setzte dann nach Martin Broszat in der nach dem Novemberaufstand 1831 erfolgten Emigration ein: Romantische Vergangenheitsverklärung und revolutionärer nationaler Messianismus, wie er in der Emigrationsliteratur der 1830er Jahre seinen charakteristischen Ausdruck fand, wurden in einer Symbiose innerhalb des polnischen Nationalismus durch mythische Überhöhung vergangener und künftiger Größe verschmolzen. Das polnische Schicksal wurde repräsentativ quasisakralisierend als weltgeschichtliches Martyrium für freiheitliche und nationale Anliegen ausgewiesen, der polnische Unabhängigkeitsdrang als Engagement für alle in Abhängigkeit gehaltenen Völker verklärt (Broszat 1972, S. 97). Dieses maßgeblich von den revolutionären Emigranten konstruierte Selbstbild verfehlte seine Wirkung bei liberal-nationalen Bewegungen in anderen europäischen Ländern, insbesondere in Deutschland, zunächst nicht, doch kaschierte es – wie Jörg K. Hoensch betont – die Tatsache, dass bereits im Novemberaufstand innerhalb der polnischen Nationalbewegung zahlreiche Gruppen mit höchst divergierenden Zielsetzungen aktiv waren (Hoensch 1998, S. 203).

Die in der Literatur in diesem Zusammenhang immer wieder hervorgehobenen „Polensympathien" deutscher Liberaler im Vormärz (z. B. Broszat 1972, S. 109) sind allerdings in ihrer inhaltlichen und intentionalen Substanz auch begründet hinterfragt worden, so beispielsweise von Michael G. Müller, der die Akzidentialität und die Funktionalität der liberalen „Polenfreundschaft" Anfang der 1830er Jahre betont (Müller 1979, S. 115). Klaus Ziemer macht den Gleichklang der abstrakten Forderungen nach Freiheit und Einheit für die Solidarität der deutschen liberal-nationalen Bewegung im Vormärz verantwortlich (Ziemer 1999, S. 57). Der polnische Literarhistoriker Hubert Orłowski schließlich weist am Beispiel des die Teilungen moralisch verurteilenden und daher auch die Rechtfertigungsstrategie Preußens missbilligenden liberalen deutschen Staatsrechtlers und Politikers Karl von Rotteck nach, dass auch dieser eine historische Notwendigkeit für die Polnischen Teilungen aus der Entwicklung der späten Adelsrepublik ableitete und also den Untergang der polnischen Staatlichkeit in einen mit innerer Logik ablaufenden überindividuellen historischen Prozess einordnete (Orłowski 1996, S. 254-259, 410). Der Auffassung Martin Broszats, die Sympathien der deutschen Liberalen für die polnisch-nationalen Anliegen hätten praktisch ungebrochen den gesamten Vormärz hindurch bis zur Deutschen Revolution von 1848 angedauert, und erst die „Polendebatte" der Frankfurter Nationalversammlung habe ein abruptes Ende dieser positiven Einschätzungen bedeutet (Broszat 1972, S. 113-114), widerspricht auch Rudolf Jaworski nachdrücklich (Jaworski 1999, S. 58).

„Polensympathien" im Vormärz

Dennoch stellte das Jahr 1848 eine bedeutende Wegscheide in der Frage der polnischen Nation und ihres (wieder zu errichtenden) Staates dar, denn während vor den Revolutionen von 1848 dieses Thema vor allem in der Polarität von preußischem Staat und polnischer Adelsnation diskutiert worden war, kam nach 1848 sehr viel deutlicher auch ein deutsch-nationaler Aspekt zum Tragen, sodass sich das Problem im Spannungsfeld von preußischem Etatismus, polnischem Nationalismus und deutschem Nationalismus nun sehr viel komplizierter darstellte (Broszat 1972, S. 115).

1848 als Wendepunkt des deutsch-polnischen Verhältnisses

Konzept der „organischen Arbeit"

Auf polnischer Seite stellte sich zuerst in der Provinz Posen die Einsicht in die Unerreichbarkeit der nationalen Zielsetzungen durch gewaltsame Erhebungen ein, hier wurde bereits früh das Konzept der „organischen Arbeit" vorgedacht (Hoensch 1998, S. 230). Nach 1863 verstärkte sich in allen Teilungsgebieten die deprimierende Schlussfolgerung, dass ohne auswärtige Hilfe die Befreiung und die Unabhängigkeit Polens nicht zu erlangen seien, sondern ein langfristig auch kleinbürgerliche und vor allem bäuerliche Schichten erfassendes, nur durch konstruktive Grundlagenarbeit herzustellendes modernes Nationalbewusstsein die notwendige Voraussetzung für die freie Wiedervereinigung der Teilungsgebiete zu einem souveränen Staat bilden müsse. Jörg K. Hoensch sieht in dieser Einsicht die Abkehr vom romantischen Nationalismus der alten adligen Staatsnation mit dem Erstarken einer bürgerlichen Mittelschicht, die die neuen Wege der nationalen Selbstbehauptung nun in den Losungen der „organischen Arbeit" erblickte. Gleichzeitig waren mit dieser fundamentalen Veränderung des Nationsverständnisses nach Hoensch auch schmerzhafte Einsichten verbunden, so die Erkenntnis, dass die Sprache als wesentliches Merkmal der Nationszugehörigkeit angesehen wurde und damit die Anliegen von Ukrainern und Litauern in den Fokus rückten (Hoensch 1998, S. 219-220). Zwar hat Jürgen Heyde mit Recht darauf hingewiesen, dass auch das sprachliche Kriterium nicht allein konstitutiv sein konnte, sondern ein übergreifendes Zusammengehörigkeitsgefühl, basierend auf dem subjektiven Bewusstsein der Teilhabe an der Gemeinschaft, entscheidend war (Heyde 2006, S. 77). Doch ist konkret Hoensch beizupflichten, dass sich mit der Veränderung, vor allem der Ausweitung des Nationsbegriffs auch die Vorstellungen vom ersehnten polnischen Staat wandeln mussten, denn die polnische Nationalbewegung musste registrieren, dass auch Ukrainer und Litauer ihren eigenen nationalen Weg gehen wollten, sodass der Rekurs auf die alte polnisch-litauische Adelsrepublik in den Grenzen vor 1772 weder ideell noch mit Blick auf einen zukünftigen polnischen Staat weiterhin sinnvoll oder überhaupt nur möglich erschien (Hoensch 1998, S. 220).

Veränderungen des polnischen Nationalverständnisses

Die harsche Konfrontationspolitik der russischen und der preußischen Teilungsmächte im Verwaltungs-, Sprach- und Bildungsbereich, im preußischen Teilungsgebiet flankiert durch eine rigide Bevölkerungspolitik und ökonomische Maßnahmen zugunsten deutscher Großgrundbesitzer, schwächte im Resultat diesen neuartigen Nationalismus nicht, sondern beflügelte ihn (Heyde 2006, S. 74; Hoensch 1998, S. 233). Die Bemühungen der Teilungsmächte, die polnische Sprache zurückzudrängen, die geistig-moralische Führungsposition des katholischen Klerus zu schwächen und (im preußischen Teilungsgebiet) die Parzellierung des Grundbesitzes zugunsten neuer deutscher Besitzer zu entscheiden, riss die polnischen Bauern aus ihrer politischen Lethargie und führte zu einer regelrechten nationalen Erweckungsbewegung in vielen entstehenden Bauernvereinen (Broszat 1972, S. 154; Hoensch 1998, S. 232).

Konfrontationspolitik der russischen und der preußischen Teilungsmacht

Die großen nationalen Aufstände hatten, wie Michael G. Müller hervorhebt, auch für dieses moderne Nationsverständnis eine formierende Wirkung, weil sie ein Bewusstsein historischer und politischer Kontinuität bei den Menschen geweckt hatten. Dieses wurde aber auch zwischen den Aufständen und dann vor allem im letzten Drittel des Jahrhunderts durch das Programm der „organischen Arbeit“ aufrechterhalten und diente der Stärkung und Ausweitung des Nationalgefühls auf kultureller, sozialer und politischer Ebene in und zwischen den drei Teilungsgebieten. Es waren die neuen Organisationsformen und Strategien zur Erhaltung der polnischen Frage im Bewusstsein der Menschen innerhalb des geteilten Polens, aber auch in der Wahrnehmung der außerpolnischen Öffentlichkeit und als Thema der Diplomatie, die den sozialen und ideologischen Prozess der modernen Nationsbildung unter den Bedingungen der Teilung ermöglichten und aufrechterhielten (Müller 1984, S. 62).

Bewusstsein historischer und politischer Kontinuität in Polen durch Widerstandsaktionen

5.5 Darstellung: Zwischen und Reaktion und Revolution – Polarisierungen in Deutschland und der Versuch ihrer Neutralisierung im kleindeutschen Nationalstaat

Konturen eines Parteiensystems in den 1840er Jahren

Differenzierung des politischen Spektrums

Die auf dem Hambacher Fest zutage getretenen Unterschiede in der Frage der Protestformen, aber auch der Reichweite der politischen Forderungen führte in den 1840er Jahren zur Konturierung eines Parteiensystems, wenngleich im Juli 1832 per Bundesbeschluss das Verbot aller Vereine zu politischen Zwecken, das bis 1848 galt, verfügt wurde. Dennoch schritt die Differenzierung des politischen Spektrums wirksam voran.

Nationale Hochgefühle in den 1840er Jahren

Denkmalserrichtungen

Liedgut

Auslöser war 1840 die in der französischen Presse erhobene Forderung nach Rückgewinnung der Rheingrenze. Die nationale Einheitsidee erhielt mit der empörten Zurückweisung der französischen Ansprüche einen erheblichen neuen Schub, der sich unter anderem in der gesteigerten Denkmalserrichtung (Hermannsdenkmal bei Detmold, Walhalla bei Regensburg, Befreiungshalle bei Kelheim) und der Umwidmung bzw. Wiederrichtung oder Fertigstellung bedeutsamer Bauwerke (Kölner Dom, Marienburg im westpreußischen Teilungsgebiet) niederschlug. Die riesige Welle nationaler Begeisterung schlug sich auch im politischen Liedgut nieder. In direkter Antwort auf die französischen Gedankenspiele verfasste Nikolaus Becker das berühmte Rheinlied, und August Heinrich Hoffmann von Fallersleben (1798-1874) schrieb das „Lied der Deutschen", in dem die noch lebendige Befreiung von der französischen Fremdherrschaft zu Beginn des 19. Jahrhunderts und die liberal-nationalen Ideale gepriesen wurden. Derartige Lieder begünstigten die Ausbreitung vordergründig unpolitischer Männergesangsvereine, die sich unter ihrem Deckmantel patrio-

Nationales Kommunikationsnetz

tisch betätigten. Diese Vereinsbewegung wirkte in den 1840er Jahren erfolgreich an der Entstehung eines nationalen Kommunikationsnetzes mit personellen Querverbindungen zwischen Burschenschaften, Turnvereinen und Gesangsvereinen mit.

Rheinkrise

Nationale Abgrenzung

Angesichts der weitverbreiteten Befürchtung der (durch die deutsche Publizistik überhöhten) französischen Gefahr verschoben sich die Koordinaten des deutschen Nationalismus: Die bisherigen Schwerpunkte im Verfassungspatriotismus und im funktionalen Nationalismus hatten den z. B. durch Ernst Moritz Arndt vertretenen integralen Kulturnationalismus lange Zeit in den Hintergrund gedrängt, doch nun wurde eben gerade durch eine derartige gegen äußere Feinde gerichtete Sammlungsideologie ein einigendes Ziel verfolgt, das durch Abgrenzung gegen Frankreich und – mit Blick auf die dänischen Eingliederungspläne für Schleswig – auch gegen Dänemark erreicht wurde. Auch die sich auf diese Weise konstituierende kulturnationale Bewegung suchte Anschluss an Turn- und Gesangsvereine.

Rheinromantik und liberale Politik Friedrich Wilhelms IV.

Der preußische König Friedrich Wilhelm IV. griff dann seinerseits auf diese Bewegung zurück, das nationale Gedankengut wurde – besonders in den musischen Formen der Rheinromantik – auch an Fürstenhöfen gesellschaftsfähig. Diese Entwicklung wirkte sich – mindestens vordergründig – auch in einem liberaleren Kurs gegenüber den Universitäten aus: Ernst Moritz Arndt konnte wieder in Bonn lehren, Friedrich Ludwig Jahn wurde rehabilitiert, und auch ein Teil der „Göttinger Sieben“, Friedrich Christoph Dahlmann sowie die Brüder Grimm, fand in Preußen wieder eine akademische Anstellung. Doch wirkten diese Maßnahmen politisch weitaus offener, als sie es dann tatsächlich waren, denn bereits kurze Zeit später erfolgten Entlassungen wie diejenige von August Heinrich Hoffmann von Fallersleben. Auch eine Verfassung für Preußen verweigerte der König. Der von der Romantik begeisterte Friedrich Wilhelm IV. war eben gleichzeitig von der göttlichen Legitimation seiner Königswürde überzeugt, entsprechend blieben seine Vorstöße in eine liberalere Politikausrichtung halbherzig.

Politische Programme in Heppenheim und Offenburg (1847)

Die Differenzierung des politischen Spektrums trat 1847 offen zutage durch zwei in Heppenheim und Offenburg verabschiedete politische Programme. Die in Heppenheim versammelten Liberalen, die ihre Ziele noch immer auf dem Wege von Reformen glaubten durchsetzen zu können, traten für einen nationalen Verfassungsstaat mit bundesstaatlicher Organisation ein, der die Grundrechte (Glaubens-, Meinungs-, Äußerungs-, Versammlungs- und Pressefreiheit, Eigentum und Unantastbarkeit der Person, d.h. auch *Habeas-Corpus*-Rechte) garantierte, dessen Volksvertretung über das Zensuswahlrecht (bemessen nach Steuerleistung und damit an Eigentumsqualifikationen gebunden) legitimiert werden sollte und dessen Institutionen eine monarchische, auf die Verfassung verpflichtete Spitze sowie eine dem bikameralen Parlament verantwortliche Regierung einschlossen. In den Fragen der Nationalstaatsgründung wie auch der eine Bürgermiliz ermöglichenden Wehrverfassung stimmten sie mit den einen Monat zuvor in Offenburg versammelten Radikaldemokraten überein, die allerdings eine republikanische Staatsform in einem unitarischen Staatswesen mit einkammeriger Volksvertretung erwogen sowie das allgemeine und gleiche Wahlrecht und damit die uneingeschränkte Volkssouveränität und über verfassungspolitische Ziele hinausreichende sozialreformerische Maßnahmen (so z.B. gleiche Bildungschancen oder eine Beendigung des Missverhältnisses von Arbeit und Kapital) forderten. Die Durchsetzung dieser radikaldemokratischen Postulate schien lediglich auf revolutionärem Wege möglich. Während der Liberalismus, der noch immer als Hauptkraft der politischen Veränderung dominierte, maßgeblich Interessen, Denkweisen und gesellschaftlich-politische Zielsetzungen des aufstrebenden Besitz- und Bildungsbürgertums, aber auch der Beamten und Unternehmer repräsentierte, versammelten sich in der demokratischen Bewegung vornehmlich Handwerksgesellen, Kleingewerbetreibende, aber auch bereits Arbeiter und – in geringerem Ausmaß – Mitglieder der in die Städte einwandernden, verarmten (pauperisierten) Unterschichten vom Lande. Die zunehmende Politisierung der unterbürgerlichen Schichten wurde maßgeblich vorangetrieben durch Missernten Mitte der 1840er Jahre, die eine Ernährungs- und Teuerungsnot auslös-

Radikaldemokratische Vorstellungen

Politisierung der unterbürgerlichen Schichten

ten und insbesondere 1847 zu massiven sozialen Protesten in Berlin, Ulm, Stuttgart, Tübingen, Pommern, Ost- und Westpreußen sowie Sachsen führten, bei denen Marktstände und Läden gestürmt sowie Verkäufer von Grundnahrungsmitteln wie Kartoffeln angegriffen wurden. Diese soziale Dimension bewirkte die Mobilisierung von kleinen Handwerkern, Handwerksgesellen, Lehrlingen und Tagelöhnern in den Städten und – in sehr viel geringerem Ausmaß – von Kleinbauern und Feldarbeitern auf dem Lande.

Daneben zeichneten sich bereits weitere politische Gruppierungen ab, die dann das die spätere Entwicklung prägende Fünf-Parteien-System vorwegnahmen, ohne bereits schon 1848 eine bedeutendere Rolle spielen zu können. Während Karl Marx (1818-1883) bis zu seiner Emigration nach Paris 1843 eher der radikaldemokratischen Ausrichtung des deutschen Publizisten Arnold Ruge (1802-1880) zuneigte, zeigten sich frühe sozialistische Ideen bei dem Handwerker Wilhelm Weitling (1808-1871), der ab 1839 in programmatischen Schriften die auf privatem Eigentum beruhende Gesellschaft und damit eine fundamentale Grundlage des Liberalismus angriff und ein egalitäres System forderte, dessen Voraussetzung das Klassenbewusstsein (d. h. weitgehende Gleichheit von Situation und Interessen) sein sollte. Eine Ausrichtung, die besonders im Süden Zulauf verzeichnen konnte, war der politische Katholizismus, der durch den ehemals jakobinischen Ideen zuneigenden Publizisten und Hochschullehrer Joseph von Görres (1776-1848) geprägt wurde. Schließlich existierte, insbesondere in den Reihen des Adels, ein Konservatismus, der das altständische System hochhielt, das adlige Vorrechte geschützt hatte und sowohl einer exklusiven Machtkonzentration bei Monarchen als auch einer Volksherrschaft (möglicherweise gar ohne Beschränkungen des Wahlrechts) entgegenwirken konnte.

Sozialistische Ideen

Politischer Katholizismus

Konservatismus

Im Revolutionsjahr 1848 trat dann die Differenzierung des politischen Spektrums immer deutlicher in Erscheinung. So legte der Rechtsanwalt Gustav von Struve (1805-1870) im Frankfurter Vorparlament einen aus radikaldemokratischen Positionen gespeisten Antrag vor, der eine klare Trennlinie zu den Liberalen markierte. Unter Struves Leitung formierten sich die radikalen Demokraten in Baden zu einer eigenständigen Partei. Mit Robert Blum (1807-1848), der ab 1840 als Vertreter des Kleinbürgertums die demokratische Bewegung in Sachsen organisiert hatte, fand schließlich die gemäßigte Linke in der Paulskirche ihre parlamentarische Führungspersönlichkeit.

Dominanz des Liberalismus

Auch die anderen politischen Gruppierungen schärften durch die Arbeit in der Paulskirchenversammlung ihre Profile, dominant aber blieb zunächst noch der Liberalismus. Hier bildeten sich die Spielarten eines eher konservativen, stärker in Norddeutschland verbreiteten konstitutionellen Liberalismus beispielsweise Friedrich Christoph Dahlmanns in Ablehnung der französischen Ideen von 1789 und mit dem Plädoyer für eine starke Stellung des Monarchen, allerdings nach Maßgabe einer historisch verwurzelten Verfassung, und – davon unterschieden – eines eher süddeutschen parlamentarischen Liberalismus z. B. Karl von Rottecks mit der Forderung nach einem deutlichen Übergewicht des Parlaments gegenüber dem Monarchen, der lediglich eine übertragene Gewalt ausüben sollte.

Die deutschen Revolutionen von 1848/49

Wie schon 1830 erhielt die politische Opposition in Deutschland entscheidende Impulse für die revolutionäre Erhebung aus Frankreich, diesmal durch die Februarrevolution gegen den 1830 eingesetzten „Bürgerkönig“ Louis Philippe. In Deutschland begannen die revolutionären Vorgänge des Jahres 1848 in den Einzelstaaten. Von Baden ausgehend, entstanden revolutionäre Unruhen zunächst in den deutschen Mittel- und Kleinstaaten, parallel verliefen wenig koordinierte Agrarrevolten. Innerhalb des Deutschen Bundes waren unterschiedlichste politische Systeme vertreten, sodass es in vielen Residenzstädten gar nicht um die Veränderung bestehender konstitutioneller Verhältnisse ging, sondern – ganz elementar – überhaupt um die Einrichtung von Verfassungen. Die Wahlen zu den bereits existenten Volksvertretungen erfolgten oftmals nach sehr restriktiven Wahlrechtsbestimmungen, die von demokratischen Standards weit entfernt waren.

Auch zeigten sich auf der kleinräumlicheren Ebene detaillierter die Folgen ökonomischer Krisen und der durch diese bedingten sozialen Verwerfungen, als zwischen 1846 und 1848 wirtschaftliche Einbrüche in doppelter Form insbesondere den ärmeren Teil der Bevölkerung trafen: Einerseits verursachten Missernten Hunger- und Gewerbekrisen bekannten Typs, andererseits schlug zum ersten Mal deutlich eine moderne Wachstumskrise durch den Einbruch in der Konsumgüterkultur zu Buche. Die sozialen Konsequenzen dieser ökonomischen Probleme verschärften die Lage. Die Landwirtschaft und die noch am Anfang stehende industrielle Produktion boten letztlich für die pauperisierten Menschenmengen zu wenige Arbeitsplätze, sodass Verelendung drohte und die bereits in die unterbürgerlichen Schichten eingedrungene politische Unzufriedenheit in sozialrevolutionären Bekundungen artikuliert wurde. Der Protest zeigte sich in spontanen Kundgebungen und Volksaufläufen, bei Straßenbarrikaden und resolutionsverfassenden Volksversammlungen. Teile des Bürgertums verstanden es, die soziale Unzufriedenheit für die eigenen Zielsetzungen zu instrumentalisieren und den deutschen Fürsten mit der Revolution zu drohen. Erst bei genauerem Hinsehen wird die Komplexität der revolutionären Vorgänge erkennbar: Die nationale Euphorie vermischte sich zunächst relativ undifferenziert mit Vorstellungen vom verbindenden „Völkerfrühling", mit Verfassungsforderungen unterschiedlicher Art, mit sozialen Anliegen, die unmittelbare Lebenssituation der unterbürgerlichen Schichten ebenso betreffend wie die rechtlich noch immer nicht unabhängige Stellung der Bauern, und schließlich mit Ängsten vor äußerer Bedrohung, aus denen Feindbilder generiert wurden. Es handelte sich also keineswegs um eine homogene Bewegung mit einem ihre einzelnen Elemente überzeugenden Forderungskatalog, sondern um ein von bürgerlichen Kräften arrangiertes Zweckbündnis, für das verschiedene Segmente mit ihren Forderungen schlichtweg instrumentalisiert wurden. Im Verlauf der Revolution brachen dann diese Gegensätze auf und erschwerten nicht nur den Konsens, sondern riefen oftmals Gewalt hervor.

Sozialrevolutionäre Bekundungen

Heterogenität der revolutionären Bewegung

Dominanz des Bürgertums

Dies ändert aber nichts daran, dass im März 1848 umfassende Teile der Bevölkerung ihren durchaus unterschiedlich motivierten Unmut zunächst in den Einzelstaaten zeigten und als Sprachrohre Männer bürgerlichen Standes wie den Anwalt Friedrich Hecker (1811-1881) aus Baden und den Buchhändler Friedrich Daniel Bassermann (1811-1855) aus Preußen in die erste Reihe derjenigen Politiker spülten, die die Wahl der Nationalversammlung in Frankfurt vorbereiten sollten. Diese Meinungsführer dominierten die im Februar 1848 in Mannheim stattfindende Volksversammlung, auf der vier zentrale Forderungen nach Freiheit von Presse, Vereinen und Versammlungen, Geschworenengerichten, Auflösung Stehender Heere zugunsten allgemeiner Volksbewaffnung und schließlich einem Parlament auf nationaler Ebene erhoben und damit die grundlegenden Prinzipien von Freiheit, Rechtsstaatlichkeit, politischer Partizipation und Einheit betont wurden. Um ihre Herrschaft nicht prinzipiell zu gefährden, beeilten sich einige deutsche Fürsten, diese „Märzforderungen" umzusetzen und „Märzministerien" einzuberufen, mit denen die Regierung liberalen Politikern übertragen wurde. Auf diese Weise entstand eine von Restriktionen befreite, auch außerparlamentarisch wirksame, einzelstaatsübergreifende publizistische und politische Öffentlichkeit, die ihrerseits zur Institutionalisierung auf zentraler Ebene und damit zur Verrechtlichung der Revolution(en) von 1848 entscheidend beitrug.

Märzforderungen (1848)

Märzministerien (1848)

Österreich

Ebenso unterschiedlich, wie sich die als Massenbewegung erscheinende Opposition zusammensetzte, war die Verfasstheit der Einzelstaaten, sodass auch die revolutionären Erhebungen unterschiedliche Reaktionen hervorriefen und zu differenten Konsequenzen führten. In Österreich, das – vor allem aufgrund der von Metternich durchgesetzten Repressionspolitik – als Hort der Restauration galt, verdrängten radikaldemokratische Kräfte die noch moderat operierenden liberalen Meinungsführer, veranlassten Metternich zur Flucht nach Großbritannien sowie den kaiserlichen Hof zum Rückzug nach Innsbruck und zwangen den Kaiser zu einem Verfassungsversprechen und zur unverzüglichen Aufhebung der Pressezensur.

Nationalbewegungen in der Donaumonarchie

Aber nicht allein die Revolution im deutsch-österreichischen Teil der Donaumonarchie bedrohte die Handlungsfähigkeit des Kaisers und seiner Regierung, auch in anderen Teilen des Vielvölkerstaats, vor allem in Böhmen, Ungarn und in der Slowakei, erhoben sich ebenfalls die Nationalbewegungen, ohne indes an einem Einschluss in einen deutschen Nationalstaat interessiert zu sein, wie dieser von den deutschen Liberalen und Demokraten sowohl für das habsburgische Kronland Böhmen wie auch für das preußische Großherzogtum Posen diskutiert wurde. Es zeigten sich hier deutliche nationale Divergenzen, die das harmonisierende Image vom „Völkerfrühling" 1848 sehr bald unrealistisch erscheinen ließen.

Preußen

In Preußen wurden zunächst die westlichen Provinzen, insbesondere das Rheinland, von Aufständen erschüttert, die beispielsweise in Köln zum Teil auch einen deutlich sozialen Anstrich hatten. Bedrohlich wurde es für den preußischen König Friedrich Wilhelm IV. aber erst durch die Anfang März in Berlin stattfindenden Volksversammlungen, sodass er am 17./18. März 1848 die Aufhebung der Zensur, die Einberufung des preußischen Landtags und eine Verfassung versprach. Doch als es anlässlich eines Menschenauflaufs aus Jubelstimmung über die königlichen Konzessionen am 18. März 1848 irrtümlich zu Schüssen kam, schlug die dem König gegenüber eigentlich wohlwollende Stimmung in eine blutige Straßen- und Barrikadenschlacht um, die nur durch den Abzug der Truppen aus Berlin und die Beileidsbekundungen Friedrich Wilhelms IV. für die Toten der Unruhen beendet werden konnte. Ende März 1848 berief dann auch der preußische König – nach dem Vorbild etlicher Fürsten in Mittel- und Kleinstaaten – einen liberalen „Märzminister", den Bankier Ludolf Camphausen (1803-1890).

Frankfurt am Main

Ende März 1848 liefen die bereits auf der Einzelstaatsebene mit einigem Erfolg voranschreitenden Revolutionen erstmals auf zentraler Institutionenebene zusammen, indem am Sitz des Bundestages in Frankfurt – als revolutionäre Maßnahme, da ohne gesetzlichen Auftrag und ohne unmittelbare Legitimation – ein „Vorparlament" einberufen wurde, um die Wahlen zu einem nationalen deutschen Parlament vorzubereiten. Für die konkrete Durchführung der Wahlen wurde ein Fünfzigerausschuss eingesetzt, der mit Anerkennung seiner Beschlüsse als Bundesgesetze durch den Bundestag realiter zu dessen Beratungsorgan wurde.

Siebzehnerausschuss (1848)

Der Bundestag seinerseits griff die Forderungen nach einer Nationalversammlung auf und setzte ein Gremium aus 17 bekannten liberalen Politikern, darunter Dahlmann, Gervinus und der Historiker Johann Gustav Droysen (1808-1884), ein, um die Verfassungsberatungen vorzubereiten. Dieser Siebzehnerausschuss legte noch vor dem Zusammentritt der Nationalversammlung in der Paulskirche als Leitlinie auch der späteren Verfassungsberatungen ein Programm mit Vorschlägen zu einem Zweikammerparlament, dessen Abgeordnetenhaus in allgemeiner Wahl bestimmt werden sollte, einer Exekutive mit deutschem Kaiser und ministeriellen Fachressorts, einem Grundrechtekatalog und einem Reichsgericht vor.

Wahl 1848

Erste deutsche Nationalversammlung (Paulskirche)

Fraktionsbildung

Symbolisch für den (zumindest kurzfristigen) Erfolg der Revolution wurde am 18. Mai 1848 der Einzug der in den durch Bundesbeschluss legitimierten freien, gleichen und indirekten Wahlen bestätigten Abgeordneten in die Frankfurter Paulskirche zelebriert, wo sie sich der Verfassungsgebung widmen und ein nationales Regierungssystem entwerfen sollten. In dieser ersten deutschen Nationalversammlung, in der der Anfang des so lange ersehnten Nationalstaats erblickt wurde, saßen bedeutende Vertreter des deutschen Geisteslebens wie der Dichter und Publizist Ernst Moritz Arndt und der Pädagoge Friedrich Ludwig Jahn, die den Ruf von Freiheitskämpfern der Napoleonischen Kriege genossen, der Historiker Friedrich Christoph Dahlmann, der Literarhistoriker Georg Gottfried Gervinus und der Sprachwissenschaftler Jacob Grimm aus dem Kreise der „Göttinger Sieben" sowie der Historiker Johann Gustav Droysen. Schon bald zeigte sich in der Fraktionsbildung die Differenzierung des politischen Spektrums, wie sie sich bereits im Vormärz in ihren Hauptkonturen abgezeichnet hatte. Neben den nach der Sitzordnung rechts positionierten Konservativen, die nach ihrem Versammlungsort „Café Milani" genannt wurden, war das rechte Zentrum aus den Abgeordneten des konstitutionellen Liberalismus platziert, „Casino"-Fraktion genannt. Es folgte das linke Zentrum mit den Sitzen für den parlamentarischen Liberalismus, der sich im „Württember Hof" traf, und schließlich die radikal-demokratische Fraktion auf der linken Seite, die nach dem „Holländischen Hof" benannt und nach ihrem Lokalwechsel als „Donnersberg"-Fraktion bezeichnet wurde. Im Verlauf der parlamentarischen Arbeit gab es immer wieder Absplitterungen und neue Verbindungen, die dieses Spektrum noch weiter differenzierten und ebenfalls nach ihren Versammlungslokalen Bezeichnungen erhielten.

In ihrer sozialen Zusammensetzung reflektierte die Nationalversammlung das politische Übergewicht des Bürgertums. Zwar war der durch den Schriftsteller Georg Herwegh (1817-1875) geprägte Ausdruck des „Professorenparlaments" übertrieben, doch zeigten sich in Herkunft und beruflicher Orientierung der Abgeordneten deutliche Vereinseitigungen. Die ganz überwiegende Mehrheit der Mitglieder des Paulskirchenparlaments hatte eine universitäre Ausbildung genossen und weit über die Hälfte hatte ein rechtswissenschaftliches Studium absolviert.

Verfassungsberatungen

Diese deutlich bürgerlich-akademisch geprägte Versammlung stand nun vor der gewaltigen Aufgabe, eine Verfassung für einen deutschen Nationalstaat zu entwerfen, obwohl ganz grundsätzliche Fragen noch nicht einmal geklärt waren. So trat zwar die überwiegende Mehrheit der Abgeordneten für einen Grundrechtekatalog ein, allerdings ohne Konsens über die einzelnen Bestandteile erzielt zu haben. Daher setzte die Nationalversammlung am 24. Mai 1848 einen Grundrechte-Ausschuss ein, der – durchaus in Anknüpfung an westeuropäische Modelle – ein Konzept erarbeitete, das auf dem Ideal des freien und selbstverantwortlichen Individuums basierte und in 14 Artikeln überwiegend Facetten der so lange entbehrten Freiheit für die deutschen Staatsbürger garantierte.

Grundrechte

Die provisorische Zentralgewalt

Um eine einzelstaatsübergreifende Handlungsfähigkeit herzustellen, beschloss die Nationalversammlung überdies die Einrichtung einer provisorischen Zentralgewalt, der als Reichsverweser Erzherzog Johann von Österreich aus der Habsburgerdynastie als Staatsoberhaupt vorstand und die überdies eine Regierung aus einem Ministerpräsidenten und Reichsministern umfasste. In der Entscheidung für den österreichischen Erzherzog drückte sich die Präferenz der Paulskirchenmehrheit für eine konstitutionelle Staatsform aus, die im Einklang mit der vorherrschenden zeitgenössischen Verfassungstheorie Parlament und Regierung trennte. Zugleich zeigte sich die Neigung zur Beibehaltung einer monarchischen Spitze bei deutlicher Tendenz zu einer großdeutschen Staatsgründung unter Einschluss der Präsidialmacht des Deutschen Bundes, Österreichs. Nach Bildung der provisorischen Reichsgewalt löste sich der Bundestag in Frankfurt als bisheriges Organ des Deutschen Bundes unter Abtretung seiner Kompetenzen an die zentralen Regierungsorgane auf.

Festlegung des neuen Nationalgebiets

Das vermutlich komplizierteste Problem bestand in der Festlegung des neuen Nationalstaatsgebiets, wiesen doch die beiden Großmächte Preußen und Österreich erhebliche Areale mit überwiegend nichtdeutscher Bevölkerung auf, die mit dem nun zur Anwendung vorgesehenen Nationalitätenprinzip kollidierten. Der in der tschechischen Nationalbewegung führende František Palacký hatte bereits gegenüber dem Frankfurter Vorparlament unter Verweis auf die überwiegend tschechische Prägung Böhmens dessen Beitritt zu einem künftigen deutschen Nationalstaat und damit seine eigene Mitwirkung an dessen Gründung nachdrücklich abgelehnt. Was das Großherzogtum Posen betraf, so zeigten die Revolutionen von 1848 deutlich die Grenzen der völkerverbindenden Schubkraft liberaler und vor allem nationaler Prinzipien. Kaum war der an einem frühzeitig aufgedeckten Aufstandsversuch in Posen beteiligte Ludwik Mierosławski auf Druck der Aufständischen in Berlin wieder auf freiem Fuß, setzte er sich an die Spitze des polnischen Unabhängigkeitskampfes in Posen. Damit wurde unmissverständlich deutlich, dass die auf einer gemeinsamen Huldigung der deutschen und der polnischen Nationalbewegung ruhenden, an das mit liberalen Tendenzen verbundene Ziel des Nationalstaats gekoppelten Ideale in ihrer konkreten Realisierung für beide Seiten divergierende Konsequenzen bedeuteten: Während die polnische Unabhängigkeitsbewegung die letztliche Herauslösung Posens aus dem preußi-

Die böhmische Ablehnung eines Beitritts zum deutschen Nationalstaat

schen Staatswesen zur Wiedererrichtung eines polnischen Gesamtstaats anstreben musste, hätte diese Maßnahme für die deutsche Großmacht Preußen und natürlich auch den anvisierten deutschen Nationalstaat den Verlust großer Gebiete im Osten bedeutet und den deutschen Bewohnern des Großherzogtums Posen wäre überdies die Zugehörigkeit zu einem Staatsgebiet ihrer Nationalität verwehrt gewesen. Anfang Mai 1848 unterdrückten preußische Truppen den Aufstand in Posen und zwei Drittel des Gebiets, das niemals Bestandteil des Deutschen Bundes gewesen war, wurden als „Deutsch-Posen" abgetrennt. Entsprechend forderte die Paulskirchenversammlung mit riesiger Mehrheit die Inkorporation des Gebiets in einen deutschen Nationalstaat, die der polnische Abgeordnete Jan Janiszewski (1818-1891) in der „Polendebatte" unter Verweis auf das Nationalitätenprinzip ebenso nachdrücklich ablehnte.

Die polnische Verweigerung einer Inkorporation in einen deutschen Nationalstaat

Die Schleswig-Holstein-Frage

Doch nicht allein die polnische Frage erhitzte die Gemüter, auch der erneute Versuch Dänemarks, das Herzogtum Schleswig in seinen Gesamtstaat zu integrieren, erregte die national bewegten Menschenmengen. Als im Herbst 1848 die Schleswig-Holstein-Krise ein zweites Mal zum Selbsterlebnis der Nation hochstilisiert wurde, um der Revolution – insbesondere im Interesse der Demokraten – neue Impulse zu verleihen, meldeten sich Freiwillige in großer Zahl zu den Waffen. Das Ideal des „Völkerfrühlings" war vergessen, ein aggressiver Nationalismus bahnte sich mit massiven Abgrenzungsbeschwörungen gegen den nördlichen Nachbarn in einer verhängnisvollen Mischung von Revolution und Krieg seinen Weg. Nach dem eigenmächtig von Preußen mit der dänischen Regierung abgeschlossenen Waffenstillstand von Malmö, mit dem Preußen zugunsten einer realpolitisch sinnvollen Vermeidung eines europäischen Krieges auf die Eroberung Schleswigs durch das Reich verzichtete, zeigte sich die nationale Empörung in Barrikadenkämpfen und Aufständen, die durch soziale Proteste in Schlesien, Sachsen und Bayern, im badischen Oberland, im Odenwald und in Mecklenburg noch verstärkt wurden. In explosiver Weise verbanden sich nationaler Enthusiasmus und entsprechende antipreußische Ressentiments mit sozialer

Enttäuschung, lokalem Protest und Furcht der Demokraten vor einem reaktionären Rückschlag angesichts der revolutionären Errungenschaften.

Pressefreiheit

Diese in weiten Teilen der Öffentlichkeit verbreitete Stimmung war geprägt durch eine politisch-publizistische Informationsflut mit einem Spektrum dezidierter Bekundungen und Kommentare, die nationale Reichweite gewannen. Was 1813 und 1830 gescheitert war, die Freiheit der Presse, das gelang 1848, verstärkt durch die separate Verkündung der Grundrechte durch die Nationalversammlung im Dezember 1848. Doch wurde die Öffentlichkeit nicht nur durch die Presse beeinflusst, auch fungierte umgekehrt die Presse ihrerseits als Seismograph öffentlicher Stimmungen, die sich in differenzierter Weise niederschlugen und die vormals relativ homogene Berichterstattung in divergente Interessenbekundungen zergliederte. Dieser so uneingeschränkt zutage tretende Pluralismus war eine neue Erfahrung, die sogleich im öffentlichen Meinungskampf als Nutzung der neu gewonnenen Meinungsfreiheit artikuliert wurde und auch in der nun möglichen Gründung nationaler Vereine, durch die sich die vier bis fünf bereits aus dem Vormärz und der Fraktionsbildung im Paulskirchenparlament bekannten politischen Richtungen als Vorformen der späteren Parteien herauskristallisierten.

Vorbehalte gegen eine soziale Revolution

Die Vehemenz durch das Presse- und Vereinswesen sowie die öffentliche Bekundung unterschiedlicher Interessen und Forderungen zeigten die in hohem Maße erreichte Politikfähigkeit weiter Teile der Bevölkerung, denen gegenüber sich nun auch die Mitglieder der Paulskirche für ihre politischen Entscheidungen nicht zuletzt unter dem Druck und der Kontrolle der Presseberichterstattung rechtfertigen mussten. Den führenden bürgerlichen Kräften lag an einer Beendigung der revolutionären Zustände, um die erreichten Erfolge zu sichern. Die Paulskirchenmehrheit verbündete sich in ihrer Befürchtung einer zweiten, sozialen Revolution, die durch die Aufstände, aber auch durch Einzeltaten wie die Morde an den Abgeordneten Hans von Auerswald und Felix von Lichnowsky im September 1848 anhaltend geschürt wurde, mit den alten Mächten, die in Wien und Berlin längst gegenrevolutionäre Maßnahmen eingeleitet hatten. Schon relativ früh wurden Bundestruppen massiv gegen Aufständische eingesetzt, so bereits im April 1848 gegen den von den radikaldemokratischen Wortführern Friedrich Hecker und Gustav von Struve initiierten Aufstand im Großherzogtum Baden. Ab Sommer 1848 unterstanden diese militärischen Einheiten als Konsequenz aus der Revolution der provisorischen Reichsgewalt, die sie mehrfach gegen die aufständischen Teile der eigenen Bevölkerung einsetzte, zuletzt im Sommer 1849 bei der Beseitigung der republikanischen Regierung in Baden.

Die Reichsverfassung

Die Paulskirchenversammlung sah sich unter dem wachsenden Druck der Öffentlichkeit zu Kompromissen gezwungen, durch die aber auch ein gewisser politischer Realitätssinn bewiesen wurde. Die am 28. März 1849 verabschiedete Reichsverfassung kann als eine der modernsten Verfassungen in Europa gelten: Sie installierte eine starke Reichsgewalt mit einem Erbkaisertum an der Spitze, in deren Kompetenz sowohl die Außenpolitik wie auch der militärische Oberbefehl angesiedelt war, und schuf einen geschlossenen Wirtschaftsraum durch die Vereinheitlichung von Handel, Verkehr, Zöllen, Münzen und Post. Mit dem Grundsatz der Höherwertigkeit des Reichsrechts gegenüber dem Landesrecht hatte sie durchaus unitarische Züge, die allerdings durch die im Aufbau des Reichstages zum Ausdruck kommende, föderale Polarität zwischen zentraler und einzelstaatlicher Gewalt balanciert wurden, indem ein Volks- und ein Staatenhaus bikameral das Parlament bildeten. Der Verfassung beigegeben war ein Grundrechtekatalog, der die deutschen Staatsbürger vor staatlicher Willkür schützte und ihre rechtsgleiche Stellung durch Freiheitsrechte absicherte. Offen blieben allerdings die Rechte von Angehörigen anderer Staaten und Nationalitäten. Als problematisch hatte sich bis zuletzt der territoriale Umfang des neuen Nationalstaats erwiesen, der eben nicht durch einfache Anknüpfung an den Deutschen Bund bestimmt wurde, sondern durch gesonderte Beschlüsse auch Ost- und Westpreußen, Schlesien und Posen umschloss, aber andere, ursprünglich „bundesfremde“, exterritoriale Gebiete ausgrenzte und damit die Habsburgermonarchie zerteil-

Verweigerung Österreichs zur großdeutschen Lösung

te. Die österreichische Regierung unter Fürst Felix zu Schwarzenberg (1800-1852) hatte diese Variante bereits Ende 1848 abgelehnt und schuf Anfang März 1949 durch eine aufdiktierte Verfassung für die Habsburgermonarchie, in der die staatsrechtliche Einheit aller Länder der Donaumonarchie festgeschrieben wurde, Fakten: Ein großdeutscher Nationalstaat hätte dementsprechend den österreichischen Gesamtstaat aufnehmen müssen, was aber durch die von der Paulskirche verfassungsmäßig vorgesehene Lösung ausgeschlossen war.

Die kleindeutsche Lösung unter preußischer Führung

Damit reduzierten sich nun die Möglichkeiten zur Bildung eines Nationalstaats trotz der ursprünglich mehrheitlich großdeutsch ausgerichteten Nationalversammlung, die den österreichischen Kaiser als Staatsoberhaupt vorgesehen hatte, auf die kleindeutsche Lösung mit einem Kaisertum der preußischen Hohenzollernkönige. Für Friedrich Wilhelm IV., der zwar durch seinen „Märzumritt" 1848, auf dem er öffentlich die Revolutionsfarben Schwarz-Rot-Gold bei seiner bekundeten Trauer um die gefallenen Aufständischen getragen hatte, eine gewisse Popularität genoss, allerdings tatsächlich – wie sein schwankender, in der Konsequenz letztlich deutlich reaktionärer Kurs während der Revolution offenbart hatte – der Überzeugung vom Gottesgnadentum seiner Herrscherexistenz anhing, war die Kaiserwürde, die mit dem lediglich aufschiebenden Vetorecht der parlamentarischen Machtfülle wenig entgegenzusetzen hatte, kaum attraktiv. Entsprechend lehnte er diese ihm vom Volke angebotene Krone, die seinem Herrschaftsverständnis zutiefst entgegenstand, am 28. April 1849 definitiv ab. Damit war nicht nur die Revolution, so weit sie sich in der verrechtlichten Form der Paulskirchenarbeit vollzogen hatte, beendet, auch die Verfassung trat niemals in Kraft.

Die Ablehnung Friedrich Wilhelms IV. von Preußen

Der europäische Kontext

Die Gründe für das unmittelbare politische Scheitern sind vielfältig. Sie sind ebenso in den europäischen Konstellationen zu suchen, die auf ein deutsches Gebiet des Interessenausgleichs nicht zuletzt der beiden Großmächte im Kontext der Pentarchie angewiesen waren, während ein deutscher Nationalstaat das europäische Gleichgewicht hätte gefährden können, wie sie im Changieren der dominanten liberalen Kräfte zwischen sozialrevolutionären Anliegen und letztlichem Bündnis mit der Reaktion zu sehen sind. Die Ablehnung Friedrich Wilhelms IV. beendete das Projekt einer deutschen Nationalstaatsgründung unter liberalem Vorzeichen, aber die politische Sehnsucht nach der 1848 greifbaren Realisierung eines deutschen Nationalstaats war nicht wieder einzuholen und die im Pluralismus der Öffentlichkeit praktizierte Meinungs-, Versammlungs- und Pressefreiheit hatte ihre Spuren in der deutschen Gesellschaft hinterlassen. In dieser Hinsicht waren die Deutsche Revolution von 1848 und ihre Vorläufer in den Einzelstaaten keineswegs gescheitert.

Reaktion und neuer Aufbruch

Die Gründung eines nationalen Verfassungsstaats scheiterte 1848 sowohl an den inneren Gegensätzen wie auch an einer europäischen Mächtepolitik, die durch die Heilige Allianz der drei Großmächte in der Mitte und im Osten Europas wesentlich vom Ziel der Reaktion getragen war. Überdies zeigten sich die Ambivalenzen des Nationalitätenprinzips deutlich in den imperialen Überdehnungen Preußens und noch viel stärker Österreichs in die östliche Mitte und den Südosten des Kontinents hinein.

Die Reaktion

Aber auch die Fürsten der kleineren und mittleren deutschen Staaten waren nicht bereit, einen konstitutionellen Kompromiss mit deutlich prädemokratischen Elementen zu akzeptieren. Schon bald setzte eine reaktionäre Politik ein, deren nach außen sichtbarstes Zeichen die Wiedererrichtung des Deutschen Bundes war, die mit einer erneuten Unterdrückung der freiheitlichen und nationalen Anliegen einherging. Die Meinungskontrolle zeigte sich nun in einer etwas subtileren Pressegesetzgebung der Länder: Von jedem periodischen Druckwerk musste ein Pflichtexemplar bei der Ortspolizei eingereicht werden. In Berlin wurde noch 1848 ein dreißig Jahre lang operierendes Druckschriftenbüro zur Durchführung von Kontrollen und Zensurmaßnahmen eingerichtet, auch Württemberg und Österreich schufen Institutionen zur schnellen Beschlagnahme von Zeitungen und Zeitschriften vor der Auslieferung. Richtete sich die Zensurpraxis vor 1848 eher gegen Texte und Bücher, so wurde jetzt stärker gegen Autoren und Verleger vorgegangen, denen damit die Kriminalisierung drohte. Wo

Zensur

ursprünglich ein Zensor Streichungen, Änderungen und Ablehnungen vor der endgültigen Drucklegung verfügt hatte, wurden jetzt ggf. ganze Auflagen beschlagnahmt, Verantwortliche wegen Hochverrats angeklagt und Haftstrafen verhängt, so z. B. gegen den Literarhistoriker Georg Gottfried Gervinus wegen seiner „Einleitung in die Geschichte des 19. Jahrhunderts". Diese Eingriffsmöglichkeiten bestanden bis zum Reichspressegesetz von 1874 fort und wurden durch Bundesbeschlüsse forciert, die sich gegen die Möglichkeit richteten, oppositionelle Aktionen durch Nischen in den Landespressegesetzen der Kleinstaaten ins Werk zu setzen, die in Preußen oder Österreich durch deren eigene Pressegesetzgebung unterbunden waren. Auch wenn das Reichspressegesetz 1874 Auswüchse wie Stempelsteuern sowie Verpflichtungen zur Gewerbekonzession und Kaution abschaffte, konnten unerwünschte Publikationen weiterhin strafrechtlich effektiv verfolgt werden.

Intervention nach Bundesrecht in Kurhessen

Nach der Revolution suchte das „Dritte Deutschland" erst einmal nach einem eigenen Weg, der Versatzstücke aus den Vorstellungen der vormärzlichen Kritiker aufgriff, ohne indes auf eine politische Liberalisierung oder gar einen unitarischen Nationalstaat abzuzielen. Die vier mittleren Königreiche Bayern, Hannover, Sachsen und Württemberg schlossen sich zu einem Bündnis zusammen, das eine Bundesregierung, ein Bundesgericht und eine Nationalvertretung, deren Abgeordnete über die Landtage gewählt werden sollten, befürwortete. Letztlich zeigte sich aber der rückwärtsgewandte Charakter der Politik der deutschen Fürsten, als 1850 Kurfürst Friedrich Wilhelm von Hessen den Bundestag anrief, um den Protest von Kammerabgeordneten, Landständen, Regierungsbeamten und sogar Militärs gegen die Abgrenzung Kurhessens zu Preußen und eine entsprechende Annäherung an Österreich zu unterbinden sowie eine Intervention nach altem Bundesrecht durch bayerische Truppen im Kurfürstentum durchzuführen, wobei sich in der Residenzstadt Kassel österreichische und preußische Truppen feindselig gegenüberstanden.

Einigungspolitik Preußens

In den beiden Jahren unmittelbar nach der Revolution verfolgten die beiden deutschen Großmächte unterschiedliche Interessen. Ausgerechnet Preußen, das während der Reichsverfassungskampagne 1849 führend an der gewaltsamen Niederschlagung der Erhebungen in Sachsen, Baden und der Rheinpfalz beteiligt war, setzte sich noch im selben Jahr für eine nationale Einigung mit einer Verfassung und einer Erbmonarchie der Hohenzollern ein, freilich nicht durch eine Volksbewegung, sondern durch Regierungspolitik. Das Konzept zielte auf den Zusammenschluss Preußens mit allen anderen deutschen Staaten (ohne Österreich) in einem „engeren Bund", mit dem die Donaumonarchie über ein weiteres Band verknüpft werden sollte. Es gelang Preußen, mit dem ehemaligen Präsidenten der Paulskirchenversammlung, Heinrich von Gagern (1799-1880), Bassermann und Dahlmann den prominenten Kern der ehemaligen „Casino"-Fraktion der Nationalversammlung von 1848/1849 für diesen Plan eines Doppelbundes zu gewinnen. Demgegenüber zeigte der junge Otto von Bismarck (1815-1898) deutliche Ablehnung gegen diese Konzeption und trat für den Deutschen Bund unter preußisch-österreichischer Doppelhegemonie ein.

Mitteleuropapläne Österreichs

Der österreichische Minister Schwarzenberg verfolgte dagegen einen Mitteleuropa umfassenden Staatenbund unter österreichisch-deutscher Führung auf der Grundlage einer Zoll- und Handelsunion. Allerdings ließ das 1849 abgeschlossene „Dreikönigsbündnis" zwischen Preußen, Sachsen und Hannover eine zukünftige Einigung auf großdeutscher Basis weniger aussichtsreich erscheinen. Als besonders problematisch erwies sich aus österreichischer Sicht Preußens Insistenz auf Gleichberechtigung der beiden Großmächte. Die Verständigung gelang dann im Vertrag von Olmütz (1850), in dem Preußen und Österreich sich gegenseitiger Unterstützung im Falle von Angriffen Dritter versicherten. Danach dominierte eine eher koordinierte und gemeinsam betriebene Linie antirevolutionärer Innenpolitik.

Wiederbelebung der Bundesversammlung in Frankfurt

Alle Pläne eines engeren Zusammenschlusses scheiterten vorerst mit der Wiederbelebung der Bundesversammlung in Frankfurt, die nach der Verständigung der Großmächte von Preußen und Österreich maßgeblich als Instrument genutzt wurde, die Klein- und Mittelstaaten (wie im Falle Kurhessens) zu disziplinieren. Auf Initiative der beiden Großmächte wurden die 1848/1849 durchgesetzten Veränderungen durch Bundesbeschlüsse aufgehoben: Der Verfassungseid des Heeres wurde eliminiert, die umfassende Budgetgewalt der Parlamente eingeschränkt, das allgemeine Männerwahlrecht abgeschafft, das zensurfreie Pressewesen erneut reglementiert und das auf Parteibildung abzielende Vereinswesen verboten. Überdeutlich wurde diese reaktionäre Kehrtwende im August 1851, als die im Verfassungsentwurf der Paulskirche verankerten Grundrechte ausdrücklich aufgehoben wurden und der Bundestag per „Bundesreaktionsbeschluss" zur obersten Kontrollbehörde für alle einzelstaatlichen Verfassungsbeschlüsse erklärt wurde. Den Einzelstaaten musste mit der Wiederherstellung der Bundesgesetze von 1815 und 1820 Autonomie bei der Verfassungsgebung zugebilligt werden, sodass Landesverfassungen durch die Bundesebene weder aufgehoben noch ersetzt werden durften. Die Kontrollfunktion des Bundestages verstieß somit gegen die Wiener Schlussakte, und der utilitaristische Umgang mit dem Bundesrecht als Mittel der reaktionären Organisation des Deutschen Bundes unter der Dominanz der Großmächte wurde zu einem Kennzeichen der Kontrollpolitik in den 1850er Jahren.

„Bundesreaktionsbeschluss" (1851)

„Polizeikartell"

Gestützt wurde diese Politik durch Vereinbarungen zwischen den Einzelstaaten wie beispielsweise das zwischen Österreich, Preußen, Sachsen, Bayern, Württemberg und Baden vereinbarte „Polizeikartell", durch das auf regelmäßigen Konferenzen wechselseitig Nachrichten ausgetauscht wurden. Die Unterdrückungs- und Kontrollpolitik zeigte Wirkung: In den 1850er Jahren gab es schon bald keine Presse mit demokratisch-republikanischer oder gar sozialistischer Ausrichtung mehr und auch konstitutionell-liberale Blätter standen unter enormem Kontrolldruck. Die im Vormärz und in der Revolution begonnene politische Parteibildung wurde ausgebremst, sodass es erst in den 1860er Jahren wieder zu Neugründungen kommen konnte. 1854 erließ der Bundestag ein Affiliationsverbot, das Verzweigungen von Vereinen oder Zusammenschlüsse lokaler Initiativen untersagte und bis in das Kaiserreich gültig blieb. Zwar gab es in den meisten deutschen Staaten noch immer Landtage, deren politische Handlungsspielräume

Affiliationsverbot

jedoch eng begrenzt waren. Die zwischen Österreich und Preußen vereinbarte Repressionspolitik konnte den untergründig schwelenden Dualismus jedoch nur eine kurze Zeit überdecken.

Nationalverein (seit 1859)

Der preußische König Wilhelm I. trieb die Idee einer preußischen Führungsrolle in einem kleindeutschen Nationalstaat voran und wurde dabei vom 1859 gegründeten Nationalverein unterstützt, der trotz Affiliationsverbots schon bald Zweigniederniederlassungen in vielen Gebieten des Deutschen Bundes unterhielt. Die großdeutsche Lösung wurde demgegenüber durch den 1862 ins Leben gerufenen österreichfreundlichen Deutschen Reformverein vertreten, der in den Mittelstaaten, besonders im Süden, für seine politischen Ziele warb und auch katholische Anliegen zu befördern versprach. Beide national orientierten Vereinigungen wurden aus dem Bürgertum heraus gebildet und waren grundsätzlich liberal orientiert, aber mit Duldung der Verzweigungen war das politische Spektrum erneut Divergenzen unterworfen, die die Politisierung und Nationalisierung der bürgerlichen Bevölkerung vorantrieben, wenngleich die Konzepte unterschiedlich waren. An polarisierenden Themen fehlte es im Jahrzehnt vor der Reichsgründung nicht: Die Schleswig-Holstein-Frage war nach wie vor virulent, Otto von Bismarck stritt mit dem preußischen Landtag um den Haushalt und riskierte einen ernsthaften Verfassungskonflikt, Preußen unterstützte nicht etwa die Präsidialmacht des Deutschen Bundes Österreich in Norditalien, sondern blieb gegenüber der italienischen Unabhängigkeitsbewegung wohlwollend neutral und die Reformbedürftigkeit des Deutschen Bundes war angesichts des immer deutlicher zutage tretenden Dualismus der beiden deutschen Großmächte unübersehbar.

Deutscher Reformverein (1862)

Das Fünfparteiensystem

Nachdem die beiden Großmächte ihren Parteienvorbehalt aufgegeben hatten, bildeten sich neue politische Gruppierungen, die an das bereits im Vormärz sichtbare „Fünfersystem“ anschlossen. Neben der oppositionellen Deutschen Fortschrittspartei und der Nationalliberalen Partei, die letztlich Bismarcks Kurs unterstützte, entstanden zwei konkurrierende Arbeitervereine Ferdinand Lassalles und August Bebels, die 1869 zur Sozialdemokratischen Arbeiterpartei als Vorläufer der Sozialdemokratischen Partei Deutschlands (SPD) fusionierten.

Der politische Katholizismus fand 1870 in einer elf Jahre zuvor im preußischen Landtag entstandenen Zentrumspartei seinen politischen Anknüpfungspunkt. Der Konservatismus war gespalten zwischen Befürwortern des altständischen Prinzips (Altkonservative) und dem Konstitutionalismus zuneigenden Kräften (Freikonservative), die ebenfalls Bismarck unterstützten. Beide konservativen Richtungen verbanden sich in der Deutschen Konservativen Partei, die ihre Unterstützer vornehmlich aus adeligen Kreisen am Hof, im Militär und in der Verwaltung rekrutierten.

Vereinsgründungen

Auch die Vereine erlebten eine wahre Gründungswelle und förderten durch Statuten, Abstimmungen und Selbstfinanzierung demokratische Formen der politischen Willensbildung und Entscheidungsfindung. Sie profitierten auch in der Reaktionsära von ihrer Positionierung im (scheinbar) vorpolitischen Raum und übernahmen als berufsbezogene Interessenverbände, z. B. als Verein Deutscher Ingenieure (1856) oder als Deutscher Juristentag (1860), wichtige Funktionen im Prozess der Professionalisierung, in dem angestammte Berufsbilder reflektiert und oftmals geschärft, bisweilen gar ganz neu definiert wurden. Das Vereinswesen förderte die öffentliche Artikulation von Interessen, prägte neue Rollenbilder, trug zur Herausbildung von Eliten bei, erweiterte die individuellen Spielräume, diente aber auch als Mittel sozialer Kontrolle.

Politisierung der Bevölkerung seit Ende der 1850er Jahre (Neue Ära)

Die gehäuften Vereins- und dann auch Parteigründungen zeigten deutlich die erneut wachsende Politisierung breiter Bevölkerungsschichten, deren Begeisterung für einen Nationalstaat wieder erwachte. Ein erheblicher Verstärkereffekt ging vom österreichisch-französisch-italienischen Krieg 1859 in Italien aus, der die Sorge vor einem Übergewicht Frankreichs in der deutschen Öffentlichkeit erneut aufkommen ließ, die Nationalbewegung stärkte, die Anstrengungen im Einigungsprozess intensivierte und die Einheit Deutschlands als einzig wirksame Gegenwehr plausibel erscheinen ließ. Die „Neue Ära" des Aufbruchs zu Beginn der 1860er Jahre zeigte sich nicht nur in Preußen, sondern auch in den deutschen Mittelstaaten Bayern,

Württemberg, Baden und Kurhessen, in denen teilweise heftige Verfassungskonflikte ausgetragen wurden. In Österreich bildete Kaiser Franz Josef I. (reg. 1848-1916) die Regierung um, an deren Spitze er den ehemaligen liberalen Ministerpräsidenten der provisorischen Reichsgewalt von 1848, Anton Ritter von Schmerling (1805-1893), stellte.

Der Verfassungskonflikt in Preußen

Auch in Preußen kam es zu einem Verfassungskonflikt, nachdem die Deutsche Fortschrittspartei in ihrem Wahlprogramm die Prinzipien der „Neuen Ära" formuliert hatte: die deutsche Einigung, eine starke preußisch dominierte Zentralgewalt mit einem einflussreichen deutschen Parlament und für Preußen selbst eine liberale Regierungsform mit Achtung vor den verfassungsmäßigen Bürgerrechten. Den Anspruch der politischen Partizipation der Bevölkerung sahen die Fortschrittsliberalen vor allem in der aus Bürgern gebildeten Landwehr garantiert, deren Aufrechterhaltung sie von der Regierung forderten, die hingegen im Rahmen einer Heeresreform auf diese seit den Napoleonischen Kriegen gerühmten Einheiten verzichten wollte. Nachdem die preußische Regierung in der neuen Kammer mit dieser Heeresreform zu scheitern drohte, war König Wilhelm I. sogar zur Abdankung bereit, doch Bismarck bot ihm seine unbedingte Treue bis hin zum Verfassungsbruch an. Der 1862 zum preußischen Ministerpräsidenten aufgestiegene Bismarck leitete aus der Uneinigkeit von Kammer und Monarchie ein Notrecht der preußischen Regierung ab, das auf der Annahme basierte, alle von der Verfassung nicht ausdrücklich anderen Staatsorganen übertragenen Rechte seien bei der Krone verblieben („Lückentheorie"). Auf diese Weise regierte die preußische Regierung von 1863 bis 1865 ohne verfassungsmäßig verabschiedetes Etatgesetz und wurde durch die siegreichen Kriege gegen Dänemark (1864) und Österreich (1866) auch noch bestätigt. Die öffentliche Meinung schlug um, das liberal-demokratische Oppositionsbündnis zwischen linkem Zentrum und Fortschrittspartei zerbrach. Bismarck ermöglichte in einer Indemnitätserklärung, die 1866 vom neu gewählten preußischen Abgeordnetenhaus mit großer Mehrheit angenommen wurde, die nachträgliche parlamentarische Zustimmung zum verfassungswidrigen Staatshaushalt der Vorjahre. Der Verfassungskonflikt war damit beigelegt.

Dualismus zwischen Preußen und Österreich

In außenpolitischer Hinsicht wuchsen die Spannungen zwischen den beiden Großmächten, insbesondere nachdem Preußen Italien völkerrechtlich anerkannt und damit die Präsidialmacht des Deutschen Bundes, Österreich, öffentlich brüskiert hatte. Die Gefahr einer Auflösung des Deutschen Bundes wuchs unaufhaltsam. Österreich versuchte 1863 auf dem Frankfurter Fürstentag, auf dem 30 von 35 deutschen Fürsten anwesend waren, durch seine Zustimmung zur Vertretung der Nation über den Bundestag eine deutsche Lösung ohne Preußen herbeizuführen. Die deutschen Mittelstaaten jedoch sahen sich ohne den Rückhalt Preußens, dessen König auf Anraten Bismarcks der Versammlung ferngeblieben war, der Kaisermacht ausgeliefert und ließen den Reformplan Österreichs scheitern.

Preußen konterte den österreichischen Vorschlag mit der Forderung nach einer direkt gewählten deutschen Nationalversammlung, die – mit der Ausnahme im Revolutionsjahr 1848 – noch nie in den Reihen des Bundestages erhoben worden war. Damit griff es nicht nur ein Erbe der liberal-nationalen Bewegung des Vormärz, sondern auch eine zentrale Forderung der neu entstandenen liberalen Parteien auf. Bismarcks realpolitische Kalkulation richtete sich auf den Ausschluss Österreichs und eine entsprechende Festigung der preußischen Position nicht nur unter den deutschen Ländern, sondern innerhalb des europäischen Mächtesystems. Um diese Zielsetzung zu erreichen, setzte er auf den Antrieb der nationalen Idee zur Steigerung preußischer Macht, d.h. mittelfristig auf eine deutsche Einigung unter preußischer Führung, die allerdings eher auf Verständigung mit den Liberalen denn auf Austragung militärischer Konflikte aufgebaut werden sollte. Dennoch gelang es zunächst nicht, die liberalen Kräfte für ein gemeinsames Vorgehen in der nationalen Frage zu bewegen, da sie den Freiheitsaspekt an die nationale Einigung banden und Bismarck mit seiner Rede zur Herstellung der nationalen Einheit nicht auf dem Verhandlungswege (als Polemik gegen 1848), sondern durch „Eisen und Blut" schlimmste Befürchtungen

Die Schleswig-Holstein-Frage

auslöste. Die erneut aufbrechende Schleswig-Holstein-Frage emotionalisierte die liberal-nationale Öffentlichkeit zwar erneut, und der Sieg über Dänemark fand auch Jubel und Zustimmung, doch das österreichisch-preußische Kondominium (d.h. die gemeinsame Verwaltung) in den Herzogtümern, das nicht nur die Forderungen nach Einsetzung des Augustenburger Herzogs Friedrich als Landesherrn überging wie auch den alten Rechtsgrundsatz „Up ewig ungedeelt" ignorierte, indem Preußen Schleswig übernahm, während Österreich Holstein verwaltete, rief scharfen Protest hervor. Österreich, das sich bis zum Frankfurter Fürstentag noch der Unterstützung des „Dritten Deutschlands" sicher sein konnte, verlor durch diese Kooperation mit Preußen entscheidende Sympathien.

Die innenpolitische Situation veränderte sich also langsam zugunsten Preußens, war aber noch nicht entschieden. Außenpolitisch gelang es Bismarck, die europäischen Großmächte aus der deutschen Frage in den 1860er Jahren herauszuhalten. Während sich Russland im Gegenzug für Preußens Unterstützung gegen den polnischen Januaraufstand 1863/1864 den preußischen Anliegen gegenüber wohlwollend verhielt, war Großbritannien an dieser Problematik nicht weiter interessiert.

Militärische Auseinandersetzungen und preußisch-österreichische Rivalität

Die Rivalität der beiden deutschen Großmächte, die innerhalb des Deutschen Bundes miteinander umgehen mussten und dabei – zumeist aus taktischen Gründen – oftmals auch gemeinsam gegen die deutschen Mittel- und Kleinstaaten, die nationalliberale Bewegung oder Gefahren von außen agierten, war bereits 1815 angelegt, verschärfte sich aber deutlich nach 1848, nachdem die Paulskirchenversammlung trotz ursprünglicher großdeutscher Präferenz aufgrund der österreichischen Haltung letztlich eine kleindeutsche Lösung vorgeschlagen hatte, die dann zwar durch den preußischen König vereitelt wurde, aber eines der vorherrschenden Orientierungsmodelle der nächsten Jahrzehnte blieb.

Deutsch-Dänischer Krieg (1864)

1863 versuchte die dänische Regierung ein weiteres Mal, das durch ihren König Christian IX. (reg. 1863-1906) in Personalunion regierte Herzogtum Schleswig in den eigenen Staatsverband zu inkorporieren. Als Mitglied des Deutschen Bundes durch die Personalunion mit dem mit Schleswig verbundenen Holstein verstieß der dänische Monarch gegen Bundesrecht. Mit der dritten erneuerten Gesamtstaatsverfassung hatte Dänemark Fakten geschaffen: Schleswig stand vor der Annexion. Diese Maßnahme allerdings hätte nicht nur den seit dem Spätmittelalter geltenden Rechtsgrundsatz der Unteilbarkeit der beiden Herzogtümer Schleswig und Holstein ignoriert, sondern auch staats- bzw. bündnistechnisch die beiden Territorien verschiedenen Entitäten zugeordnet. Der Bundestag in Frankfurt beschloss daher die militärische Bundesexekution, auf deren Grundlage sächsische und hannoveranische Truppen in Schleswig und Holstein einmarschierten. Auch die Großmächte handelten in diesem Konflikt noch einmal gemeinsam: Sie erklärten im Frühjahr 1863 Dänemark den Krieg und erzwangen durch mehrere Siege, insbesondere die entscheidende Schlacht an den Düppeler Schanzen, die dänische Abtretung beider Herzogtümer im Frieden von Wien.

Der dänische Versuch einer förmlichen Annexion Schleswigs hatte erneut die nationale Stimmung beflügelt, der durch die Bundesexekution mögliche Nationalkrieg war auch in den einzelstaatlichen Parlamenten gefordert worden. Wenngleich Bismarck die dänischen Herrschaftsrechte sogar anerkannt hatte, um die anderen europäischen Großmächte ruhigzustellen, nahm er die Verletzung des schleswig-holsteinischen Sonderrechts zum Anlass, preußische Truppen in die Herzogtümer zu entsenden. Die rechtliche Begründung der nationalbewegten bürgerlichen Kräfte unterschied sich also von der Argumentation Preußens, und diese Divergenz wurde auch öffentlich artikuliert, insbesondere als die österreichisch-preußische Verständigung über das weitere Schicksal der beiden Herzogtümer publik wurde. Denn die schleswig-holsteinische Öffentlichkeit forderte die Errichtung eines neuen Staates mit einer Ständeversammlung und mit Herzog Friedrich von Augustenburg, der Erbansprüche geltend machen konnte, als regierendem Fürsten. Die Großmächte aber einigten sich in der Gasteiner Konvention 1865 auf eine gemeinsame Herrschaft über die Herzogtümer, die allerdings in der Praxis getrennt ausgeführt wurde.

Deutscher Krieg (1866)

Diese für die liberal-nationale bürgerliche Öffentlichkeit in Schleswig-Holstein wie auch in anderen Gebieten des Deutschen Bundes inakzeptable Regelung rief helle Empörung hervor, die sich 1866 auf einer Volksversammlung mit mehreren tausend Teilnehmern im holsteinischen Altona entlud. Nachdem sich Preußen über diese oppositionelle Agitation bei der österreichischen Kontrollmacht Holsteins beschwert hatte, aber mit dem Argument seiner eigenen Duldung der Versammlungen des Nationalvereins im Bundesgebiet abgewiesen worden war, erklärte König Wilhelm I. Ende Februar 1866 die Unvermeidlichkeit eines Krieges. Preußen nahm mit seinem Einmarsch in Holstein eine Verletzung des Bundesrechts in Kauf, sodass Österreich die von den bedeutenderen Einzelstaaten mitgetragene Bundesexekution einleiten konnte. Allerdings stellten sich 17 norddeutsche Staaten auf die Seite Preußens und erklärten bis Ende Juli 1866 ihren Austritt aus dem Deutschen Bund. Auch durch den Abschluss eines Bündnisvertrags mit Italien, das wenige Jahre zuvor noch mit Österreich im Krieg gestanden hatte, verstieß Preußen eklatant gegen Bundesrecht, da sich diese Offensivallianz gegen ein anderes Bundesmitglied richtete.

Obwohl die wichtigeren deutschen Mittelstaaten Baden, Bayern, Hannover, Hessen-Darmstadt, Kurhessen, Sachsen und Württemberg Österreich unterstützten, das für viele zeitgenössische Beobachter die größeren Siegesaussichten besaß, endete der Deutsche Krieg von 1866 mit einem überwältigenden Sieg der preußischen Truppen bei Königgrätz, der aufgrund technischer Überlegenheit, besserer Infrastruktur und effizienterer logistischer Planung der Preußen möglich geworden war. Im Frieden von Prag wurde Österreich im Gegensatz zu einem Teil seiner Verbündeten territorial geschont (lediglich Venetien musste an das mit Preußen verbündete Italien abgetreten werden), aber es musste der Auflösung des Deutschen Bundes und der Neugestaltung Deutschlands unter seinem eigenen Ausschluss zustimmen, seine Rechte in Schleswig und Holstein an Preußen abtreten und den preußischen Annexionen in Norddeutschland tatenlos zusehen. Österreich wurde somit gänzlich aus Deutschland herausgedrängt, während Preußen seine Stellung als deutsche Hegemonialmacht mit der Totalannexion Hannovers, Kurhessens, Nassaus und der Stadt Frankfurt sowie Schleswig-Holsteins absicherte und sein Staatsgebiet in beträchtlicher Weise arrondierte. Im Norden verblieben 22 Mittel- und Kleinstaaten, die politisch, militärisch und wirtschaftlich von Preußen dominiert und durch den erneuerten Deutschen Zollverein mit den süddeutschen Mittelstaaten fest verbunden wurden.

Preußen und die süddeutschen Staaten

Schutz- und Trutzbündnisse Preußens mit den süddeutschen Staaten

Nach dem Deutschen Krieg von 1866 schloss Preußen mit den vier süddeutschen Staaten Baden, Bayern, Hessen und Württemberg, die sämtlich mit Österreich verbündet gewesen waren, jeweils gesonderte Friedensverträge ab, sodass keine geschlossene süddeutsche Vertragsfront gegen die Großmacht gebildet werden konnte. Wesentliches Ergebnis dieser Verhandlungen waren militärische Beistandsverträge, sogenannte Schutz- und Trutzbündnisse, mit denen sich die Vertragspartner im Kriegsfall zum Einsatz ihres vollen Militärpotenzials unter preußischem Oberbefehl verpflichteten. Diese unbefristeten Verträge ergänzten die gegenseitige Beistandspflicht um eine Angleichung der Militärverfassungen nach preußischem Vorbild.

Bayern hatte versucht, die preußische Verhandlungsstrategie der jeweils bilateral geschlossenen Verträge zu unterlaufen, um mit einem kompakten Südbund der vier Mittelstaaten Preußen gestärkt gegenübertreten zu können. Die „Schutz- und Trutzbündnisse“ allerdings verhinderten die Annäherung der süddeutschen Staaten untereinander, Bayern wurde zunehmend isoliert. Für extremen Unmut sorgte die Regelung, dass auch die bayerische Armee im Kriegsfall dem preußischen Oberbefehl unterstellt werden sollte. Letztlich wurden die bayerischen Südbundpläne weniger durch preußische Störmanöver verhindert als durch die Uneinigkeit der vier süddeutschen Staaten und die Interessen eines Beitritts zum erneuerten Deutschen Zollverein, dessen Zollbundesrat und Zollparlament erweiterte Varianten der Organe des Norddeutschen Bundes darstellten, um den Beitritt der süddeutschen Staaten zu ermöglichen.

Eine Sondersituation ergab sich für das Großherzogtum Hessen, das lediglich mit seinem nördlichen Gebiet Oberhessen nach der 1866 durch Preußen vorgenommenen Annexion Kurhessens dem Norddeutschen Bund beitrat, mit seinem südlichen Kerngebiet jedoch nicht.

Nach Gründung des Norddeutschen Bundes schließlich konnte die Bündnispolitik Preußens mit Blick auf die süddeutschen Staaten durch die Vereinbarung gemeinsamer Mobilmachungsstrategien sowie eines Gesamtaufmarschplans komplettiert werden. So war Preußen durch seinen Rückhalt in den süddeutschen Staaten gut vorbereitet, als 1870 der Krieg mit Frankreich begann.

Der Norddeutsche Bund

Die „Putbuser Diktate"

Im Norden Deutschlands verfolgte Preußen eine andere Politik, die Bismarck 1867 mit seinen „Putbuser Diktaten", in denen er eine Verfassung entwarf, konkret einleitete. Dieser Entwurf wurde den Vertretern der verbündeten Mächte zugeleitet und dann in den versammelten Reichstag eingebracht und dort unter Zeitdruck intensiv diskutiert, da das Bündnis der norddeutschen Staaten zu diesem Zeitpunkt nur auf ein Jahr befristet war. Im April 1867 nahm der Reichstag die Verfassung nach einigen Änderungen mit großer Mehrheit an, sodass 23 Einzelstaaten sie schließlich in Kraft setzen konnten.

Die Verfassung des Norddeutschen Bundes als Vorform der Reichsverfassung

Die Bedeutung der Verfassung des Norddeutschen Bundes liegt vor allem in ihrer ganz wesentlichen Vorreiterfunktion für die Reichsverfassung von 1871, die maßgeblich aus ihr hervorging. Der Norddeutsche Bund war, ähnlich wie der Deutsche Bund, verfasst als Staatenbund, besaß aber zentrale Organe, die legislative und exekutive Funktionen wahrnahmen. Von herausragender Bedeutung war der Bundesrat, der als Träger der souveränen Bundesgewalt nach dem Muster des Frankfurter Bundestages als ständiger Kongress weisungsgebundener

Vertreter der Einzelstaaten organisiert war und im Stimmenverhältnis selbst durch das einflussreiche Preußen nicht mehrheitlich dominiert werden konnte. Dieser Bundesrat war – wie dies bei der Bundesversammlung des Deutschen Bundes bereits angelegt war – sowohl an der Gesetzgebung als auch an der Exekutive beteiligt, sodass keine konsequente Gewaltenteilung im Deutschen Bund umgesetzt wurde. Damit war er dem zweiten zentralen Organ, dem Reichstag, der in erstaunlicher Anknüpfung an die Revolution von 1848/1849 nach allgemeinem, gleichem, unmittelbarem und geheimem Männerwahlrecht als Volksvertretung konstituiert wurde, deutlich überlegen. Die Gesetzgebungsgewalt des Reichstags war durch das Vetorecht des Bundesrats begrenzt. Auch gegenüber der Exekutive war der Spielraum des Reichstags eng umrissen, die im Vormärz bei den süddeutschen Kammerkämpfen so entscheidende Budgetgewalt bezog sich nicht auf den militärischen Haushalt für Heer und Marine, und von der Regierungsbildung wie auch der Regierungstätigkeit war der Reichstag ausgeschlossen. Allerdings bedurften Gesetze seiner Zustimmung.

Die Exekutive lag grundsätzlich beim Bundespräsidium, das auch die Geschäftsleitung des Bundesrats innehatte. Den Vorsitz übernahm der Bundeskanzler, der dem Reichstag gegenüber verantwortlich war – eine Regelung, die Bismarck gerne vermieden hätte und die später nach der Gründung des Deutschen Reiches auch vom Reichstag genutzt wurde, um die Gewichte im institutionellen Arrangement durch Kritik und Kontrolle bei Haushaltsberatungen oder auch durch Verweise auf die in der Volksvertretung repräsentierte öffentliche Meinung zu den eigenen Gunsten zu verschieben. Ein formelles Staatsoberhaupt gab es nicht, aber das Präsidium des Norddeutschen Bundes lag bei der preußischen Krone.

Der Norddeutsche Bund entfaltete eine lebhafte politische Tätigkeit durch die Verabschiedung von Gesetzen, in denen die Reichseinheit größtenteils vorgezeichnet wurde. Die Kompetenzen des Bundes wurden gegenüber der Vorläuferinstitution ausgeweitet, er war zuständig für das Zoll- und Handelswesen, die Eisenbahnen, die Post, die Telegrafie, die Marine, die Schifffahrt, das Konsulatswesen, das Kriegswesen und die Finanzen.

Der Zollverein (1868)

Von besonderer Bedeutung war das dem Norddeutschen Bund nachgebildete, aber um die süddeutschen Staaten erweiterte zollpolitische Band, das mit dem neuen Zollvereinsvertrag von 1868 wirksam wurde. Der Zollbundesrat und das Zollparlament hielten faktisch um die Vertreter der süddeutschen Staaten erweiterte Sitzungen der Organe des Norddeutschen Bundes ab. In diesen Institutionen wurden für die Mitgliedsstaaten verpflichtende Mehrheitsbeschlüsse vorbereitet. Dem Zollpräsidium oblag die Umsetzung dieser Beschlüsse, und der preußische König war für die Vorbereitung von Handelsverträgen und die Überwachung der Ausführung der Zoll- und Handelsgesetze zuständig. Durch den Einschluss der süddeutschen Staaten wirkte der Zollverein auf wirtschaftspolitischem Gebiet als bedeutende Vorstufe des Deutschen Reiches von 1871 und forcierte entscheidend den Vorsprung Preußen-Deutschlands vor dem Rivalen Österreich-Ungarn, der sich besonders in zwei Leitsektoren der Industrialisierung zeigte, der Steinkohleförderung und der Eisenproduktion, forciert durch den intensiven Eisenbahnbau, der aufgrund des zunehmenden Personenverkehrs wie auch des steigenden Güteraustausches auf dem Gebiet des Deutschen Zollvereins erforderlich war. Das Eisenbahnnetz überstieg die Streckenverbindungen im Habsburgerreich um mehr als das Doppelte. Im Einkommensbereich war ein extremes Gehaltsgefälle vom Zollverein zur Donaumonarchie festzustellen. Hinzu kam die hohe Staatsverschuldung Österreichs, die sich nach dem Krieg mit Italien noch erheblich verschärft hatte. Die infrastrukturellen wie auch technologisch-industriellen Rückstände der Habsburgermonarchie wirkten sich auch auf handelspolitischem Gebiet äußerst nachteilig aus: Österreichs Anteil am europäischen Handel betrug 1860 lediglich knapp ein Drittel der Beteiligung des Zollvereins.

Die Rückständigkeit Österreichs

Für diese auffälligen Unterschiede war die österreichische Politik mitverantwortlich, weil sie frühe Weichenstellungen vernachlässigt hatte, als Preußen und etliche deutsche Mittel- und Kleinstaaten zu Beginn des 19. Jahrhunderts aufgrund ihrer existenziellen Notlagen durch die französische Bedrohung wichtige Modernisierungsanstrengungen auf dem Wege von

Reformen unternahmen. Die österreichische Politik verharrte zur selben Zeit in der Stagnation, und selbst der Staatsbankrott von 1811 zog keine hinreichenden Konsequenzen nach sich, da die führenden politischen Kräfte in der Donaumonarchie sich lieber auf die Restauration der Herrschaftsverhältnisse in Europa sowie die Abwehr liberal-nationaler Vorstöße konzentrierten. So blieb die Donaumonarchie auch in der zweiten Hälfte des 19. Jahrhunderts ein dynastisch zusammengehaltener, anachronistisch regierter Vielvölkerstaat mit einer protektionistisch orientierten Wirtschaftspolitik. Damit gelang es dem von Preußen geführten Deutschland immer deutlicher, sich auch ökonomisch von der Habsburgermonarchie abzusetzen.

Der Deutsch-Französische Krieg 1870/1871

Antifranzösische Stereotype

Seit Napoleon III. 1859 ein Bündnis mit dem italienischen Fürstentum Sardinien-Piemont gegen die Präsidialmacht des Deutschen Bundes Österreich geschlossen hatte, erlebte das alte, bereits in den Napoleonischen Kriegen virulente Stereotyp der deutsch-französischen Erbfeindschaft seine breitenwirksame Wiederbelebung und wirkte sich in Tausenden von Flugschriften, Pamphleten und Zeitungsartikeln mit dem Ruf nach möglichst schneller nationalstaatlicher Einheit als Sicherheit gegen mögliche französische Übergriffe aus. Die damit erstmals seit der Revolution von 1848 in dieser Wucht forcierte nationale Hochstimmung erlebte am 10. November 1859, an Friedrich Schillers 100. Geburtstag, ihren Höhepunkt.

Der spanische Thronfolgestreit

Angesichts dieser leicht zu entflammenden antifranzösischen Nationalbegeisterung kann es kaum verwundern, dass es eine Reihe eher kleinerer Verstimmungen war, die die sogenannte Hohenzollern-Kandidatur in Spanien letztlich zum Anlass einer militärischen Auseinandersetzung zwischen Frankreich und den deutschen Staaten unter preußischer Führung werden ließen. Nach dem Sturz der spanischen Königin Isabella II. 1868 offerierte das spanische Parlament im Einverständnis mit führenden Militärs dem Erbprinzen Leopold von Hohenzollern-Sigmaringen aus einer katholischen Nebenlinie des protestantischen preußischen Königshauses den vakanten Thron. Sofort kamen in Frankreich alte Einkreisungsängste auf, die der Erfahrung mit der gewaltigen Herrschaft Karls V. entstammten, der im 16. Jahrhundert nicht nur Kaiser des Alten Reiches, sondern auch spanischer König gewesen war.

Inwiefern Bismarck die Kandidatur des süddeutschen Prinzen unterstützte, ist unklar, aber es gibt keine Indizien dafür, dass er sie zur Herbeiführung eines Krieges mit Frankreich nutzen wollte. Es war eher die französische Regierung, die – irritiert über den preußischen Machtzuwachs nach 1866 – einen Zusammenhang zwischen den spanischen Thronfolgeplänen und der preußischen Politik herstellte und daher massiv protestierte. Begleitet wurde diese diplomatische Offensive, mit der Frankreich die spanische Thronfolgefrage zu einer Angelegenheit des eigenen nationalen Prestiges erklärte, durch die ablehnende Haltung auch anderer europäischer Staaten, sodass der Erbprinz im Juli 1870 auf seine Kandidatur für den spanischen Thron verzichtete.

Damit hätte die Angelegenheit für die französische Regierung erledigt sein können, doch diese verlangte vom preußischen König eine Garantieerklärung, eine Hohenzollern-Kandidatur für den spanischen Thron auch zukünftig nicht zu unterstützen. Dieser Forderung konnten weder Wilhelm I. noch die preußische Regierung nachkommen, und so schickte der König, nachdem ihn der französische Botschafter in Bad Ems aufgesucht hatte, jene berühmte „Emser Depesche“ an Bismarck, in der relativ sachlich Wilhelms I. Ablehnung des französischen Ansinnens beschrieben wurde. Bismarck aber verschärfte den Wortlaut, indem er hinzufügen ließ, der französische Botschafter sei vom preußischen König gar nicht erst empfangen, sondern durch einen Adjutanten weggeschickt worden. Danach wurde die veränderte Depesche an die Presse gegeben. Die französische Regierung fühlte sich öffentlich düpiert und reagierte am 19. Juli 1870 mit der Kriegserklärung an Preußen. Nicht nur die übrigen europäischen Mächte waren durch diese Maßnahme überrascht, auch die zeitgenössische Berichterstattung in weiteren europäischen Ländern vertrat mehrheitlich die Meinung, dass Frankreich den Krieg provoziert hätte, weil es sich mit dem Verzicht Leopold von Hohenzollern-Sigmaringens nicht zufriedengegeben hatte.

Die „Emser Depesche“ (1870)

Jedenfalls waren es weder territoriale noch ökonomische Faktoren, die die Bedingungskonstellation für den Deutsch-Französischen Krieg von 1770/1771 dominierten, sondern machtpolitische Aspirationen sowohl Frankreichs als auch Preußens. Weil beide Seiten die Öffentlichkeit in der Auseinandersetzung als Instrument benutzt hatten, standen sie nun unter dem Druck einer freigesetzten Meinung und einer nationalen Euphorie, die die Entscheidung für den Krieg maßgeblich beeinflussten.

Zwar schien Bismarck noch Anfang Juli von der Verschärfung des Konflikts überrascht, aber Preußen war auf diese militärische Auseinandersetzung gut vorbereitet. Dies heißt allerdings durchaus nicht, dass der Krieg mit Frankreich zielstrebig als Element auf dem Weg zur Einheit angesteuert worden ist. Die süddeutschen Staaten unterstützten zur französischen Überraschung aufgrund der abgeschlossenen Bündnisse Preußen. Die Mobilmachung der preußischen Einheiten konnte dank des gut ausgebauten Eisenbahnnetzes rasch vonstattengehen, der Vorstoß der preußischen Truppen und ihrer Verbündeten gelang aufgrund der gemeinsamen Aufmarschplanung zügig. Der Krieg wurde schnell durch die beiden Umfassungsschlachten bei Metz und Sedan entschieden, der letztere deutsche Sieg am 2. September 1870 wurde komplettiert durch die Gefangennahme des französischen Kaisers und die Kapitulation einer der französischen Hauptarmeen. Bereits zwei Tage später wurde in Frankreich die Republik ausgerufen, die den Krieg noch einige Monate weiterführte. Bismarck nutzte diese Kriegssituation, um mit Bayern über einen Zusammenschluss der süddeutschen Staaten mit dem Norddeutschen Bund zu verhandeln.

Der preußische Sieg bei Sedan (1870)

Zwar kapitulierte Frankreich erst am 28. Januar 1871, aber bereits zehn Tage zuvor war der preußische König Wilhelm I. ausgerechnet im Spiegelsaal des Schlosses von Versailles, dem Wahrzeichen vergangener französischer Macht, zum deutschen Kaiser proklamiert worden – eine Maßnahme, die in ihrer negativen Symbolträchtigkeit das deutsch-französische Verhältnis über lange Zeit massiv belastete. Wie weit die durch diesen Akt der Gründung eines deutschen Nationalstaats im

Die Kaiserproklamation in Versailles (1871)

Zentrum der einstigen Größe Frankreichs angelegte Demütigung der französischen Bevölkerung intendiert war, kann nicht abschließend geklärt werden, denn es sprachen auch andere Gründe für den Vollzug der Reichsgründung im Lande des Kriegsgegners: Bismarck wollte den Einspruch der anderen europäischen Großmächte vermeiden, und dies ging nur durch eine rasche Verwirklichung der deutschen Einheit. Da sich die Hauptpersonen sämtlich im Feldlager vor Paris befanden, war es ratsam, die Nationalstaatsgründung in Frankreich zu vollziehen.

Die Reichsgründung 1871

Parallel zum Deutsch-Französischen Krieg vollzog sich auch in den deutschen Staaten die Einigung. Die nationale Hochstimmung in weiten Teilen der Bevölkerung setzte auch die zunächst noch zögerlichen Regierungen der süddeutschen Staaten unter Druck. Damit kam die Reichsgründung durchaus nicht allein durch obrigkeitliche Kräfte, also Fürsten, Regierungen und Militärs, zustande, auch die bürgerlich-liberale Nationalbewegung hatte daran ihren Anteil. Entsprechend war im Spiegelsaal zu Versailles neben den deutschen Fürsten auch eine Delegation des Norddeutschen Bundes anwesend, pikanterweise geführt durch Eduard von Simpson, der 1849 im Auftrag der Nationalversammlung Friedrich Wilhelm IV. die Kaiserkrone angeboten hatte.

Das Deutsche Reich als Gründung der deutschen Fürsten

Wilhelm I. hingegen teilte die Abneigung seines Bruders gegen eine auch nur angedeutete Souveränität des Volkes, und die wohl eher nüchterne, einstündige Zeremonie im Spiegelsaal von Versailles unterstrich sein Herrschaftsverständnis. Die Wahl des Kaisertitels geschah bewusst in Anknüpfung an das Heilige Römische Reich Deutscher Nation (das allerdings in der stilisierten Größe seiner mittelalterlichen Existenz erinnert wurde), die Initiative musste daher von den Fürsten ausgehen. Der zögerliche bayerische König Maximilian II. wurde mit preußischen Geldzahlungen veranlasst, per Brief dem preußischen König im Namen der Fürsten die Würde eines Deutschen Kaisers anzutragen – ein Vorschlag, dem sich alle regierenden deutschen Fürsten und die freien Städte anschlossen.

Auf diese Weise wurden Reichsgründung und Kaiserproklamation historisch legitimiert, was vor allem mit Blick auf die süddeutschen Staaten von besonderer Bedeutung war. Der Großherzog von Baden schloss entsprechend mit einem Hochruf die Zeremonie ab. Die Volksvertretungen wurden zwar nicht ausgeschlossen, ihre Mitwirkung hatte aber nur nachrangige Bedeutung. Auch die Präambel der Reichsverfassung erklärte das Reich von 1871 programmatisch als Bund von Fürsten und freien Reichsstädten.

Der Festakt selbst wurde durch militärisches Gepräge bestimmt, das Heer erhob seinen Oberbefehlshaber zum Deutschen Kaiser. Dabei wurden trotz der Eile, in der dieser Akt vollzogen wurde, historische Traditionslinien nach Möglichkeit beschworen: Neben den Bezügen zum Alten Reich spielte die preußische Geschichte eine herausragende Rolle, denn 170 Jahre zuvor war Kurfürst Friedrich III. von Brandenburg preußischer König geworden. Die Reichsgründung ist damit eindeutig als ein von monarchischer Obrigkeit und Militär getragener politischer Akt zu identifizieren, in dem Bürgertum oder gar Bevölkerung eine nur nachgeordnete Rolle spielten. Sie erfuhren von der in Frankreich vollzogenen Gründung des kleindeutschen Nationalstaats nachträglich durch die mediale Informationsvermittlung, wobei Anton von Werners ebenfalls die Interpretation der Kaiserproklamation als obrigkeitsstaatlichen Akt darstellende, bildliche Darstellung in verschiedenen Varianten ganz maßgeblich die Einwurzelung des Ereignisses im kollektiven Gedächtnis beeinflusste.

Das Deutsche Reich als stilisierter Höhepunkt deutscher Geschichte

Preußen, bisher die schwächste Großmacht innerhalb der Pentarchie (Fünfgestirn der mächtigsten europäischen Staaten), mutierte mit der Reichsgründung unter Einschluss aller deutschen Staaten mit Ausnahme Österreichs de facto zu einem Nationalstaat mit 41 Millionen Einwohnern – lediglich Russland war noch bevölkerungsreicher. Aus Sicht der borussischen (preußischen) Geschichtsschreibung markierte die Reichsgründung den Höhepunkt deutscher Geschichte, und auch das nationalliberal gesinnte Bürgertum konnte sich – trotz fehlender konsequenter Liberalisierung der politischen Verhältnisse – mit der kleindeutschen Nationalstaatsgründung arrangieren. Geradezu sinnfällig wurde dies im bereits 1838 als Monument des sich emanzipierenden, liberalen Bürgertums begonnenen Hermannsdenkmal bei Detmold im Teutoburger Wald, das dann nach fast 40 Jahren Bauzeit bei der Eröffnung in Anwesenheit Wilhelms I. als Denkmal zur Errichtung des Deutschen Reiches nach dem Sieg über Frankreich gefeiert wurde. Der grundlegende Anspruch, den Wilhelm I. aufgrund seines Herrschaftsverständnisses für den neuen Nationalstaat erhob, wurde im Niederwalddenkmal bei Rüdesheim oberhalb des Rheins manifestiert, indem das Deutsche Reich als Resultat der Anstrengungen durch die deutschen Fürsten dargestellt wurde. Die Kriege der 1860er Jahre wurden retrospektiv als geniale Strategie auf dem Wege zur Reichsgründung in der Berliner Siegessäule glorifiziert. Und die nach dem Tode Wilhelms I. errichteten zahlreichen Kaiser-Wilhelm-Denkmäler, z. B. an der Porta Westfalica oder am Deutschen Eck in Koblenz, personalisierten die Reichsgründung im ersten Deutschen Kaiser, der über die konstruierte historische Traditionslinie, z. B. im Kyffhäuserdenkmal, in eine Linie mit dem Staufer Friedrich Barbarossa gestellt wurde.

Denkmalbau

Die Verfassung des Kaiserreichs

Die Reichsverfassung war letztlich das Resultat eines sehr komplexen historischen Kompromisses, der einer Vielzahl von Interessen gerecht zu werden versuchte und gleichzeitig den Einfluss Preußens festigen, möglichst sogar noch ausdehnen sollte. Dabei galt es, die preußischen Machtansprüche ebenso zu berücksichtigen wie die einzelstaatlichen Souveränitätsbedürfnisse und – mit Rücksicht auf die angefachte öffentliche Meinung – auch gewisse liberale Grundsätze, denn das Deutsche Reich war nun einmal ein Bündnis von Fürsten auf der Basis preußischer Militärmacht und in den Augen der Bevölkerung maßgeblich legitimiert durch die Zustimmung des national gesinnten Bürgertums. Einen aus liberaler Sicht besonders wichtigen Grundrechtekatalog gab es hingegen nicht, da dieser sich auf deutsche Staatsbürger hätte beziehen müssen, deren Zugehörigkeit jedoch über die Staatsbürgerschaftsrechte der Einzelstaaten geregelt wurde.

Kein Grundrechtekatalog

Wesentliche Bestimmungen der Reichsverfassung knüpften direkt an die Verfassung des Norddeutschen Bundes an. So wurden zentrale Organe übernommen, die eine von der Regierungsgewalt zu unterscheidende und diese auch in maßgeblichen Fragen überwölbende Reichsgewalt verkörperten. Formal wurde zwar keine Hauptstadt festgelegt, aber natürlich fanden die Reichsinstitutionen in Berlin ihren Sitz. Die entscheidende Stellung im Institutionengefüge des Deutschen Reiches nahm der Bundesrat als Vertretungsorgan der 25 Mitgliedsstaaten ein, der formal Träger der Reichssouveränität war. Die Bevollmächtigten der Einzelstaatsregierungen wurden nicht gewählt, sondern von den Fürsten ernannt. Preußen als mächtigster Mitgliedsstaat hatte nicht formal, aber faktisch den entscheidenden Einfluss, indem es mit seinen 17 Stimmen im Bundestag jeglichen Beschluss verhindern konnte, denn das Veto für Mehrheitsentscheidungen wurde bei 14 Stimmen gültig. Der Bundesrat entschied über die Zulassung von Gesetzesvorschlägen, brachte auf der Grundlage des Initiativrechts eines jeden Mitgliedsstaates Gesetzesvorhaben auf den Weg, kontrollierte die Einhaltung der Reichsgesetze und bildete Ausschüsse für die wichtigen, der Reichsgewalt überlassenen Bereiche der Außenpolitik und des Militärs (einschließlich der Marine und der Reichsfestungen). Bayern behielt zwar seine eigene Armee, die aber nur in Friedenszeiten dem bayerischen König unterstand.

Der Bundesrat

Mit dem Ausbau der Reichsgesetzgebung schritt zwar die im Gegensatz zum Deutschen Bund in der Reichsverfassung angelegte unitarische Tendenz voran, aber letztlich blieb das Reich ein föderatives Gebilde, wie sich in den Verfassungsbestimmungen zur exekutiven Reichsgewalt zeigte. Obwohl der Kaiser den Oberbefehl über die Reichstruppen und die Marine ausübte, benötigte er für eine Entscheidung zu einem Offensivkrieg die Zustimmung des Bundesrats. Ansonsten aber konnte er im Rahmen der Kommandogewalt wichtige Entscheidungen hinsichtlich der militärischen Planung, der Besetzung von Funktionen und Schlüsselstellen, der Organisation der Truppen und des Einsatzes der Einheiten treffen und auch den Ausnahmezustand verhängen. Die völkerrechtliche Vertretung

Föderalismus

Kompetenzen des Kaisers

des Deutschen Reiches in der Außenpolitik lag ebenfalls beim Kaiser, er konnte in Abstimmung mit dem Bundesrat Kriegserklärungen abgeben, Friedensschlüsse unterzeichnen, zwischenstaatliche Verträge schließen und das Personal des diplomatischen Dienstes bestellen. Innenpolitisch oblag dem Kaiser die Einberufung, Eröffnung und Schließung sowohl der Länderkammer (Bundesrat) als auch der Volkskammer (Reichstag), die Verkündigung der Reichsgesetze (ohne dass er allerdings ein Vetorecht besaß), die Anberaumung von Neuwahlen nach Auflösung des Reichstags sowie die Ernennung und Entlassung der Reichsbeamten einschließlich des Reichskanzlers.

Aufgaben des Reichskanzlers und der Reichsregierung

Der Reichskanzler war mit der Leitung der Geschäfte des Bundesrats beauftragt und musste diesen auch vor dem Reichstag vertreten (Ministerverantwortlichkeit). Ihm waren die Reichsämter für Auswärtige Angelegenheiten, Innenpolitik, Justiz, Postwesen und Eisenbahn sowie das Schatzamt untergeordnet, denen keine eigentlichen Minister, sondern eher Staatssekretäre in abhängiger Funktion vorstanden. Damit war der Kanzler ganz maßgeblich an der Festlegung des politischen Kurses, freilich immer in engster Abstimmung mit dem Kaiser, beteiligt. Realiter wurde seine Machtfülle – besonders während der Amtszeit Bismarcks – aber wesentlich durch die Tatsache gestärkt, dass die Reichskanzler meistens auch preußische Ministerpräsidenten waren und damit über eine umfassendere Bürokratie geboten, als sie im Reich vorhanden war.

Der Reichstag

Der Reichstag schließlich wurde als Volksvertretung auf der Basis des allgemeinen Männerwahlrechts alle drei, ab 1885 alle fünf Jahre konstituiert und wies eine Vielfalt unterschiedlicher Parteien mit diversen regionalen konfessionellen, sozioökonomischen und bisweilen sogar nationalen oder ethnischen Bezügen auf. Zwar besaß er nicht das politische Gewicht des Bundesrats, war aber deswegen keineswegs unbedeutend, denn ohne seine mehrheitliche Genehmigung konnte kein Gesetz verabschiedet werden, und auch der Reichshaushalt bedurfte seiner Zustimmung, was ihm Verhandlungsspielraum gegenüber der Exekutive eröffnete. Überdies konnte er eigene Gesetzesinitiativen auf den Weg bringen. Dennoch waren seine Einflussmöglichkeiten auf politische Handlungsentscheidungen begrenzt, da der Reichskanzler für konkrete politische Amtsmaßnahmen kein Mehrheitsvotum des Reichstags benötigte. Auch waren Militär und Bürokratie ebenso wie Außenpolitik und Diplomatie weitgehend der Einwirkung durch den Reichstag entzogen.

Mit Blick auf die von der Reichsregierung in den 1890er Jahren für notwendig erachtete Heeresreform drohte vor diesem Hintergrund eine Neuauflage des preußischen Verfassungskonflikts, da der Reichstag sein Budgetrecht einsetzte, um eine Mitsprache in militärischen Angelegenheiten zu erhalten. Zudem sah die Reichsverfassung explizit ein Mitspracherecht des Reichstags bei der Festlegung der Friedenspräsenzstärke der Streitkräfte vor, die die Volksvertretung mit jeweils einjähriger Gültigkeit vornehmen wollte. Die Reichsregierung hingegen wünschte sich ein unbefristetes Gesetz, konnte sich aber letztlich nicht durchsetzen, sondern erreichte im Kompromiss mit der Reichstagsmehrheit schließlich Festlegungen für jeweils sieben Jahre.

Das Wahlrecht

Dem Reichstag blieb jedoch ein in den Augen der Bevölkerung entscheidendes Argument in der Auseinandersetzung mit dem monarchischen Obrigkeitsstaat. In überraschender Anknüpfung an die Revolution von 1848/1849 war für das Kaiserreich – wie vorher schon für den Norddeutschen Bund – das allgemeine, gleiche, geheime und direkte Wahlrecht für Männer über 25 Jahren übernommen worden, sodass erhebliche Unterschiede zu den in den Einzelstaaten gültigen Wahlrechtsbestimmungen existierten, besonders deutlich im Vergleich zum in Preußen immer noch gültigen Dreiklassenwahlrecht. Bismarcks Kalkül bei seinem Vorschlag der Einführung dieses fast demokratischen Männerwahlrechts zielte auf die Hoffnung einer konservativ-monarchischen Ausrichtung unterbürgerlicher und vor allem bäuerlicher Schichten, durch die der Reichskanzler die durch Eigentumsqualifikationen im Wahlrecht begünstigte Vorherrschaft der bürgerlich-liberalen Parteien brechen wollte – ein Plan, der nur sehr unzureichend realisiert werden konnte.

Steigende Wahlbeteiligung

Stattdessen mobilisierten die turnusmäßig veranstalteten Wahlen große Bevölkerungsteile, die öffentlichen Sitzungen des Reichstags wurden vom Publikum auf der Tribüne rege verfolgt, und die Presse berichtete intensiv über die parlamentarischen Debatten. Die Wahlbeteiligung stieg kontinuierlich von 51 Prozent bei der ersten Reichstagswahl auf 85 Prozent im Jahre 1912. Die fortschreitende Politisierung der Bevölkerung schlug sich in der Gründung von Parteien und politischen Verbänden nieder, die eine immer lebendigere politische Kultur prägten. Deren Sprachrohr im Institutionengefüge des Reiches war der Reichstag, der sich mithin auf seine demokratische Legitimation berufen konnte und dies im Verlauf der Entwicklung auch immer deutlicher tat.

Polarisierungen im Kaiserreich

Parteien

Bereits im Vorfeld der Reichsgründung entwickelten sich durch die wachsende Anzahl politischer Gruppierungen um Parlamentsfraktionen und Zeitschriften sowie dann schließlich auch in Parteien und Vereinen unterschiedlichste miteinander konkurrierende Legitimations- und Ordnungsvorstellungen. Die Parteien der 1760er und 1770er Jahre bildeten weniger feste Organisationen als verzweigte Netzwerke, durch die eine große Wählerschaft für eine politische Richtung gewonnen werden sollte. Da die Politik einerseits sich immer stärker der Öffentlichkeit bediente, andererseits – insbesondere mithilfe der Medien – zunehmend durch die Allgemeinheit kontrolliert wurde, bedurften die zuvor häufig von wenigen Meinungsführern dominierten Aktivitäten der Zustimmung breiter Schichten der Bevölkerung, die „Honoratiorenpolitik" wandelte sich zur „Massenpolitik".

Bereits 1871 hatten sich vier bis fünf deutlich unterscheidbare Richtungen im politischen Spektrum herausgebildet: der Liberalismus (der sich dann in zwei unterschiedliche Varianten einer fortschrittlichen Freiheitspartei und einer nationalliberalen Wirtschaftspartei splittete), der Konservatismus, der politische Katholizismus und der Sozialismus, die sämtlich maßgeblich in unterschiedlichen Milieus der immer stärker differenzierten deutschen Gesellschaft verankert waren.

Otto von Bismarck

Die überragende Persönlichkeit innerhalb dieses zunehmend komplexeren Systems war der Reichskanzler und preußische Ministerpräsident Otto von Bismarck, dessen Machtfülle nicht nur durch die Kombination zentraler Ämter im Deutschen Reich wie auch in Preußen, sondern vor allem durch sein über die retrospektiv konstruierte und glorifizierte Strategie der Reichseinigung über drei Kriege produziertes Heroenimage begründet wurde. Bismarck verband außenpolitische Gewandtheit mit konsequentem Vorgehen gegen innenpolitische Gegner und wusste sich dabei geschickt der Unterstützung Wilhelms I. zu versichern, dessen Image als Reichsgründer bereits früh auf den Reichskanzler abfärbte, bis es letztlich komplett auf ihn übertragen wurde.

Die Liberalen

Standen die liberalen Abgeordneten in Preußen in den 1860er Jahren noch geschlossen gegen den von Bismarck geschmiedeten Pakt zwischen Krone, landbesitzendem Adel und Armee, so sympathisierten im Verlauf des Jahrzehnts vor der Reichseinigung doch immer mehr Liberale mit dem nationalen Kurs des preußischen Ministerpräsidenten, dem der Erfolg außen- wie innenpolitisch Recht zu geben schien und der sich – spätestens nach dem preußischen Sieg über Österreich – als ausführende Instanz der von ihm empfundenen Verantwortung Preußens für ein geeintes Deutschland verstand. Mit der Indemnitätsvorlage, durch die Bismarck die rechtswidrige Haushaltsführung der preußischen Regierung aufgrund des Verfassungsstreits nachträglich legitimieren wollte, erreichte er die Spaltung des liberalen Lagers. Während die Nationalliberalen zustimmten, erschien den Fortschrittsliberalen eine Unterstützung der Politik Bismarcks wie ein Verrat an ihren früheren Idealen, sodass sie den Nationalstaat zwar als Voraussetzung für die liberale Entwicklung der inneren Verhältnisse ansahen, seinen Bestand aber an die Vereinbarung einer freiheitlichen Verfassung banden.

Für Bismarck, der im Norddeutschen Bund und dann im Reich eine Politik der Modernisierung durchführen wollte, war die Unterstützung der Liberalen, die 1871 die dominierende politische Kraft im Reichstag darstellten, enorm wichtig (allein die Nationalliberalen verfügten über knapp ein Drittel der Stimmen und stellten gemeinsam mit der Fortschrittspartei und der Liberalen Reichspartei sogar die Mehrheit). Die unterschiedlichen liberalen Strömungen konvergierten in ihren Zielen einer Stärkung der Parlamentsrechte, der Garantie von Rechtsgleichheit, Rechtssicherheit und individueller Freiheit sowie der Einführung einer marktliberalen Wirtschafts- und Gesellschaftsordnung, unterschieden sich aber durchaus in anderen politischen Fragen, wie z. B. der Organisation politischer Herrschaft oder der Lösung sozialer Probleme.

Die letztlich kleindeutsche Nationalstaatsbildung stellte hingegen für die diversen liberalen Kräfte kein Problem dar, da das protestantische Preußen als Führungsmacht weitaus attraktiver erschien als die als rückständig wahrgenommene, katholische Habsburgermacht, die zudem noch über ein aus nationaler Sicht eher lästiges Vielvölkerreich gebot. Unzufriedenheit erregte unter den Liberalen eher die Reichsverfassung, doch der gemäßigte Flügel war letztlich bereit, im Interesse der nationalen Einigung mit Bismarck zu kooperieren, in der Hoffnung, dann auch die innere Ausgestaltung des Reiches beeinflussen zu können. Mit dieser Politik blieben die Nationalliberalen bis Ende der 1870er Jahre die stärkste Fraktion innerhalb des Reichstages, der Kurswechsel Bismarcks 1879 allerdings ließ die Partei an ihren Flügeln erodieren. Dagegen profitierten die Fortschrittsliberalen, die mit einem konsequenten Oppositionskurs weiterhin freiheitliche Ideale uneingeschränkt hochgehalten hatten und schließlich mit einer linken Abspaltung der Nationalliberalen die Deutsch-Freisinnige Partei bildeten, rekrutierte sich doch ihre Wählerschaft aus demselben Milieu bürgerlich-städtisch-protestantischer Schichten, die sich als einzig wahre Träger der Nation verstanden.

Die Konservativen

Die Konservativen hingegen waren der Politik Bismarcks gegenüber unmittelbar vor der Reichsgründung und auch im Jahrzehnt danach skeptisch eingestellt, da ihnen die Idee der Nation, die sie mit einer Infragestellung des monarchischen Prinzips und einer Tendenz zur Volkssouveränität assoziierten, fremd war. Stattdessen traten sie für die Bewahrung bzw. Wiederherstellung der alten, nach ständischem Prinzip eingerichteten soziopolitischen Ordnung mit monarchischer Spitze ein und betrachteten maßgeblich die Landwirtschaft als stabilisierendes Element. Unterstützung erhielt Bismarck noch durch Freikonservative aus Adel, Industrie und Beamtentum, die Altkonservativen hingegen, deren Unterstützer maßgeblich unter den ostelbischen Gutsbesitzern zu finden waren, gingen auf Distanz zum Reichskanzler und kritisierten sein taktisches Bündnis mit den Nationalliberalen. Zwar bekannten sie sich letztlich nach Gründung der Deutschkonservativen Partei 1876 zu nationaler Einheit und Reichsverfassung, ihre Wählerschaft fanden sie aber weiterhin in den Eliten des agrarischen Nordostens. Die Anhänger aller konservativen Schattierungen waren überwiegend Protestanten, sodass sich die konservative Polemik auch immer stärker gegen das katholische Zentrum richtete. Überhaupt war die Ablehnung jeglicher Veränderung charakteristisch für die Konservativen, als Abwehrfront der traditionellen Führungsschichten richteten sie sich ebenso gegen sozialistische Vorstöße einer stärkeren politischen Einbindung auch unterbürgerlicher Schichten wie auch gegen den Aufstieg des liberalen Kapitalismus.

Der politische Katholizismus und die Zentrumspartei

Innerhalb des insbesondere in Schlesien, im Rheinland und in Teilen Süddeutschlands durch ein dichtes Netz aus Funktionsträgern, Vereinen und Pressorganen sowie ein funktionierendes System aus Festen und Ritualen relativ stabilen, traditionsgebundenen katholischen Milieus, das weit weniger vom Normenverlust durch politische, ökonomische und soziale Transformationen betroffen war, bildete sich eine politische Richtung heraus, deren Verfechter durchaus bereit waren, die kleindeutsche Reichsgründung als Wiederbelebung der mittelalterlichen Reichstradition zu akzeptieren und die Hohenzollern als legitime Erben der Kaiserwürde anzuerkennen, selbst wenn – insbesondere durch die deutsch-österreichische Allianz im Ersten Weltkrieg – im deutschen Katholizismus auch wieder großdeutsche Visionen kolportiert wurden. Bereits bei der Reichstagswahl 1871 trat der politische Katholizismus mit einer Partei unter dem Namen „Zentrum“ an. Bei konservativer Grundausrichtung setzte sich diese Partei für eine starke rechtsstaatliche Ordnung mit verfassungsmäßig verankerter Vereinigungs-, Versammlungs-

und Pressefreiheit ein und verteidigte damit moderne Errungenschaften, die auch den Katholiken als Minderheit zugutekamen. Insbesondere aber lagen der Zentrumspartei die Unabhängigkeit der katholischen Kirche gegenüber dem Staat und die Sicherung ihres gesellschaftlichen Einflusses gegenüber den von den Liberalen geforderten Säkularisierungstendenzen im Bildungs- und Jugendbereich am Herzen.

Dieses Engagement führte bereits in eine harte Auseinandersetzung mit der Reichsregierung und den sie stützenden Nationalliberalen, in der sich die weltanschaulichen Gegensätze vertieften und die anfängliche Akzeptanz gegenüber dem preußisch-kleindeutschen Nationalstaat bei vielen Katholiken in Abneigung umschlug. Dieser „Kulturkampf" war für Bismarck nicht ungefährlich, bildete doch das Zentrum, das 1874 sein bestes Wahlergebnis erreichte, durchgängig eine der stärksten Reichstagsfraktionen.

Der „Kulturkampf"

Das Selbstverständnis der katholischen Kirche musste mit dem staatlich-nationalen Ordnungsmodell der Prägung Bismarcks kollidieren. Die erfolgreiche Umwerbung der Liberalen durch den Reichskanzler hatte ihm Rückhalt im protestantischen Bürgertum verschafft, das sich selbst als Träger von Leitwerten der Nation – Vernunft, Bildung, Wissenschaft – verstand und den Katholizismus pauschal als rückwärtsgewandt und undeutsch abqualifizierte. Freilich hatte zu dieser Wahrnehmung auch eine ultramontane Richtung innerhalb der katholischen Kirche beigetragen, die sich ganz auf den Papst als Oberhaupt konzentrierte und nach dem Ersten Vatikanischen Konzil (1869/1870) seine Unfehlbarkeit in Glaubens- und Sittenfragen betonte.

Bismarck sah diesen Gegensatz zwischen den protestantisch gesonnenen bürgerlichen Kräften und den katholischen Anhängern der Zentrumspartei einschließlich ihrer Exponenten als brauchbares Verstärkungsmittel für sein Bündnis mit den Nationalliberalen und berücksichtigte deren Auffassungen im Kontext seiner Kirchenpolitik. Er bemühte sich, durch Ausdehnung der staatlichen Schulaufsicht und des staatlichen Einflusses auf die Besetzung von Pfarrstellen die politischen Eigentendenzen des Katholizismus einzudämmen bzw. zu unterdrücken. Die Mitglieder des Zentrums wurden als nicht im Sinne des monarchischen Obrigkeitsstaats integrierbare Gruppe – wie auch die Sozialisten – zu „Reichsfeinden" erklärt.

Daneben führte der Kulturkampf auch zur repressiven Veränderung der preußischen Polenpolitik nach der Gründung des Deutschen Reiches. Der polnische Klerus wurde der Aufwiegelung der Bevölkerung verdächtigt, und gleichzeitig wurde die sprachliche Assimilation der Polen im preußischen Teilungsgebiet massiv vorangetrieben: Der reguläre Volksschulunterricht durfte seit 1872/1873 nur noch in deutscher Sprache stattfinden, 1876 wurde Deutsch per Gesetz alleinige Geschäftssprache, 1877 einzige Gerichtssprache. In den 1880er Jahren fand der Konflikt, der das Nationalbewusstsein in Polen im erbitterten Widerstand gegen die preußischen Maßnahmen eher stärkte als schwächte, in einer massiv polenfeindlichen Publizistik mit aggressivem Vokabular und völkisch-sozialdarwinistischem Gedankengut seinen negativen Höhepunkt, indem der polnisch-deutsche Gegensatz zu einem als nationaler Überlebenskampf notwendigen Ausrottungskrieg erklärt wurde.

Die Sozialdemokratie

Auch die Sozialdemokratie traf der Bannstrahl Bismarcks, indem ihr permanente „Umsturzgelüste" unterstellt wurden. 1863 hatten sich auf der Basis dieser im Umfeld der 1848er Revolution entstandenen zweiten großen Oppositionsideologie des 19. Jahrhunderts zwei sozialdemokratische Parteien vom linken demokratischen Flügel des Liberalismus abgelöst: der Allgemeine Deutsche Arbeiterverein des Publizisten Ferdinand Lassalle (1825-1864) und der Vereinstag Deutscher Arbeitervereine (ab 1869 die Sozialdemokratische Arbeiterpartei) des Handwerkers August Bebel (1840-1913) und des Journalisten Wilhelm Liebknecht (1826-1900), die 1875 zur Sozialistischen Arbeiterpartei (SAP) fusionierten und mit dem Gothaer Programm eine sozialistische Wirtschafts- und Gesellschaftsordnung innerhalb eines direktdemokratischen Volksstaats forderten.

Das Sozialistengesetz (1878)

Bismarck gelang es nicht, die von ihm als ernsthafte Gefahr angesehenen Sozialdemokraten mit dem 1878 verabschiedeten Sozialistengesetz, mit dem sozialdemokratische Vereinigungen kontrolliert, Publikationen verboten und Führungspersönlichkeiten ausgewiesen werden konnten, dauerhaft zu unterdrücken. Bei den Reichstagswahlen 1871 konnten nur zwei sozialdemokratische Abgeordnete in das Parlament einziehen, 1890, als die im selben Jahr als Nachfolgepartei der SAP gegründete Sozialdemokratische Partei Deutschlands (SPD) auch erstmals merklich in der Klientel bürgerlicher Parteien Erfolg hatte, waren es bereits 35 Mandatsträger, die damit die stärkste Fraktion im Reichstag bildeten. 1912 vereinte die SPD ein Drittel aller abgegebenen Wählerstimmen auf sich. Ihre Klientel fand sie maßgeblich in den städtisch-industriellen Ballungszentren der überwiegend protestantischen Teile Deutschlands – je stärker diese wuchsen, desto deutlicher profitierten die Sozialdemokraten.

Wechselnde Mehrheiten

Die gesellschaftliche Polarisierung, die maßgeblich die Differenzierung des politischen Spektrums bewirkte, wurzelte sowohl in den alten überkommenen regionalen und konfessionellen Spannungen wie sie auf soziale Friktionen im Gefolge der Industrialisierung und der zunehmenden Spannungen zwischen Kapital und Arbeit, Adel und Bürgertum, Industrie und Landwirtschaft zurückzuführen war. Für Bismarck wurde es angesichts dieser Entwicklung innerhalb des deutschen Parteienspektrums immer schwieriger, Reichstagsmehrheiten zu organisieren. In der eher liberalen Ära nach der Reichsgründung waren ihm oftmals Mehrheitsbildungen mit Nationalliberalen und Freikonservativen gelungen. Danach verhinderte die Schwäche der Nationalliberalen bis in die zweite Hälfte der 1880er Jahre andauernde stabile Mehrheitsverhältnisse, sodass Bismarck mehrfach mit der Auflösung des Reichstags drohte, die er 1878 und 1887 auch wahr machte. Daneben versuchte er, sich mit dem Zentrum zu verständigen und gab damit seinen antikatholischen Kurs weitgehend auf.

Das Sozialversicherungssystem

Die Ausbreitung der Sozialdemokratie hatte Bismarck durch das Sozialistengesetz nicht verhindern können. In den 1880er Jahren versuchte er daher, das sich möglicherweise aus der sozialen Brisanz der Industrialisierung nährende revolutionäre Potenzial der Sozialdemokratie zu entschärfen, indem er etappenweise ein staatliches Sozialversicherungssystem einführte, das in Europa Vorbildcharakter gewann.

Kolonial-politische Ambitionen

Mitte der 1880er Jahre kündigte sich ein kolonialpolitischer Aktivismus an, in dem neue politische Kräfte gediehen. Bismarck stand einem kolonialpolitischen Engagement eher skeptisch gegenüber, sodass er es nach anfänglicher Förderung Ende des Jahrzehnts auf ein Minimum zurückfuhr. Die Debatte um die Kolonialpolitik spülte allerdings neue politische Kräfte mit radikal-nationalistischen Tönen hoch. Im September 1886 wurde in Berlin unter Mitwirkung des deutschen Kolonialpioniers Carl Peters (1856-1918) ein Allgemeiner Deutscher Kongress zur Förderung überseeischer Interessen veranstaltet, der sich nicht auf die Kolonialpolitik beschränkte, sondern sich daneben der Verteidigung der deutschen Sprache verschrieb und die deutsche Kultur auch jenseits der Reichsgrenzen, also im östlichen Europa, verbreiten wollte. Mit der Gründung des Allgemeinen Deutschen Verbandes als Dachverband deutschnationaler Interessen wurde auf diesem Kongress die für das Kaiserreich verheerende Allianz kolonialer und völkisch-nationalistischer Kräfte gestiftet. Ihre Bedeutung zeigte die neue politische Verbindung im Protest gegen den von der Reichsregierung Caprivi 1890 mit Großbritannien abgeschlossenen Helgoland-Sansibar-Vertrag, in dem das Deutsche Reich im Tausch gegen Helgoland und den ostafrikanischen Caprivi-Zipfel auf weitere Erwerbungen in Afrika verzichtete. 1894 vereinigte sich die enormen Zulauf aufweisende völkische Opposition gegen die wilhelminischen Eliten im Alldeutschen Verband, der sich auch antisemitischer und antikapitalistischer Parolen bediente und das Potenzial volkstümlicher Nationsbildung auf populistische Weise zur volkstumsideologischen Verbreitung einer zukünftigen Expansions- und Annexionspolitik im Osten und Südosten Europas reaktivierte, um deutsche Weltherrschaftsträume zu befördern.

Völkische Gruppierungen

Diese neuen radikalen, populistischen und gegenüber der Reichsregierung oppositionellen Gruppierungen am äußersten rechten Rand des politischen Spektrums profitierten vom Wandel in Wesen und Stil der Politik Anfang der 1890er Jahre. Es entstanden regelrechte Parteiorganisationen, die sich auf eine große, finanziell beitragende Mitgliederzahl stützten und mit Lobbygruppen verbündeten, ständiges Personal beschäftigten und eine Fülle neuer Strategien wie Kundgebungen und Demonstrationen zur Mobilisierung von Wählern anwandten. Diese nochmals gesteigerte Nutzung des öffentlichen Raums für die Austragung politischer Kontroversen trug erheblich zur verbalen wie inhaltlichen Verschärfung der Auseinandersetzungen bei und verhärtete auch die oppositionellen Angriffe auf die wilhelminischen Eliten einschließlich des Kaisers, denen allmählich die Kontrolle über die öffentliche Sphäre entglitt.

Auch große Teile der Jugend waren angewidert von der Hohlheit und Verlogenheit des wilhelminischen Systems, sodass sie nicht selten in der Radikalisierung Alternativen suchten, die sich in antimerkantiler Kunstbegeisterung, bündischem Gemeinschaftsverlangen und agrarromantischen Schwärmereien zeigten. Die völkischen Gruppierungen griffen diese Sehnsüchte auf und vermischten sie mit aggressiv-imperialistischen Szenarien, die – in Überwindung des zu gemäßigt, zu klein erscheinenden Wilhelminischen Reiches – in dystopisch eingefärbte Zukunftsvisionen von einem deutsch-germanischen Großreich einmündeten.

Gesellschaftliche Veränderungen

Integrations-probleme

Mit der Gründung des Reiches hatte der Nationalstaat zwar seine äußere Gestalt gewonnen, aber der innere Zusammenhalt war schwieriger herzustellen. Zwar waren große Teile des Bürgertums von der Idee der Nation begeistert, aber im Alltagsleben war diese nicht dominant, sondern die kleinräumigere Lebenswelt, die Gemeinde, die Region oder der Einzelstaat waren im 19. Jahrhundert noch die vorherrschenden Bezugsgrößen für den größeren Teil der Bevölkerung. Die Nationalisierung der europäischen Gesellschaften war nicht zuletzt von Modernisierungsprozessen abhängig, die die Kommunikation erleichterten, die Mobilität begünstigten, die politische Partizipation ausweiteten und die Bildungschancen erhöhten. Auf diese Weise entstand dann auch zunehmend das Bedürfnis nach neuen Identifikationsmöglichkeiten, aber auch nach einer grundlegend veränderten Legitimation politischer Herrschaft.

Integrations-mechanismen

Auch die Eliten des Kaiserreichs hatten ein Interesse, die heterogene Bevölkerung in den neuen Staat zu integrieren. Sie nutzten dazu die Sozialisationsinstanzen Schule und Militär, inszenierten darüber hinaus aber ihr Idealbild einer deutschen Nation in einem jährlich wiederkehrenden Kreislauf nationaler Feste und Feiern, ergänzt um die Sinnstiftung über einen intensivierten Denkmalbau einschließlich pompöser Einweihungsfeiern. Zeremonien und Monumente veranschaulichten in konzentrierter Weise nationale Selbstbilder und vergegenwärtigten die Vorstellung von der Nation in sinnlich wahrnehmbarer Weise unter Konstruktion historischer Traditionen, durch die die gegenwärtig erwünschte Zusammengehörigkeit geschichtlich begründet werden sollte. So diente das öffentliche Gedenken, das im 19. Jahrhundert – zumindest in quantitativer Hinsicht – einen Höhepunkt erreichte, der vergangenheitsbezogenen nationalen Selbstvergewisserung zum Zwecke der gegenwartsorientierten Durchsetzung einer bestimmten Vorstellung von der Nation. Diese konnte vor der Reichsgründung als erstrebenswertes Ideal verheißungsvoll beschworen werden, doch nach 1871 richteten sich die Bemühungen auf den nun existenten Nationalstaat, der als Gipfel deutscher Geschichte präsentiert wurde. Diese Konzentration auf die jüngste Geschichte rückte den Deutsch-Französischen Krieg sowie die in Frankreich erfolgte Ausrufung des Deutschen Kaisers und damit des kleindeutschen Nationalstaats als wesentliche Elemente der Staatswerdung ins kollektive Gedächtnis der deutschen Bevölkerung und ließ sich problemlos mit dem monarchischen, obrigkeitsstaatlichen Selbstverständnis der Eliten des Kaiserreichs verbinden. Entsprechend forcierten die führenden Kräfte des wilhelminischen Staates diese Geschichtssicht und wurden dabei von großen Teilen der Massenmedien, aber auch durch Künstler und Literaten unterstützt.

Staatliche Erinnerungs-kultur

Feiern

Den Auftakt dieser nationalstaatlichen Inszenierung bildeten die in vielen Städten abgehaltenen Siegesfeiern bei der Heimkehr der Truppen aus dem Krieg gegen Frankreich. In Berlin wurde mit gewaltigem Aufwand eine Straße des Triumphes mit Fahnen, erbeuteten Kanonen, allegorischen Gemälden und monumentalen Gipsfiguren entworfen, die den Bezug zur Befreiung der deutschen Staaten von der Fremdherrschaft Napoleons 1813 herstellte, indem unter enormem Besucherandrang am eigentlichen Festtag, dem 16. Juni 1871, ein Denkmal des preußischen Königs Friedrich Wilhelm III. enthüllt wurde. Aus dem national begeisterten Bürgertum gab es Vorschläge, den Tag der Schlacht von Sedan zum nationalen Feiertag zu erheben, was jedoch durch den Kaiser abgelehnt wurde, obwohl dieser die lokalen Gedenkfeiern begrüßte, die weniger mit Besinnlichkeit, sondern mit Festumzügen, Banketten und Volksvergnügen begangen wurden. Der Sedanstag entwickelte sich auf diese Weise zu einem inoffiziellen Feiertag, an dem 1873 dann auch das zentrale Reichsgründungsdenkmal, die Siegessäule, eingeweiht wurde. Die Konzeption dieses Monuments schloss die Erinnerung an die militärischen Auseinandersetzungen gegen Dänemark und Österreich als Elemente der Staatswerdung ein, zentralisierte aber den Deutsch-Französischen Krieg. Der vom in der Hohenzollernmonarchie bevorzugten künstlerischen Vermittler der Reichsgründung, Anton von Werner, gestaltete Bildfries stand mit seinen Motiven ganz in der monarchisch ausgerichteten Tradition der Reichsgründung durch Fürsten und Militär, die entsprechend auch die Einweihungsfeier dominierten. Daneben wurde aber durch Nutzung der allegorischen Figur der Germania, eines Symbols der deutschen Nationalbewegung schon vor der Reichsgründung, auch der Traditionsstrang der bürgerlichen Einheitsbestrebungen aufgenommen. Diese Berücksichtigung einer nationalen Symbolik, die 1848 noch gegen den monarchischen Obrigkeitsstaat gerichtet war, war für das Kaiserreich nicht unproblematisch, und dennoch wurde die deutlich monarchisch geprägte Repräsentation mit nationalen Symbolen angereichert, ganz im Tenor der Politik Bismarcks, der in den 1870er Jahren die liberalen politischen Kräfte für seine Politik zu gewinnen suchte. So wurde der maßgeblich auf Preußen und die Hohenzollern bezogene Staatskult mit Konzessionen an den bürgerlichen Nationalkult als Synthese von Monarchie und Nation inszeniert.

Feiertage

National-symbolik

Staatskult

Auch die aus bürgerlichen, in Vereinen organisierten Kreisen oftmals in einer Verschmelzung regionalen Bezugs mit nationalen Anliegen initiierten Denkmäler wurden in den mon-

Denkmäler

archisch dominierten Kult integriert. Als für diese Symbiose beispielhaftes Denkmal, das die Reichsgründung als kollektive Errungenschaft der Fürsten darstellt, ist das von nationalliberalen Honoratioren und Beamten angeregte Niederwalddenkmal bei Rüdesheim am Rhein zu sehen, dessen dominantes Element eine riesige Germania-Statue ist und dessen Sockel den Text des populären, antifranzösischen Vormärzliedes „Die Wacht am Rhein" von Max Schneckenburger aufweist. Die Glorifizierung des Deutschen Reiches wurde teilweise auch durch Analogisierung der monarchischen Prägung und des Nationalkults erreicht, so mit dem Hermannsdenkmal im Teutoburger Wald, dessen Bau als Anliegen liberal-nationaler Bürger aus Lippe-Detmold begonnen wurde und das dann als Reichsgründungsdenkmal unter Hervorhebung des Sieges über Frankreich und der Rolle Wilhelms I. 1875 eingeweiht wurde.

Die Reichsgründungsdenkmäler erhielten also eine starke monarchisch-militärische Prägung in der Tradition des preußischen Etatismus, griffen aber gleichzeitig die Symbolik der Nationalbewegung auf und waren damit wichtige massenmediale Verbreitungsinstrumente zur Popularisierung der nach der Reichsgründung in Eliten wie Bürgertum erwünschten Vorstellung von der staatsbezogenen deutschen Nation. So wurden die Repräsentationsweisen und -inhalte des monarchischen Staats mit der Symbolik der bürgerlichen Nationalbewegung und schließlich gar mit den Zielsetzungen einer populären Unternehmungsindustrie in einer reichsnationalen Erinnerungskultur verschmolzen, die mit Liedern, nationalen Mythen, Heroen und Ritualen in quasireligiöser Weise zelebriert wurde. Aus der vorwärtsdrängenden, kritischen und bewegenden politischen Kraft des Nationalismus in den ersten beiden Dritteln des 19. Jahrhunderts wurde nun endgültig eine staatsaffine, das Reich bejahende politische Richtung, die so auch für Teile der konservativen Führungsschichten akzeptabel war.

Neuer Kulturnationalismus

Nach außen bildete das Reich von 1871 in den Augen der wilhelminischen Eliten eine abgeschlossene, endgültige Einheit, alternative nationalstaatliche Entwürfe erschienen damit zunächst einmal obsolet. Doch seit den späten 1870er Jahren war ein neuer, auf Expansion gerichteter Nationalismus zu beobachten, der an die kulturnationalistischen Vorstellungen Ernst Moritz Arndts anknüpfte, diese allerdings bei weitem überstieg. Für viele Deutsche stellte das Deutsche Reich von 1871 nur eine Zwischenetappe dar, ihnen erschien der Nationalstaat noch nicht vollendet. Natürlich fanden sich auch weiterhin großdeutsche Ideen, die aber durchaus nicht nur einen Einschluss Deutsch-Österreichs beinhalteten, sondern weit darüber hinaus Ansprüche bis ins Baltikum hinein umfassten. Daneben entstand eine weitere Variante, nach der sich das Deutsche Reich nicht, wie von Bismarck vorgesehen, auf den europäischen Kontinent begrenzen, sondern Kolonien erwerben sollte. Der Orientalist Paul de Lagarde (1827-1891) forderte eine umfassende Neuordnung Mittel- und Osteuropas unter deutscher Vorherrschaft, die er nicht nur politisch, sondern auch kulturell verstanden wissen wollte. Die sich ab 1890 in unterschiedlichsten Vereinen, Verbänden, Gruppierungen und Schattierungen bildende völkisch-alldeutsche Bewegung sah in Lagarde einen willkommenen Stichwortgeber. Wesentliche Deutungs- und Argumentationsmuster dieses neuen extremen Nationalismus waren bereits in den 1880er Jahren in Opposition zur Regierung Bismarcks vorgezeichnet, aber in den 1890er Jahren entwickelte sich diese Richtung zu einem Massenphänomen, indem die internationalen Beziehungen sozialdarwinistisch ausgedeutet wurden und damit die Expansion als Recht, bisweilen gar Pflicht des Stärkeren deklariert sowie zunehmend ein biologistisches Verständnis der Kategorien „Volk“ und „Rasse“ propagiert wurde. Dem Expansionsgedanken nach außen entsprach eine extrem aggressive Wendung gegen ethnisch-kulturelle Minderheiten innerhalb der Grenzen des Deutschen Reiches.

Die völkisch-alldeutsche Bewegung

Auch der in der ersten Hälfte des 19. Jahrhunderts durch die liberal-nationale Bewegung, nach der Reichsgründung mit einiger Verspätung durch die Eliten des Kaiserreichs aufgegriffene Reichsmythos wurde von der völkischen Opposition beschworen, indem in einer popularisierten Variante dessen volkstümliches Potenzial für die Nationsbildung aufgegriffen wurde, um Annexionsbestrebungen des Reiches in Mittel-

Die völkische Variante des Reichsmythos

europa und deutsche Weltherrschaftsträume hervorzurufen. Dabei konnte durchaus an Versatzstücke der liberal-nationalen Bewegung in der ersten Hälfte des 19. Jahrhunderts angeknüpft werden. So waren beispielsweise bereits in den Napoleonischen Kriegen und dann auch wieder in den 1840er Jahren frankophobe Abgrenzungsmuster zur Glorifizierung der eigenen (deutschen) Nation verbreitet, die nun verstärkt reaktiviert wurden. Erheblicher aber noch war das seit den 1880er Jahren verstärkt propagierte rassistische Bewertungsmuster für die mittel- und osteuropäischen Nachbarnationen, durch das insbesondere das schon seit dem Ende des 18. Jahrhunderts kursierende Stereotyp der „Polnischen Wirtschaft" mit seinem Assoziationsfeld von Chaos, Unordnung, Unruhe und Unsauberkeit nochmals massiv verstärkt wurde. Allerdings war die von völkischen Wortführern ausgegebene Zielvision eines deutschen Nationalstaats, der in seinen Grenzen der deutschen Kulturnation zu entsprechen habe (ohne deswegen auf nichtdeutsche Gebiete und die überwiegend polnisch besiedelten Ostprovinzen zu verzichten), auch schon in den 1860er Jahren vorgezeichnet, so z. B. bei dem preußisch-deutschen Historiker Heinrich von Treitschke (1834-1896).

Frankreichfeindschaft

Rassismus (gegen Polen)

Militarisierung

Diesem Selbstverständnis großer Teile der deutschen Bevölkerung entsprach die starke Militarisierung des Deutschen Reiches, die zwar oftmals als sein Kennzeichen ausgewiesen worden ist, aber für das letzte Jahrhundertdrittel im europäischen Vergleich durchaus nicht einzigartig ist. So ist auch in anderen europäischen Ländern ein durchaus martialischer Nationalkult festzustellen. Auch ist die Verbindung von militärischer Stärke und nationaler Überzeugung in der deutschen Geschichte nicht wirklich neu, bereits während der Napoleonischen Kriege umfassten die Ideen von einer deutschen Nation insbesondere auch deren Wehrhaftigkeit. Eine durchaus auffällige Hochschätzung für das Militär existierte zwar, aber die Popularität von Kriegervereinen ist auch im Kontext der aufblühenden bürgerlichen Vereinsbildung zu sehen. Eine wirklich deutliche Militarisierung der Gesellschaft vollzog sich erst in den 1890er Jahren.

Das Wirtschaftsleben im Deutschen Reich änderte sich in der letzten Hälfte des 19. Jahrhunderts gewaltig, dies war aber nur zu einem Teil auf politische Maßnahmen zurückzuführen, mit denen auf Industrialisierungsschübe reagiert wurde. Dennoch wurden weitere wichtige Reformen (z.B. schon 1869 die Gewerbeordnung mit Beseitigung letzter Reste zünftischer Regulierungen) durchgeführt, durch die die Wirtschaftsordnung bereits im Reichsgründungsjahrzehnt erheblich modernisiert wurde.

Ökonomisches Wachstum

Insgesamt war ökonomisches Wachstum gesichert, das Deutsche Reich wurde geradezu von einem Firmengründungs- und Spekulationsfieber erfasst. Die Grundlagen für das expandierende Wirtschaftsleben waren bereits 1848 gelegt worden, nach der Revolution waren politische Erschütterungen zunächst einmal nicht mehr zu erwarten, sodass jetzt langfristig Anlagen geplant werden konnten, die zudem durch Kapitalzunahme und günstige Kredite aufgrund der Goldfunde in Kalifornien und Australien sowie durch einen Konjunkturaufschwung mit steigender Nachfrage trotz hoher Preise forciert wurden. Entsprechend florierten Unternehmen, neue Banken wurden gegründet und Aktiengesellschaften, nicht zuletzt durch den forcierten Eisenbahnbau, ins Leben gerufen. Bereits in den 1850er Jahren stiegen Notenumlauf, Bankdepositenbestände und Sparkapital um das Dreifache. Für wenige Jahre beeinträchtigt durch den Zusammenbruch der Wiener Börse 1873, stieg das Wirtschaftsbarometer und mit ihm der bürgerliche Wohlstand bis zum Ersten Weltkrieg erheblich an, das Nettoinlandsprodukt vervierfachte sich nach der Reichsgründung.

Die Hochindustrialisierung

Die insgesamt günstige Wirtschaftsentwicklung war nur vor dem Hintergrund vorteilhafter Rahmenbedingungen möglich. Die Industrialisierung brachte eine völlig veränderte Arbeitswelt mit sich, die die Gesellschaft ebenso wandelte wie die geradezu sprungartig entwickelten neuen Kommunikations- und Verkehrsmittel von der Eisenbahn bis zum Telegrafen. Es gab nun Bahnverbindungen von Aachen nach Königsberg und von Hamburg nach München. Die Bevölkerung nahm aufgrund der insgesamt besseren Lebensverhältnisse (trotz erheblicher sozialer Verwerfungen) und einer exorbitanten Arbeitsmigration aus den stärker agrarisch geprägten Gebieten Preußens östlich der Elbe in die Berliner Umgebung und das neue rheinisch-westfälische Industrierevier gewaltig zu, sie wuchs in den 40 Jahren nach der Reichsgründung um mehr als ein Drittel auf ca. 65 Millionen. Eine ganze Reihe ursprünglich beschaulicher Landstädte entwickelte sich innerhalb weniger Jahrzehnte zu Großstädten mit industriellen Kernen, z.T. gar zu Metropolen. Essen beispielsweise wuchs von 9.000 Einwohnern im Jahre 1850 auf 295.000 Einwohner ein halbes Jahrhundert später.

All diese Entwicklungen zeigten die Auflösung der ständischen Agrargesellschaft eines alten Europas zugunsten einer erheblich differenzierteren Industriegesellschaft aus unterbürgerlichen Schichten, die nicht ausschließlich, aber doch erheblich im Arbeitermilieu angesiedelt waren, und einer prosperierenden bürgerlichen Mittelschicht aus Unternehmern und Beamten. Gleichzeitig verschärfte die industrielle Entwicklung ein Modernisierungsgefälle zwischen städtischen und ländlichen Gebieten einerseits und eine Entwicklungsdivergenz zwischen dem deutlicher agrarisch strukturierten Osten und dem stärker industrialisierten Westen des neuen Reiches andererseits.

Vereinheitlichung des Justizwesens

Auch das Justizwesen stellte einen wichtigen Bereich der Vereinheitlichung dar. Ab 1870 galt ein allgemeines Strafgesetzbuch, 1876 wurden das Gerichtsverfassungsgesetz sowie die Straf- und Zivilprozessordnung verabschiedet. Zwar waren weiterhin die Einzelstaaten für die Gerichtsbehörden verantwortlich, allerdings wurden Organisation, Qualifikation und Unabhängigkeit der Richter nach 1879 harmonisiert. Dennoch wurden nicht in allen justiziellen Bereichen, in denen die Reichsebene zuständig war, unmittelbar Angleichungen vorgenommen. Für das Vereins- und Versammlungswesen beispielsweise galt, dass bis 1908 die oftmals restriktiven, einzelstaatlichen Bestimmungen in Kraft blieben. Das 1874 in Kraft gesetzte Reichspressegesetz erfüllte die Erwartungen der liberalen Kräfte trotz erweiterter Pressefreiheit nicht, denn die staatlichen Ordnungsinstanzen konnten weiterhin beim Verdacht auf Hochverrat ohne richterliche Anordnung Presseerzeugnisse beschlagnahmen.

Die zentrale Behördenstruktur

Der gesellschaftliche Umbau aufgrund vielfältiger Modernisierungsprozesse, vornehmlich eben der Industrialisierung, erforderte auf der Verwaltungsebene einen expandierenden Apparat. Insbesondere die zentrale Behördenstruktur musste ausgebaut werden, beginnend mit einer Reihe von Reichsämtern. Dem bereits mit der Reichsgründung existenten Kanzleramt und dem Auswärtigen Amt folgten das Reichseisenbahnamt (1873), das Kaiserliche Gesundheitsamt (1876), das Reichsjustizamt (1877), das Reichsamt des Innern (1879) und schließlich das Reichsschatzamt (1879). Auch hier kam es also zu einer weiteren Vereinheitlichung, wenngleich die unmittelbare Ausführung von Verwaltungsvorgängen i. d. R. weiterhin den einzelstaatlichen Behörden überlassen blieb.

Auch wenn im Deutschen Reich in den Jahrzehnten nach der Reichsgründung deutlich unifizierende Tendenzen feststellbar sind, die allzu zentrifugalen Kräften rasch Grenzen setzten, so verursachten die Geschwindigkeit des Industrialisierungsprozesses, die damit zusammenhängenden gesellschaftlichen Veränderungen und die Auflösung der alten Bindungen bei gleichzeitigem Angebot neuer Orientierungsangebote bei vielen Menschen Ängste vor Entwurzelung sowie Richtungslosigkeit aufgrund von Normenverlust und Identitätskrisen. Gegen diese Verunsicherungen geeignete Maßnahmen zu ergreifen, war nicht zuletzt eine Aufgabe der Verantwortungsträger im neuen Nationalstaat, der sie nur unzureichend nachkamen, sodass sich spätestens seit den 1890er Jahren eine starke Oppositionsbewegung auf der rechten, völkischen Seite des politischen Spektrums herausbildete.

Veränderungen in der Außenpolitik

Das Deutsche Reich als europäische Großmacht

Die Gründung eines geeinten, starken deutschen Nationalstaats in Mitteleuropa war für das 19. Jahrhundert ein Novum und wurde von den anderen europäischen Großmächten durchaus als Bedrohung des europäischen Gleichgewichtssystems wahrgenommen. Es war daher für die deutsche Politik von besonderer Bedeutung, die anderen Mächte von der Friedfertigkeit des neuen deutschen Nationalstaats, der Bändigung des deutschen Nationalismus und der Stabilität des politischen Systems im Deutschen Reich zu überzeugen. Es ging darum zu verdeutlichen, dass die Ansprüche des Deutschen Reiches befriedigt waren, sodass vom national geeinten Deutschland kein Krieg mehr ausgehen würde. Im sogenannten Kissinger Diktat (1877) legte Bismarck die Grundlage für ein System von Bündnissen, durch das dem Reich Sicherheit in der Zusammenarbeit mit allen europäischen Großmächten außer Frankreich, das isoliert werden sollte, verschafft werden sollte. Das überzeugende Argument Bismarcks lag in der erkennbaren politischen Selbstbeschränkung des Deutschen Reiches gegen den expansionistischen Tenor nationalistischer Kräfte wie auch industrieller Interessen, durch die Einflusssphären und Weltmachtstatus, nicht zuletzt unter Einschluss von Kolonien, gefordert wurden. Das von Bismarck konstruierte Bündnissystem umfasste unter anderem einen Zweibund mit Österreich (1879), über den auch weiterhin virulente Ambitionen auf ein großdeutsches Reich zumindest partiell neutralisiert werden konnten, sowie ein Drei-Kaiser-Bündnis Österreichs und des Deutschen Reiches mit Russland (1881), mit dem Bismarck einige Jahre später einen Rückversicherungsvertrag (1887) schloss. Großbritannien wurde indirekt in dieses Bündnissystem, das auch auf Italien ausgeweitet wurde, eingebunden. Frankreich blieb isoliert.

Bismarcks Bündnissystem

Der „Kontinentalimperialismus“ des Deutschen Reiches

Anders als die westeuropäischen Großmächte hielt sich das Deutsche Reich in der Europa übergreifenden Weltpolitik, die ein Kolonialsystem einschloss, zurück. Erst Mitte der 1880er Jahre wurde – allerdings nur für äußerst kurze Zeit und sehr halbherzig – mit Gründung der Kolonie Deutsch-Südwestafrika (heute Namibia) eine kolonialpolitische Wende vollzogen. Eine nachhaltige Kursänderung im Sinne eines die globale Dimension einschließenden Imperialismus, mit dem das Deutsche Reich seine politischen, ökonomischen und kulturellen Interessen weltweit hätte zur Geltung bringen wollen, vollzog sich allerdings unter Bismarcks Kanzlerschaft nicht. Der Imperialismus des Deutschen Reiches blieb auch in den 1880er Jahren weitestgehend kontinental begrenzt.

Diskussion um deutsche Kolonien

Die Diskussion um Kolonien allerdings wurde seit Beginn der 1880er Jahre vehement geführt. Hier ging es maßgeblich um den Kontext eines neuen Imperialismus als Vorsatz und Fähigkeit weniger, industriekapitalistisch führender und miteinander konkurrierender europäischer Mächte (später kamen Japan und die USA hinzu), mit dem Macht, Wohlstand und Prestige der einzelnen Nationen gesteigert werden sollten. Das Deutsche Reich wurde von den Kolonialagitatoren aufgefordert, sich seinen Anteil am noch verfügbaren Rest der außereuropäischen Welt möglichst schnell zu sichern. Zur Begründung wurden sowohl ökonomische und soziale als auch kulturelle und zivilisatorische Argumente angeführt. Einerseits sollten die Kolonien für die deutsche Industrie gleichermaßen Absatzmärkte und Rohstoffversorgung sichern, durch Expansion des deutschen Wirtschaftsraums Wohlstand mehren und soziale Spannungen dämpfen sowie Auswanderung auffangen und zu ihrer Kontrolle beitragen. Andererseits wurden Kolonien auch aus Prestigegründen als notwendig erachtet, um die Größe des Deutschen Reiches nach außen zu demonstrieren und gleichermaßen einem unterstellten Auftrag der Deutschen gerecht zu werden, kulturmissionarisch tätig zu werden und zivilisatorischen Fortschritt in aus europäischer Sicht „unterentwickelte" Länder zu tragen. Bereits 1882 wurde der Deutsche Kolonialverein gegründet, der es innerhalb kürzester Zeit auf ca. 10.000 Mitglieder brachte, unter denen auch führende Liberale wie der spätere Hannoveraner Oberpräsident Rudolf von Bennigsen (1824-1902) oder der vormalige Radikaldemokrat und spätere preußische Finanzminister Johannes von Miquel (1828-1901) waren. 1884 entstand zusätzlich die Gesellschaft für deutsche Kolonisation, die nicht nur politisch für ein deutsches Kolonialimperium eintrat, sondern auch praktisch den Erwerb und die Erschließung von Kolonien betreiben wollte. Zu ihren Mitgliedern zählten folglich auch Kolonialpioniere wie Carl Peters, daneben rekrutierte sich ihre Anhängerschaft maßgeblich aus jüngeren, mittelständischen Kolonialenthusiasten, die zunehmend radikalnationalistische Töne anschlugen und Bismarck seine zögerliche, letztlich sogar ablehnende Haltung gegenüber einem deutschen Kolonialengagement deutlich verübelten.

Der bereits erwähnte Verzicht des Deutschen Reiches auf weitere, auf Ostafrika bezogene Kolonialansprüche im Helgoland-Sansibar-Vertrag (1890) unter Bismarcks Nachfolger Georg Leo Graf von Caprivi (1831-1899) zog die massive Entrüstung der deutschen Kolonialbewegung nach sich, die 1891 eine Allianz mit deutschnationalen Kräften einging, die sich ab 1894 als Alldeutscher Verband Gehör verschaffte.

Das Deutsche Reich gab nach Bismarcks Ausscheiden die bisher nur zaghaft gestartete Kolonialpolitik nicht etwa auf, sondern verstärkte sie massiv, indem 1890 eine eigenständige Kolonialabteilung im Auswärtigen Amt eingerichtet wurde und später sogar ein Kolonialrat aus Delegierten der Kolonialgesellschaft und Sachverständigen gebildet wurde. Durch derartige Maßnahmen versuchte vor allem der neue Kaiser Wilhelm II., die Anliegen national gesinnter Kreise in seiner „Weltpolitik" zu berücksichtigen, die auch dem Deutschen Reich den berühmten „Platz an der Sonne" (ein Begriff des späteren Reichskanzlers Bernhard von Bülow) sichern sollte. Ökonomisch allerdings wurden die dann in den 1890er Jahren gegründeten deutschen Kolonien mit Ausnahme von Togo und Samoa nie ein Erfolg.

Der „Neue Kurs"

Veränderungen unter Wilhelm II.

Die Kolonialpolitik war nur eines der Felder, auf denen die Vorstellungen Wilhelms II. mit denen Bismarcks kollidierten. Daneben gab es unterschiedliche Auffassungen zum Sozialistengesetz und zu den Arbeitsschutzbestimmungen, zur Haltung gegenüber Russland sowie zum Geschäftsgang zwischen den preußischen Ministern, dem Ministerpräsidenten (der in der Person Bismarcks mit dem Reichskanzler identisch war) und dem König (der gleichzeitig Deutscher Kaiser war). Viele Zeitgenossen bewerteten die Politik Bismarcks als anachronistisch, überdies wurde ihm vorgeworfen, zu fixiert auf außenpolitischen Stillstand und persönlichen Machterhalt zu sein. Die Auffassung Bismarcks, dass Regierungsbeamte und Minister ohne vorherige Information und Genehmigung des Reichskanzlers bzw. des preußischen Ministerpräsidenten nicht mit dem Kaiser respektive dem preußischen König sprechen dürften, die er mit einer Kabinettsordre aus dem Jahre 1852 begründete, nachdem Wilhelm II. ihn wegen eines Treffens mit dem Zentrumsführer Ludwig Windthorst (1812-1891) getadelt hatte, lieferte schließlich den unmittelbaren Anlass zum Bruch: Am 18. März 1790 reichte Bismarck sein Entlassungsgesuch ein, das Wilhelm II. zwei Tage später annahm. Die Ursachen für die Demissionierung des langjährigen Reichskanzlers aber lagen sehr viel tiefer.

„Weltpolitik“

So wurde zunächst schon in den 1880er Jahren ein ehrgeizigerer Kurs erwartet, die jüngere Generation wollte sich nicht mehr mit der 1871 erfolgten Reichseinigung zufriedengeben. Angesichts der wirtschaftlichen und politischen Dynamik war einem Großteil der politischen Kräfte von den Deutschnationalen über viele Konservative bis zu einem Großteil der Nationalliberalen die Konzentration auf Mitteleuropa nicht genug, sie erschien vielmehr aufgrund der wachsenden Bedeutung des Deutschen Reichs und der Aspirationen, die Begrenzung auch dieses Gebildes zugunsten eines umfassenderen großdeutschen Nationalstaats in völkischer Manier zu durchbrechen, vielen als demütigend. Dagegen sahen die Erben der deutschen Nationalbewegung, die dem liberalen und besitzenden Bürgertum entstammten, „Weltpolitik“, ja sogar Weltmachtstreben des Deutschen Reiches als Vollendung der 1871 in ihren Augen begonnenen, aber eben nicht vollendeten nationalen Einheit. Die Aufnahme dieser Forderungen durch Wilhelm II. markierte einen entscheidenden Bruch mit der Politik Bismarcks, der die Beschränkung auf Mitteleuropa präferiert hatte, auch um eine unmittelbare Rivalität zur Kolonialmacht Großbritannien zu vermeiden.

Der Ruf nach Kolonien, deren Errichtung in Afrika und Ozeanien dann in den 1890er Jahren Bestandteil der offiziellen Politik des Deutschen Reiches wurde, war allerdings nur ein Element der „Weltpolitik“ Wilhelms II. Eine Orientreise des Kaisers 1897 und die Planungen zum Bau der Bagdad-Bahn 1899 unter maßgeblicher deutscher Beteiligung riefen britische und russische Befürchtungen hervor hinsichtlich einer Erweiterung des deutschen Einflusses über Wien und Südosteuropa bis ins Gebiet des Osmanischen Reiches. Und schließlich wurde ein deutsches Flottenbauprogramm (1898-1900) auf dem Höhepunkt nationaler Agitation und Begeisterung, maßgeblich angefacht durch den deutschen Flottenverband als stärkste Agitationsorganisation, verabschiedet. Wilhelm II. ließ in den diese Politik begleitenden martialischen Reden kaum eine Gelegenheit aus, die ohnehin schon stark beunruhigte britische Öffentlichkeit einschließlich der Regierung zu provozieren.

Einkreisungsängste

Befeuert wurde der immer neurotischere Formen annehmende Massennationalismus im Deutschen Reich zusätzlich durch systematisch geschürte Einkreisungsängste, die sich auch in militärischen Planungen niederschlugen. 1905 wurde mit dem Schlieffen-Plan ein neuer Aufmarschplan für den Fall eines Zweifrontenkrieges entwickelt, der zwar im Ersten Weltkrieg zur Anwendung kommen sollte, allerdings nicht funktionierte.

Die Arbeiterfrage

Die Arbeiterfrage war ein zweites großes Feld gewesen, auf dem sich Wilhelm II. nicht mit Bismarck hatte einigen können. In diesen Konflikt verwoben waren die unterschiedlichen Auffassungen zwischen Bismarck und dem Kaiser über den Geschäftsgang zwischen preußischen Behörden und Ministerien, Ministerpräsidenten und König. Denn als im Mai 1889 erste Arbeiterunruhen im Ruhrgebiet entstanden waren, forderte Wilhelm II. direkte Berichte von den Beamten vor Ort an und stellte mit diesem Eingriff in den administrativen Ablauf aus Sicht Bismarcks dessen Autorität als preußischer Ministerpräsident in Frage. Den Hintergrund für diese in der Praxis tatsächlich ungewöhnliche Handlungsweise Wilhelms II. stellte dessen Ablehnung der Doppelstrategie Bismarcks im Umgang mit der Arbeiterfrage dar. Bismarck war durchaus bereit, eine Ausweitung der Streiks zu riskieren oder als Alternative ein extrem verschärftes Sozialistengesetz in den Reichstag einzubringen, das dort nicht verabschiedet, sondern zu mehrfachen Auflösungen des Parlaments führen würde, sodass schließlich ein verfassungswidriges Durchregieren möglich gewesen wäre.

Wilhelm II., der diesen Umgang mit dem Problem ablehnte, versuchte seine ihm von der Reichsverfassung gewährten Optionen auszuloten: Gegen den preußischen Ministerpräsidenten und den Handelsminister, in beiden Fällen Bismarck, war es nicht möglich, ein Gesetz zum Arbeiterschutz in den preußischen Landtag einzubringen. Die Einbringung eines derartigen Gesetzes über die preußische Delegation im Bundesrat war ebenfalls nicht ohne Zustimmung des preußischen Außenministers, wiederum Bismarck, möglich. Als die Möglichkeit erwogen wurde, eine derartige Gesetzesvorlage durch die sächsische Delegation in den Bundesrat einzubringen, drohte Bismarck mit Rücktritt. Die ersten Monate des Jahres 1890 waren von der gegenseitigen Blockade zwischen Kaiser und Kanzler geprägt.

Wilhelm II. verknüpfte seine Reformvorschläge mit Hinweisen auf die sozialen Errungenschaften seiner Vorfahren und bekräftigte seine Ablehnung des neuen Sozialistengesetzes, das schließlich Ende Januar 1890 im Reichstag scheiterte. Bismarck hätte noch einmal versuchen können, eine Mehrheit im Reichstag zustande zu bringen, aber spätestens mit den Wahlen knapp einen Monat später, die durch die von ihm als „Reichsfeinde" beschimpften Sozialdemokraten und Katholiken in Gestalt der Zentrumspartei sowie den ihm gegenüber kritisch eingestellten Linksliberalen gewonnen wurden, war die Aussicht auf eine Mehrheit aus Nationalliberalen und Konservativen, die Bismarcks Kurs vermutlich unterstützt hätten, verloren. Auch der Kaiser, der mit einer Entlassung Bismarcks gezögert hatte, weil er dessen mögliche Mehrheit im Reichstag nach den Wahlen für die beabsichtigte Erhöhung der Militärausgaben nutzen wollte, sah nun keine Veranlassung mehr zur Schonung des Kanzlers. Sein persönlicher Tadel wegen Bismarcks Treffen mit Windthorst und die Auseinandersetzung über die Geschäftsgänge innerhalb der preußischen Verwaltung und Regierung führten einen weiteren knappen Monat später Mitte März 1890 zur Beendigung der Zusammenarbeit.

Reichstagswahlen 1890

Bismarcks Entlassung (1890)

Die Gravamina der Arbeiter wurden zwar in den zwischen 1790 und 1792 verabschiedeten Gesetzen nicht komplett beseitigt, aber doch zumindest erleichtert, indem sie die Arbeitsplätze stärker absicherten, die Arbeitsbedingungen verbesserten, den Jugendschutz verschärften und das Schlichtungsverfahren vervollkommneten. Die Unternehmer mussten unerwartet verstehen, dass auch der wilhelminische Staat mitunter bereit war, die Anliegen aller Gruppen im Staat ernst zu nehmen.

Wahlsieg der Sozialdemokraten

Das Jahr 1890 kennzeichnete in Politik wie Gesellschaft einen fundamentalen Wechsel. Nicht nur bestimmte der „Neue Kurs" Wilhelms II. nach dem Abgang Bismarcks die offizielle Politik, auch gingen die Sozialdemokraten gestärkt aus der Reichstagswahl hervor, eroberten auch bürgerliche Segmente und hielten diesen Aufwärtstrend bis zum Ersten Weltkrieg. Das alte Sozialistengesetz, das eine juristische Basis für die Unterdrückung sozialdemokratischer Vereinigungen und Publikationen bereitstellen sollte und noch in Kraft war, war niemals besonders effizient gewesen und wurde auch jetzt nicht wirklich genutzt. Die innenpolitischen Auseinandersetzungen aber nahmen zu und die Dekade am Ende des 19. Jahrhunderts war geprägt von harten Auseinandersetzungen zwischen Reichstag und Reichsregierung.

Die „völkische Opposition"

Weitaus problematischer allerdings waren die Entwicklungen am rechten Rand des politischen Spektrums. Aus Abspaltungen aus dem konservativen Lager, die sich aufgrund von Strategien ergaben, durch schärfere Demagogie Anliegen der einfachen Bevölkerung zu kolportieren und vor allem Stimmen aus der ländlichen Bevölkerung zu gewinnen, bildeten sich Gruppen, die in ihrem populistischen, radikalen und deutlicher oppositionellen Kurs antisemitische und antikapitalistische Stoßrichtungen aufnahmen und entsprechende Elemente programmatisch verankerten. Diese Elemente wurden mit völkischem Gedankengut in einer gefährlichen Mischung kombiniert, die auch auf der rechten Seite des politischen Spektrums ein für die Eliten des Kaiserreichs nicht unproblematisches Protestpotenzial aktivierte.

Wilhelms II. Ausgleichspolitik

Wilhelm II., der in diesem Jahrzehnt häufig, aber durchaus nicht immer konsequent in die Tagespolitik eingriff, versuchte die Begeisterung für die deutsche Nation zu fördern und Misstrauen gegen partikularistische Tendenzen zu säen. Seine Politik war ebenso von einer Offenheit für technische Neuerungen wie von einer Feindschaft gegen den Sozialismus geprägt. Wilhelm II. sah sich mit diesen ideologischen Eckpfeilern in der Mitte der deutschen Nation, deren Mehrheit er für seine politischen Vorstöße in Anspruch nahm. Innerhalb von Auseinandersetzungen trat er daher als besonnener Schlichter auf, der die gemäßigten und konservativen Kräfte hinter sich und gegen angebliche Feinde der wilhelminischen Gesellschaftsordnung versammeln wollte. Um sein Ansehen in den bürgerlichen Segmenten der Bevölkerung zu steigern, übernahm der Kaiser Funktionen bei symbolträchtigen Projekten von nationaler Bedeutung. Er umwarb damit die bürgerlichen Schichten, aus denen schon kurz nach dem Abgang Bismarcks hohe Sympathien für den Kanzler geäußert worden waren, ließ aber andererseits keine Zweifel daran, dass er sich als gottberufener Monarch verstand, dem aber gerade deswegen auch die Versöhnung der unterschiedlichen Interessen von Regionen, Klassen und Konfessionen oblag.

Reformanstrengungen

Die Bildungsreform

Die 1890er Jahre waren geprägt von Reformanstrengungen: So forderte Wilhelm II. für das Schulwesen mehr Hygiene, mehr Sport, eine Reduktion der Unterrichtsinhalte bei gleichzeitiger Konzentration auf nationale Grundanliegen. Der Geschichtsunterricht sollte stärker auf aktuelle Fragen ausgerichtet werden, daneben sollte die deutsche Einigungsgeschichte im 19. Jahrhundert stärker beleuchtet werden unter besonderer Beachtung der Napoleonischen Kriege und der preußischen Siege vor der Reichsgründung. Zielsetzung war es, die nationale Einigung als Resultat einer lange zuvor angesetzten überragenden Strategie der Hohenzollern-Dynastie erscheinen zu lassen. Die geforderte stärkere Berücksichtigung der Sozial- und Wirtschaftsgeschichte sollte in ähnlicher Weise der Herausstellung sozialer Errungenschaften des unter den Hohenzollern gebildeten neuen Staatswesens dienen. Es ging bei diesen Zielformulierungen sowohl um körperliche Fitness als auch um nationale Gesinnung und Loyalität gegenüber dem Kaiser und seiner Dynastie. Das Militär sollte mit gesunden, jungen Männern versorgt werden, im öffentlichen Dienst wurden gehorsame, autoritätsbejahende Beamte gesucht. Daneben sollte die Jugend feste Grundlagen für die Arbeitswelt erhalten, die für die soziale Mission des wilhelminischen Staates gegen die Sozialdemokratie dienstbar gemacht werden konnten. Damit lief unter tätiger Mithilfe des Kaisers eine breite Schulreformkampagne an, ohne dass das deutsche oder das preußische Schulwesen allerdings wirklich radikalen Veränderungen unterworfen wurden.

Die Heeresreform

Anders verhielt es sich mit der Heeresreform (1891), deren Durchsetzung im Reichstag mit der Frage einer Schulreform verknüpft war, da die Zentrumsführung angekündigt hatte, der Vorlage nur zuzustimmen, wenn ihr auf dem Wege der Bildung Zugeständnisse gemacht würden. Wilhelm II. indes wollte kein neues Schulgesetz akzeptieren, das die nationalliberalen und konservativen Kräfte nicht mittragen könnten. Ein Kompromiss hinsichtlich der bedeutenden Rolle der katholischen Kirche als Schulträger schien damit nahezu ausgeschlossen, und somit drohte auch die Heeresreform, deren Kernpunkt die von Wilhelm II. gewünschte Erhöhung des Militäretats war, zu scheitern. Zwar startete die Reichsregierung eine große Presse- und Veranstaltungskampagne, um die öffentliche Meinung zugunsten höherer Militärausgaben zu beeinflussen, doch die Wirkung war letztlich enttäuschend. Das Gesetz konnte zwar schließlich in stark abgeänderter Fassung verabschiedet werden, doch der Konflikt hatte die Verwundbarkeit der Regierung offensichtlich werden lassen.

Das Vorgehen gegen die Sozialdemokratie

Entsprechend kompromissloser trat Wilhelm II. dann ab Mitte der 1890er Jahre insbesondere gegen die Sozialdemokratie auf. Vorangegangen waren für die Sozialdemokraten erfolgreiche Wahlen 1893 und große Streiks im Saarland und im Rheinland, die den Kaiser von der Aussichtslosigkeit einer Befriedungspolitik überzeugten, die er freilich gegenüber Bismarck zu Beginn des Jahrzehnts noch vertreten hatte. Im Juli 1894 wies der Kaiser den Reichskanzler Georg Leo von Caprivi an, Gesetze zur Eindämmung der Sozialdemokratie vorzubereiten, unter anderem um führende Sozialdemokraten des Landes verweisen zu können. Zwar konnte er sich dabei einer gewissen Zustimmung im konservativen und im nationalliberalen Lager sicher sein und auch aus dem Zentrum kamen unterstützende Signale, aber letztlich scheiterte nicht nur der Versuch der Herbeiführung eines liberal-klerikal-konservativen Blocks, sondern darüber hinaus wurde auch der Zusammenhalt unterschiedlicher Regierungsstellen beschädigt.

Wechsel an der Spitze der Reichsregierung

Caprivi war 1892 im Zusammenhang mit der Schulgesetzkrise als preußischer Ministerpräsident zurückgetreten, aber Reichskanzler geblieben. Sein Nachfolger in Preußen wurde der dem engsten Beraterkreis um den Kaiser entstammende Graf Botho zu Eulenburg (1831-1912), der einen wesentlich massiveren, kompromissloseren Kurs auch in der Frage eines neuen Sozialistengesetzes vertrat. Caprivi akzeptierte letztlich die Ablehnung des Sozialistengesetzes und war sogar bereit, einen Verfassungsbruch in Erwägung zu ziehen. Für ihn war – wie für Bismarck – die Verfassung ein Werk der Fürsten, die daher auch berechtigt seien, sie wieder aufzuheben. Der Kaiser hatte mittlerweile durchaus Sympathie für eine solche Vorgehensweise, da er glaubte, durch einen Schlag gegen den Reichstag den lästigen Parteienhader eliminieren und die einenden nationalen Grundlagen stärken zu können. Letztlich aber endete die Auseinandersetzung mit der Entlassung Caprivis und Eulenburgs, deren Nachfolger Fürst Chlodwig zu Hohenlohe-Schillingsfürst (1819-1901) mit der sogenannten „Umsturzvorlage“, die auf der Basis der Gegnerschaft zur Sozialdemokratie ein Bündnis der anderen Parteien ermöglichen sollte, im Parlament scheiterte.

Die Militärreform

1895 brach erneut ein Streit um eine Reform im Bereich des Militärs aus, dabei ging es um Änderungen im preußischen Militärstrafgesetz, die unter anderem die Öffentlichkeit von Kriegsgerichtsverhandlungen ermöglichen sollten. Die Frontlinien verliefen in dieser Angelegenheit auch zwischen dem Kaiser, der die Reform ablehnte, und seinen zuständigen Ministern, die die Änderungen schnell durchsetzen wollten. Nachdem im Herbst 1795 bekannt wurde, dass vertrauliche Regierungsgespräche dem Kaiser und seinem engsten Kreis zugetragen worden waren, war der hochrangige Informant in Gestalt des Innenministers Ernst-Matthias von Köller schnell ausgemacht. Der Reichskanzler Hohenlohe-Schillingsfürst verlangte im Namen aller übrigen Minister die Entlassung Köllers, die der Kaiser aber ablehnte, bis ihn Köller schließlich selbst darum ersuchte. Wilhelm II. verstand die Vorgehensweise seines Kabinetts als Angriff auf sein Vorrecht auf dem Felde der Entlassungen und Ernennungen im Bereich des Staatsdienstes, das i. d. T. als wichtiges Instrument monarchischer

Machtausübung angesehen werden muss und vom Kaiser in den 1890er Jahren auch intensiv ausgeübt wurde. Allerdings musste Wilhelm II. bei seinen teilweise selbstherrlichen Einmischungen in den zivilgesellschaftlichen Bereich auch Rückschläge verkraften, so konnte er beispielsweise den liberalen Berliner Bürgermeister Max von Forckenbeck, dem er die kaiserliche Zustimmung verweigern wollte, nicht verhindern.

Erneute Kabinettsumbildung

Zwar hatten sich die Minister in der „Köller-Krise" gegen den Kaiser durchsetzen können, doch hielt dieser Erfolg nicht lange an. Mit der Entlassung des Handelsministers Hans Hermann Freiherr von Berlepsch und des Kriegsministers Walther Bronsart von Schellendorf 1896 wurde eine Kabinettsumbildung begonnen, die 1900 mit der Berufung Bernhard Heinrich Martin von Bülows (1849-1929) zum Reichskanzler abgeschlossen wurde. Die Reform des Militärstrafrechts kam mit Blick auf die Öffentlichkeit von Kriegsgerichtsverhandlungen aufgrund notwendiger Zugeständnisse an die Liberalen dann allerdings doch.

Gescheiterte Reformen

Andere Gesetzesvorhaben, an denen der Kaiser besonderes Interesse hatte, scheiterten Ende der 1890er Jahre. Ein besonders blamables Ende bereitete der Reichstag einem Gesetz zum Schutz des gewerblichen Arbeitsverhältnisses, das Streikbrecher begünstigte und unter dem Begriff „Zuchthausvorlage" bekannt wurde, indem im einzigen einstimmigen Votum seiner Geschichte das Parlament des Deutschen Reiches den Strafparagraphen 8 der Vorlage ablehnte. Auch die sogenannte Kanalvorlage, über die das ehrgeizige Projekt eines künstlichen Wasserwegs zwischen den industriellen Provinzen Preußens im Westen und den agrarischen östlichen Gebieten verfolgt wurde, stieß trotz des Drucks über vom Kaiser veranlasste Amtsenthebungen ohne Entlassungen bei den Abgeordneten aus dem öffentlichen Dienst auf umso empörtere Ablehnung.

Zunehmende Differenzierung der politischen Prozesse im Deutschen Reich

Der politische Prozess im Deutschen Reich war in den 1890er Jahren von zunehmender Differenzierung bei sich vertiefenden Gegensätzen unterschiedlichster Art geprägt. Im Parlament erlebten die oppositionellen Kräfte, insbesondere die Sozialdemokratie, einen erheblichen Auftrieb, gleichzeitig versuchten die Reichsregierungen unter Caprivi und Hohenlohe-Schillingsfürst den Reformstau zu beseitigen und die spätestens seit Mitte des Jahrzehnts immer starrere, kompromisslosere Haltung des Kaisers aufzuweichen. Eine mehrheitliche Konvergenz innerhalb der Bevölkerung auf der Basis nationaler Desiderate, wie sie im Vorfeld und im Nachklang der Reichsgründung noch gelungen war, war Ende des 19. und zu Beginn des 20. Jahrhunderts nicht mehr zu erreichen. Erst die nationale Euphorie bei Ausbruch des Ersten Weltkriegs ließ noch einmal jene breitenwirksame Begeisterung aufkommen, die der Propaganda ermöglichte, an „die Ideen" und „den Geist" von 1813 bzw. von 1871 zu erinnern.

5.6 Erörterung wissenschaftlicher Kontroversen: Deutschland – Sonderweg oder Sonderbewusstsein?

Die Frage des „Deutschen Sonderwegs"

Die Frage, ob die Entwicklung Deutschlands im 19. Jahrhundert als „Sonderweg" in Europa bezeichnet werden kann, ist nicht nur angesichts der Singularität des Nationalsozialismus nach dessen Ende als akademisches Problem diskutiert worden (vgl. Althammer 2009, S. 256), sondern die Vorstellung der besonderen Entwicklung Deutschlands – insbesondere gegenüber Großbritannien und Frankreich – ist unter positivem Vorzeichen bereits seit dem frühen 19. Jahrhundert mit wechselnden Inhalten als Ausfluss des entstehenden modernen Nationalbewusstseins zu beobachten (Faulenbach 1980, S. 6; Hermand 1988, S. 11-12). Erst im letzten Drittel des 19. Jahrhunderts entstand allerdings jene eigenwillige Kontinuitätskonstruktion, in der die Reichsgründung als Kulminationspunkt deutscher Geschichte und die vorherige Entwicklung als vorbereitender Prozess gekennzeichnet wurde, sodass der den westeuropäischen Nationen unterstellten Fortschrittsidee des parlamentarischen Systems ein organologischer Staatsbegriff preußisch-deutscher Provenienz entgegengestellt werden konnte (Faulenbach 1980, S. 7). Die aus dieser Vorstellung entwickelte Überzeugung von einer „deutschen Sendung" –

Die „positive" Sonderwegsideologie im 19. Jahrhundert

insbesondere zur Kultivierung des ostmitteleuropäischen Raumes, aber auch mit Blick auf deutsche Kolonien – und der entsprechende Glaube an eine kulturelle Höherwertigkeit der Deutschen führte seit den 1890er Jahren dazu, dass mit geokulturellen Formeln und völkischen Implikationen die Rassen- und „Lebensraum"-Ideologie der Nationalsozialisten vorbereitet wurde – in positiver Selbstsicht bei maßloser Überschätzung der eigenen Bedeutung.

Die „negative" Sonderwegstheorie als wissenschaftlicher Erklärungsansatz

Nach 1945 wurde das Selbstbild vom deutschen „Sonderweg" wiederaufgegriffen, um die deutsche Entwicklung in den Nationalsozialismus hinein erklären zu können (Althammer 2009, S. 256), und es bildeten sich Theorien vom negativen deutschen Sonderweg, die in jüngerer Zeit massiver Kritik unterzogen worden sind (Althammer 2009, S. 264). Dabei ist bereits vergleichsweise früh darauf hingewiesen worden, dass die Theorien vom deutschen „Sonderweg" einen europäischen „Normalweg" (Möller 1982, S. 10) implizieren, der angesichts der Unterschiedlichkeit der historischen Entwicklungen auch anderer europäischer Länder äußerst fragwürdig sei.

Die Entstehung eines öffentlichen Kommunikationsraums

Für die Revolutionen von 1848 ist darauf hingewiesen worden, dass deren soziale Komponenten als vergeblicher Versuch zu werten seien, den Bedingungen der durch Interessengruppen differenzierten und durch ein Industriesystem beherrschten neuen Wirklichkeit zu entgehen, es handelte sich hier – wie auch in anderen europäischen Staaten – maßgeblich um Proteste, die bereits in der vorindustriellen Entwicklungskrise ihre Wurzeln hatten. Damit ergab sich nach Wolfram Siemann eine Spannung zwischen den vorwärtsdrängenden Postulaten nach Parlamentarisierung, Demokratisierung und Nationsbildung und dem Rückgriff auf vormoderne Gesellschaftsmuster (Siemann 1995, S. 388). Doch die neuen Strukturen bewirkten ebenfalls eine Differenzierung, die sich in der Emanzipationskrise insbesondere der bürgerlichen Schichten in besonderer Weise bemerkbar machte: Es bildeten sich wirtschaftliche und gewerbliche Interessenverbände, politische Parteien und eine einflussreiche Tagespresse – es entstand ein öffentlicher Kommunikationsraum, in dem politisch gestritten und sozial agiert wurde. Der Ausgang der Revolution von

1848 verlangsamte die politische Emanzipation der deutschen Gesellschaft vermutlich um einige Jahre, hielt sie letztlich aber ebenso wenig auf, wie dies in anderen europäischen Staaten der Fall war. Dazu passt, dass die neuere politische Forschung um die Jahrhundertmitte einen grundlegenden Wandel der kollektiven Mentalität konstatiert (Althammer 2009, S. 81-83).

Deutsche „Eigenproblematik"?

Die Historikerin Helga Grebing hat vorgeschlagen, nach ihrer Auffassung existente, „für Deutschland spezifische Entwicklungskomponenten zu einer deutschen Eigenproblematik zusammenzufassen" (Grebing 1986, S. 137). Bernd Faulenbach hingegen spricht von einer „Sonderwegsideologie" (Faulenbach 1980, S. 7), die jedoch ganz gewiss auch „Ausdruck eines spezifischen geschichtlichen Bewusstseins [gewesen sei], in dem sich Momente eines schon seit dem frühen 19. Jahrhundert präformierten, im Kaiserreich ausgebildeten deutschen Selbstbildes, das um die Idee eines besonderen deutschen Weges kreiste, mit Gegenwartserfahrungen [...] verbinden" (Faulenbach 1980, S. 340). Damit geht es um ein ideologisch ebenso aufgefangenes wie auch instrumentalisiertes und forciertes „Sonderbewusstsein" (Bracher 1982, S. 46), das die Genese des Nationalsozialismus begünstigt haben könnte. Vor dem Hintergrund dieser Annahme steht nicht mehr die historische Entwicklung Deutschlands als „Sonderweg" zur Debatte, sondern ihre Interpretation, mit der eine für Deutschland festzustellende Spezifik behauptet wird, sodass – im Falle der positiven Ausdeutung – eine „Sonderwegsideologie" entstand, deren Breitenwirksamkeit ein deutsches „Sonderbewusstsein" generierte. Der Weg ins Dritte Reich wäre weniger durch die realhistorische Entwicklung als vielmehr durch das mehrheitlich übersteigerte Selbstbild der Deutschen, wie es sich im 19. Jahrhundert – insbesondere nach der Reichsgründung – herausbildete, beeinflusst worden.

Deutsches „Sonderbewusstsein"

Dazu passt, dass die im Begriff der „Einigungskriege" so lange nachwirkende, von den (preußischen) Eliten des neuen Kaiserreiches propagierte Auffassung von einer in genialer Planung durch drei militärische Auseinandersetzungen ermöglichte Reichseinigung durch die neuere Forschung grundsätzlich negiert wird (Althammer 2009, S. 16). Es ist sogar umstritten, inwieweit der Deutsch-Französische Krieg überhaupt von preußischer Seite – trotz der durch Bismarck verschärften und veröffentlichten Emser Depesche – gezielt herbeigeführt wurde (Schulze 1996, S. 119). Festzustellen ist allerdings, dass aus einem ursprünglich mindestens vordergründig dynastischen Problem ein Nationalkrieg wurde, der weit über die von großen Teilen des Bürgertums getragene Nationalbewegung in der deutschen Bevölkerung Rückhalt für die nationalstaatliche Einheit generierte und also die Reichsgründung erleichterte (Althammer 2009, S. 20-21).

Nation als diskursive Konstruktion

Wenn die Annahme der jüngeren Nationenforschung zutrifft, dass Nationen eben nicht naturwüchsige Erscheinungen aufgrund gemeinsamer Erfahrungen, Abstammungen oder Geschichte sind, auch wenn diese immer wieder beschworen werden, sondern dass Nationen stattdessen diskursiv konstruiert werden (Althammer 2009, S. 65-66), dann ist die von den Eliten des neuen Kaiserreichs unter Nutzung der Möglichkeiten verbesserter Kommunikation, erhöhter Mobilität, gestiegener Bildung und ausgeweiteter politischer Interessen verfolgte Strategie, neue identitäre Bezugsrahmen zu schaffen und zu legitimieren, ein Paradebeispiel für einen solchen Konstruktionsprozess. Denn die Vermittlungsleistungen, die für den nun mit dem Obrigkeitsstaat der Hohenzollern zu verbindenden Nationalstaatswunsch zu erbringen waren, zeigten sich in einer geradezu unübersehbaren Menge von Erzählungen, Bildern, Ritualen und Symbolen, durch die die gesellschaftliche Akzeptanz des neuen Nationalstaats systematisch verfolgt wurde. Mit Denkmalerrichtungen, Zeremonien und staatlichen Feiern wurde dieser Nationalstaat zelebriert, der in der von Bismarck selbst gestifteten Meistererzählung seiner Genese auf dem Wege der machtvollen (militärischen) Durchsetzung durch die Obrigkeit und eben nicht durch Diskussionen unter verschiedenen Gruppierungen der Bevölkerung gegründet worden war. Nach 1871 veränderte sich der Nationalismus, nachdem er seinen Bezug zu einem Zukunftsentwurf verloren hatte und auf den erreichten kleindeutschen Nationalstaat gerichtet wurde. Das öffentliche Gedenken an die Kriege der 1860er Jahre

Reichsnationale Erinnerungskulturen

Geschichtsinszenierungen

und an die Reichsgründung selbst, das oftmals mit Bezug zu den Napoleonischen Kriegen am Beginn des Jahrhunderts („Befreiungskriege") oder zu Ereignissen der preußischen Geschichte inszeniert wurde (Faulenbach 1980, S. 45-47; Wülfing/Bruns/Parr 1991, S. 187, S. 196), diente zwar der vergangenheitsbezogenen Selbstvergewisserung, verfolgte aber ebenso dezidiert aktuelle Zielsetzungen vornehmlich der Integration der Bevölkerung in den neuen Nationalstaat und propagierte diese auf das Reich bezogene Vorstellung der Nation gegen jegliche rivalisierenden Entwürfe, wie sie dann in den 1890er Jahren mit großer Vehemenz in die Öffentlichkeit getragen wurden. Doch zunächst gelang es sogar, die aus dem Bürgertum initiierten Denkmalerrichtungen in den monarchischen Kult zu integrieren, was für die Popularisierung der Nationsvorstellung von entscheidender Bedeutung war (Althammer 2009, S. 76-77). Was vor der Reichsgründung in einem gegensätzlichen Verhältnis stand, wurde nun in einer „reichsnationalen Erinnerungskultur" (Althammer 2009, S. 178) verschmolzen: Staatlich-dynastische Repräsentation und bürgerlich-liberale Ideologie fusionierten, der Nationalismus wurde von einer dynamischen Kraft der Veränderung zu einer affirmativen Bestätigung des Erreichten. Dazu erforderlich war ein Bewusstsein von den Besonderheiten der deutschen Entwicklung, das die Vorrangigkeit des Ergebnisses, also des Deutschen Reiches, vor den Nachbarn begründete. Hagen Schulze hat zu Recht darauf hingewiesen, dass diese Zufriedenheit mit einem erreichten Höhepunkt deutscher Geschichte in der Zukunft auf Dauer nicht sinnstiftend und einigend wirken konnte (Schulze 1996, S. 145). So erlebte die weit über die Grenzen des Deutschen Reiches von 1871 hinausstrebende Idee einer deutschen Kulturnation in völkischer Manier ihre Wiederauferstehung, in die äußerst effizient wichtige Elemente des deutschen Selbstbildes eingewoben wurden. Beate Althammer weist darauf hin, dass Bismarcks konservative Wende 1878/1879, mit der er die Nationalliberalen brüskierte und in der Folge entscheidend schwächte, antiliberale, protektionistische, antisemitische und expansionistische Elemente im deutschen Nationalismus aufkeimen ließ (Althammer 2009, S. 83),

Geschichtspolitik

die dann spätestens ab den 1890er Jahren in bürgerlich-völkischen Initiativen hervorgehoben wurden.

Erklärungsversuche zum Nationalsozialismus

Die im Dritten Reich propagierte und zelebrierte angebliche Kontinuität zum Deutschen Reich von 1871 wirkte – in eine negative Variante verkehrt – als Modell der Ursachenforschung etwa mit Argumenten wie dem Zusammenhang einer Sozialisation des Gehorsams, obrigkeitsstaatlicher Mentalität und umfassender Demokratiefeindlichkeit eines Großteils der Deutschen auch nach 1945 fort (Epkenhans 2011, S. 31), aber schon bald gab es Stimmen, die zumindest Bismarcks Wirken aus der kausalen Verbindungslinie zum Nationalsozialismus herausnehmen wollten (Althammer 2009, S. 260). Eine derartige Auffassung vertrat beispielsweise der etablierte Historiker Gerhard Ritter, dem sein Kollege Fritz Fischer energisch widersprach, indem er die deutsche Verantwortung für den Ersten Weltkrieg klar benannte (Fischer-Kontroverse). Mit der Aufnahme insbesondere aus den USA stammender Modernisierungstheorien wurde durch die Historische Sozialwissenschaft mit einer radikal ins Negative gewendeten Sonderwegsthese die deutsche Geschichte des 19. Jahrhunderts maßgeblich als durch die Divergenz zwischen wirtschaftlicher und gesellschaftlicher bzw. politischer Modernisierung gekennzeichnet interpretiert (Althammer 2009, S. 261). Während die Entwicklung zum Industriestaat insbesondere im letzten Drittel des 19. Jahrhunderts unaufhaltsam voranschritt, seien die agrarisch-adeligen, konservativen Eliten in ihren politischen und gesellschaftlichen Positionen verblieben, das liberale Bürgertum hingegen habe – ganz anders als in den westeuropäischen Staaten – geschwächelt. Diese Auffassung vertrat vor allem seit den 1970er Jahren der Bielefelder Sozialhistoriker Hans-Ulrich Wehler, für den die Reichsgründung die entscheidende Weichenstellung für die Richtung des deutschen „Sonderwegs“ in der Moderne darstellte (Wehler 1988, S. 191-217). Während Wehler das monarchische, obrigkeitsstaatliche System als überragendes Kennzeichen des Kaiserreichs benannte (Wehler 1988, S. 205-206) und damit die Abweichung vom konstitutionellen Entwicklungspfad westeuropäischer Staaten markierte, erblicken Geschichtswissenschaftler in jüngster Zeit in der Reichsverfassung Elemente, die diesem Urteil widersprechen: Der britisch-australische Historiker Christopher Clark beispielsweise nennt den zunächst auf drei, dann auf fünf Jahre nach allgemeinem, freiem Männerwahlrecht bestimmten Reichstag eine der „demokratischsten Legislativen auf dem europäischen Kontinent" (Clark 2008, S. 55) der damaligen Zeit. Dieses Urteil erscheint zwar übertrieben, doch zeigt es, dass die Ausgestaltung des politischen Systems im preußisch-deutschen Staat keine pseudokonstitutionelle Abweichung vom westlichen Entwicklungspfad in die Moderne gewesen ist, sondern eher eine Variante des im späten 19. Jahrhundert auch in anderen europäischen Ländern beobachtbaren monarchischen Konstitutionalismus, in der der Kaiser keine unumschränkte Macht, wohl aber gewisse Rechte und Entscheidungsfreiheiten besaß (Althammer 2009, S. 61). Die Kontroverse ist allerdings keineswegs beendet, während Michael Epkenhans die Reichsverfassung eher ein „Organisationsstatut [...] als eine moderne Repräsentativverfassung" (Epkenhans 2011, S. 56) nennt, sieht Beate Althammer in der Spannung zwischen der durch den Monarchen bestimmten Exekutive und dem durch große Teile der männlichen Bevölkerung gewählten Reichstag eine in vielen Staaten Europas existente Folge der Gewaltenteilung im monarchische und demokratische Elemente verbindenden konstitutionellen System (Althammer 2009, S. 61).

Kritik an der Reduktion des Kaiserreichs zur Vorgeschichte des Nationalsozialismus

In der neueren historischen Forschung wird selbstverständlich eingeräumt, dass der Weg in den Nationalismus unter Berücksichtigung der Entwicklung des Kaiserreiches analysiert und erläutert werden muss (Althammer 2009, S. 262). Dennoch nahm die Kritik an der negativen Sonderwegstheorie seit den 1980er Jahren massiv zu. Nicht nur wurde die einseitige Fixierung dieses Erklärungsmodells auf die „Machtergreifung" der Nationalsozialisten 1933 und die entsprechende Reduktion der Entwicklung des Kaiserreichs auf eine Vorgeschichte kritisiert (Nipperdey 1982, S. 18), auch wandte sich ein Teil der Geschichtswissenschaft gegen die Staats-, Eliten- und vor allem Preußenbezogenheit der Historischen Sozialwissenschaft (Medick 1984, S. 302). Daneben wurde die im

Selbstbild des deutschen Sonderwegs implizierte Existenz eines europäischen „Normalwegs“ negiert (Orłowski 2006, S. 272). Auch wurde die von Hans-Ulrich Wehler insbesondere für die Zeit nach der Reichsgründung behauptete Schwäche des deutschen Bürgertums (Wehler 1988, S. 202, S. 213-214) mit Verweis auf die zunehmende Industrialisierung und Kapitalisierung der deutschen Gesellschaft wie auch auf notwendige regionale Differenzierungen hinterfragt (Blackburn/Eley 1980). Und schließlich wurde die allzu schematische Koppelung der Begriffe „bürgerlich“, „liberal“ und „modern“ und ihre simpel polarisierende Entgegensetzung zur ebenfalls starren Verbindung von „adelig“, „vormodern“ und „reaktionär“ in ihrer Unverrückbarkeit und Ausschließlichkeit bezweifelt (Althammer 2009, S. 265).

Das Problem eines deutschen Sonderbewusstseins im 19. Jahrhundert

Sinnvoller erscheint daher die Frage, ob nicht ein im Verlauf des 19. Jahrhunderts ausgeprägtes, spezifisches Bewusstsein in weiten Teilen der deutschen Bevölkerung, fußend auf einer von konkreten geografischen und politischen Bedingungen ausgehenden Selbstwahrnehmung einschließlich einer daraus abgeleiteten besonderen Aufgabe der Deutschen zunächst in Mitteleuropa, später auch in der Welt, den Weg zunächst in das Kaiserreich begünstigte, schließlich aber auch – in entsprechender Vereinseitigung – völkische Forderungen nach Überwindung ebendieses kleindeutschen Nationalstaats generierte. Insbesondere Bernd Faulenbach hat diese These von der Überzeugung einer deutschen Kulturmission, die zunächst einmal in Mitteleuropa zu bewerkstelligen sei, vertreten, indem er auf Elemente verweist, die diese weitverbreitete Auffassung stützten: Ein Großteil der Deutschen sei, beeinflusst von Rückschlüssen aus der geografischen „Mittellage“ und der ökonomisch wie demografisch expandierenden Nation, von der Höherwertigkeit des deutschen Volkes gegenüber den Nachbarnationen überzeugt gewesen und habe in der föderativen Grundstruktur des Deutschen Reiches ein Konzept für die Neuordnung Mitteleuropas erblickt, deren Regie aufgrund der immer wieder beschworenen Reichstradition den Deutschen zugewiesen sei (Faulenbach 1980, S. 81). Damit wird die im Verlauf des 19. Jahrhunderts entstehende und seit der Reichsgründung zunehmend politisch instrumentalisierte, schließlich auch propagandistisch genutzte Überzeugung von einer spezifischen historischen Entwicklung, aus der ein besonderer Auftrag der Deutschen abzuleiten sei, als ideologische Konstruktion erkennbar, die das „Sonderbewusstsein“ eines Großteils der Deutschen geprägt und damit zum Weg in den Nationalsozialismus beigetragen hat (Bracher 1982, S. 46).

6. Selbst- und Fremdbilder

6.1 Darstellung: USA – Expansion als Lebensgrundlage

Ursprünge: City upon a Hill und Continuing Revolution

Der religiös motivierte Gründungsmythos

Der im Bewusstsein vieler US-Amerikaner von der Gründung ihres Staates bis in die Gegenwart verankerte Anspruch einer weltweiten Führungsrolle basierte auf einem Selbstverständnis, das bereits in der Kolonialzeit wurzelte. Die die neuenglischen Kolonien besiedelnden Puritaner deuteten ihr Schicksal in Symmetrie mit dem biblischen Volk Israel, die Gründungen der Kolonien Plymouth (1620) und Massachusetts (1630) wurden entsprechend als Errichtung eines „Neuen Jerusalem" *(New Jerusalem)* interpretiert. John Winthrop, zweiter Gouverneur von Massachusetts, formulierte 1630 in einer Laienpredigt an Bord des Schiffes „Arbella" diese Selbstsicht prägnant, indem er den göttlichen Auftrag des Aufbaus einer Stadt auf dem Hügel *(City upon a Hill)* beschrieb, die als Vorbild in die Welt ausstrahlen sollte. Dieses exzeptionalistische Selbstverständnis der puritanischen Neuengländer wurde in der ersten großen Erweckungsbewegung *(Great Awakening)*, einer sich aus neuenglisch-puritanischen Wurzeln speisenden, aber ein gesamtkoloniales Bewusstseinsfeld schaffenden beschleunigten Entwicklung starker religiöser Aktivitäten um die Mitte des 18. Jahrhunderts, durch einflussreiche neuenglische Theologen wie Jonathan Edwards mit der unterstellten göttlichen Vorherbestimmung der Koloniegründungen in Neuengland verbunden und auf alle nordamerikanischen Kolonien ausgeweitet. In dieser Deutung wurde der Westen, in dem die Kolonien – ausgehend von einem noch lange eurozentrisch geprägten Verständnis – lagen, zum Ort zukünftiger Verheißung.

Der Führungsanspruch

Damit war ein historisch-politischer Mythos grundgelegt, durch den im Rekurs auf die Gründungen der ersten Neuengland-Kolonien durch puritanische Siedler eine wertbezogene Orientierung in späteren Zeiten sowie missionarische Aufgaben im Sinne eines aktiven Führungsanspruchs für die Zukunft formuliert wurden. Bereits in der Staatsgründungsphase plädierte Thomas Jefferson für die freie Landnahme und die Verfügungsgewalt der Siedler über das im Westen liegende Land. Im Hintergrund stand dabei seine Überzeugung von der Möglichkeit einer tugendhaften Republik im Sinne Montesquieus, die in einer Gesellschaft politisch-rechtlich und ökonomisch gleichgestellter Individuen zu realisieren sei. Die von Jefferson favorisierte Existenz war daher auch nicht die lohnabhängige Arbeit in der Großstadt, sondern die Farm im agrarischen Westen des Landes, in der er unter Anknüpfung an die in der Revolution säkularisierten Denkmuster von Prädestination und Mission die Zukunft des jungen Staates erblickte. Obwohl Südstaatler und Deist, bezeichnete Jefferson die sich von Landwirtschaft ernährenden Menschen ganz in der Tradition der Puritaner als „Gottes auserwähltes Volk“ *(God's chosen people)*, in dem die zur Perfektionierung des US-amerikanischen Staatswesens erforderliche republikanische Tugend angelegt sei.

Der gottgewollte Auftrag

Jefferson war längst nicht der einzige führende Politiker in der Formationsphase der jungen Republik, der von einem US-amerikanischen Staat träumte, der sich über den gesamten nordamerikanischen Kontinent vom Atlantik bis zum Pazifik erstreckte. 1811 äußerte sich der spätere US-Präsident John Quincy Adams zu der nach seiner Ansicht der göttlichen Vorsehung folgenden Besiedlung Nordamerikas durch eine sich neu herausbildende Nation und nahm damit die später durch John O'Sullivans Schlagwort *Manifest Destiny* geprägte US-amerikanische Ideologie vorweg, die auch als amerikanisches Bekenntnis *(American Creed)* bezeichnet wird. Die Monroe-Doktrin goss dieses ideologische Selbstverständnis dann in ein außenpolitisches Programm, das den Verfügungsanspruch der USA über den gesamten amerikanischen Kontinent erkennen ließ.

Als John O'Sullivan 1845 seine Vorstellung von der göttlichen Vorherbestimmung der USA, sich den Kontinent untertan zu machen, also vom *Manifest Destiny*, formulierte, befanden sich die Vereinigten Staaten am Beginn ihrer größten innerkontinentalen Expansion, wenige Jahre später hatten sie ihr Staatsgebiet bis an den Pazifik ausgedehnt. O'Sullivan lieferte mit dieser Formulierung eine in der Folge äußerst populäre Formel, mit der danach sukzessive geografisch-deterministische Ideen und rassistische Überzeugungen von der Überlegenheit des angelsächsischen Bevölkerungsteils verbunden wurden. Nicht allein der Glaube an die eigene gottgewollte Auserwähltheit, sondern auch der rasche Erfolg der Expansion bestärkte die Mehrheit der weißen US-Amerikaner in ihrer Überzeugung, mit einer historischen Mission *(American Mission)* zur Verbreitung von Demokratie und Freiheit betraut zu sein. Hier liegt der Kern des *American Exceptionalism*.

Die Vorbildhaftigkeit

Begründet wurde diese Überzeugung in einer transhistorischen Interpretation der *Declaration of Independence* (1776) und der *Federal Constitution* (1787), deren Spannungsverhältnis ausgeblendet wurde, sodass beide Staatsgründungsdokumente zu zeitlosen Grundlagen des *American Creed,* durch den die erfolgreiche Bewältigung aller denkbaren Herausforderungen durch die USA garantiert zu sein scheint, erklärt werden konnten. Die Unabhängigkeitserklärung und die Verfassung wurden ihres historischen Charakters entkleidet, die *Declaration* wurde gleichermaßen als Ursprung und Ausdruck der US-amerikanischen Identität interpretiert, während die *Constitution,* deren Flexibilität im Bild der „lebendigen Verfassung" *(Living Constitution)* hervorgehoben wurde, zum Sinnbild der fortwährenden Revolution *(Continuing Revolution)* stilisiert wurde, zum Identifikationssymbol, in dem die Legitimität der Staatsgründung, die Organisation der Staatsordnung und die Repräsentation US-amerikanischer Werthaltungen und Lebensweisen zusammenfließen. Die Bedeutung der Gründungsgeschichte der USA wurde auf diese Weise in einer Fusion der historisch-politischen Mythen der *City upon a Hill* und der *Continuing Revolution* als Überzeugung von der zeittranszendierenden Gültigkeit der *American Mission* überhöht. Die Außergewöhnlichkeit des (erfolgreichen) US-amerikanischen Experiments begründete gleichsam die globale, beispielhafte Vorreiterrolle der USA bei der Entwicklung der Demokratie und enthielt den Auftrag, diese Demokratie auch weltweit voranzubringen. „Amerika" (bezogen auf die USA) wurde so zu einer Gemeinschaft verbindlicher Werte und Ideale typisiert, die nicht nur die beständige Fähigkeit zur Selbstreformierung der US-amerikanischen Gesellschaft beinhalteten, sondern auch den expansiven Anspruch der USA rechtfertigten. Dass nicht allein die Zukunft des neuen Staates, sondern in der Perspektive vieler US-Amerikaner das Schicksal der gesamten Welt im US-amerikanischen Experiment der Westwanderung gesehen wurde, wurde durch die Anerkennung der *Northwest Ordinance* (1787) als drittes Staatsgründungsdokument unterstrichen.

Die Expansion

Als 1890 das *American Bureau of the Census,* jene Bundesbehörde, die die zu Beginn eines jeden Jahrzehnts durchzuführende Volkszählung verantwortete, das Staatsgebiet der USA für nunmehr durchgängig besiedelt erklärte (ungeachtet der Tatsache, dass noch in den 1890er Jahren und auch zu Beginn des 20. Jahrhunderts etliche Staaten in die Union aufgenommen wurden), nutzte der US-amerikanische Historiker Frederick Jackson Turner, wie viele Wissenschaftler seiner Zeit einer breiten Reformbewegung *(Progressive Movement)* verpflichtet, diese Feststellung, um die Westexpansion als einen bedeutenden Teil der Menschheitsgeschichte auszuweisen, durch den die USA ihre originäre amerikanische Prägung erhielten. Die an der Ostküste entworfene Demokratie sei an jeder *Frontier* immer wieder neu realisiert worden – ein sich ständig wiederholender Vorgang, der den USA ihren besonderen Charakter verliehen und ihnen eine Pionierfunktion im Hinblick auf die weltweite Verbreitung der Demokratie (US-amerikanischer Provenienz) zugewiesen habe. Turners weithin unhinterfragte und höchst einflussreiche Deutung, die mindestens ein halbes Jahrhundert bis in die Mitte des 20. Jahrhunderts nahezu kanonische Geltung besaß, verband den Mythos des Westens mit der seit der Kolonialzeit verbreiteten Auffassung, eine globale Vorreiterfunktion zu erfüllen, und dem mit der Revolution gefestigten Glauben an die Vorbildlichkeit des US-amerikanischen politischen Systems.

Einwanderung: Land of Opportunity und Melting Pot

Die Einwanderung

Die britischen Kolonien in Nordamerika und die aus ihnen hervorgegangenen Vereinigten Staaten waren schon seit ihren Anfängen ein Einwanderungsgebiet, wenngleich diese Immigration über lange Zeit maßgeblich durch politisch oder religiös verfolgte Gruppen oder durch sozial an den unteren Rand der europäischen Gesellschaften gedrängte Bevölkerungsteile mit schlechtem ökonomischen Status geprägt wurde und die Neuankömmlinge durchaus kein menschenleeres Land betraten. Bereits im 18. Jahrhundert hatte sich die zunächst noch ganz überwiegend britisch dominierte Einwanderung ausgeweitet, und es kamen in zunehmendem Maße auch Immigranten irischer, deutscher und skandinavischer Herkunft. Nach dem Ende des Krieges mit Großbritannien nahm die Einwanderung erneut zu und erreichte bis 1826 ca. 20.000 Menschen jährlich, verdoppelte sich noch einmal bis 1831 und stieg schließlich in den Jahren nach 1832 sukzessive auf 100.000 Immigranten. In den 1840er Jahren wuchs die US-amerikanische Bevölkerung um 38 Prozent, was sich allerdings v. a. in den Städten bemerkbar machte, indem sich die Stadtbevölkerung im selben Zeitraum fast verdoppelte. Sogar nach Ausbruch des Bürgerkriegs – im Jahre 1862 – wurde ein neuer Höchststand mit 800.000 Einwanderern in den vergangenen fünf Jahren registriert, nach 1863 stieg dann die Einwanderung erneut an.

Der Chancenreichtum

Die Motive für die Emigration aus Europa nach Nordamerika waren vielfältig: Sie lagen einerseits in wechselwirksamen Faktoren wie einem starken Bevölkerungswachstum, durch Missernten verschärften Hungersnöten, Wirtschaftskrisen im Zuge der industriellen Entwicklung, zunehmender sozialer Unzufriedenheit insbesondere in anwachsenden unterbürgerlichen Gesellschaftsschichten, aber auch im liberalen Bürgertum sowie politischer Unterdrückung in den Herkunftsländern. Andererseits fühlten sich viele Einwanderer durch die wirtschaftliche Prosperität der sich rapide entwickelnden Vereinigten Staaten, ihren dementsprechenden Arbeitskräftebedarf und auch propagandistischen Glücksverheißungen angezogen, sodass Kettenwanderungen entstanden, die wahre Immigrationswellen auslösten. Nach 1845 nahm vor allem die Einwanderung aus Irland und Deutschland noch einmal erheblich zu, viele Einwanderer kamen aus bitterer Not, ausgelöst durch einen über Jahrzehnte andauernden Pauperisierungsprozess. Allein

Der Arbeitskräftebedarf

aus Deutschland kam zwischen 1846 und 1855 ungefähr eine Million Menschen – ein Einwanderungsandrang, der zumindest partiell auch mit der politisch gescheiterten Revolution von 1848 und der danach einsetzenden politischen Verfolgung zusammenhing. Die meisten Einwanderer gingen nicht in den Westen, sondern verblieben in den Ballungszentren des Ostens, die auf diese Weise überdimensional stark anwuchsen, sodass sich die Gewichte zwischen ländlicher und urbaner Bevölkerung signifikant verschoben. Gleichzeitig entstanden an der Ostküste die ersten von Multinationalität und Multikulturalität geprägten städtischen Gesellschaften. Die mit dem Aufblühen des Transportwesens und der damit zusammenhängenden Konsolidierung des Binnenmarktes forcierte Industrialisierung im Norden und Osten der USA konnte ihren riesigen Arbeitskräftebedarf aufgrund der umfangreichen Immigration kostengünstig befriedigen, ohne dass die Immigranten mehrheitlich in guten Verhältnissen hätten leben können, obwohl es vielen von ihnen besser ging als in den europäischen Herkunftsländern. Der durch die Bürgerkriegsproduktion angekurbelte, ab den 1770er Jahren besonders steile Aufstieg der im Norden konzentrierten US-Ökonomie, der in den 1890er Jahren in das Goldene Zeitalter *(Gilded Age)* der unter Industriekapitänen (unfreundlicher auch *Robber Barons* genannt) gebildeten Wirtschaftsimperien (z. B. John D. Rockefeller, Andrew Carnegie) einmündete, aber eben auch mit schwersten sozialen Verwerfungen verbunden war, verstärkte das Image der USA als *Land of Opportunity,* in dem der ungebremste Fortschrittsglaube die nationale Katastrophe des Bürgerkriegs immer stärker verdrängte. Die Industrieproduktion der USA übertraf die britische und die deutsche industrielle Fertigung bei weitem, wobei vor allem der Norden, in dem 85 Prozent der Industrieerzeugnisse hergestellt wurden, von dieser Entwicklung profitierte.

Die Verlockung von Existenzsicherheit

In den 1860er Jahren bewirkte die Nachricht über verfügbares Land in den USA eine weitere Verstärkung der Vorstellungen von den USA als *Land of Plenty* und als *Land of Opportunity* in den ärmeren Bevölkerungsschichten verschiedener europäischer Länder. Forciert wurden diese Vorstellungen durch die Homestead Act (1862), nach der jeder Haushaltsvorstand für zehn Dollar 160 Acres (etwa 64 Hektar) Land erwerben konnte, auf dem er bereits lebte und das er mindestens fünf Jahre bearbeitet hatte. Bis in die 1870er Jahre dominierte die nordwest- und westmitteleuropäische Einwanderung, danach kamen zunehmend Immigranten aus Süd-, Südost-, Ostmittel- und Osteuropa, deren kulturelle, sprachliche und konfessionelle Andersartigkeit zum Teil Ressentiments bereits länger in den USA ansässiger Einwohner hervorrief. Aus Italien kamen nun beispielsweise zunehmend Katholiken, aus Polen und Russland auch viele Juden. In den 1890er Jahren intensivierte sich die Einwanderung aus Süd- und Südosteuropa sowie aus Südostasien (vor allem aus China), und damit stiegen auch die Vorbehalte, sodass mancherorts gar ein soziales Reizklima konstatiert werden musste. Die Einwohnerzahl der USA stieg nach dem Bürgerkrieg bis zum Höhepunkt des *Gilded Age* Mitte der 1890er Jahre von 35 Millionen auf das Doppelte durch Einwanderung, aber auch hohe Geburtenraten und sinkende Säuglingssterblichkeit. Es gelang den verschiedenen ethnischen und nationalen Gruppen in den Städten an der Ostküste oftmals nicht, ohne Auseinandersetzungen friedlich und einvernehmlich zusammenzuleben, sodass nativistisch orientierte Organisationen wie die *American Patriotic League* und die *Grand Order of the Republic* lautstark Einwanderungsbeschränkungen forderten. Die in den USA in Konkurrenz stehenden und auch deshalb vergleichsweise schwachen Gewerkschaften, deren größter Erfolg die Gründung der *American Federation of Labor* (1881) darstellte und in denen gegen Ende des Jahrhunderts nur 10 Prozent der Industriearbeiter und 2 Prozent aller Erwerbstätigen organisiert waren, schafften es nicht, wirksam gegen die besonders massiven Diskriminierungen von Chinesen vorzugehen.

Soziale Probleme und Diskriminierungen

Die zunehmenden sozialen Probleme wie auch die massiven Diskriminierungen und die Spannungen unter verschiedenen Einwanderungsgruppen ließen aber die Virulenz erheblicher gesellschaftlicher Fehlentwicklungen offensichtlich werden, sodass nun von anderer Seite in der Überzeugung, dass die größten Schwierigkeiten in Strukturdefekten der Wirtschaftsordnung und in Schwächen des politischen Systems begründet seien, gegengesteuert wurde. Der sich im protestantisch und angelsächsisch geprägten Milieu verbreitenden Xenophobie versuchten Verfechter einer ständig neu zu formenden Einwanderernation mit dem Argument entgegenzutreten, dass soziales Engagement, Assimilation durch Sozialisationsinstanzen und vor allem eine dringend erforderliche Vielzahl von Gesellschaftsreformen die Verschmelzung der unterschiedlichen Einwanderergruppen in einer US-amerikanischen Nation begünstigen würde – eine Vorstellung, die nach 1908 mit dem dem Titel eines Theaterstücks von Israel Zangwill entlehnten Begriff des Schmelztiegels *(Melting Pot)* ihre griffige und äußerst populäre Formel erhielt. Die Anstrengungen dieser Fortschrittsbewegung *(Progressive Movement)* zur Abmilderung sozialer Verwerfungen eines ungebremsten Kapitalismus waren vielfältig: Neben Turners Behauptung einer die Pioniergesellschaft amerikanisierenden Einebnung aller Unterschiede an der *Frontier* als geschichtlicher Triebkraft des US-amerikanischen Nationalismus trat John Deweys Versuch der Umgestaltung des US-amerikanischen Schulsystems zu einer bedeutenden Sozialisationskraft für die Demokratisierung der Gesellschaft, Charles A. Beards These der durch sozioökonomische Egoismen ausgebremsten Vollkommenheit der Amerikanischen Revolution, die es im Gegenwartsinteresse nun zu vollenden gelte, und Jane Addams' ganz praktisch unterstützendes *Hull House,* mit dem zunächst in noch etwas einfältiger und damit wirkungsloser Weise den Angehörigen unterbürgerlicher Schichten ein Kulturangebot unterbreitet wurde, das dann aufgrund von Einsichten in soziale Notlagen rasch durch die Bereitstellung von Unterbringungs- und Betreuungsmöglichkeiten für Kinder ersetzt wurde. Unter den Vertretern des *Progressive Movement* waren neben Wissenschaftlern wie dem Nationalökonomen Thorstein Veblen und Intellektuellen wie dem Schriftsteller Oliver Wendell Holmes auch Politiker wie der spätere US-Präsident Woodrow Wilson (1856-1924). Bei einer derartigen Heterogenität kann es kaum verwundern, dass das *Progressive Movement,* dessen Zielsetzungen grob in der Abschwächung der sozialen Auswüchse des Kapitalis-

Reform-
bemühungen

mus und in der Beendigung der Verfilzung des Großkapitals mit der Politik konvergierten, kein festes Programm verfolgte, sondern vielfältige, z. T. auch fragwürdige und bisweilen widersprüchliche Reforminteressen durchzusetzen versuchte.

Die Parteien

Politisch richteten sich die Hoffnungen der meisten Reformer eher auf die Demokratische Partei, in der sich vornehmlich weiße Wähler des Südens, aber auch Einwanderer (einschließlich religiöser Minderheiten wie Katholiken und Juden) im Norden versammelten und die stärker die persönlichen Freiheitsrechte einschließlich des Rechts auf freie Religionsausübung vertraten sowie die einzelstaatlichen Kompetenzen deutlicher betonten, während die Republikaner überwiegend die bereits in den USA geborenen Nordstaatler angloamerikanischer und protestantischer Prägung repräsentierten. Dennoch konnte sich bei den auf dem Höhepunkt des *Gilded Age* durchgeführten Wahlen 1896 der demokratische Kandidat William Jennings Bryan gegen den künftigen US-Präsidenten William McKinley (1843-1901) nicht durchsetzen. Das Jahr 1897 brachte dann einen Konjunkturaufschwung, in dem sich die bereits existenten Wirtschaftsimperien durch Fusion zum Teil nochmals vergrößerten und die Hochindustrialisierung ihr enormes Potenzial erkennen ließ, das eine schier ungebändigte Wirtschaftskraft der USA zu versprechen schien. Im Jahre 1913 machte die US-amerikanische Industrieproduktion 35,8 Prozent der weltweiten industriellen Fertigung aus und umfasste damit denselben Anteil, den Großbritannien, Deutschland und Frankreich gemeinsam aufwiesen. Millionen von Einwanderern wurden in dieser Situation vom Arbeitsmarkt absorbiert, und die Vereinigten Staaten erschienen als eine demografisch junge, multikulturelle Nation, die zwar auf unterschiedliche ethnische und kulturelle Ursprünge zurückschaute, aber durch eine gefestigte politische Kultur zusammengehalten zu werden schien. Das Image vom erfolgreichen *Melting Pot* wurde um die Jahrhundertwende für viele US-Amerikaner wieder zur Gewissheit, und die Vereinigten Staaten traten mit einer selbstbewussten nationalen Identität und dem Gefühl, auch global eine aktivere Rolle spielen zu können (und zu wollen), in das 20. Jahrhundert ein.

Der Erfolg des Kapitalismus

Besiedlung: Land of Plenty und Frontier

Der Mythos des Westens

Bereits seit Gründung der ersten englischen Kolonien in Nordamerika ist die Geschichte zunächst der Kolonisten, dann der US-Amerikaner untrennbar mit Expansion, d. h. der Entdeckung, Erkundung, Erschließung, Urbarmachung, Besiedlung, Durchdringung und schließlich Inkorporation der jeweils westlich der Besiedlungsgrenzen liegenden Gebiete, verbunden. Das Land im Westen, dessen Bewohner, die indigenen Völker, nicht als seine Besitzer wahrgenommen wurden und das in Teilen auch tatsächlich noch unerschlossen und unbekannt war, stellte eine Herausforderung dar, indem Gefahren bestanden und Schwierigkeiten bei Rodung und Bebauung des Landes überwunden werden mussten, ebenfalls aber Grundbesitz erworben, Existenz gesichert und – in allerdings zunächst eher geringem Ausmaß und vor allem in schleppendem Tempo – Wohlstand erarbeitet werden konnte. Dennoch knüpften sich viele Hoffnungen an das im Verlauf des Jahrhunderts immer weiter im Westen liegende Land, sodass Expansion ideologisch überhöht und schließlich als Lebensnerv der US-amerikanischen Gesellschaft angesehen wurde.

Die Westexpansion

Bereits in der Amerikanischen Revolution richteten sich – bis in die Unabhängigkeitserklärung hinein – die Vorwürfe der Kolonisten gegen die durch Großbritannien, konkret den König, der mit der Verschärfung der Auseinandersetzung auch als Verantwortlicher benannt wurde, verhängten Beschränkungen und Behinderungen der Besiedlung des Landes westlich der Appalachen. Mit dem Frieden von Paris 1783 konnte die Besiedlung durch Weiße bis an den Mississippi erfolgen, und der Kongress als entscheidende zentrale Instanz und Rechtsnachfolger der britischen Krone beeilte sich, die entsprechenden gesetzlichen Regelungen für eine geordnete Inbesitznahme, Besiedlung und Anerkennung als US-Bundesstaat zu schaffen, zumal er in der Veräußerung des Landes im Westen eine der wenigen lukrativen Einnahmemöglichkeiten in der *Confederation Period* erblickte und gleichzeitig die republikanische Regierungsform bei der Westexpansion sichern wollte. Als 1803 etwas überraschend der Kauf des gesamten Louisiana-Gebiets gelang, konnten US-amerikanische Siedler das Gebiet bis zu den Rocky Mountains in Besitz nehmen, und im Zuge der Einigung mit Großbritannien und des militärischen Sieges über Mexiko in den 1840er Jahren gelang es, mit dem riesigen Oregon-Gebiet den bis wenige Jahre zuvor noch relativ unberührten Nordwesten wie auch den wesentlich stärker von spanischen Kolonisten und Mexikanern durchdrungenen Südwesten in die USA einzugliedern.

Die Ideologisierung des Westens

Begleitet wurde diese rapide Westexpansion durch ideologische Propaganda, die auf äußerst fruchtbaren Boden fiel und maßgeblich dazu beitrug, dass die US-Amerikaner ein nationales Selbstbild mit einer sehr unbescheidenen Vorstellung von ihrer Rolle in Amerika, in der westlichen Hemisphäre und in der Welt entwickelten. Diese nationale Selbstglorifizierung gipfelte noch vor dem Bürgerkrieg in der sich selbst mit dem Schlagwort *Manifest Destiny* als gottgewollt zugewiesenen Aufgabe der Expansion, die gegen mögliche Konkurrenten aus Europa durch konkrete politische Maßnahmen wie die Monroe-Doktrin abgesichert wurde. Zwar erschütterte der Bürgerkrieg diese sakralisierende Nabelschau, aber er zerstörte das glorifizierende Selbstbild nicht, sondern galt – nach Phasen der Konfrontation und späteren Versöhnung – ab den 1880er Jahren als bestandene Nagelprobe der US-amerikanischen Nation, in der sie letztlich zu sich selbst gefunden habe.

Krisen und Konflikte

Was bis zum Bürgerkrieg territorial erworben, erobert oder annektiert worden war, war aber – nach den im Staatsgründungsprozess vom US-Kongress festgelegten gesetzlichen Regelungen – noch lange nicht besiedelt, sodass die zweite Hälfte des 19. Jahrhunderts ganz maßgeblich auch durch das *Westward Movement* einschließlich der damit verbundenen ethnischen und sozialen Probleme geprägt wurde. Denn nicht nur war die Westexpansion US-amerikanischer Siedler lediglich möglich durch Ausbeutung, Zwangsumsiedlung und partiell auch Genozid an der indigenen Bevölkerung und durch rassistisch gerechtfertigte Benachteiligung und Unterdrückung von Latinos im Südwesten der USA, auch gab es innerhalb der Siedlergesellschaft insbesondere im ausgedehnten Weideland der Great Plains in den 1880er und 1890er Jahren blutige

Konflikte zwischen den auch staatliches Land für ihre umfassende Viehzucht in Anspruch nehmenden Rinderzüchtern, kleineren Schafzüchtern und insbesondere aus Ostmittel- und Osteuropa eingewanderten Farmern, die das Grasland in Ackerland umwandeln wollten. Diese *range wars* zeigten eine weitere Facette von Konflikten an der *Frontier,* bei denen – zumindest zunächst – oftmals die mit der Politik verquickten, wohlhabenden Viehzüchter ihre Interessen durchsetzen konnten.

Andererseits wurde es noch im Bürgerkrieg erklärte Politik der Vereinigten Staaten, die individuelle Landnahme im Westen für die Siedler zu erleichtern, indem der *Homestead Act* noch während des Bürgerkriegs 1862 beschlossen wurde und in der Tat bei insgesamt ab 1763 trotz des Krieges wieder steigender Einwanderung etwa 15.000 *Homesteaders* anlockte, die 2,4 Millionen Acres des zur Besiedlung freigegebenen Landes in Besitz nahmen.

In den 1860er Jahren trugen dann drei Ereignisse zur Sicherung und nochmaligen Ergänzung des heutigen kontinentalen Staatsgebiets der USA bei: der Sieg der Union im *Civil War,* (1865), das Scheitern des französischen Mexiko-Experiments (1864-1867), durch das Napoleon III. mithilfe eines habsburgischen Kaisertums in Mexiko ein mit europäischen Mächten verbundenes Gegengewicht zu den USA in Amerika schaffen wollte, und schließlich der Kauf Alaskas von Russland (1867). Geografisch veränderte sich das kontinentale Gebiet der Vereinigten Staaten allerdings nur noch im äußersten Nordwesten Nordamerikas, der Westen wurde im letzten Drittel des 19. Jahrhunderts nicht mehr unter dem Aspekt territorialer Expansion, sondern vielmehr mit dem Fokus auf seine Besiedlungsgeschichte wahrgenommen.

Turners Frontier-These: Die Frontier als prägende Kraft der US-amerikanischen Geschichte

Es ist daher kaum verwunderlich, dass auch Frederick Jackson Turner in seiner bereits mehrfach erwähnten Abhandlung seinen Schwerpunkt demografiehistorisch verortet und den geografisch flexiblen Ort der *Frontier* mit dem besiedlungsgeschichtlich erklärten Amerikanismus, der die nationale Identität der US-Amerikaner (in Abgrenzung zu den europäisch beeinflussten Bräuchen des Ostens der Vereinigten Staaten) überhaupt erst ermöglicht habe, im umfassenden nationalen Mythos des Westens verbindet. Die ökonomischen Möglichkeiten weitet Turner in allumfassende Chancen aus, die der fähige Siedler individuell zu nutzen gewusst habe. Die Konfrontation mit den Gefahren an der *Frontier* habe durch die zwangsläufige Kooperation der zunächst disparat lebenden ersten Siedler gemeinschaftsstiftend gewirkt, die Erfordernisse der rudimentären Organisation der Siedlergesellschaft sowie die alle Siedler gleichermaßen betreffende und daher egalitäre Strukturen begünstigende Situation an der *Frontier* habe die Demokratie gefestigt. Als gesellschaftliche Herausforderung sei die *Frontier* allerdings eine genuin amerikanische Erfahrung, die den „amerikanischen Nationalcharakter", wie Turner es in der – auch in Europa üblichen – Diktion seiner Zeit nannte, weitaus mehr geprägt habe als die aus Europa überkommenen Einflüsse. Erst an der *Frontier* sei die US-amerikanische Nation wirklich entstanden.

Der ökonomische Fortschritt des Ostens

Als wissenschaftliche Erklärung ist die durch eine monokausale Geschichtskonstruktion und einen letztlich auch geografischen Determinismus und gleichzeitig mit der reinen Konzentration auf den weißen Bevölkerungsanteil auch durch ethnische Vereinseitigung geprägte *Frontier*-These Turners zu Recht als zu simpel betrachtet worden, sie erklärt im Übrigen auch nicht den durch Urbanisierung, Industrialisierung und Massenimmigration insbesondere im Nordosten der Vereinigten Staaten forcierten ökonomischen Aufstieg bis zur Weltmacht. Als Wiederbelebung eines bereits seit der Gründung der Kolonien existenten, auch in der politischen Theorie der Formationsphase aufgenommenen und in der ersten Hälfte des 19. Jahrhunderts übersteigerten Mythos des Westens hat sie das US-amerikanische Selbstverständnis und auch das nach außen, im 19. Jahrhundert vor allem nach Europa ausstrahlende Bild des Westens allerdings nachhaltig geprägt.

6.2 Erörterung wissenschaftlicher Kontroversen: Die USA im 19. Jahrhundert – Isolationismus oder Imperialismus?

Frage des US-amerikanischen Isolationismus im 19. Jahrhundert

Immer wieder wird in der Forschungsliteratur die Auffassung vertreten, dass die USA seit ihrer Gründung bis zum Ende des 19. Jahrhunderts eine weitgehend auf ihre innere Entwicklung konzentrierte Politik verfolgten (Wala 2007, S. 233), die bereits von George Washington begründet und durch seine ersten Nachfolger fortgesetzt wurde (Finzsch 2005, S. 5). Allerdings weist die neuere historische Forschung darauf hin, dass aus dieser Feststellung nicht die Schlussfolgerung abzuleiten sei, die Vereinigten Staaten hätten im 19. Jahrhundert eine Phase des Isolationismus durchlaufen (Finzsch 2005, S. 5-6). Im Anschluss an die in der deutschen Forschung zur US-amerikanischen Geschichte des 19. und 20. Jahrhunderts bereits in den 1980er Jahren bisweilen geäußerte Auffassung, die US-Politik im 20. Jahrhundert stünde eher in einer Kontinuität zur expansiven Entwicklung der Vereinigten Staaten im 19. Jahrhundert (Niess 1981), weisen neuere Forschungsbeiträge darauf hin, dass sich bereits um die Mitte des 19. Jahrhunderts zeigte, dass die USA sich auf Dauer nicht mit ihrer Beherrschung des größten Teils des nordamerikanischen Kontinents zufriedengeben würden (Dippel 2005, S. 73). Dabei ging es durchaus nicht nur um hegemoniale Machtpolitik, sondern vor allem auch um auf Export ausgerichtete ökonomische Interessen.

Der US-amerikanische Anspruch auf Hegemonie über den amerikanischen Kontinent

Gustav Schmidt sieht hingegen erst bei Woodrow Wilson den für das 20. Jahrhundert auch von der älteren Forschung konstatierten Internationalismus der US-amerikanischen Politik angelegt (Schmidt 2004, S. 61). Michael Wala wendet dagegen ein, dass der US-amerikanischen Politik immer ein expansiver Grundzug zu eigen gewesen sei, der sich im 19. Jahrhundert nur auf den nordamerikanischen Kontinent beschränkt habe (Wala 2007, S. 352). Horst Dippel konstatiert zwar, dass im letzten Drittel des 19. Jahrhunderts über lange Jahre keine Annexionen erfolgten, die ökonomische Entwicklung, die militärische Überlegenheit und die politische Position der USA gegenüber den lateinamerikanischen Staaten allerdings so erdrückend wurden, dass die nördliche Großmacht ihren Anspruch auf Mitwirkung in allen Fragen, den Gesamtkontinent Amerika betreffend, durchsetzen konnte (Dippel 2005, S. 74-75). Bereits 1823 hatten die USA durch die Monroe-Doktrin erkennen lassen, dass sie ihren Herrschaftsanspruch durchaus gesamtkontinental verstanden und auch willens waren, ihn mit Waffengewalt gegen etwaige europäische Kolonialmächte durchzusetzen. Die weiße Durchdringung der Westgebiete, die mit der brutalen Zerstörung indianischer Kulturen und der gewaltsamen Verdrängung indigener Völker einherging, offenbarte nur allzu deutlich, dass die USA ihre Expansionspolitik unter massivem Einsatz kriegerischer Mittel vorantrieben (Dippel 2005, S. 65-66). In den 1890er Jahren kam es dann auch zu militärischen Interventionen jenseits des nordamerikanischen Festlandes, so beim Sturz der Regierung in Hawaii (1893) und im Krieg gegen Spanien zum Zwecke der Unabhängigkeit Kubas (1898). Diese Vorfälle zeigten nach Auffassung Horst Dippels deutlich, dass unter dem Präsidenten William McKinley die USA zu Verteidigern der Menschheit gegen die sogenannte (spanische) Barbarei stilisiert wurden (Dippel 2005, S. 74-75). In der Folge dieser nun deutlich den nordamerikanischen Kontinent übersteigenden US-amerikanischen Aspirationen formulierte Theodore Roosevelt 1904 einen Zusatz *(Corollary)* zur Monroe-Doktrin, durch den der Einsatz der US-Marine zum Schutz US-amerikanischer Interessen legitimiert wurde. In Verbindung mit der Neujahrsbotschaft Roosevelts, in der er lateinamerikanische Staaten warnte, europäischen Mächten Anlässe für die Errichtung von Flottenstützpunkten oder die Erzwingung von Gebietsabtretungen zu liefern, zeigt sich deutlich die Kontinuität zur Politik der USA im 19. Jahrhundert. Der auf diese Weise formulierte Anspruch der USA, die Ordnungsmacht in der westlichen Hemisphäre zu sein, mündete in die Selbsterhebung zur moralischen Leitinstanz und Schutzmacht aller amerikanischen Staaten ein, die in der Literatur bisweilen auch als *Yankee*-Imperialismus bezeichnet worden ist (Schmidt 2004, S. 67).

Gewaltsame Expansionspolitik der USA

Expansion als Lebenselixier der USA

Bereits Frederick Jackson Turner hatte 1893 prophezeit, dass mit der Erstreckung des Staatsgebiets der USA bis zum Pazifik der von ihm zum Lebenselixier der US-amerikanischen Nation stilisierte Expansionsdrang nicht enden würde (Turner 1893, S. 57). Norbert Finzsch greift diese These auf und weist darauf hin, dass spätestens gegen Ende der ersten Hälfte des 19. Jahrhunderts unter dem US-Präsidenten James K. Polk die Richtung der neuen Expansion nach Mittelamerika und in die Karibik vorgegeben gewesen sei (Finzsch 2005, S. 478). Der Pazifikraum sei insbesondere mit Blick auf Japan ökonomisch für die aufstrebende Wirtschaftsmacht USA interessant gewesen, sodass nach einer Verbesserung der Kommunikation zwischen Ost- und Westküste der Vereinigten Staaten wie auch des Transports von Waren aus den Zentren industrieller Fertigung im Osten gestrebt worden sei. Bereits der *Gadsden Purchase* (1853) habe diesem Ziel gedient, letztlich aber sei der Panama-Kanal als Lösung favorisiert worden (Finzsch 2005, S. 482-483). Auch in dieser Deutung zeigt sich eine bruchlose Linie der US-Politik, die bis in die erste Hälfte des 19. Jahrhunderts zurückführt. Der von den USA unter ihrem Präsidenten William H. Taft nun auch ökonomisch ausgeübte Druck *(Dollar Diplomacy)* wurde in der Forschungsliteratur später als „Dollar-Imperialismus" bezeichnet (Schmidt 2004, S. 65).

„Dollar-Imperialismus"

Seine grundlegende Ursache hatte dieser zunächst expansionistische, dann immer unverhohlener imperialistische Tenor US-amerikanischer Politik in einer Ideologie, die die zentralen Werte der US-amerikanischen Gesellschaft – Freiheit, Gleichheit, Chance, Individualismus, Demokratie, Marktwirtschaft, Machbarkeit – sämtlich an das Phänomen der Expansion band und durch historisch-politische Mythen *(City upon a Hill, Continuing Revolution, Land of Opportunity, Melting Pot, Frontier)* in einer glorifizierenden Selbstsicht, in der Vorbildhaftigkeit und aktive Mission verschmolzen, veranschaulicht wurde (Dippel 2005, S. 68). Diese in der Forschungsliteratur im Anschluss an den schwedischen Nationalökonomen Gunnar Myrdal als *American Creed* bezeichnete Ideologie (Unger 1988, S. 44) bildet das Bindemittel im fragilen Gesellschafts-

Der American Creed

bau der USA, die Essenz der US-amerikanischen Nation. Der *American Creed* wurzelt bereits in der Kolonialzeit, erfuhr seine Nationalisierung im Staatsgründungsprozess, erlebte seine Bestätigung während der ersten Hälfte des 19. Jahrhunderts in der innerkontinentalen Expansion und erwies seine Notwendigkeit angesichts der im Verlauf der zweiten Hälfte des 19. Jahrhunderts immer deutlicheren sozialen und ethnischen Friktionen innerhalb der US-amerikanischen Gesellschaft. Seine äußere, materielle Seite zeigt sich in der politischen wie geografischen Expansion, der bereits im 19. Jahrhundert ein imperialistischer Grundzug zu eigen war.

6.3 Darstellung: Polen – das „Martyrium“ für Europa

Polen als Verbreiter des Christentums im östlichen Europa

Sakralisierende Tendenzen im polnischen Selbstbild, durch die Polen in eine besondere Rolle für das christliche Europa gerückt wurde, sind schon seit dem Mittelalter feststellbar. Spätestens seit dem 14. und dem 15. Jahrhundert wurde die Überzeugung, einen Vorposten der Christenheit zu bilden, als Argumentationsmuster zur Legitimation ganz konkreter politischer Ziele verwendet, so beispielsweise bei der Expansion unter Kazimierz III. (reg. 1333-1370) nach Ruthenien bzw. in die Ukraine und noch sehr viel deutlicher in der diplomatisch-propagandistischen Auseinandersetzung mit dem Deutschen Orden vom Ende des 14. bis zur Mitte des 15. Jahrhunderts. Insbesondere der letztere Zusammenhang wirkte sich prägend auf das in Polen vorherrschende Selbstverständnis aus und wurde im Kontext der wachsenden Germanophobie des 19. Jahrhunderts als historischer Rekurs bemüht.

Polen als Vorposten der Christenheit

Auf dem Konzil in Konstanz (1414-1418) wurde der Streit zwischen Polen und dem Deutschen Orden, der auch wegen der Heidenmissionierung geführt wurde, verhandelt. Der polnische Beauftragte Paulus Wladimiri führte hier aus, dass mit Herrschaftsübernahme der aus Litauen stammenden Dynastie der Jagiellonen in Polen auch die Christianisierung Litauens eingeleitet worden sei, da der neue polnische König Władysław II. Jagiełło (reg. in Polen 1386-1434) wie auch sein Cousin, Großfürst Witold von Litauen (reg. 1392-1430), zum christlichen Glauben übertreten mussten und die Missionierung der Litauer unverzüglich begannen. Dem Deutschen Orden wurde mithin vorgeworfen, unter dem Deckmantel der Heidenmissionierung ein bereits christliches Land aufgrund eigener Expansions- und Bereicherungsgelüste überfallen zu haben. Der Deutsche Orden konnte auf diese Weise als Feind der Christenheit ausgewiesen werden. Wladimiri begründete den polnischen Anspruch auf Oberhoheit über Litauen allerdings nicht allein mit dem Argument, die Bekehrung der Litauer sei von Polen ausgegangen, sondern noch weitaus stärker mit dem Hinweis der Schutzbedürftigkeit der christlichen Bewohner Litauens angesichts der Übergriffe des Deutschen Ordens. Polen erschien damit sowohl als Vorposten wie auch als Schutzbastion der Christenheit.

Der Grunwald-Mythos

Im Zusammenhang mit der jahrhundertelangen Auseinandersetzung zwischen Polen und dem Deutschen Orden stand auch die wichtige Schlacht bei Grunwald (in Deutschland als Schlacht bei Tannenberg bezeichnet), in der ein polnisch-litauisches Heer unter Jagiełło und Witold den Deutschen Orden, dessen Hochmeister mit den meisten seiner Ritter fiel, 1410 entscheidend besiegte. Durch symbolische Ausdeutung wurde dieses historische Ereignis im 19. Jahrhundert (unter anderem durch eine einflussreiche historiografische Schrift Karl Szajnochas, ein berühmtes Historiengemälde Jan Matejkos und schließlich den an der Wende zum 20. Jahrhundert erschienenen Roman „Die Kreuzritter" von Henryk Sienkiewicz) zu einem der wichtigsten Elemente der selektiven Darstellung polnischer eigenstaatlicher Entwicklung zum Zwecke der Stärkung des nationalen Autonomiestrebens unter den Bedingungen der Teilung. Besonders im letzten Drittel des 19. Jahrhunderts wurde das Grunwald-Ereignis vor dem Hintergrund forcierter Germanisierungsmaßnahmen als schon einmal gelungene Überwindung des übermächtig erscheinenden deutschen Feindes und damit als Wendepunkt der als naturhaft antagonistisch gedeuteten deutsch-polnischen Beziehungsgeschichte interpretiert, aus dem die Gewissheit einer erneuten Bewältigung der „deutschen Gefahr“ abgeleitet wurde.

Polen als „antemurale christianitatis“

Die Verteidigung der Christenheit

Das in der Auseinandersetzung mit dem Deutschen Orden auf dem Konstanzer Konzil aufscheinende, über die Missionierungs- und Vorpostenfunktion Polens hinausgehende polnische Selbstbild des *antemurale christianitatis,* eines Bollwerks für das Christentum und letztlich auch – in säkularisierter Lesart – für Europa, fand seine nachhaltigste Veranschaulichung in der im 19. Jahrhundert dominierenden nationalerbaulichen Deutung der Schlacht bei Wien, in Österreich Schlacht auf dem Kahlenberg genannt. 1683 hatte ein Heer unter dem Oberbefehl des polnischen Königs Jan II. Sobieski die Türken besiegt und die Kaiserstadt von der Belagerung durch die Osmanen befreit. Wien war nicht nur der Sitz des Oberhaupts des Heiligen Römischen Reiches Deutscher Nation, sondern galt auch als Einfallstor in den Westen Europas. In der Folgezeit wurde – besonders in Literatur und Historienmalerei – dieses historischen Ereignisses immer wieder gedacht, besonders Jan Matejkos der Schlacht bei Wien gewidmetes Gemälde erlangte weitreichende Berühmtheit. Dieses Gemälde wurde im Vorfeld der Zweihundertjahrfeiern für das Ereignis, an denen Menschen aus allen drei Teilungsgebieten teilnahmen, in den Tuchhallen in Krakau öffentlich ausgestellt, sodass stündlich Hunderte von Menschen daran vorbeipilgern konnten.

Das Bollwerk Europas

Diese in der auf die Gegenwart des 19. Jahrhunderts bezogenen, polnisch-nationalen Interpretation der Schlacht bei Wien enthaltene Vorstellung, dass Polen geschichtlich einen Schutzwall des christlichen Europas gebildet habe, knüpfte an die bereits jahrhundertelange Selbstsicht als eines das Christentum nicht nur schützenden, sondern auch verbreitenden Vorpostens der europäischen Zivilisation an, für die zur Veranschaulichung unterschiedlichste Ereignisse seit dem Mittelalter (so die Schlacht bei Liegnitz gegen die Tartaren 1241, der Kampf unter Jan Olbracht gegen die Mongolen Ende des 15. Jahrhunderts und eben auch – wie anhand der polnischen Argumentation auf dem Konstanzer Konzil 1416 verdeutlicht –

die Christianisierung Litauens ab 1386) in einer entsprechenden Deutung herangezogen wurden. Bereits seit dem 13. Jahrhundert wurde dieses Selbstdeutungs- und Argumentationsmuster des *antemurale christianitatis* auch zur Legitimation konkreter politischer Ziele (so beispielsweise unter Kazimierz III. Wielki bei der polnischen Expansion nach Ruthenien bzw. in die Ukraine 1340) benutzt. Der Begriff „antemurale" wurde 1662 durch den päpstlichen Gesandten Hieronymus Lando geprägt, der den polnischen König zur Teilnahme an einem Kreuzzug gegen die Türken bewegen wollte. Die in diesen Deutungen immer mindestens implizit behauptete Ostgrenze Europas erschien dabei durch polnische Einflüsse unterschiedlicher Reichweite schwer bestimmbar, wobei die Abgrenzung gegenüber Russland unverkennbar blieb, die Ukraine und Weißrussland aber als Grauzone zwischen einem kulturell und religiös definierten Europa und einem als unzivilisiert und bedrohlich etikettierten, bereits als asiatisch ausgeschlossenen Osten (oftmals Russland) erschienen.

Polen als „Christus der Völker"

Von der Meinung, Bollwerk des christlichen Europa zu sein, bis zur Auffassung, für die Freiheit Europas und seiner Staaten stellvertretend gelitten zu haben, war angesichts der Teilungen Polens der Weg nicht mehr weit. Zunächst aber bildete sich aus der sakralisierenden Selbstsicht unter vielen Polen eine maßgeblich von der polnischen Romantik bediente Überzeugung heraus, dass sie ein auserwähltes Volk seien, dem besondere Achtung gebühre. Nach dem gescheiterten Novemberaufstand 1830/1831 griffen polnische Romantiker den durch den Philosophen Josef Maria Hoëné-Wronski (1776-1853) geprägten Begriff des „Messianismus" auf, indem sie die bereits propagierte Führerschaft der Polen im Kampf gegen die Tyrannei und für die Freiheit der Nationen im Selbstbild des „Christus der Völker" hochstilisierten. Insbesondere der später als polnischer Nationaldichter geltende Adam Mickiewicz kreierte dieses Image durch eine Verbindung des Mythos des *antemurale christianitatis* mit der Märtyrerrolle Polens zum Wohl der europäischen Nationen. So wurde im Messianis-

Die Polen als auserwähltes Volk

Das Martyrium für Europa als „Christus der Völker"

mus die Idee der Erlösung der Menschheit mit dem nationalen Schicksal Polens verbunden, die Selbststilisierung der Polen als „Christus der Völker“ stärkte die ohnehin schon ausgeprägte Symbiose zwischen religiös-konfessionellem Bekenntnis und politischem Nationalbewusstsein.

Der polnische Messianismus

Der Aufstand von 1830/1831 wurde somit zur Geburtsstunde des polnischen Messianismus, durch den mithilfe einer religiös-biblischen Symmetrie der verheerenden Niederlage ein positiver Sinn unterlegt werden sollte. Romantische Vergangenheitsverklärung und revolutionärer nationaler Messianismus durchdrangen sich insbesondere in der Emigrationsliteratur, gleichzeitig aber verhärtete sich auch das polnische Nationalbewusstsein in der Emigration nach 1831. Der polnische Nationalismus wurde im Wesentlichen in der Folge der erzwungenen Staatenlosigkeit, gegen die sich viele Polen im Novemberaufstand erfolglos zur Wehr gesetzt hatten, in die mythifizierende Vorstellung von vergangener Größe als Garantie zukünftiger Verheißung hineingesteigert, indem das Scheitern in der Geschichte quasi heilsgeschichtlich bewältigt werden sollte. Das messianistische Element hatte damit sowohl eine kompensatorische wie auch eine mobilisierende Funktion, es sollte ebenso Trost spenden wie Hoffnung wecken.

Die Denktradition der polnischen Romantik

Diese Denktradition der polnischen Romantik hat das nationale Bewusstsein vieler Polen nachhaltig geprägt, und es wurde noch untermauert durch die in den ersten Jahren nach 1831 populäre Begeisterung und Würdigung, die dem polnischen Freiheitskampf und seinen geflüchteten Anführern insbesondere in deutschen Staaten, aber auch weit darüber hinaus zuteil wurde. Als in der Folge des Novemberaufstandes in „Kongresspolen“ die letzten Relikte polnischer Selbstständigkeit beseitigt wurden, wurde das messianistische Selbstbild mit einer deutlich antirussischen Spitze ausgestattet, deren Dominanz dann insbesondere im letzten Drittel des 19. Jahrhunderts durch germanophobe Tendenzen abgelöst wurde.

Die Schriften der polnischen Romantik wurden auch in der zweiten Jahrhunderthälfte noch stark rezipiert, sodass das der polnischen Nation zugewiesene messianistische Image kaum an Überzeugungskraft verlor und das polnische Nationalbewusstsein dauerhaft prägte. Die polnische Romantik hatte versucht, die Tradition der glorifizierend verklärten alten Adelsrepublik in die durch die Teilungen gegebene Situation der Nichtstaatlichkeit Polens zu überführen und neu zu definieren. Die vormals auf den Adel bezogene exklusive Form der nationalen Selbstbestimmung wurde im Verlauf des 19. Jahrhunderts sukzessive für alle Polen beansprucht. So konnte sich die romantische Vorstellung des Martyriums der Polen für die Unterdrückten und politisch Entrechteten in Europa auch in bürgerlichen und bäuerlichen Schichten der Gesellschaft durchsetzen und übte schließlich bis weit in das 20. Jahrhundert einen entscheidenden Einfluss auf die polnische Selbstdeutung aus.

6.4 Erörterung wissenschaftlicher Perspektiven: Polen im 19. Jahrhundert – geteiltes Land, geeintes Volk?

Staatliche Integration als Leitlinie der Teilungsmächte

Jürgen Heyde hebt zutreffend hervor, dass den Teilungsmächten zunächst eher an einer staatlichen Integration als an einer nationalen Assimilation gelegen war – ein Prinzip, das letztlich auch durch die Wiener Schlussakte von 1815 mit ihren Passagen zum Erhalt der polnischen Sprache und Kultur bestätigt wurde (Heyde 2006, S. 66-67). Während die österreichische Teilungsmacht ohnehin nach 1815 wenig Neigung zur Umsetzung der Wiener Bestimmungen erkennen ließ, setzten sich in Preußen und vor allem in Russland spätestens nach dem Novemberaufstand 1830/1831 die Zweifel am Integrationserfolg der bisherigen Politik durch, wenngleich ab 1840 wieder mildere Tendenzen, die auch Maßnahmen zur Akzeptanz der polnischen Sprache im öffentlichen Leben einschlossen, konstatiert werden können.

Nicht nur politisch trieb die von den Großmächten nach 1831 verstärkt in ihrem jeweiligen Interesse forcierte Entwicklung der drei polnischen Teilungsgebiete deren divergierende Prägung voran, auch ökonomisch durchliefen die getrennten Gebiete höchst verschiedenartige Prozesse, wie Heyde betont (Heyde 2006, S. 68-69). Während das durch den Karpatenbogen und die Verkehrstopografie mit der Weichsel als Haupthandelsweg den übrigen Gebieten der österreichischen Donaumonarchie eher abgewandte Galizien dramatisch verarmte, sorgten im Großherzogtum Posen die Modernisierung des Gewerberechts und der Aufschwung der Landwirtschaft trotz Abwanderung der Textilindustrie nach Schlesien für ökonomisch verbesserte Verhältnisse. In „Kongresspolen" wurde die einheimische Wirtschaft seit 1820 staatlich gefördert, die Einwanderung aus Großpolen und Schlesien beschleunigte den Ausbau der Landwirtschaft, Weber aus dem Großherzogtum Posen siedelten sich um Łódź an, das Dąbrowa-Revier (in Schlesien nordöstlich von Katowice) profitierte vom Kohleabbau und der damit zusammenhängenden Ansiedlung von Eisen- und Stahlindustrie, die Ausfuhrzölle nach Russland wurden gesenkt und die Zollschranken gegen die westlichen Nachbarn erhöht. In der Landwirtschaft hingegen vollzog sich der Strukturwandel aufgrund der bremsenden Kontrollbedürfnisse der Obrigkeit nur sehr langsam, die Rechtslage der Bauern wurde an die russischen Verhältnisse angepasst, sodass der Willkür der Gutsherren kaum Beschränkungen auferlegt waren. In den Teilungsgebieten Österreichs und Preußens hingegen wurden einige Verordnungen zur Stärkung bäuerlicher Landbesitzrechte erlassen, die jedoch weder zu einer grundsätzlichen Lockerung der feudalen Abhängigkeiten noch zur Reduktion der Dienst- und Abgabepflichten gegenüber den Gutsbesitzern führten (Heyde 2006, S. 70).

Unterschiede in der Entwicklung der Teilungsgebiete

Der politischen und ökonomischen Diversifikation stand allerdings nach Auffassung Heydes das von der Romantik durch Hinzufügung der messianistischen Komponente forcierte, in allen drei Teilungsgebieten wachsende Nationalgefühl einschließlich des Wiedervereinigungswunsches entgegen (Heyde 2006, S. 68), das sich bereits in den 1840er Jahren auf die

Wachsendes Nationalgefühl in der polnischen Bevölkerung aller drei Teilungsgebiete neu entstandene, zwar kleine, aber rasch in Führungspositionen hineinwachsende *Inteligencja* ausweitete (Heyde 2006, S. 75). Nach Heinrich Olschowsky bildete die messianistische Selbstdeutung die entscheidende Grundlage für ein durch alle Zwangsmaßnahmen der Teilungsmächte nicht zu erschütterndes und damit andauerndes Zusammengehörigkeitsgefühl der Polen in allen drei Teilungsgebieten (Olschowsky 2003, S. 286). Verstärkt wurde das so geartete polnische Nationalbewusstsein nach Martin Broszat im preußischen Teilungsgebiet durch die unbeabsichtigte Wirkung der in der zweiten Hälfte des 19. Jahrhunderts, insbesondere nach der Reichsgründung 1871 durchgeführten germanisierenden Kultur-, Sprach- und Bildungspolitik, die von der irregeleiteten Prämisse einer kulturellen deutschen Überlegenheit gegenüber den Polen ausging, mithin also auf Assimilation ausgerichtet war, letztlich aber die gegenteilige Konsequenz hervorrief (Broszat 1972, S. 140).

Die messianistische Selbstdeutung als Grundlage für das polnische Zusammengehörigkeitsgefühl

Neben der gemeinsamen negativen Erfahrung von Diskriminierung und Benachteiligung, die Polen im russischen und im preußischen Teilungsgebiet besonders in der zweiten Hälfte des 19. Jahrhunderts zu ertragen hatten, nicht jedoch in Galizien, gab es nach Jürgen Heyde auch positive Faktoren, durch die ein modernes Nationalgefühl in der polnischen Bevölkerung aller drei Teilungsgebiete gefördert und bestärkt wurde: Wichtige Kräfte waren die katholische Kirche, deren Priester nationale Werte in ihren Predigten propagierten, und die – im letzten Drittel des 19. Jahrhunderts immer stärker außerschulisch operierenden – Bildungsorganisationen, die neben Literatur und Kunst (Molik 1998, S. 295-298) einen nationalen Kulturkanon kreierten und aufrechterhielten (Heyde 2006, S. 80). Und schließlich waren es die durch die Geschichtsmythologie des 19. Jahrhunderts zentralisierten historischen Ereignisse (Kotte 2002, S. 84) bzw. die Geburtstage von Persönlichkeiten des nationalen Lebens, deren Jubiläen z. T. unbehindert den Stolz auf die als national ausgewiesene Geschichte stärkten: 1883 das zweihundertjährige Jubiläum des Sieges Jan Sobieskis bei Wien, 1898 der hundertste Geburtstag des (bereits verstorbenen) Nationaldichters Adam Mickiewicz, 1910

Einfluss der katholischen Kirche

Einfluss von Literatur und Kunst

Einfluss von Geschichtsmythologie

der 500. Jahrestag der Schlacht von Grunwald/Tannenberg (Heyde 2006, S. 80).

Das Problem der konkurrierenden Nationalismen (Ukrainer, Litauer)

Problematisch für die Vorstellung eines wieder zu errichtenden polnischen Staates, der als national aufgefasst wurde, waren entstehende konkurrierende Nationalismen in den östlichen Gebieten des ehemaligen polnisch-litauischen Doppelreiches. Jürgen Heyde weist zu Recht darauf hin, dass das *Nation Building* nicht nur die west- und mitteleuropäischen Nationen einschließlich der Tschechen, Ungarn und Polen erfasst hatte, sondern in den östlichen, ehemals polnischen Gebieten auch Litauer und Ukrainer, die im russischen Teilungsgebiet ebenso unterdrückt wurden wie die Polen (Heyde 2006, S. 84), in Galizien durch die Österreicher aber gerade mithilfe der Polen niedergehalten wurden (Heyde 2006, S. 87). In der überkommenen, auch durch die polnische Romantik gepflegten Vorstellung von der wiederherzustellenden Staatlichkeit Polens in den Grenzen vor 1772 bildeten Litauer, Ukrainer, Weißrussen als *ludy kresowy* („Randvölker") integrale Bestandteile nicht nur des historischen Erbes, sondern auch der auf dieses gestützten Zukunftsvisionen (Heyde 2006, S. 84-85).

Jürgen Heyde hält fest, dass in den über 120 Jahren nach Eliminierung der polnischen Staatlichkeit unübersehbare Divergenzen zwischen den Teilungsgebieten entstanden: So herrschten in den preußisch okkupierten Gebieten beispielsweise der höchste Alphabetisierungsgrad, die ausgedehnteste und qualitativ hochwertigste Infrastruktur und das höchste Pro-Kopf-Einkommen im Vergleich zu den anderen Teilungsgebieten, während insbesondere Galizien wirtschaftlich extrem zurückgeblieben war (Heyde 2006, S. 88). Doch die gravierenden politischen und ökonomischen Unterschiede konnten nach Martin Broszat eben nicht verhindern, dass das polnische National- und Zusammengehörigkeitsgefühl auch ohne Staat überdauerte (Broszat 1972, S. 173). Gerade das wirtschaftlich zurückgebliebene, aber – aus polnischer Sicht – weitgehend autonom verwaltete Galizien bildete in der zweiten Hälfte des 19. Jahrhunderts das Zentrum polnischer nationaler und kultureller Bemühungen, das sowohl auf das preußische wie auch auf das russische Teilungsgebiet ausstrahlte (Broszat 1972, S. 131).

6.5 Darstellung: Deutschland – der Mythos des Reiches

Liberal-nationale Beschwörungen des Reichsgedankens

Erinnerungen an das mittelalterliche Kaisertum zu Beginn des 19. Jahrhunderts

Bereits wenige Jahre nach dem Ende des Heiligen Römischen Reiches Deutscher Nation tauchte in der deutschen Öffentlichkeit eine mythisierende Reichsvorstellung auf, mit der bezeichnenderweise nicht an das 1806 unter breiter Zustimmung beendete Gebilde erinnert wurde, sondern in romantischer Verklärung an das mittelalterliche Kaisertum insbesondere der Staufer. Zwischen 1807 und 1817 erlebte die Kyffhäusersage, nach der der mittelalterliche Kaiser Friedrich Barbarossa im Berg schlafe, aber erwachen werde, sobald Deutschland in Not sei, durch so unterschiedliche Persönlichkeiten wie den politischen Publizisten Joseph Görres, den Schriftsteller Johann Gustav Büsching, die Sprachwissenschaftler Jacob und Wilhelm Grimm sowie den Dichter Friedrich Rückert ihre Wiederbelebung in unterschiedlichsten Formen. Der Historiker Friedrich von Raumer (1781-1873) inspirierte mit seiner „Geschichte der Hohenstaufen", die zwischen 1807 und 1825 entstand, zahlreiche literarische Werke, darunter das Drama „Kaiser Friedrich Barbarossa" (1829), in dem der Autor Christian Dietrich Grabbe (1801-1836) die Hohenzollerndynastie in eine direkte Verbindung zu den mittelalterlichen Staufern rückte.

Legitimierung aktueller politischer Ansprüche

Obwohl dieses mittelalterliche Reich den Anspruch auf eine universale, transpersonale Gewalt, losgelöst von einem bestimmten Land und seiner Bevölkerung, verkörpert hatte, bestand seine Mythisierung im 19. Jahrhundert maßgeblich aus der eigentümlichen Vermischung von universalen und nationalen, zentralistischen und föderalen, staatlichen und überstaatlichen Elementen. Überdies diente der Rekurs auf das mittelalterliche Reich der Beglaubigung jener gegenüber den westlichen Mächten Großbritannien und Frankreich schon zu Beginn des 19. Jahrhunderts behaupteten deutschen „Sonderentwicklung", die die Absetzung von der Französischen Revolution ermöglichte, den Widerstand gegen Napoleon stärkte und nach dem Sieg über die französischen Besatzer liberale und vor allem nationale Ideen in immer weiteren Kreisen der Bevölkerung verbreitete. Gleichzeitig erlaubte die historische Orientierung am mittelalterlichen Reich und seinen Kaisern durch eine Glorifizierung der deutschen Ostsiedlung die Legitimation deutscher Hegemonialbestrebungen über das östliche Mitteleuropa, die spätestens um die Mitte des 19. Jahrhunderts in verschiedenen Varianten auch mehrheitsfähig wurden. Schließlich ermöglichte der Bezug zum Heiligen Römischen Reich, die Rolle Deutschlands als Bollwerk gegen russische Despotie und osmanisches Heidentum herauszustellen sowie seine Funktion als Schutzschirm gegen französische Hegemonialbestrebungen zu betonen. So flossen raumpolitische und volkstumsideologische Aspekte in der Beschwörung der Reichstradition, die den Ruf nach einem geeinten Nationalstaat plausibel erscheinen ließ, ineinander. Im Vormärz wurde dann der Ruf nach einem geeinten Deutschland, dem eine freiheitliche Verfassung zugrunde lag, ganz offen in der Reichsmetaphorik, unter anderem durch die politischen Dichter August Heinrich Hoffmann von Fallersleben und Ernst Moritz Arndt, erhoben.

Die Anschauung, dass das mittelalterliche Reich den Deutschen ihre spezifische historische Rolle, die nun in einem geeinten und freien Nationalstaat zu realisieren sei, zugewiesen habe, war mittlerweile weitverbreitet. Im gesamten 19. Jahrhundert offerierte die Erinnerung an die als glorreich interpretierten Zeiten der Stauferherrscher nach Niederlagen Trost gegen die Bedrückung, während sie in triumphalen Phasen die Legitimation von Expansion und Imperialismus und letztlich sogar die Begründung für deutsche Weltherrschaftsträume lieferte.

Vom Mythos zur Ideologie des Reiches

Legitimation der preußisch-deutschen Reichsgründung

Obwohl die universale Reichsbildung des Mittelalters nur schwer mit der kleindeutschen Nationalstaatsgründung von 1871 in Einklang zu bringen war, bot der durch Romantik und Vormärz im Rekurs auf das mittelalterliche Stauferreich kreierte Reichsmythos hinreichend Anknüpfungspunkte, die zur Legitimation der preußisch-deutschen Reichsgründung herangezo-

Dynastische Legitimationsformel: Parallelen zwischen Staufern und Hohenzollern

gen wurden. Es waren zunächst weniger die politischen Eliten des Kaiserreichs, die sich auf das mittelalterliche Reich beriefen, als vielmehr bürgerliche Kräfte, die den Nationalstaat bereits in der ersten Jahrhunderthälfte herbeigesehnt hatten und nun auch bereit waren, ihn in der obrigkeitsstaatlichen Variante mit den Hohenzollern als kaiserlicher Dynastie zu akzeptieren. So scheute sich der Jurist und Schriftsteller Felix Dahn (1834-1912) noch im Jahre der Reichsgründung nicht, Kaiser Wilhelm I. mit Friedrich Barbarossa gleichzusetzen. Er griff damit eine populäre Deutungslinie in der Gründungszeit des Deutschen Reiches auf, als viele Städte, auch im Süden, die heimkehrenden Soldaten mit Festakten und Panoramen staufischer Geschichte nach Vorlagen von Volksschriftstellern wie Feodor von Wehl und Otto Devrient empfingen.

Nachdem der 1879 geschlossene, aber erst einige Jahre später öffentlich gemachte Zweibund des Deutschen Reiches mit Österreich eine realpolitische Situation aufleben ließ, in der der Reichsmythos auch offiziell nutzbar gemacht werden konnte, entstand in der Spur der von Grabbe und Dahn gezogenen direkten Parallele zwischen Staufern und Hohenzollern respektive Barbarossa und Wilhelm I. durch den Deutschen Kriegerbund die Idee, dem ersten Deutschen Kaiser auf dem Kyffhäuser ein Denkmal zu setzen, dem Wilhelm II. 1888 zustimmte. Das Denkmal ist ein Paradebeispiel für die Strategie der wilhelminischen Eliten, den aus bürgerlichen Kreisen initiierten Denkmalbau mit dem dynastisch-monarchischen Hohenzollernkult zu verbinden, indem die liberal-national ausgerichtete Sinnstiftung der nacherzählten Kyffhäusersage in eine dynastische Legitimationsformel umgedeutet wurde. Der Ort dazu war denkbar gut gewählt: Es handelte sich beim Kyffhäuser nicht nur um den nach der Sage Barbarossa beherbergenden thüringischen Berg, sondern dieser wurde darüber hinaus durch die Ruine einer Stauferburg gekrönt, in die nun das die Statuen von Barbarossa und Wilhelm I. enthaltene Denkmal integriert wurde. Auch der Einweihungstag des Denkmals wurde geschickt ausgesucht, denn er kombinierte die Jubiläen der preußischen Siege bei Fehrbellin (1675 gegen die Schweden) und Waterloo (1815 in Allianz mit Großbritannien gegen das napoleonische Frankreich) mit Barbarossas Kaiserkrönung (1155) und begründete auf diese Weise „Preußens deutsche Mission".

Der Versuch, durch eine Verbindung mythisierter Persönlichkeiten und Ereignisse der preußischen Geschichte mit Elementen des Reichsmythos die historische Entwicklung Preußens zur Substanz aller erzählwürdigen deutschen Geschichte zu stilisieren, zeigte sich auch in der 1897 zur Feier des 100. Geburtstags Wilhelms I. durch Fritz Schaper und Anton von Werner gestalteten Festarchitektur in Berlin. Diese setzte ebenfalls Wilhelm I. und Friedrich Barbarossa in Bezug, zentralisierte aber – quasi als Bindeglied – die Mutter Wilhelms I., die in der Erinnerung an die Napoleonischen Kriege heroisierte Königin Luise von Preußen. So wurde versucht, die mythische Potenz der in weiten Teilen der Bevölkerung hochverehrten Königin Luise auf das Deutsche Reich zu übertragen. Der in ihr personifizierte Mythos Preußens sollte so in den Reichsmythos integriert werden, und in dieser Verbindung aus der Romantik stammender Vorstellungen vom Mittelalter mit den staatspolitischen Interessen der Gegenwart wurde der legitimierende Mythos vom Reich zu einem grundlegenden Bestandteil der durch die Eliten des Kaiserreichs propagierten Sonderwegsideologie, mit der das Reich von 1871 zum Höhepunkt deutscher Geschichte gekürt wurde.

Einbindung des preußischen Luisenkults

Konkret diente der Reichsmythos den Eliten des Kaiserreichs für drei politische Zielsetzungen: Er veranschaulichte erstens historisch die Berechtigung der Abgrenzung gegen Frankreich und untermauerte damit den in der Sonderwegsideologie propagierten Gegensatz von parlamentarischer Fortschrittsidee (in Frankreich) und organischem Entwicklungsgedanken (in Deutschland). Er lieferte zweitens die historische Rechtfertigung des preußisch-deutschen Sendungsbewusstseins mit Blick auf Ostmitteleuropa und damit auch der Germanisierungsmaßnahmen im preußischen Teilungsgebiet in Polen. Und drittens legitimierte er die preußische Führungsrolle im Deutschen Reich einschließlich der Hohenzollern als kaiserliche Dynastie. Damit wurde der Reichsmythos unter Peripherisierung des noch in der ersten Hälfte des 19. Jahrhunderts

Zielsetzung des Reichsmythos

dominierenden Potenzials volkstümlicher Nationsbildung zu einem Bestandteil kaiserlich-deutscher Herrschaftsideologie.

Großdeutsche Aspirationen

Die Völkische Variante des Reichsmythos

In den 1890er Jahren griff die mittlerweile erstarkte völkische Opposition, der das Deutsche Reich nur als unbefriedigender Übergang zu einem wahrhaften Nationalstaat vom Elsass bis ins Baltikum erschien, die von den Eliten des Kaiserreichs in den Hintergrund gedrängte popularisierende Variante des Reichsmythos wieder auf, um volkstumsideologisch deutsche Expansion in den Osten und Südosten Europas zu propagieren und letztlich sogar deutsche Weltherrschaftsträume zu bedienen. Es wurden – beispielsweise vom Alldeutschen Verband – aggressiv-imperialistische Szenarien entworfen, die literarische Ergüsse von dystopisch anmutenden Zukunftsvisionen wie Hans Ludwig Roseggers „Der Golfstrom“ (1913) über expansionistische Träume vom deutsch-germanischen Großreich beispielsweise in Richard von Kraliks „Buch von unserem Kaiser Karl“ (1918) bis hin zu offen rassistischen Texten wie Guido von Lists „Die Armanenschaft der Ario-Germanen“ (1908) motivierten. Daneben gab es auch Reichsentwürfe großdeutscher Prägung, vor allem aus dem deutschen Katholizismus, dessen Position unter anderem der Historiker Martin Spahn vertrat, der 1914 die deutsch-österreichische Allianz im Ersten Weltkrieg als Beginn eines „mitteleuropäischen Reiches germanischer Nation“ pries. Diese – teils belletristisch verpackten, teils pseudowissenschaftlich unterlegten – Thesen erfreuten sich großer Popularität, und so dauerte es auch nicht lange, bis der dem Kaiserreich von völkischer Seite noch zugebilligte Status einer Zwischenstation auf dem Wege zur nationalstaatlichen Vollkommenheit auch in der Zählung Berücksichtigung fand und der dem kleindeutschen Nationalstaat entgegengehaltene Entwurf die entsprechende Ordnungszahl erhielt: 1923 erschien Arthur Moeller van den Brucks jungkonservative Schrift „Das dritte Reich“.

Der Bismarckkult

Erstaunlich war es, dass Teile der völkischen Bewegung schon kurz nach Bismarcks Abgang den ehemaligen Reichskanzler zu ihrer Kultfigur erhoben, war es doch vor allem Bismarck gewesen, gegen dessen selbstzufriedene Politik sich auch auf der rechten Seite des politischen Spektrums eine energische Opposition gebildet hatte. Zwar war Bismarck schon vor seinem Tode als Figur bereits Bestandteil des die Reichseinigung verherrlichenden Bildprogramms und das Image des Reichsgründers hatte sich in der zweiten Hälfte der 1880er Jahre immer stärker von Wilhelm I. auf den Reichskanzler verlagert, doch er hatte den völkischen Forderungen aus dem ehemals so liberal gesonnenen Bürgertum auch gegen Ende seiner Amtszeit skeptisch gegenübergestanden. 1895 wurde öffentlich bei einem Festkommers auf dem Kyffhäuser aus Anlass von Bismarcks 80. Geburtstag der Barbarossa-Rekurs auf den ehemaligen Reichskanzler gerichtet, und nach seinem Tode nahm die Bismarck-Verehrung dann bisweilen gar bizarre Züge an, wie die Übertragung des Erwachungs- und Rettungsmotivs von Barbarossa auf Bismarck in Paul Dörrs lyrischer Anrufung „Er lebt" (1908) in der Zeitschrift „Der Türmer" belegt. Im Todesjahr Bismarcks (1898) schlug die Deutsche Studentenschaft vor, Deutschland mit einem Netz von Bismarcktürmen und -säulen zu überziehen, sodass bis zum Beginn des Ersten Weltkriegs tatsächlich ca. 500 Denkmäler für den Reichskanzler errichtet wurden, darunter Hugo Lederers Hamburger Statue (1906), die Bismarck als hünenhaften Ritter Roland aus der mittelalterlichen Sage mit Rüstung, Umhang und Schwert in der Tradition der vor allem in Norddeutschland die städtische Eigenständigkeit symbolisierenden Statuen zeigt.

Ermuntert durch geschichtswissenschaftliche Interpretationen wie Heinrich von Sybels „Die Begründung des Deutschen Reiches durch Wilhelm I." (1889-1894), die trotz ihres Titels Bismarck zentralisierte und das bürgerliche Geschichtsbewusstsein stark beeinflusste, wurde das national gesonnene Bürgertum neben der akademischen Jugend zur Trägerschicht des Bismarckkultes. Der Unmut radikaler Nationalisten und Imperialisten über Bismarcks europafixierte Bündnispolitik und seine Zurückhaltung gegenüber der kolonialen Expansion war vergessen. Bismarck wurde um die Jahrhundertwende im kollektiven Gedächtnis der Deutschen zur populärsten Leitfigur, an deren Grab der Alldeutsche Verband jährlich einen Kranz niederlegte.

Im Ersten Weltkrieg wurde der in die völkische Variante des Reichsmythos integrierte Bismarckkult zur nützlichen Ressource der mentalen Mobilisierung der Bevölkerung: Es wurde an 1870/1871 erinnert, um im erneuten Kampf gegen den „Erbfeind" Frankreich Bismarcks Werk zu bewahren. Sein 100. Geburtstag am 1. April 1915 wurde in pompösem Ausmaß begangen und dazu genutzt, ihn zum Schutzpatron der deutschen Truppen zu erheben. Der Altphilologe Ulrich von Wilamowitz-Moellendorff interpretierte gar den Kanonendonner an den Fronten als feierlichen Salut für den toten Reichskanzler.

Führerkult

Nach dem Ersten Weltkrieg bot diese heroische Bismarck-Stilisierung einen Kristallisationspunkt der Sehnsucht nach einem starken Führer, der die nationale Ehre wiederherstellen und ein neues, ein drittes Reich errichten werde. In Anknüpfung an die völkische Instrumentalisierung Bismarcks wurde die Beschwörung des Reichskanzlers und die am neuen Heros Hindenburg vollzogene Reproduktion des Mythos zu einem wirksamen Propagandamittel der politischen Rechten gegen die Weimarer Republik.

6.6 Erörterung wissenschaftlicher Kontroversen: Deutschland im 19. Jahrhundert – eine verspätete Nation?

Höhepunkte des deutschen Nationalbewusstseins im 19. Jahrhundert

Nach Auffassung Wolfram Siemanns waren es maßgeblich vier Konstellationen, die zwischen der Aufhebung des alten und der Gründung des neuen Reiches in Deutschland weitreichende Wirkungen über den im 18. Jahrhundert im ganz überwiegenden Teil der Bevölkerung noch dominanten lokalen, maximal regionalen Horizont hinaus entfalteten: die durch die napoleonische Hegemonie ausgelöste liberal-nationale Bewegung zwischen 1806 und 1819, die Auswirkungen der französischen Julirevolution in Deutschland maßgeblich zwischen 1830 und 1834, die in den deutschen Einzelstaaten wie auch im Deutschen Bund 1848/1849 ablaufenden Revolutionen sowie schließlich die in den 1860er Jahren reaktivierten nationalen Aufwallungen im Umfeld der Kriege gegen Dänemark, Österreich und Frankreich, denen Ende der 1850er Jahre ein Präludium aufgrund des österreichisch-französisch-italienischen Konflikts vorausgegangen war und als deren Resultat propagandistisch die Reichsgründung ausgewiesen wurde (Siemann 1995, S. 301). Alle genannten Wirkungszusammenhänge bildeten jeweils Kulminationsphasen eines entstehenden und sich verändernden Nationalbewusstseins in weiten Teilen der deutschen Bevölkerung, sie waren allerdings niemals auf den Deutschen Bund begrenzt, sondern standen in Interdependenz mit europäischen Vorgängen, die das Mächtesystem auf dem Kontinent und weltweit beeinflussten.

Bewertungen der Revolution(en) von 1848

Hagen Schulze weist darauf hin, dass der 1848 vonseiten des liberalen Bürgertums angestrebte deutsche Nationalstaat gegen die europäischen Großmächte und ihr System der Machtbalance nicht realisiert werden konnte (Schulze 1996, S. 108). Inwiefern die Revolution von 1848 allerdings als gescheitert bezeichnet werden kann, ist in der Forschung mit gutem Recht umstritten (Schulze 1996, S. 109). Immerhin erwies sich der auf den Verfassungsstaat bezogene Nationalismus auch über 1848 hinweg als tragfähige Perspektive (Siemann 1995, S. 382), wenngleich das Deutsche Reich von 1871 eine höchst unvollkommene Realisierung des erträumten Nationalstaats darstellte.

Scheitern des Nationalstaats 1848

Gescheitert war der 1848 zunächst ins Auge gefasste großdeutsche Nationalstaat auf der Basis von Volkssouveränität, Grundrechten und Gewaltenteilung allerdings auch aufgrund einer zunehmenden Zersplitterung der revolutionären Kräfte. Dem liberal-nationalen, bürgerlichen Segment, dem auch die meisten Wortführer und Abgeordneten entstammten, reichte ein konstitutionelles, marktwirtschaftliches Arrangement auf nationaler Ebene, eine soziale Revolution der Umverteilung, wie sie partiell aus den zunehmenden unterbürgerlichen Schichten gefordert wurde, war nicht im Sinne des tonangebenden Bürgertums, das sich, als ein entsprechender Umschlag befürchtet wurde, mit den erstarkenden Kräften der Gegenrevolution in Wien und Berlin verständigte, um die erreichten Erfolge zu sichern (Schulze 1996, S. 108-109).

Utopie vom „Völkerfrühling“

Der Prozess der fortschreitenden Nationalisierung war also wesentlich komplexer, als eine oberflächliche Betrachtung der 1848 erstmals alle Schichten ergreifenden Bereitschaft zur politischen Interessenwahrnehmung im nationalen Rahmen vermuten lässt (Siemann 1995, S. 381). Neben die sozialspezifische Differenzierung trat die im Bewusstsein revolutionärer Vorgänge in vielen Teilen Europas formulierte Utopie vom „Völkerfrühling“, der freilich die Zielsetzung der Staatsnation widersprach, als zu ihrer Fundamentierung alte Feindbilder reaktiviert und neue Stereotype kreiert wurden (Siemann 1995, S. 381-382), in Deutschland maßgeblich gegen Dänen, Franzosen und Polen.

Integraler Nationalismus

In der zweiten Hälfte des 19. Jahrhunderts durchdrang dann dieser integrale Nationalismus zunehmend die Staatsbildungsprozesse – durchaus nicht nur in Deutschland, sondern auch in Italien und bei diversen Völkern des mittel-, ost- und südosteuropäischen Raumes (Siemann 1995, S. 383). Entscheidungen über territoriale Zugehörigkeiten und Grenzziehungen, die mit der Nationalstaatsbildung in Europa unvermeidbar verbunden waren, verliehen dem modernen Nationalismus eine destruktive und kriegsfördernde Note.

Historisch-politische Mythen

Eine derartige Entwicklung war durchaus nicht nur im Deutschen Bund zu beobachten, sondern in vielen Ländern Europas. Dennoch verursachte das politische Scheitern der Deutschen Revolution von 1848 gerade aufgrund des Fortlebens der liberal-nationalen Ideale in großen Teilen der vormals so stark politisierten deutschen Bevölkerung Gefühle der Entwurzelung und des Werteverlusts, der Orientierungs- und Identitätslosigkeit, auf die zunehmend mit historisch-politischen Mythen und anderen Sinngebungsangeboten reagiert wurde (Schulze 1996, S. 114). Diese Situation konnte erst mit der durch die preußische Führung und die deutschen Fürsten herbeigeführten Einigung im Deutschen Reich geändert werden, das auch heutigen Verfechtern der Sonderwegstheorie als unzureichender Nationalstaat, als Störfaktor des europäischen Gleichgewichts, als widersprüchliches Gebilde, kurzum: als

Kein deutscher Sonderweg

Abweichung von der in westeuropäischen Ländern beobachtbaren Entwicklung erscheint (Epkenhans 2011, S. 56). Diese These vernachlässigt die vielen Parallelen zu den teilweise vorausgegangenen, teilweise zeitgleich ablaufenden Entwicklungen in anderen europäischen Ländern ebenso, wie sie die ebenfalls vorhandenen Unterschiede der historischen Vorgänge auch zwischen diesen anderen Ländern ignoriert und insbesondere den hohen Verflechtungsgrad der deutschen Geschichte mit den historischen Verläufen in Europa wie auch in einzelnen europäischen Ländern im 19. Jahrhundert ausblendet (Siemann 1995, S. 301).

Reichsnationalismus

In der nach der deutschen Nationalstaatsgründung propagierten Auffassung einer spezifisch deutschen Genese des Reiches erschien die Reichsgründung als Kulminationspunkt deutscher Geschichte, durch den ein alle (sozialen wie ideologischen) Gegensätze überformender gemeinsamer reichsdeutscher Nationalismus begründet wurde, der weit bis in die unterbürgerlichen Schichten ausstrahlte (Schulze 1996, S. 145). Die Überhöhung der Reichsgründung als Ziel und Zweck deutscher Geschichte eliminierte indes die Utopie zweier Generationen nationalbewegter Deutscher und damit die in der Zukunft zu realisierende einigende Idee.

Massennationalismus

Was dann als fünfte Konstellation in der von Wolfram Siemann genannten Reihung folgte, war der im Vorfeld des Ersten Weltkriegs systematisch aufgerufene, fast schon neurotische Massennationalismus, der angesichts immer wieder beschworener Einkreisungsszenarien, denen militärische Planungen wie der (im Ersten Weltkrieg dann grandios gescheiterte) Schlieffen-Plan (1905) als Zweifrontenstrategien Rechnung tragen sollten, trotzige Selbstbehauptungsstimmungen forcierte (Schulze 1996, S. 154). Hagen Schulze erklärt die weit in die Sozialdemokratie hineinreichende Einigkeit der deutschen Bevölkerung im „Geist von 1914“ und die entsprechende Euphorie zu Beginn des Ersten Weltkrieges sozialpsychologisch eben gerade mit dem Verlust innerer Einheit in den vorhergegangenen Jahrzehnten und dem als zunehmend unerträglicher empfundenen, durch Bedrohungsängste noch gesteigerten äußeren Druck (Schulze 1996, S. 155).

Die Problematik der deutschen Geschichte des 19. Jahrhunderts liegt damit sicher nicht in einer verspäteten Nationsbildung, die im Vergleich zu vielen anderen Bevölkerungen in Europa auch nicht zu konstatieren ist. Sie liegt noch nicht einmal in der vergleichsweise späten Nationalstaatsgründung, die 1848 misslang und 1871 auf eine Weise herbeigeführt wurde, die ganz unterschiedlichen Kräften der Gesellschaft politisch, territorial oder auch gesellschaftlich unvollkommen erschien. Es ist dagegen mit Helga Grebing davon auszugehen, dass in der spezifischen deutschen Situation, in der nach Überwindung eines übernationalen Gebildes mit einem für das 19. Jahrhundert antiquierten ideellen Anspruch eine Konföderation aus einer Vielzahl von Staaten entstand, die dann nicht im Zuge des bürgerlichen Emanzipationsprozesses, sondern maßgeblich durch die einzelstaatlichen Eliten und die preußische Hegemonie in einen Nationalstaat überführt wurde, eine Bedingungskonstellation mit besonderen Elementen entstand (Grebing 1986, S. 137), die aber trotzdem immer mit der Situation in anderen Ländern und in Europa insgesamt verflochten blieb (Siemann 1995, S. 301).

7. Nationsbildungen im 19. Jahrhundert: politische Rahmenbedingungen, gesellschaftlich-mentale Prozesse und strukturelle Merkmale

Die drei Beispiele, anhand derer das *Nation Building* des 19. Jahrhunderts als übergreifender Prozess innerhalb Europas sowie weiterer maßgeblich europäisch beeinflusster Gebiete vertiefend erörtert wurde, sind durch große Unterschiede bereits in der Ausgangssituation gegen Ende des 18. und zu Beginn des 19. Jahrhunderts gekennzeichnet. Während sich die späteren USA in einem Emanzipationsprozess aus der kolonialen Abhängigkeit Großbritanniens herauslösten, wurde der polnisch-litauische Staat zur selben Zeit durch gewaltsame Zerstückelung in ein Besatzungsverhältnis zu den benachbarten Großmächten gebracht, das zunächst in allen Teilungsgebieten deutliche koloniale Elemente aufwies, die zumindest in den russisch und preußisch annektierten Teilen im letzten Drittel des 19. Jahrhunderts durch massive Russifizierungs- bzw. Germanisierungsbestrebungen aus polnischer Sicht identitätsbedrohliche Ausmaße annahmen. Anders als in den USA vollzog sich die Nationsbildung in Polen nicht als emanzipatorischer Prozess aus der Tradition der Gründungsnation heraus, sondern als Kampf gegen die Fremdherrschaft der drei Großmächte, die ihre Eroberungen zulasten Polens im Einklang mit dem europäischen Gleichgewichtsgedanken sahen. Die Situation der Besatzung traf auch auf einen Teil der

Emanzipationsprozess in Nordamerika

Teilungssituation und Fremdherrschaft in Polen

Einheitsfrage in Deutschland

deutschen Staaten zu Beginn des 19. Jahrhunderts zu, doch unterschied sich die Ausgangslage erheblich: Ganz anders als im Falle der polnisch-litauischen *Rzeszpospolita* konnte in Deutschland die „staatliche Klammer" des Heiligen Römischen Reiches Deutscher Nation nicht als wiederherzustellendes Ideal propagiert werden, denn diese Konstruktion entsprach in ihrem universalistischen Verständnis nun gar nicht den Vorstellungen eines Nationalstaates, wie sie sich in den deutschen Staaten um die Wende vom 18. zum 19. Jahrhundert herausbildeten. Das deutsche *Nation Building* ist sehr viel deutlicher von den zentrifugalen Kräften der Territorialstaaten zwischen Preußen und Österreich in einer (auch rechtlich-konstitutionellen) Teilung zwischen liberalerem Süden (mit Ausnahme Österreichs) und von der Weiterwirkung ständischer Strukturen geprägtem Norden gekennzeichnet, neben der Freiheit als zentraler Forderung stand gleichberechtigt die Einheit, die es zuvor nie gegeben hatte. Die Situation der deutschen Staaten war in dieser Hinsicht der Lage der nordamerikanischen Kolonien ähnlicher als dem Zustand der polnischen Teilungsgebiete.

Aufstieg des Bürgertums in den deutschen Staaten

Überdies war das *Nation Building* in Deutschland in der ersten Hälfte des 19. Jahrhunderts stärker von der Auseinandersetzung zwischen den ihre Herrschaft aus dem Gottesgnadentum herleitenden Fürsten und dem aufstrebenden Bildungs- und später auch Besitzbürgertum geprägt als dies – trotz aller sozialen Friktionen im US-amerikanischen Staatsgründungsprozess – in den USA der Fall war, wo der Außenaspekt mit dem Widerstand gegen das britische Parlament und schließlich gegen die englische Krone dominierte. In Polen wurde das *Nation Building* maßgeblich durch verbürgerlichte Angehörige der *Szlachta* getragen, die in den Städten die intellektuelle Initiatoren- und Trägerrolle übernahmen. Eine signifikante soziale Ausweitung fand hier erst in der zweiten Hälfte des 19. Jahrhunderts statt.

Unabhängigkeitsaspekt in den nordamerikanischen Kolonien

Elitennationalismus in Polen

Konflikte als Katalysator

Bei allen Unterschieden in dieser frühen Phase des *Nation Building* lassen sich hingegen auch Gemeinsamkeiten feststellen. Für das frühe *Nation Building* gilt in allen drei Fällen, dass Konflikte eine besondere Rolle spielten. Während die

Abkoppelung der nordamerikanischen Kolonien sich zunächst auf dem Wege einer schon früh von den Unter- und Mittelschichten mitgetragenen und von Ausschreitungen begleiteten Auseinandersetzung, die schließlich in den Unabhängigkeitskrieg mündete, vollzog, befruchtete in Deutschland die antifranzösische Stimmung in den Kriegen gegen Napoleon die frühe nationale Euphorie, wobei allerdings rückblickend die „Befreiungskriege" publizistisch und belletristisch mythisierend überhöht wurden. In Polen begann bereits in den 1790er Jahren eine Reihe von Aufständen vornehmlich gegen die russische Teilungsmacht, die 1830/1831, 1846/1848 (im österreichischen und preußischen Teilungsgebiet) und 1863/1864 fortgesetzt wurde. Ganz sicher erwiesen sich gewalttätige Auseinandersetzungen als Katalysatoren nationaler Anliegen, ohne dass sie deren Ursache sein mussten, eher waren sie Mittel zur Erreichung nationaler Ziele (Befreiung von Bevormundung, Fremdherrschaft und Bedrohung), zeigten aber gleichzeitig Verschärfungen grundlegender Konflikte an.

Stereotype und Feindbilder

Mit diesen gewaltsamen Auseinandersetzungen, die die komplementäre Seite zur langsam fortschreitenden Ausweitung der politischen Partizipation darstellten, ging überdies die Bildung von Stereotypen und Feindbildern einher, deren Konstruktion freilich nicht exklusiv an blutige Konflikte gebunden war. Während sich die antibritischen Stereotypen in den USA trotz der Kampfhandlungen in gewissen Grenzen hielten und rassistische Wahrnehmungsmuster weitaus deutlicher in der zweiten Hälfte des 19. Jahrhunderts in den sogenannten Indianerkriegen wirksam wurden, waren Redewendungen wie die „Polnische Wirtschaft" auf deutscher Seite bereits seit dem 18. Jahrhundert bekannt, ohne allerdings bereits das spätere aggressive Gepräge angenommen zu haben. Auch das zu Beginn des 20. Jahrhunderts auf polnischer Seite unter dem Begriff „Deutsche Gefahr" *(Niebezpieczeństwo niemiecki)* beschriebene Bedrohungsgefühl gegenüber den Deutschen war bereits in der ersten Hälfte des 19. Jahrhunderts präsent, und die Vorstellung eines unüberbrückbaren deutsch-polnischen Antagonismus reichte in Polen bereits bis ins 17. Jahrhundert

Übersteigerte Selbstbilder

zurück. Zweifellos konstituierten die Vorstellungen von den Gegnern das Eigenbild, das kontrastiv umso wirkungsvoller entworfen werden konnte, indem negative Eigenschaften mit zunehmender Aggression nach außen geleitet, positive Charakteristika aber in einem Akt der Kohäsion für die eigene Nation in Anspruch genommen wurden. In der zweiten Hälfte des 19. Jahrhunderts verschärften sich diese stereotypen Wahrnehmungen benachbarter Ethnien nicht zuletzt aufgrund blutiger Konfrontation, aber auch durch ideengeschichtliche Entwicklungen, die sozialdarwinistische Wahrnehmungsmuster forcierten und rassistische Bewertungskategorien generierten. Diese Entwicklung wurde im deutsch-polnischen Verhältnis ebenso spürbar, wie sie sich in den USA vornehmlich gegen Menschen mit anderer als weißer Hautfarbe und mit nichtprotestantischer Religions- oder Konfessionszugehörigkeit richtete.

Wendepunkte in der Mitte des 19. Jahrhunderts

Die Kulmination nationaler Anstrengungen um die Jahrhundertmitte, die in den deutschen Staaten sowie im österreichischen und im preußischen Teilungsgebiet Polens von Revolutionen und Aufständen gekennzeichnet war, während in den USA neue Gebietsgewinne im Südwesten eine verstärkte Ideologisierung der Expansion und eine Selbstapotheose forcierten, bedeuteten für die Nationsbildung in vielen Bevölkerungen einen Wendepunkt. Während in Deutschland und Polen die Revolutionen in ihren unmittelbaren politischen Zielsetzungen scheiterten, sodass wichtige Exponenten unter anderem in die USA emigrierten und dort das liberale Gedankengut in die expandierende US-amerikanische Republik, die oftmals von ihnen als Ideal gepriesen wurde, einbrachten, war der Gedanke an die nationale Einheit Polens wie auch der deutschen Staaten nicht mehr zu eliminieren. In den 1860er Jahren ergriffen die nationalen Zielsetzungen – begünstigt durch Basisprozesse der Industrialisierung und der Verstädterung, aber auch durch Aufstiegschancen und flüssigere soziale Strukturen sowie schließlich durch erheblich verbesserte Kommunikationsmöglichkeiten – große Teile der Bevölkerungen in den europäischen Staaten, sie gewannen endgültig eine Massenbasis. Dies gilt durchaus auch für die USA, in denen ein massiver Anstieg patriotischer Bekenntnisse nach dem als (bewäl-

Massennationalismus

tigte) Zerreißprobe interpretierten *Civil War* festgestellt werden kann.

Veränderungen des Nationalismus nach Staatsgründungen in den USA und im Deutschen Reich

Der in allen drei Ländern aus unterschiedlichen Situationen der Nichtstaatlichkeit entstandene zunehmende Nationalismus, durch den in verschiedener Weise der Aufbau gesamtstaatlicher Strukturen verfolgt wurde, wurde in den USA und im Deutschen Reich nach erfolgter Staatsgründung erheblich verändert. In Polen hingegen blieb die Entwicklung bis 1918 durch die Teilungssituation geprägt, in der die staatlichen Strukturen in unterschiedlicher Reichweite durch die benachbarten Großmächte bestimmt und kontrolliert wurden. Lediglich im österreichisch besetzten Galizien entwickelten sich begrenzte Formen administrativer Autonomie, die in sehr eingeschränktem Maße auf schmaler Basis auch einer in den Bildungsinstitutionen repräsentierten Pflege der polnischen Geschichte, Kultur und Sprache zugutekamen. In den preußischen und russischen Teilungsgebieten hingegen verhinderten massive Germanisierungs- und Russifizierungsbestrebungen im letzten Drittel des 19. Jahrhunderts in zunehmend strikterer Weise polnische Einflüsse in der staatlichen Bildungsorganisation. Die umfassenden Maßnahmen zur Tilgung polnischer Identität, die auch auf die Bereiche des öffentlichen Lebens, der Verwaltung und der Justiz ausgedehnt wurden, erreichten allerdings ihr Ziel einer letztlichen Unterdrückung nationaler Bestrebungen nicht, sondern stärkten im Gegenteil den polnischen Nationalismus und entsprechend die Widerstandskraft gegen die Fremdherrschaft.

Loyalitätsstrategien in den USA und im Deutschen Reich

In den USA und Deutschland hingegen entstanden im 18. bzw. 19. Jahrhundert staatliche Gebilde mit föderaler Struktur, die nachdrücklich mit den ihnen zu Gebote stehenden Mitteln in den Bereichen der Sozialisation, des öffentlichen Lebens und auch der Verwaltungs- wie Justizbehörden, im Deutschen Reich auch des Militärs Einfluss auf die nationale Identitätsbildung, die aus Sicht der herrschenden Schichten zwingend die Loyalität zum neuen Nationalstaat umfassen musste, zu gewinnen suchten. Dies geschah durch Assimilationsbestrebungen über Lehrinhalte im Bereich der schulischen Bildung ebenso wie durch die andauernde Präsenz staatlicher Symbole in der öffentlichen Sphäre, also durch Denkmäler, Bauwerke, Rituale und Zeremonien (auch militärischer Art), durch die die jungen Nationalstaaten von Beginn an zur identifikatorischen Bezugsgröße stilisiert wurden. Es vollzog sich in den republikanisch-demokratischen USA inhaltlich freilich auf andere Weise als im konstitutionell-monarchischen Deutschen Reich, das fast ein Jahrhundert später gegründet wurde, Wege, Methoden und Medien der Beeinflussung sind aber durchaus vergleichbar.

Dynamik und Stagnation in den Nationalismen

Der Nationalismus in den USA behielt auch nach der Staatsgründung zwischen 1776 und 1791 durch das von Beginn an glorifizierte *Westward Movement* einen dynamischen Grundzug, da der Westen auch in politischer Hinsicht als Verheißung interpretiert wurde und damit eine zukunftsweisende Zielrichtung erhalten blieb, die in den 1890er Jahren aus dem geografisch-deterministischen Verständnis in einen allgemeinen Machbarkeitsglauben überführt wurde. Die Eliten des deutschen Kaiserreichs betrieben dagegen im letzten Drittel des 19. Jahrhunderts eine rückwärtsgerichtete Nabelschau, mit der die Reichsgründung als Telos der deutschen Geschichte ausgewiesen wurde, eine Interpretation, die auf Dauer nicht zufriedenstellen konnte, weil sie keine Perspektive für die Zukunft enthielt. Entsprechend entwickelte sich im Deutschen Reich eine völkische Gegenbewegung zum propagierten Reichsnationalismus, in der sich höchst unterschiedlich motivierte, an Arndts Idee der Kulturnation einseitig anknüpfende kolonialistische, imperialistische und zunehmend auch rassistische und antisemitische Gruppierungen versammelten. Zwar können hier begrenzte Analogien zu nativistischen Auffassungen in den USA seit der zweiten Hälfte des 19. Jahrhunderts festgestellt werden, aber der US-amerikanische Nativismus erreichte wohl niemals die Breitenwirksamkeit der deutschen „völkischen Opposition“ im ersten Drittel des 20. Jahrhunderts.

Nationale Identität in der Staatsbürgernation

Sowohl für die USA als auch für das Deutsche Reich ist festzustellen, dass über staatliche Zuständigkeitsbereiche nationale Identität auch programmatisch befördert werden sollte, sodass die staatlichen Entscheidungsinstitutionen sich in beiden Fällen zwar nicht als Initiatoren, sehr wohl aber als Motoren einer bestimmten, auf die jeweiligen Nationalstaaten gerichteten Variante nationaler Identität betätigten. Um die Loyalität zum Staat zu erhöhen, wurden Mechanismen wie die Schulpflicht und das (deutlich ausgeweitete) Wahlrecht benutzt, die die Bindung der (nachwachsenden) Bürger an den Staat verstärken sollten. Das diesen staatlichen Integrationsbestrebungen zugrundeliegende Konzept der Staatsbürgernation (im Deutschen Reich wurde die rechtliche Anerkennung als Staatsbürger allerdings weiterhin über die Einzelstaaten geregelt) führte indes in seiner Einseitigkeit zu einer weiteren Diversifikation nationaler und nationalistischer Bestrebungen in beiden Ländern, die in den USA einen gegen Ende des Jahrhunderts anwachsenden Nativismus und im Deutschen Reich völkische Vorstellungen mit einem höchst eingleisigen Verständnis von der deutschen Kulturnation hervorriefen. In Polen blieben die offiziellen Bildungsinstitutionen dem nationalen Gedanken aufgrund der Teilungsverhältnisse weitgehend verschlossen, sodass – noch einmal verstärkt nach dem Januaraufstand – zunehmend Literatur und Kunst die Aufgabe der Vermittlung nationaler Zielsetzungen übernahmen.

Unterschiedliche Identitätsbezüge

Darüber hinaus standen die staatlichen Bestrebungen zur Stiftung einer auf den Nationalstaat ausgerichteten Identität zunächst auch in einem Spannungsverhältnis zu kleinräumigeren Bindungen an den Ort, die Region, den Einzel- oder Territorialstaat. Während in Polen im gesamten 19. Jahrhundert die über die Teilungsgrenzen hinaus wirksame Gemeinschaft der Nation im Vordergrund stand, besaßen sowohl die USA als auch das Deutsche Reich ausgeprägte regionale Traditionen, die in beiden Staaten eine föderale Organisation des Gesamtstaats bewirkten. Ein Teil der aus der Vormoderne überkommenen Territorialstaaten hatte als Einzelstaaten im Deutschen Bund und als Reichsländer im Kaiserreich weiterhin Bestand und konnte (mit allerdings zunehmender Beschränkung) auch bestimmte politische Kompetenzen ausüben.

Regionale Prägungen

In den USA gab es im Staatsgründungsprozess eine grundlegende Debatte über die Kompetenzverteilung zwischen Bundes- und Einzelstaatsebene, die im ursprünglich unabhängigen Agieren der Einzelkolonien unter britischer Herrschaft begründet lag, das ja erst durch die Zusammenarbeit in der Revolution beendet werden konnte. Wie im Deutschen Bund und dann im Deutschen Reich war die Loyalität der Einwohner der kleinräumigeren Gebiete im ausgehenden 18. Jahrhundert und beginnenden 19. Jahrhundert primär auf den Einzelstaat gerichtet, der im Übrigen auch im Alltagsleben präsent und vorstellbar war, während der Nationalstaat lange Zeit zweifelsohne ein Desiderat, aber eben auch ein Abstraktum darstellte. Dies änderte sich allerdings in den ersten Jahrzehnten nach den jeweiligen Staatsgründungen, begünstigt durch rapide verdichtete Kommunikations- und Verkehrsnetze und eine entsprechend höhere Mobilität, wobei Bedrohungen und Kriege Verstärkereffekte ausstrahlten. Für die USA kann nach dem britisch-amerikanischen Krieg von 1812 ein Nationalgefühl konstatiert werden, das sich primär am bestehenden Gesamtstaat orientierte. Im deutschen Falle ist eine ähnlich ausgeprägte Zugehörigkeitsempfindung wohl erst im unmittelbaren Vorfeld des Ersten Weltkrieges angesichts der Vorauswirkung dieser massiven Auseinandersetzung, freilich auch propagandistisch eingefordert, festzustellen. In beiden Fällen jedoch wurden regionale und lokale Identitäten durch diese Entwicklungen nicht getilgt, sondern erwiesen sich im Rahmen multipler Bezugsgrößen als durchaus kompatibel. Auch für das polnische Beispiel, bei dem die die Teilungsgebiete übergreifende nationale Identität im 19. Jahrhundert dominierte, gilt, dass regionale Zugehörigkeitsempfindungen weiterhin wirksam blieben.

Denkmalbau

Beispielhaft zeigt sich die Komplementarität regionaler und nationaler Identitäten im deutschen Denkmalbau des 19. Jahrhunderts, der – insbesondere nach der Reichsgründung – oft aus regionalen, partiell sogar aus lokalen Zusammenhängen durch Provinziallandtage, Stadträte oder Honoratiorenvereine angeregt und durch Reichsinstitutionen wie den Kaiser und bisweilen sogar den Reichstag oder auch durch Fürsten anderer Einzelstaaten im Reichsinteresse aufgegriffen und gefördert wurde. Dies gilt ebenso für das bereits in den 1830er Jahren begonnene und erst nach der Reichsgründung vollendete Hermannsdenkmal, dessen Baugeschichte überdies den

Wandel vom bürgerlich-nationalen Emanzipationsstreben hin zum Reichsnationalismus wilhelminischer Eliten spiegelte, wie auch für diverse Kaiser-Wilhelm-Denkmäler, so z. B. an der Porta Westfalica oder am Deutschen Eck in Koblenz. In den USA wie auch in Polen sind hingegen die großen und bekannten Denkmäler eher aus rein nationalem Interesse errichtet worden, wie z. B. die *Memorials* an der *National Mall* in Washington, D.C., aber auch die erheblich selteneren polnischen Monumente, z. B. zur Erinnerung an die Schlacht bei Grunwald, zeigen.

Denkmäler gehörten im 19. Jahrhundert zu den wichtigsten Medien der Verbreitung nationaler Zielsetzungen, die allerdings im Verlauf ihrer Rezeptionsgeschichte durch unterschiedlichste Sinnzuweisungen ergänzt, verändert oder konterkariert werden konnten. Zwar ist weder in den USA noch in Polen ein derartiger Denkmalboom zu konstatieren, wie er sich in den deutschen Ländern im 19. Jahrhundert, insbesondere nach der Reichsgründung, feststellen lässt, doch dienten Denkmäler in allen drei Ländern in ganz besonderem Maße der Vermittlung nationaler Anliegen unter Glorifizierung der eigenen Geschichte, sichtbar und verständlich auch für jene Teile der Bevölkerungen, die die Inschriften nicht lesen konnten.

Zeitungs- und Zeitschriftenwesen

Für den stetig wachsenden alphabetisierten Teil der Bevölkerung wurde der sich verdichtende Informationsfluss durch einen Gründungsboom im Zeitungs- und Zeitschriftenwesen zu einem immer bedeutenderen Antrieb zur Politisierung auch und besonders mit Blick auf liberale und nationale Zielsetzungen. Die Printmedien waren zwar nicht ausschließlich, aber doch zu einem größeren Teil Sprachrohre politischer Richtungen, die sich in Vereinen und dann auch immer deutlicher in Parteien zu organisieren begannen und Foren des Austausches zunächst für die bürgerliche Öffentlichkeit und schließlich für die gesamte Gesellschaft bereitstellten. In den USA zeigten sich Konturen des später die US-amerikanische Politik prägenden Zweiparteiensystems bereits in der *Confederation Period* der 1780er Jahre in den Auseinandersetzungen um die zukünftige Verfassung der USA. In Deutschland und Polen entwickelten sich zwar im Kontext der Revolutionen von 1848 deutliche Differenzierungen innerhalb des nationalpolitischen Spektrums, die aber erst ab den 1860er Jahren die organisatorischen Strukturen von langlebigen Parteien anzunehmen begannen. Der in Polen bis ins 19. Jahrhundert wirksame Konflikt zwischen den Adelsparteien der „Patrioten" und der „Familia" hatte hingegen spätestens nach dem gescheiterten Novemberaufstand 1830/1831 keinen Einfluss mehr.

Jubiläen und Gedenktage

Massenmobilisierungen gelangen den Nationalbewegungen in verschiedenen Ländern i. d. R. recht gut zu Jubiläen und Gedenktagen, so in Polen am Verfassungstag des 3. Mai und in Deutschland am Sedanstag. Überdies spielten im kulturellen Gedächtnis vieler Polen die Jubiläen von Grunwald (1410) und Wien (1683) eine spezifische Rolle, während im Deutschen Reich die Jahresfeiern zur Völkerschlacht bei Leipzig (1813) besondere Bedeutung gewannen. Im Deutschen Reich konnten auch durch Denkmaleinweihungen wie die Feiern am Hermannsdenkmal (1875), auf dem Kyffhäuser (1796) und am Leipziger Völkerschlachtdenkmal (1913), die sämtlich in Anwesenheit des jeweils regierenden Kaisers stattfanden, große Menschenmengen maßgeblich aus dem bürgerlichen Segment der Gesellschaft mobilisiert werden. In den USA entstanden die wesentlichen politischen Erinnerungsanlässe, die mit Feiertagen wie dem Unabhängigkeitstag am 4. Juli bedacht wurden, erst im Prozess der Staatsgründung, erreichten im 19. Jahrhundert aber eine fast noch durchgreifendere Wirkung als vergleichbare Jubiläen in europäischen Ländern. Wesentliche Intention der in europäischen Ländern wie auch den USA nach Gründung der Nationalstaaten geradezu systematisch durch Feier- und Gedenktage, Denkmalerrichtungen, Jubiläen und Zeremonien betriebenen Memorial- und Erinnerungskultur war die Nationalisierung der Bevölkerungen, deren jeweilige Loyalitäten den neuen Staatswesen gesichert werden sollten. Wo ein solcher neuer Nationalstaat noch nicht entstanden war, wie in Polen, diente die Erinnerungskultur, soweit sie politisch möglich war, der Rückbesinnung auf eine glorreiche Vergangenheit zum Zwecke des Widerstandes und der Resistenz gegen kulturelle Assimilationsbestrebungen der Teilungsmächte.

Memorial- und Erinnerungskultur

Die Nationsbildung im 19. Jahrhundert weist eine Reihe von zeitlich in verschiedenen europäischen und europäisch beeinflussten Staaten divergierenden Gemeinsamkeiten auf, die allerdings aufgrund unterschiedlicher Ausgangssituationen und entsprechend differenter Zielsetzungen von Bevölkerung zu Bevölkerung und später von Staat zu Staat jeweils eigene Realisierungen erfuhren. Oftmals erwiesen sich Krisen und Konflikte, Abhängigkeits-, Besatzungs- und Unterdrückungssituationen als Auslöser für Kriege, Revolutionen und Aufstände, die Katalysatoren einer beginnenden Nationalisierung zunächst einzelner, nach Emanzipation drängender Bevölkerungssegmente bildeten, bevor durchgreifende ökonomische und soziale Transformationen im Zuge der Industrialisierung, der sich verdichtenden Kommunikationsstrukturen und der steigenden Mobilität die Nationalisierung auch unterbürgerlicher Schichten begünstigten. Insbesondere nach Gründung von Nationalstaaten sollte eine staatlich reglementierte Erinnerungskultur und Geschichtspropaganda die nationale Loyalität der Staatsbürger sichern, der Nationalismus wurde zunehmend von einer progressiven politischen Idee zu einer reaktionären Ideologie. Lediglich in weiterhin fremdbeherrschten Staaten wie beispielsweise Polen behielt er seinen emanzipatorischen Anspruch, wurde aber auch dort in der zweiten Hälfte des 19. Jahrhunderts zunehmend von konservativen Kräften okkupiert, die die nationale Souveränität anstrebten, eine soziale Neuordnung hingegen ablehnten. Die Koppelung des frühen Nationalismus mit einer modernen Freiheitsvorstellung in der ersten Hälfte des 19. Jahrhunderts (und in den USA sogar noch früher) wurde spätestens in der zweiten Hälfte des 19. Jahrhunderts unumkehrbar aufgebrochen, indem zunehmend biologistische Überzeugungen und rassistische Anschauungen mit nationalen Selbstüberhöhungen gekoppelt wurden. Zwar hatten bereits frühe nationale Bestrebungen neben ihrem partizipatorischen Impetus auch eine aggressive Seite, doch um die Jahrhundertmitte verschoben sich die Gewichte, bis der Nationalismus schließlich zur Domäne extremer politischer Positionen am rechten Rand des politischen Spektrums wurde.

Literaturverzeichnis

Allgemein

Anderson, Benedict (1991): Imagined Communities. Reflections on the Origin and Spread of Nationalism. Revised edition, London.

Czáky, Moritz (2002): Gedächtnis, Erinnerung und die Konstruktion von Identität. Das Beispiel Zentraleuropas. In: Catherine Bosshart-Pfluger/Joseph Jung/ Franziska Metzger (Hrsg.): Nation und Nationalismus in Europa. Kulturelle Konstruktion von Identitäten. Frauenfeld, S. 25-49.

Gall, Lothar (1995): Die Nationalisierung Europas seit der Französischen Revolution. In: Winfried Feldenkirchen/Frauke Schönert-Röhlk/Günther Schulz (Hrsg.): Wirtschaft – Gesellschaft – Unternehmen. Festschrift für Hans Pohl. 2 Bände, Stuttgart, S. 568-579.

Germer, Stefan (1998): Retrovision: Die rückblickende Erfindung der Nationen durch die Kunst. In: Monika Flacke (Hrsg.): Mythen der Nationen. Ein europäisches Panorama. München/Berlin, S. 17-52.

Hirschhausen, Ulrike von/Leonhard, Jörn (2001): Europäische Nationalismen im West-Ost-Vergleich: Von der Typologie zur Differenzbestimmung. In: Ulrike von Hirschhausen/Jörn Leonard (Hrsg.): Nationalismen in Europa. West- und Osteuropa im Vergleich. Göttingen, S. 11-45.

Hobsbawm, Eric (1998): Das Erfinden von Traditionen. In: Christoph Conrad/Martina Kessel (Hrsg.): Kultur & Geschichte. Neue Einblicke in eine alte Beziehung. Stuttgart, S. 97-118.

Koselleck, Reinhart (1972): Einleitung. In: Otto Brunner/Werner Conze/Reinhart Koselleck (Hrsg.): Geschichtliche Grundbegriffe. Historisches Lexikon zur politisch-sozialen Sprache in Deutschland. Bd. 1, Stuttgart, S. XIII-XXIII.

Koselleck, Reinhart (1992): Vergangene Zukunft. Zur Semantik historischer Zeiten. 3. Aufl., Frankfurt/M.

Kotte, Eugen (2007): „In Räume geschriebene Zeiten". Nationale Europabilder im Geschichtsunterricht der Sekundarstufe II. Idstein.

Langewiesche, Dieter (1994): Nationalismus im 19. und 20. Jahrhundert. Zwischen Partizipation und Aggression. Bonn.

Langewiesche, Dieter (2000): Nation, Nationalismus, Nationalstaat in Deutschland und Europa. München.

Lepsius, M. Rainer (1990): Interessen, Ideen und Institutionen. Opladen.

Loth, Wilfried (2002): Die Mehrschichtigkeit der Identitätsbildung in Europa. Nationale, regionale und europäische Identität im Wandel. In: Ralf Elm (Hrsg.):

Europäische Identität. Paradigmen und Methodenfragen. Baden-Baden, S. 93-109.

Medick, Hans (1984): „Missionare im Ruderboot"? Ethnologische Erkenntnisweisen als Herausforderung an die Sozialgeschichte. In: Geschichte und Gesellschaft 10, S. 295-319.

Mickel, Wolfgang (1993): Lernfeld Europa. Didaktische Grundlagen einer europäischen Erziehung. 2. Aufl., Opladen.

Renan, Ernest (1882): Was ist eine Nation? In: Ernest Renan: Was ist eine Nation? Und andere Schriften. Mit einem einleitenden Essay von Walther Euchner und einem Nachwort von Silvio Lanoro. Wien/Bozen 1995, S. 41-58.

Schulze, Hagen (1994): Staat und Nation in der europäischen Geschichte. München.

Weichlein, Siegfried (2006): Nationalbewegungen und Nationalismus in Europa. Darmstadt.

Winkler, Heinrich August (1978): Der Nationalismus und seine Funktionen. In: Heinrich August Winkler (Hrsg.): Nationalismus. Königstein, S. 5-46.

Zernack, Klaus (1998): Nationale Identität und europäisches Bewusstsein in Osteuropa. In: Horst Gies (Hrsg.): Nation und Europa in der historisch-politischen Bildung. Schwalbach/Ts., S. 101-112.

Deutschland

Althammer, Beate (2009): Das Bismarckreich 1871-1890. Paderborn.

Angermeier, Heinz (1991): Das alte Reich in der deutschen Geschichte. Studien über Kontinuitäten und Zäsuren. München.

Blackbourn, David/Eley, Geoff (1980): Mythen deutscher Geschichtsschreibung. Die gescheiterte bürgerliche Revolution von 1848. Frankfurt/M./Berlin/Wien.

Botzenhart, Manfred (1985): Reform, Restauration, Krise. Deutschland 1789-1847. Frankfurt/M.

Bracher, Karl Dietrich (1982): Referat. In: Deutscher Sonderweg – Mythos oder Realität? München/Wien, S. 46-53.

Burg, Peter (1984): Der Wiener Kongreß. Der Deutsche Bund im europäischen Staatensystem. München.

Clark, Christopher (2000): Wilhelm II. Die Herrschaft des letzten deutschen Kaisers. Aus dem Englischen von Norbert Juraschitz. München.

Engehausen, Frank (2007): Die Revolution von 1848/49. Paderborn/München/Wien/Zürich.

Epkenhans, Michael (2011): Geschichte Deutschlands. Von 1648 bis heute (Erstausgabe 2008). Paderborn.

Faulenbach, Bernd (1980): Ideologie des deutschen Weges. Die deutsche Geschichte in der Historiographie zwischen Kaiserreich und Nationalsozialismus. München.

Flacke, Monika (1998): Deutschland: Die Begründung der Nation aus der Krise. In: Monika Flacke (Hrsg.): Mythen der Nationen. Ein europäisches Panorama. München/Berlin, S. 101-128.

Geisthövel, Alexa (2008): Restauration und Vormärz. 1815-1848. Paderborn/München/Wien/Zürich.

Grebing, Helga (1986): Preußen-Deutschland – die verspätete Nation? In: Helga Grebing/Doris von der Brelie-Lewien/Hans-Joachim Franzen (Hrsg.): Der „deutsche Sonderweg" in Europa 1806-1845. Eine Kritik. Stuttgart/Berlin/Köln/Mainz, S. 76-137.

Hardtwig, Wolfgang (1985): Vormärz. Der monarchische Staat und das Bürgertum. München.

Hermand, Jost (1988): Der alte Traum vom neuen Reich. Völkische Utopien und Nationalsozialismus. Frankfurt/M.

Husung, Hans-Gerhard (1983): Protest und Repression im Vormärz. Norddeutschland zwischen Restauration und Revolution. Göttingen.

Jaworski, Rudolf (1999): Zwischen Polenliebe und Polenschelte. Zu den Wandlungen des deutschen Polenbildes im 19. und 20. Jahrhundert. In: Dietrich Beyrau (Hrsg.): Blick zurück ohne Zorn. Deutsche und Polen in Geschichte und Gegenwart. Tübingen 1999, S. 70-99.

Kotte, Eugen (2009): „Barbablanca" und die Wiederkehr des Reiches: Der Reichsmythos im späten 19. und frühen 20. Jahrhundert. In: Peter Nitschke/Mark Feuerle (Hrsg.): Imperium et Comitatus. Das Reich und die Region. Frankfurt/M./Berlin/Bern/Bruxelles/New York/Oxford/Wien, S. 241-274.

Möller, Horst (1982): Einführung. In: Deutscher Sonderweg – Mythos oder Realität? München/Wien, S. 9-15.

Müller, Michael G. (1979): Polen-Mythos und deutsch-polnische Beziehungen. Zur Periodisierung der deutschen Polen-Literatur im Vormärz. In: Rainer Riemenschneider (Red.): Die deutsch-polnischen Beziehungen 1830-1848: Vormärz und Völkerfrühling. Hrsg. von der Gemeinsamen Deutsch-Polnischen Schulbuchkommission. Braunschweig, S. 101-115.

Münkler, Herfried (2009): Die Deutschen und ihre Mythen. Berlin.

Nipperdey, Thomas (1982): Referat. In: Deutscher Sonderweg – Mythos oder Realität? München/Wien, S. 16-26.

Orłowski, Hubert (2006): An den Peripherien der Nachkriegsliteratur. Zur Sonderwegdebatte. In: Carsten Gansel/Paweł Zimniak (Hrsg.): Reden und Schweigen in der deutschsprachigen Literatur nach 1945. Dresden 2006, S. 19-34.

Orłowski, Hubert (1996): „Polnische Wirtschaft". Zum deutschen Polendiskurs der Neuzeit. Wiesbaden.

Saage-Maaß, Miriam (2007): Die Göttinger Sieben – demokratische Vorkämpfer oder nationale Helden? Zum Verhältnis von Geschichtsschreibung und Erinnerungskultur in der Rezeption des Hannoverschen Verfassungskonflikts. Göttingen.

Schulze, Hagen (1996): Kleine deutsche Geschichte. Mit Bildern aus dem Deutschen Historischen Museum. München.

Siemann, Wolfram (1985): Die deutsche Revolution von 1848/49. Frankfurt/M.

Siemann, Wolfram (1990): Gesellschaft im Aufbruch. Deutschland 1849-1871. Frankfurt/M.

Siemann, Wolfram (1995): Vom Staatenbund zum Nationalstaat. Deutschland 1806-1871. München.

Stollberg-Rilinger, Barbara (2006): Das Heilige Römische Reich Deutscher Nation. Vom Ende des Mittelalters bis 1806. München.

Wehler, Hans-Ulrich (1988): Wie „bürgerlich" war das deutsche Kaiserreich? In: Hans-Ulrich Wehler: Aus der Geschichte lernen? Essays. München, S. 191-217.

Werner, Eva Maria (2009): Kleine Geschichte der deutschen Revolution von 1848/49. Wien/Köln/Weimar.

Wolf, Silvia (1982): Politische Karikaturen in Deutschland 1948/49: Essays – Bibliographie – Katalog. Mittenwald.

Wülfing, Wulf/Bruns, Karin/Parr, Rolf (1991): Historische Mythologie der Deutschen 1798-1918. München.

Ziemer, Klaus (1999): Grenzen der Wahrnehmung. Das deutsche Polenbild in den letzten 200 Jahren. In: Norbert H. Weber (Hrsg.): Die Oder überqueren. Deutsch-polnische Begegnungen in Geschichte, Kultur und Lebensalltag. Frankfurt/M., S. 56-69.

Polen

Broszat, Martin (1972): 200 Jahre deutsche Polenpolitik. Rev. und erw. Aufl., Frankfurt/M.

Garewicz, Jan (1993): Messianismus. In: Ewa Kobylińska/Andreas Lawaty/Rüdiger Stephan (Hrsg.): Deutsche und Polen. 100 Schlüsselbegriffe. 2. Aufl., München/Zürich, S. 152-160.

Hahn, Hans Henning (1989): Zur Dichotomie von Gesellschaft und Staat in Polen. Genese und Aktualität eines Grundmusters der politischen Mentalität. Köln.

Heyde, Jürgen (2006): Geschichte Polens. München.

Hoensch, Jörg K. (1998): Geschichte Polens. 3., neubearb. und erw. Aufl., Stuttgart.

Landgrebe, Alix (2003): „Wenn es Polen nicht gäbe, dann müßte es erfunden werden". Die Entwicklung des polnischen Nationalbewußtseins im europäischen Kontext von 1830 bis in die 1880er Jahre. Wiesbaden.

Kotte, Eugen (2002): Historische Mythen und Stereotype als Propaganda- und Agitationsmittel in der deutsch-polnischen Beziehungsgeschichte. In: Jahrbuch der Internationalen Gesellschaft für Geschichtsdidaktik, S. 72-97.

Molik, Witold (1998): Polen: „Noch ist Polen nicht verloren". In: Monika Flacke (Hrsg.): Mythen der Nationen. Ein europäisches Panorama. München/Berlin, S. 295-320.

Müller, Michael G. (1984): Die Teilungen Polens. 1772 – 1793 – 1795. München.

Olschowsky, Heinrich (2003): Sarmatatismus, Messianismus, Exil, Freiheit – typisch polnisch? In: Andreas Lawaty/Hubert Orłowski (Hrsg.): Deutsche und Polen. Geschichte – Kultur – Politik. München, S. 279-288.

Staszewski, Jacek (2005): Begründung und Fortsetzung der Personalunion Sachsen-Polen 1697 und 1733. In: Rex Rexheuser (Hrsg.): Die Personalunionen von Sachsen-Polen 1697-1763 und Hannover-England 1714-1837. Ein Vergleich. Wiesbaden, S. 37-50.

Zernack, Klaus (1994): Polen und Rußland. Zwei Wege in der europäischen Geschichte. Frankfurt/M./Berlin.

USA

Adams, Willi Paul (1973): Republikanische Verfassung und bürgerliche Freiheit. Die Verfassungen und politischen Ideale der Amerikanischen Revolution. Darmstadt.

Bailyn, Bernard (1967): The Ideological Origins of the American Revolution. Cambridge, Mass.

Bailyn, Bernard (1973): The Central Themes of the American Revolution. In: Stephen G. Kurtz/James H. Hudson (Hrsg.): Essays on the American Revolution. Chapel Hill, N. Y., S. 3-31.

Bercovitch, Sacvan (1988): The Rites of Assent: Rhetoric, Ritual, and the Ideology of Consensus. In: Sam B. Girgus/Anthony Piccolo/Michele Conte (Hrsg.): The New Eden. Consensus and Regeneration in America. Dubuque, Iowa, S. 120-147.

Billington, Ray Allen (1971): The American Frontier Thesis: Attack and Defense. 3. Aufl., Washington, D.C. 1971 (= AHA Pamphlets 101).

Countryman, Edward (1983): The People's American Revolution. South Shields.

Depkat, Volker (2005): Geschichte Nordamerikas. Eine Einführung, Köln/Weimar/Wien 2008 (= Geschichte der Kontinente 2).

Dippel, Horst (1985): Die Amerikanische Revolution, 1763-1787. Frankfurt/M.

Dippel, Horst (2005): Geschichte der USA. 7., akt. Aufl., München.

Finzsch, Norbert (2005): Konsolidierung und Dissens. Nordamerika von 1800 bis 1865. Münster.

Häberlein, Mark (2007): Entstehung und Konsolidierung der amerikanischen Republik. In: Philipp Gassert/Mark Häberlein/Michael Wala: Kleine Geschichte der USA. Stuttgart, S. 103-186.

Hochgeschwender, Michael (2010): Der Amerikanische Bürgerkrieg. München.

Hofstadter, Richard (1949): The Thesis Disputed (Original: Turner and the Frontier Myth. In: The American Scholar 18, 4 [Autumn 1949]). In: Ray Allen Billington (Hrsg.): The Frontier Thesis. Valid Interpretation of American History. Nachdruck, New York 1977 (Original New York 1966), S. 100-106.

Kollmann, Gerhard (1976): Revolution und Kontinuität. Eine Untersuchung der Pläne und Ansätze zur Organisation der Gebiete zwischen Appalachen und Mississippi, 1774-1786. 2 Bde. Diss., Köln.

Kotte, Eugen (1997): „Not to Have Ideologies But to Be One“. Die Gründungsgeschichte der USA in amerikanischen Schulgeschichtsbüchern aus den Jahren 1968 bis 1985. Hannover.

Kotte, Eugen (1998): USA: Konsens und Mission. In: Monika Flacke (Hrsg.): Mythen der Nationen. Ein europäisches Panorama. München/Berlin, S. 557-575.

Kotte, Eugen (2010): Revolutionäre Werte und republikanische Prinzipien im Staatsgründungsprozess der USA. In: Franz-Josef Arlinghaus/Bernd Ulrich Hucker/Eugen Kotte (Hrsg.): Verfassungsgeschichte aus internationaler und diachroner Perspektive. München, S. 99-125.

Krüger, Barbara (1977): Die amerikanischen Loyalisten. Eine Studie der Beziehungen zwischen England und Amerika 1776-1802. Frankfurt/M./Bern.

Lerg, Charlotte A. (2010): Die Amerikanische Revolution. Tübingen.

Limerick, Patricia (1987): The Legacy of Conquest: The Unbroken Past of the American West. New York.

Lockridge, Kenneth A. (1973): Social Change and the Meaning of the American Revolution. In: The Journal of Social History 6, S. 403-439.

Maier, Pauline (1973): From Resistance to Revolution. Colonial Radicals and the Development of American Opposition to Britain, 1765-1776. London.

Main, Jackson Turner (1965): The Social Structures of Revolutionary America. Princeton, N.Y.

Niess, Frank (1981): Der Hinterhof der USA. Zur Geschichte der US-Lateinamerikapolitik. In: Blätter für deutsche und internationale Politik 26, 2, S. 958-971.

O'Neal, Bill (2004): The Johnson County War. Austin, Texas.

Schmidt, Gustav (2004): Geschichte der USA. Darmstadt.

Schröder, Hans-Christoph (1982): Die Amerikanische Revolution. Eine Einführung. München.

Slotkin, Richard (1985): The Fatal Environment. The Myth of the Frontier in the Age of Industrialization, 1800-1890. Middletown, Connecticut.

Smith, Henry Nash (1988): The Virgin Land. In: Sam B. Girgus/Anthony Piccolo/ Michele Conte (Hrsg.): The New Eden. Consensus and Regeneration in America. Dubuque, Iowa, S. 148-170.

Turner, Frederick Jackson (1893): The Significance of the American Frontier. Ed., with an introduction by H. P. Simpson. New York 1963.

Unger, Frank (1988): Demokratie ohne Optionen: Zur Kultur der politischen Herrschaft in den USA. In: Frank Unger (Hrsg.): Amerikanische Mythen. Zur inneren Verfassung der Vereinigten Staaten. Frankfurt/M./New York, S. 44-80.

Wala, Michael (2007): Die USA im 19. Jahrhundert. In: Philipp Gassert/Mark Häberlein/Michael Wala: Kleine Geschichte der USA. Stuttgart, S. 187-354.

Walsh, Margaret (2005): The American West. Visions and Revisions. Cambridge.

Wellenreuther, Hermann (2006): Von Chaos und Krieg zu Ordnung und Frieden. Der Amerikanischen Revolution erster Teil, 1775-1783. Berlin.

Wood, Gordon S. (1969): The Creation of the Republic, 1776-1787. Chapel Hill.

Wright, John B. (2003): Land Tenure. The Spatial Musculature of the American West. In: Gary J. Hausladen (Hrsg.): Western Places, American Myths. How We think About the West. Reno, S. 85-110.

Stichwortverzeichnis

T

U